JN007631

英検®とは？

文部科学省後援　実用英語技能検定（通称：英検®）は，英語の4技能「読む・聞く・話す・書く」を総合的に測定する試験です。1963年に第1回検定が実施されて以来，日本社会の国際化に伴ってその社会的評価が高まり，現在では，学校・自治体などの団体を対象とした英語力判定テスト「英検IBA®」，子どもを対象としたリスニングテスト「英検Jr.®」を合わせると，年間約420万人が受験しています。大学入試や高校入試，就職試験でも，英語力を測るものさしとして活用されており，入試においての活用校も年々増えています。アメリカ，オーストラリアを中心に，海外でも英検®は，数多くの大学・大学院などの教育機関で，留学時の語学力証明資格として認められています（英検®を語学力証明として認定している海外の教育機関は英検®ウェブサイトに掲載されています）。

本書の使い方

本書は，2021年度第3回から2023年度第2回まで過去6回分の試験問題を掲載した，過去問題集です。**6回分すべてのリスニング問題CDがついています**ので，過去6回の本試験と同じ練習を行うことができます。また，リスニング問題の小問ごとにトラック番号を設定していますので，自分の弱点を知ること，そしてその弱点を強化するためにくり返し問題を聞くことができます。

また本書では，**出題されやすい「文法事項」と「イディオム・口語表現」**を，効率的に学習できるよう分類ごとにまとめてあります。過去問題と併せて活用していただければ幸いです。

英検®では，能力を公正に測定するという試験の性格上，各回・各年度ほぼ同レベルの問題が出されます。したがって，試験の傾向はある程度限定されたパターンをとることになりますので，過去の試験問題をくり返し解き，本試験へと備えてください。

本書を利用される皆様が，一日も早く栄冠を勝ちとられますよう，心より祈念いたします。

CONTENTS

本書は，原則として2024年1月15日現在の情報に基づいて編集しています。

受験ガイド

2024年度　試験日程(本会場)

二次試験は２日間設定されています。

第１回	申込期間	2024年3月15日～5月5日（書店は4月19日締切）		
	試験日程	一次試験	2024年6月2日(日)	
		二次試験	Ａ日程	2024年7月7日(日)
			Ｂ日程	2024年7月14日(日)
第２回	申込期間	2024年7月1日～9月6日（書店は8月30日締切）		
	試験日程	一次試験	2024年10月6日(日)	
		二次試験	Ａ日程	2024年11月10日(日)
			Ｂ日程	2024年11月17日(日)
第３回	申込期間	2024年11月1日～12月13日（書店は12月6日締切）		
	試験日程	一次試験	2025年1月26日(日)	
		二次試験	Ａ日程	2025年3月2日(日)
			Ｂ日程	2025年3月9日(日)

※二次試験日程は年齢によって決まります。詳しくは英検®ウェブサイトでご確認ください。
※クレジットカード決済の場合，申込締切は上記の日付の３日後になります。

申込方法

① 個人申込
・特約書店・・・検定料を払い込み，「書店払込証書」と「願書」を必着日までに協会へ郵送。
・インターネット・・・英検® ウェブサイト（https://www.eiken.or.jp/eiken/）から申込。
・コンビニ申込・・・ローソン・ミニストップ「Loppi」，セブン-イレブン・ファミリーマート「マルチコピー機」などの情報端末機から申し込み。

問い合わせ先　公益財団法人 日本英語検定協会
TEL 03-3266-8311　英検® サービスセンター（個人受付）
（平日9:30～17:00　土・日・祝日を除く）

② 団体申込
団体申込に関しましては各団体の責任者の指示に従ってお申し込みください。

成績表

成績表には合否結果のほかに，英検バンド，英検CSEスコアも表示されます。

●**英検バンド**　一次試験，二次試験の合格スコアを起点として，自分がいる位置を＋，－で示したものです。例えば，英検バンドの値が＋1ならばぎりぎりで合格，－1ならば，もう少しのところで合格だったということがわかります。

●**英検CSEスコア**　欧米で広く導入されている，語学能力のレベルを示すCEFR（Common European Framework of Reference for Languages）に関連づけて作られた，リーディング，リスニング，ライティング，スピーキングの4技能を評価する尺度で，英検®のテストの結果がスコアとして出されます。4技能それぞれのレベルと総合のレベルがスコアとして出されます。

※CSEスコアの導入に伴い，高い正答率で2級に合格した場合に与えられる「2級A」の認定基準は，「2級に合格し，4技能合計CSEスコア2150点以上」となります。二次試験不合格の場合は認定されません。

一次試験免除について

1～3級の一次試験に合格し，二次試験を棄権または不合格になった人に対して，一次試験免除制度があります。申込時に申請をすれば，一次試験合格から1年間は一次試験が免除され，二次試験から受けることができます。検定料は，一次試験を受ける場合と同様にかかります。

※検定料，試験時間については英検®ウェブサイトでご確認ください。

英検S-CBTについて

実用英語技能検定準1級，2級，準2級，3級で，新方式英検S-CBTが毎月実施されています。従来型の英検®，英検S-CBTのどちらの方式でも，合格すれば同じ資格が得られます。英検S-CBTの合格証書・証明書とも，従来型の英検®と全く同じものとなります。

◎英検S-CBTの試験実施方法

- コンピューターで4技能（リーディング，ライティング，リスニング，スピーキング）すべてを1日で受験することになります。
- 通常の英検®と同じ検定試験で，問題構成・レベルも通常の英検®と同じです。
- 英検S-CBTはスピーキングテスト（通常の英検®の二次試験），リスニングテスト，リーディングテスト，ライティングテストの順に試験が行われます。
- リーディングテスト，ライティングテスト，リスニングテストのCSEスコアに基づいて一次試験の合否が判定されますが，一次試験の合否にかかわらず，すべての受験者が4技能を受験し，4技能のCSEスコアを取得することになります。一次試験合格者のみスピーキングテストのCSEスコアに基づき二次試験の合否が判定されます。
- 試験はパソコン上で行われるため，Windowsパソコンの基本的な操作（マウスクリック，キーボード入力）ができる必要があります。ただし，ライティングテストはキーボード入力か筆記のいずれかの解答方法を申込時に選択します。

※従来型の試験で二次試験不合格の場合，一次試験免除申請をして英検S-CBTでスピーキングテストのみを受験することができます。

※英検S-CBTで一次試験に合格，二次試験不合格となった場合は，一次試験免除資格が与えられます。次回以降に，一次試験免除申請をして，従来型の英検®を申し込むことができます。

英検S-CBT受験ガイド

◎試験実施月

※原則として毎週土曜日・日曜日，一部会場においては平日・祝日も実施されます。詳しくは英検®ウェブサイトをご参照ください。

第1回…4月，5月，6月，7月
第2回…8月，9月，10月，11月
第3回…12月，翌年1月，2月，3月

◎持参するもの

●英検S-CBT受験票，身分証明書。身分証明書として認められるのは，学生証・生徒手帳・健康保険証・運転免許証・パスポート・社員証・住民基本台帳カード・マイナンバーカード・在留カード・健康保険証のコピー（年少者のみ）です。

◎申し込み

●申し込みは先着順です。個人申込のみで団体申込は受け付けていません。
●申し込み時に指定した会場で受験します。会場ごとに定員があり，定員になり次第締め切られます。
●英検S-CBT受験票は申込サイトからダウンロードします。

※検定料，試験時間については英検®ウェブサイトでご確認ください。

英検S-CBTスピーキングテストについて

●英検S-CBTのスピーキングテストとは，通常の英検®の二次試験で行われる面接試験のことです。
●英検S-CBTではコンピューターの映像を通して面接委員とやり取りし，録音形式で試験が行われます。
●試験の内容やレベルは通常の英検®二次試験と同じです。二次試験の試験内容については10，17ページをご参照ください。
●英検S-CBTの，特にスピーキングテストではヘッドセットやマイクの使い方，音量の調整にある程度慣れておく必要があります。

英検S-CBTはパソコン上で行われるため，試験当日の流れ，受験方法の面で通常の英検®と異なるところもあります。特に，最初にスピーキングテストが行われる点は大きな違いです。通常の英検®の二次試験と同じと言っても，面接委員と直接対面するか，画面を通して対面するかという違い，パソコンの操作があるかないかという違いは決して小さなことではありません。試験当日の流れ，受験方法の面で通常の英検®と異なるところについては，受験前に必ず英検®ウェブサイトでしっかり確認して，落ち着いてスピーキングテストに臨めるようにしましょう。

2級のめやす，試験の内容と形式

2級のめやす

2級のレベルは高校卒業程度で，**社会生活に必要な英語を理解し，使用できる**ことが求められます。

〈審査領域〉

読む……**社会性のある内容の文章を理解することができる。**

聞く……**社会性のある内容を理解することができる。**

話す……**社会性のある話題についてやりとりすることができる。**

書く……**社会性のある話題について書くことができる。**

試験の内容と形式

一次試験ではまずはじめに筆記試験が行われ，その後にリスニングテストが行われます。二次試験は英語での面接試験で，一次試験の合格者のみを対象とし，一次試験実施後およそ30日後に行われます。

一次試験・筆記（33問・85分）

筆記試験は，4つの大問で構成されており，問題数は33問です（2024年度第1回検定から)。これを85分かけて解きます。

2024年度第1回の検定から，問題構成・内容は以下の通りです。

大問	内容	問題数
1	**短文または会話文の穴うめ問題** 短文または1往復の会話文を読み，文中の空所に適切な語句を補う。	17問
2	**長文の穴うめ問題** 説明文を読み，パッセージの空所に，文脈に合う適切な語句を補う。	6問
3	**長文の内容に関する問題** Eメールや説明文などを読み，これらの英文の内容に関する質問に答える。	8問
4	**英語の文章の要約を英語で記述する問題** 160語程度の文章の要約を45～55語程度で書く。 **与えられたトピックに対し，意見とその根拠を英文で論述する問題** あるトピックに関する質問に対して，自分の意見とその理由を書く。	2問 (記述式)

一次試験・リスニング（30問・約25分）

リスニングテストは，第1部と第2部で構成されており，問題数は30問です。この30問の問題を約25分かけて解きます。

大問	内容	問題数
1	**会話の内容に関する質問** 会話文を聞き，会話の内容に関する質問に答える。	15問
2	**文の内容に関する質問** 物語文や説明文などを聞き，その内容に関する質問に答える。	15問

《一次試験で用いられた主な場面と題材》

場面………家庭，学校，職場，地域（各種店舗・公共施設を含む），電話，アナウンスなど。

題材………学校，仕事，趣味，旅行，買い物，スポーツ，映画，音楽，食事，天気，道案内，海外の文化，歴史，教育，科学，自然・環境，医療，テクノロジー，ビジネスなど。

二次試験・面接（約7分）

二次試験は，約7分の受験者対面接委員の1対1の面接です。**面接室への入室から退室までのすべて**が採点の対象になり，**応答内容，発音，語い，文法，語法，情報量，積極的にコミュニケーションを図ろうとする意欲や態度**などで評価されます。

◉二次試験の流れ

① 面接室に入室します。面接委員にあいさつをするとよいでしょう（Good morning./Good afternoon.）。

② 着席するよう指示されます。着席後，名前と受験する級の確認，「How are you?」のような簡単なあいさつがされるので，あいさつを返しましょう（I'm fine, thank you.）。

③ 60語程度の英文の書かれた3コマのイラストつきのカードが1枚渡されます。これを20秒間黙読するよう指示があるので（Please read the passage silently for 20 seconds.），英文の内容に注意しながら黙読します。

④ その後，その英文を音読するよう指示があります（Please read the passage aloud.）。発音や声の大きさに注意しながら音読します。

⑤ 音読後，4つの質問が出題されます。カードを伏せるよう指示（Please turn over the card. など）が出たら，すみやかに伏せてください。
●質問1……音読した英文の内容についての質問。
●質問2……カードの3コマのイラストの展開を説明する。
●質問3……カードのテーマに関連した事柄・意見に対し，受験者の考えを問う質問。
●質問4……日常生活の一般的な事柄についての質問（カードのテーマに直接関連しない内容の場合もあります）。

《二次試験で用いられた主な話題》
環境にやさしい素材，オンライン会議，屋上緑化，ペット産業，新しいエネルギー，サプリメントなど。

これでバッチリ!!

2級の傾向と対策

英検®は出題パターンがある程度決まっています。2024年度第1回の検定からライティングテストの形式と筆記試験の問題数が一部変更されますが，全体として大きな違いはありませんので，過去の問題を何度も解いて傾向をつかみましょう。慣れてきたら，本番を想定した時間配分で解いてみると効果的です。

一次試験・筆記テスト

1 短文または会話文の穴うめ問題

★出題傾向

短文または会話文の（　　）の中に適する単語または語句を4つの選択肢から選び，英文を完成させる。単語→イディオム→文法の出題順がほぼ定着している。
※2024年度第1回の検定から，問題数が20問から17問になりました。

対 策

- **前後の文脈および空所直後の前置詞やto不定詞などが判断の決め手。**
- **単語の問題では動詞と名詞の比重が高い。**
- **形容詞では〈be動詞＋形容詞＋前置詞〉に注意。副詞では〈様態〉の副詞のほか，文修飾副詞や〈準否定〉を表す副詞も出題されている。**
- **文法問題は動詞の時制を問うものの出題が多い。**

2 長文の穴うめ問題

以下のⒶⒷの種類の出題形式がある。

ⒶⒷ 説明文

★出題傾向

空所は各段落に1つずつが基本。選択肢は4つずつ。

●長文の体裁

3～4段落構成の説明文。語数は270語程度。

●長文のテーマ

テーマは，教育，医療，産業，環境，言語などに関するものが多い。

対 策

- **（　　）前後の文脈を正確に把握する能力が要求される。**
- **（　　）の前後にある語句とのつながり，時制には特に注意が必要。**
- **イディオムや決まった形の表現の知識も必要である。**

3 長文の内容に関する問題

以下の🅐🅑の種類の出題形式がある。
※2024年度第1回の検定から，大問数が3題から2題になりました。

🅐 Eメール

★出題傾向

段落ごとに1つの英語の質問文。選択肢は4つずつ。

●質問数

合計3問。

●長文の体裁

Eメール。本文は3段落構成。語数は230語程度。2022年度第2回出題文を使って，Eメールのヘッダ形式を見ておく。

〈Eメール・ヘッダの形式〉

From: Michael Green <mikeyg4000@friendlymail.com>………差出人（書き手）
To: Television Depot Customer Service <service@televisiondepot.com>
……………………………………………………………受取人（読み手）
Date: October 9 ……………………………………………………日付（メール送信日）
Subject: ZX950 LCD TV ……………………………件名(多くの場合，本文のテーマ)

●長文のテーマ

社内スタッフや社外の取引先などに宛てて書かれた商用メールや，個人から企業，教育機関，団体などへの問い合わせなどが出題されている。

対策

- **本文最初の段落を読み，まずメールの「差出人」と「受取人」の関係（部下と上司，元同僚，取引先など）をつかむと，用件の把握に役立つ。**
- **メールの本題が始まるのは，多くの場合第2段落以降である。まず設問に目を通し，「依頼」，「提案」，「忠告」などの内容をよく整理しながら読み取ることが重要となる。**
- **人名・社名・地名などの固有名詞が多数出てくるので，差出人と受取人のどちらについての情報かを混同しないように注意。**

Ⓑ 説明文

★出題傾向

英語の質問文に対して，選択肢は４つずつ。段落ごとに１つの設問が基本。ただし，第５問は，英文全体の内容に関する正誤問題。

●質問数

合計５問。

●長文の体裁

４段落構成の説明文。2024年度第１回の検定からは，380語程度のものが予想される。

●長文のテーマ

注目度の高いテーマから，毎回①社会的な問題と②科学技術に関する題材を扱った英文が出題される傾向にある。①に関しては，森林資源，歴史遺産と環境，②ではエネルギー問題，海洋探査，最新の医療機器などが出題されている。

対策

- **タイトルと第１段落冒頭から，その英文で論じられている主題をつかむ。**
- **設問は，段落の順番つまり論旨展開の流れにそって用意されるのがふつうである。これを逆に利用し，「質問文→対応する段落」の順番で読んでいけば，短時間で段落ごとの論点を見つけることができる。**
- **各段落や英文全体の論点をつかむうえで重要なポイントとなるのは，①代名詞や代動詞表現（do，do it，do thisなど），②接続語句，③同じ内容の言い換え，④対照表現など。**
- **選択肢の英文は本文そのままではなく，同じ意味の語句で言い換えられたり，簡潔に表現されたりしているのがふつう。**

4 ライティング

★出題傾向

※2024年度第１回の検定から，文章の要約を書く問題が追加されました。

●要約問題

160語程度の文章の内容を45～55語の英語で要約する。

●意見論述問題

与えられたトピックに関する質問に80語～100語で自分の意見とその理由を２つ書く。

最初にトピックを表す一文と質問一文が示される。その後に理由を書く際の参考となる観点を示すPOINTSが3つ示されるが，これら以外の観点から理由を書いてもよい。

●テーマ

要約問題，意見論述問題ともに，注目度の高い，社会的な問題に関するトピックが予測される。

対策

- **主語，動詞の一致，時制などの基本的なことを含め，文法的に正しい英文を書く。**
- **理由を述べる文では，becauseなど，「理由」であることをはっきりさせる語句を使う。**
- **語数の過不足に注意する。**
- **意見論述問題では，質問内容を正しくつかむ。**

★ライティングテストの採点に関する観点と解答作成時の注意点

●採点の観点

1．内容

要約問題：与えられた英文の内容が正しく書かれているか

要約文を書くので，与えられた英文の内容と異なることを書いたり，自分の考えや感情などを盛り込まないようにする。

意見論述問題：課題で求められている内容（意見とその理由）が含まれているかどうか

自分の意見とその理由をはっきりさせ，意見を支える論拠や説明を説得力のあるものにする。単に「安いから」や「便利だから」といったことだけではなく，安くなったり便利になったりすることで生じる具体的な利点を挙げる。

2．構成

要約問題：与えられた英文の構成に沿っているか

与えられた英文の段落構成と同じ構成，流れでまとめる。英文が「テーマの提示」→「テーマとなるものの利点」→「テーマとなるものの欠点」という流れであれば，それと同じ流れで要約文を構成する。

意見論述問題：英文の構成や流れがわかりやすく論理的であるか

伝える情報を羅列するのではなく，順番や流れを論理的にする。展開を示す接続語句を使って，自分の意見とその理由，英文全体の構成をわかりやすくする。

3．語い　課題に相応しい語いを正しく使えているか

なるべく多様な語いや表現を使い，同じ語いや表現の繰り返しを避ける。

4．文法　文構造のバリエーションやそれらを正しく使えているか

多様な文のパターンを使い，同じような構文の繰り返しを避ける。

●意見論述問題解答作成時の注意点

英検®ウェブサイトでは,「カジュアルな服装を許容する会社が増えるかどうか」というTOPICを例に挙げて,解答作成にあたっての下記の注意点が公開されている。それぞれの詳細と具体例をウェブサイトで確認しておこう。

1．TOPICに示された問いに答えていない

TOPICに示された問いの答えになっていない場合や，全く関係のないTOPICについて書かれていると判断された場合は，前述のすべての観点で0点と採点されることがある。

2．英語ではない単語を使った解答

英語以外の単語を使う必要がある場合は，その言語を理解できない人にもわかるように説明を加える。

3．意見と矛盾する理由や説明がある

自分が述べた意見に矛盾する内容の理由や説明を書いてある。

4．理由に対する説明や補足がない

理由について，具体的な例や説明がなく，説得力に欠ける。

5．関係の無い内容が含まれている

TOPICに示された問いに無関係の内容や，他の部分と矛盾する内容が書かれている。

一次試験・リスニングテスト

対 策（全リスニング問題共通）

英文はすべて1回しか読まれない。全体で約25分，合計30題のリスニングでは，集中力をいかに持続させるかも聞き取りの重要なポイントとなる。

【第1部】会話の内容に関する質問

★出題傾向

50語前後の会話（電話での会話も含む）を聞き，その内容に関する質問の答えを4つの選択肢から選ぶ。

●放送されるもの

会話→質問文。

対 策

- 放送文が始まる前に，問題用紙の選択肢に目を通しておき，会話の場面や質問の内容（場所，状況，時間，人物の行動など）を予想する。
- 会話の内容はさまざまで，家庭や職場などでの代表的なシチュエーションが次々と登場する。放送文ごとに素早く頭を切り換えることが大切。
- 放送文の一部が聞き取れなくても，全体として状況がつかめれば，消去法で選択肢を絞り込み，正解に到達できることが多い。
- 会話文中に現れる質問文，命令文，依頼文などには特に注意。

【第2部】文の内容に関する質問

★出題傾向

60語前後の文章を聞き，その内容に関する質問の答えを4つの選択肢から選ぶ。

英文の種類は，①説明文，②短いフィクション（人物の日常を綴ったもの），③店・空港・学校などでのアナウンス，の3つ。

●放送されるもの

英文→質問文。

対策

- 第1部同様，放送文が始まる前に選択肢に目を通しておくと，聞き取りのポイントを絞ることができる。
- 特に説明文では，第1文からテーマがわかることが多い。また，アナウンスでは，あいさつの直後に最も重要な情報が続くのがふつう。
- 逆接のbutやhoweverが出てきた直後の内容や，感情表現の後で〈理由〉を述べている箇所は，特に注意して聞き取るようにする。

二次試験・面接

★出題傾向

問題カードには60語程度の英文（タイトル付き）と３コマのイラストが印刷されている。面接試験は，以下のような流れで行われる。

①英文を黙読（20秒）→②タイトルと英文を音読（制限時間なし）
③英文の一部についての質問（No.1）
④３コマのイラストに描かれている状況を１コマずつ，吹き出しの中のせりふや絵も含めて，英語で説明する。カードに指定された英文で始めなければならない。準備時間は20秒（No.2）
（この後，問題カードを裏返す）
⑤カードのトピックに関して，受験者自身の意見を尋ねる（No.3）
⑥カードのトピックに直接関連しない事柄も含め，受験者自身の意見を尋ねる（No.4）

対策

- 答えの正確さ（発音・語い・文法など）だけでなく，答えの情報量や表現方法（意欲や態度を含む）も評価対象となる。入退室時の挨拶も含めて，十分な声量で自信をもって受け答えを行うようにする。
- 面接委員が尋ねる質問は，問題カードに書かれていないので，特にNo.3とNo.4では，その質問内容を正確に聞き取ることが重要となる。
- No.3とNo.4では，同意か反対かを述べた後，そう考える理由を，２文を目安に具体的に述べる。この際，できるだけ面接委員と視線を合わせながら答える姿勢が大切である。

まとめて復習

2級でよく出る文法事項

2級レベルの文法

ここでは，２級の文法問題や英文読解に必要な文法事項の基本を確認します。効率的に学習することができるよう，設問形式別にまとめてあります。

※付属の赤シートで答えを隠して取り組みましょう。

●語句選択補充問題 ──（　）に適するものを選びましょう。

1 もし私があなたなら，そんな決断はしないだろうに。

If I (②) you, I (②) make that decision.

① was, won't　② were, wouldn't
③ am, won't　④ were, won't

解説 仮定法過去の文。

2 台風がその地域を襲い，農作物に大きな被害を及ぼした。

The typhoon hit the region, (②) extensive damage to agricultural crops.

① to cause　② causing　③ to causing　④ to be caused

解説 結果を表す分詞構文。〈cause＋～＋to ...〉「…に～をもたらす」。

3 戦争が続く限り，物価は下がらないだろう。

As (①) as the war lasts, prices won't fall.

① long　② far　③ large　④ good

解説 as long as ～「～する限り［～するのならば］」

4 人々は政府によって村から立ち退かされた。

The people were made (③) out of the village by the government.

① move　② moved　③ to move　④ to moving

解説 〈make＋O＋動詞の原形〉「Oに～させる」を受動態で使った文。動詞の原形がto不定詞になる。

5 あなたの意見は単なる推測に過ぎない。

Your opinion is (③) a guess.

① more or less　② at least　③ no more than　④ no less than

解説 no more than ～「～に過ぎない」

6 来年で，私は10年間遺伝子研究をしていることになる。

As of next year, I (①) genetic research for 10 years.

① will have been doing　② will have doing
③ will be doing　④ will be done

解説 〈will＋完了進行形〉ある未来の時点まで続けて行っていることを表す。

7 その村の子供達の中には自分の名前さえ書けない者もいる。

Some children in the village cannot (②) write their own name.

① as far as ② so much as ③ so hard as ④ as good to

解説 **not so much as ～「～すらない［しない］」**

8 去年北海道に滞在している間に，彼は初めてスキーをした。

While (③) in Hokkaido last year, he skied for the first time.

① did he stay ② he staying ③ staying ④ his stay

解説 **接続詞の後の〈主語＋動詞〉を省略した形。**

9 空を飛べるとしたら，あなたはどこへ行きますか。

(②) you could fly in the sky, where would you go?

① If that ② Suppose that ③ What if ④ Once if

解説 **仮定法の文。Suppose that ～＝if ～**

10 私たちは資源を無駄にしないように，ビニール袋の使用を避けるべきである。

We should avoid using plastic bags (①) waste resources.

① in order not to ② in order not ③ in no order to ④ not order to

解説 **in order to ～「～するために」の否定形。**

11 彼女のEメールアドレスを知っていたら，連絡を取れたのに。

If I (④) her e-mail address, I (④) contacted her.

① knew, can ② known, could

③ had known, could ④ had known, could have

解説 **仮定法過去完了の文。**

12 とても空腹だったので，私は家に着くなりパンを食べた。

(②), I had some bread as soon as I got home.

① Was very hungry ② Being very hungry

③ Having very hungry ④ To have been very hungry

解説 **分詞構文。原因・理由を表している。**

13 通りを歩いていると，私は自分の名前が呼ばれるのを聞いた。

Walking along the street, I heard my name (②).

① call ② called ③ calling ④ to call

解説 **〈hear＋O＋過去分詞〉「Oが～されるのが聞こえる」。**

14 私は新しいクライアントに契約にサインをしてもらうことができた。

I was able to get the new client (③) the contract.

① sign ② signed ③ to sign ④ to be signed

解説 **〈get＋O＋to *do*〉「Oに～してもらう［させる］」**

15 その機械は自動または手動のいずれかで操作できる。

The machine can be operated in (④) automatic (④) manual mode.

① both, and ② each, or ③ another, and ④ either, or

解説 either A or B「AかBのいずれか」

16 もし私が宇宙に行ったら，家族はとても驚くだろう。

If I (④) into space, my family would be very surprised.

① were going ② were go ③ were gone ④ were to go

解説 仮定法の文。were to *do* は実現の可能性が低い仮定を表す。

17 彼はもう1度司法試験を受けたが，結局落ちてしまった。

He took the bar examination again, only (③).

① failing ② having failed ③ to fail ④ to failing

解説 結果を表す副詞的用法の不定詞。

18 万一大好きな女優に会えたら，私は泣いてしまうかもしれない。

If I (①) meet my favorite actress, I (①) cry.

① should, might ② could, may ③ were, will ④ were to, can

解説 should は実現の可能性が低い仮定を表す。

19 私の知る限りでは，ボブはすでに日本での就職が決まっている。

(④) I know, Jim has already gotten a job in Japan.

① As long as ② So much as ③ So good as ④ As far as

解説 as far as ～「～する限り［～する範囲では］」

20 万が一に備えて，私は旅行保険に加入した。

(③) something should happen, I signed up for travel insurance.

① At occasion ② At time ③ In case ④ In opportunity

解説 in case ～「万一～の場合には」

21 両親は私が海外を一人で旅するのを許さないだろう。

My parents won't let me (①) abroad by myself.

① travel ② to travel ③ traveling ④ traveled

解説 〈let＋O＋動詞の原形〉「Oに～させる［～するのを許可する］」

22 その村の人々は，たとえ貧しくても心が豊かだった。

The people in the village were rich in spirit, (②) they were poor.

① still though ② even though ③ still although ④ even if

解説 even though の後には事実が続く。

●語句補充問題――(　　)に適する語を入れましょう。

1 その少年は成長して著名な作家になった。

The boy grew up (**to**) (**be**) an eminent writer.

解説 結果を表す副詞的用法の不定詞。※be の代わりに become も可。

2 彼らが結婚したとき，２人は知り合って何年にもなっていた。
They (**had**) (**known**) each other for many years when they got married.

解説 **過去完了の文。**

3 仕事でミスをした後，私は恥ずかしくて，同僚たちに合わせる顔がなかった。
(**After**) (**making**) a mistake at work, I was too ashamed to face my colleagues.

解説 **〈前置詞＋動名詞〉。**

4 あの頃もっと英語を一生懸命勉強していさえすればなあ。
(**If**) (**only**) I had studied English harder then.

解説 **「〜でありさえすれば」残念に思う気持ちを表す。**

5 これはその作家が生まれた家である。
This is the house (**in**) (**which**) the writer was born.

解説 **〈前置詞＋関係代名詞〉**

6 彼はこのようにして一晩で億万長者になった。
This (**is**) (**how**) he became a billionaire overnight.

解説 **関係副詞のhow。This is how 〜「このようにして〜」**

7 その国では，最近失業者の数が増加してきている。
In the country, the number of unemployed people has (**been**) (**increasing**) recently.

解説 **現在完了進行形の文。**

8 やさしい英語で書かれていたので，私はその文書を容易に理解できた。
(**Written**) (**in**) easy English, I understood the document easily.

解説 **分詞構文。原因・理由を表している。**

9 何が起ころうとも，私はあなたの味方です。
(**Whatever**) (**happens**), I'll side with you.

解説 **譲歩を表す複合関係代名詞。**

10 私はあなたの病気が全快する日を心待ちにしている。
I look forward to the (**day**) (**when**) you will recover from your illness.

解説 **関係副詞のwhen。**

11 今は一人暮らしをしているので，自分で洗濯をしなければならない。
(**Now**) (**that**) I live by myself, I have to do my own laundry.

解説 **now that 〜「(今は) 〜だから」**

12 少しの間雨がやんでくれたらいいのになあ。

(**I**) (**wish**) it would stop raining for a while.

解説 **事実に反することへの願望を表す。**

13 私はあなたが私にしたことを決して忘れないだろう。

I'll never forget (**what**) you have done to me.

解説 **先行詞を含む関係代名詞。**

14 明日雨なら，試合は中止になるだろう。

It (**being**) rainy tomorrow, the game will be called off.

解説 **主語を伴う分詞構文。主節の主語と異なる場合の形。**

15 私ならそんな小さなことでカッとならないだろう。

(**I**) (**would**) never lose my temper over such a small thing.

解説 **仮定法過去の文。主語が条件を表している。**

16 一般的に言えば，日本人は時間を守る。

(**Generally**) (**speaking**), Japanese respect punctuality.

解説 **分詞構文の慣用表現。**

17 何らかの対策を取らない限り，森林資源は枯渇するだろう。

The forest resources will be exhausted (**unless**) some measures are taken.

解説 **unless＝if not**

18 私はあまりにも眠くて，その映画を最後まで見ることができなかった。

So sleepy was I (**that**) I couldn't watch the whole movie.

解説 **so ～ that ...の構文の倒置。**

19 私はクッキーを食べながらテレビを見ていた。

I was watching TV, (**eating**) some cookies.

解説 **付帯状況を表す分詞構文。**

20 あなたの助言なしには，私たちはその問題を解決できなかっただろう。

(**But**) (**for**) your advice, we couldn't (**have**) (**solved**) the problem.

解説 **仮定法過去完了の文。but for ～「～がなければ」**

21 当社はその取引で利益も損失も出さなかった。

We made (**neither**) profit (**nor**) loss on the deal.

解説 **neither A nor B「AもBも～ない」**

22 お腹が痛かったので，母におかゆを作ってもらった。

As I had a stomachache, I had my mother (**cook［make］**) rice porridge.

解説 **〈have＋O＋動詞の原形〉「Oに～してもらう」**

23 その動物が絶滅した理由はだれにも分からない。
Nobody knows the (**reason**) (**why**) the animal became extinct.

解説 **関係副詞のwhy。**

24 私は高熱でまともに頭が働かなかった。
A high fever prevented me (**from**) (**thinking**) straight.

解説 **〈prevent＋O＋from *doing*〉「Oが～するのを妨げる」**

25 これこそが私がほしかった車だ。
This is the (**very**) car (**that**) I have wanted.

解説 **先行詞にthe very「まさにその～」などがつくとき，関係代名詞はthatを使うのが基本。**

26 彼女は親切と言うよりおせっかいだ。
She is (**more**) nosy than kind.

解説 **同一の人・ものの性質などの比較ではmoreを使う。**

27 言いたいことは分かるけれど，やはりあなたの考えには反対です。
(**Understanding**) what you want to say, I still don't agree with your idea.

解説 **分詞構文。譲歩を表している。**

28 イルカは魚ではなくほ乳類である。
A dolphin is (**not**) a fish (**but**) a mammal.

解説 **not A but B「AではなくB」**

29 私が電車から降りるなり，雨が降ってきた。
(**No**) (**sooner**) (**had**) I gotten off the train (**than**) it began to rain.

解説 **倒置構文。**

30 彼がもっと一生懸命勉強していたら，彼は入試に合格していただろう。
(**Had**) he studied harder, he (**would**) (**have**) (**passed**) the entrance exam.

解説 **仮定法過去完了の文。倒置になっている。**

31 たとえ大金持ちになっても，彼は働き続けるだろう。
(**Even**) (**if**) he made a fortune, he would keep working.

解説 **仮定法の文。even ifの後には事実ではないことが続く。**

●語句整序問題 ——(　　)内の語句を正しく並べかえましょう。

※(　　)の中では，文のはじめにくる語も小文字になっています。

1 風が強くて，傘をさして歩きにくかった。
(difficult / wind / strong / made / it / the) to walk with my umbrella up.

解答 The strong wind made it difficult　**解説** **itは形式目的語。**

2 私たちは困っている人々に救いの手を差し伸べるべきだ。

We should lend a helping hand (need / who / to / in / those / are).

解答 to those who are in need **解説** **those who ～「～するような人々」**

3 ほしい人ならだれにでもこれらの本をすべてあげます。

I'll give (wants / to / books / whoever / these / them / all).

解答 all these books to whoever wants them **解説** **主格の複合関係代名詞 whoever。**

4 その男は警察官を見るや否や逃げ去った。

The man ran away (police officer / the / saw / a / he / moment).

解答 the moment he saw a police officer **解説** **the moment ～「～するや否や」**

5 ジュディはもう日本の生活に慣れた。

Judy (already / accustomed / life / gotten / to / has) in Japan.

解答 has already gotten accustomed to life **解説** **現在完了の文。get accustomed to ～「～に慣れる」**

6 駅に着いて初めて，私は家に財布を忘れたことに気づいた。

(arrived / until / did / the station / I / not / I / at / ,) realize that I'd left my purse at home.

解答 Not until I arrived at the station, did I **解説** **倒置の文。**

7 彼は負けん気が強いから，かえって私は彼が好きだ。

I like him (because / the / stubborn / all / is / better / he).

解答 all the better because he is stubborn **解説** **all the better because ～「～だからかえって」**

8 メアリーは旅行中に財布とパスポートを盗まれた。

Mary (the trip / stolen / wallet and passport / on / had / her).

解答 had her wallet and passport stolen on the trip **解説** **〈have＋O＋過去分詞〉「Oを～される，Oを～してもらう」**

9 どんなにテニスを一生懸命練習しても，彼は次の試合に勝てないだろう。

(may / tennis / hard / he / however / practice), he won't win the next match.

解答 However hard he may practice tennis **解説** **譲歩を表す複合関係副詞 however。**

10 両国の紛争は，来年までには決着がついているだろう。

(been / two countries / have / the conflict / will / the / between / solved) by next year.

解答 The conflict between the two countries will have been solved **解説** **未来完了の文。**

11 その事故では２人が亡くなっただけでなく，10人が負傷した。
In the accident, (two people / but / only / die / did / not) ten others were injured.

解答 not only did two people die but **解説** **not only A but (also) B「AだけでなくBも」 not onlyが動詞を修飾するとき，倒置が起こる。**

12 工場からの煙で私は気分が悪くなった。
(the factories / me / ill / the smoke / made / from / feel).

解答 The smoke from the factories made me feel ill **解説** **無生物主語の文。〈make＋O＋動詞の原形〉「Oに～させる」**

13 私が遅刻したのは目覚まし時計が壊れていたからだ。
(broken / because / was / it / my alarm clock / that / was) I was late.

解答 It was because my alarm clock was broken that **解説** **強調構文。**

14 私は心の赴くままに進みたい。
I want (my heart / go / me / wherever / to / leads).

解答 to go wherever my heart leads me **解説** **複合関係副詞wherever「～するところへはどこでも」**

15 ２つの仕事を掛け持ちするなんて，あなたはとても精力的であるにちがいない。
You (have / two jobs / to / a lot of / must / work / energy).

解答 must have a lot of energy to work two jobs **解説** **to workは判断の根拠を表す副詞的用法の不定詞。**

16 その小さな女の子はイチゴでいっぱいのバスケットを持ってうれしそうだった。
The little girl (a basket / happy / with / looked / strawberries / with / filled).

解答 looked happy with a basket filled with strawberries **解説** **付帯状況を表すwith。**

17 私の助けが必要なときはいつでも電話してください。
Please (need / me / help / call / you / whenever / my).

解答 call me whenever you need my help **解説** **複合関係副詞whenever「～するときはいつでも」**

18 10分歩くと，私たちはバスターミナルに着いた。
(us / walk / brought / ten / to / minutes') the bus terminal.

解答 Ten minutes' walk brought us to **解説** **無生物主語の文。**

19 その地域で暮らす人々は，貧しい暮らしを強いられている。
(forced / the area / living / to / the people / have / live / been / in) in poverty.

解答 The people living in the area have been forced to live **解説** **〈force＋O＋to *do*〉「Oに～させる」の受動態が完了形になっている。**

まとめて復習

2級でよく出るイディ

2級レベルのイディオム

ここでは，２級でよく出るイディオムを集めました。効率的に学習できるよう，文の中での使い方を覚えられる例文形式で紹介しています。

※付属の赤シートで答えを隠して取り組みましょう。

日本文の意味を表す英文になるように，（　　）に適する英語を入れましょう。

動詞を含むイディオム①

1. Who can (**account**) (**for**) the accident?
だれがその事故の説明責任を負うことができるのですか。

2. They (**accused**) her (**of**) lying.
彼らは嘘をついたことで彼女を責めました。

3. I can't (**afford**) (**to**) buy a new computer.
私は新しいコンピュータを買う余裕がありません。

4. My father's car (**broke**) (**down**) yesterday.
父の車はきのう壊れました。

5. Someone (**broke**) (**into**) the office last night.
昨夜，事務所に何者かが侵入しました。

6. It is two years since the war (**broke**) (**out**).
その戦争が勃発してから２年になります。

7. My mother wants to (**brush**) (**up**) her English.
母は自分の英語を磨き直したいと思っています。

8. They (**carried**) (**on**) the conference for hours.
彼らは何時間も会議を続けました。

9. They (**carried**) (**out**) the contract.
彼らは契約を実行しました。

10. I (**came**) (**across**) your mother at the station yesterday.
私はきのう駅であなたのお母さんに偶然会いました。

11. I've (**come**) (**up**) (**with**) a new concept.
私は新しい構想を思いつきました。

12. This bridge (**connects**) Shikoku (**with**) Honshu.
この橋は四国と本州をつないでいます。

13. You should (**cut**) (**down**) (**on**) your spending.
あなたは出費を抑えるべきです。

オム・口語表現

14. This store (**deals**) (**in**) a variety of caps.
この店はさまざまな帽子を扱っています。

15. My opinions (**differ**) (**from**) yours.
私の意見はあなたのとは異なります。

16. Could you (**divide**) the cake (**into**) 8 pieces?
そのケーキを８つに分けていただけますか。

17. I can't (**do**) (**without**) music.
私は音楽なしでやっていくことはできません。

18. Will you (**exchange**) this skirt (**for**) a smaller one?
このスカートを小さいものと取り替えてもらえますか。

19. We (**failed**) (**to**) persuade him.
私たちは彼を説得しそこねました。

20. Please (**fill**) (**in**) your name and e-mail address.
お名前とEメールアドレスを 記入してください。

21. Have you got (**in**) (**touch**) (**with**) him recently?
あなたは最近彼と連絡を取りましたか。

22. I'll (**get**) (**off**) the train at the next station.
私は次の駅で電車を降りるつもりです。

23. I think I (**got**) (**lost**). 道に迷ったようです。

24. I got (**sick**) (**of**) the situation.
私はその状況にうんざりしました。

25. I don't want to (**give**) (**in**).
私は降参したくありません。

26. Do you (**go**) (**against**) the policy of the company?
あなたは会社の方針に逆らうのですか。

27. (**Hand**) (**in**) the report by next Monday.
次の月曜日までに報告書を提出しなさい。

28. I have (**nothing**) to (**do**) (**with**) the accident.
私はその事故とは何の関係もありません。

29. The woman (**headed**) (**for**) the office.
女性は職場に向かいました。

30. When did you (**hear**) (**from**) Paul?
あなたはいつポールから連絡をもらいましたか。

動詞を含むイディオム②

1. Where did you (**hear**) (**of**) the lawyer?
あなたはどこでその弁護士のことを聞きましたか。
2. (**Keep**) an (**eye**) on your luggage.
手荷物から目を離さないようにしなさい。
3. I (**keep**) my (**word**). 私は約束を守ります。
4. Don't (**leave**) your things (**behind**).
持ち物を置き忘れないようにしなさい。
5. I (**long**) (**for**) spring. 私は春が待ち遠しい。
6. I (**looked**) (**over**) the newspaper before breakfast.
私は朝食前に，新聞にざっと目を通しました。
7. I (**look**) (**up**) (**to**) the player.
私はその選手を尊敬しています。
8. Don't (**look**) (**down**) (**on**) others.
他人を見下してはいけません。
9. The plan will be (**put**) (**into**) (**practice**) next month.
その計画は来月実施されます。
10. Don't (**make**) (**fun**) (**of**) me.
私をからかうのはやめて。
11. I (**make**) (**use**) (**of**) my extra time by doing volunteer work.
私はボランティア活動をすることで余った時間を活用しています。
12. I want to know how to (**make**) the (**best**) (**of**) my small income.
私は自分の少ない収入を最大限活用する方法を知りたい。
13. It is difficult to (**pick**) (**out**) a present for Paul.
ポールへのプレゼントを選ぶのは難しい。
14. Can you (**provide**) me (**with**) some information on the project?
そのプロジェクトに関する情報を私に提供してくれませんか。
15. I can't (**put**) (**up**) (**with**) the noise.
私はその騒音には耐えることができません。
16. The injury (**resulted**) (**from**) the car accident.
そのけがは自動車事故が原因です。
17. Our plan (**resulted**) (**in**) failure.
私たちの計画は失敗に終わりました。

18. The pain (**robbed**) me (**of**) my sleep.
その痛みが私から睡眠を奪いました。

19. I ran (**across**) Ms. Jones in the library.
私は図書館でジョーンズ先生と偶然会いました。

20. I've (**run**) (**out**) (**of**) milk.
私はミルクを切らしてしまいました。

21. Do you want to (**sit**) (**up**) all night?
あなたは徹夜したいのですか。

22. The boy (**showed**) (**off**) his new shoes.
少年は新しい靴を見せびらかしました。

23. ASEAN (**stands**) (**for**) Association of South-East Asian Nations.
ASEANは東南アジア諸国連合を表します。

24. I was told to (**stand**) (**by**) at home.
私は自宅で待機するように言われました。

25. I'll (**take**) my words (**back**). 私の発言を撤回します。

26. We should take the weather (**into**) (**consideration**).
我々は天候を考慮に入れなくてはなりません。

27. I'd like to (**take**) a day (**off**) tomorrow.
明日1日休みを取りたいのですが。

28. Who will (**take**) (**over**) the farm?
だれがその農場を引き継ぐのですか。

29. Have you (**turned**) (**in**) your homework yet?
あなたはもう宿題を提出しましたか。

前置詞を含むイディオム

1. I don't watch TV (**apart**) (**from**) the news.
私はニュースを除いてテレビを見ません。

2. As a (**matter**) of (**fact**), I've never seen the movie.
実際のところ，私はその映画を一度も見たことがありません。

3. (**As**) (**for**) me, I don't like watching sports.
私に関して言えば，スポーツ観戦は好きではない。

4. We will choose the winners (**at**) (**random**).
私たちは無作為に当選者を選びます。

5. The man worked (**at**) the (**cost**) (**of**) his health.
その男性は健康を犠牲にして働きました。

6. This is (**by**) (**far**) the best movie I've ever seen.
これは私が今まで見た中で断然最高の映画です。
7. We can communicate (**by**) (**means**) (**of**) gestures.
私たちは身振りを使ってコミュニケーションができます。
8. Several people spoke (**by**) (**turns**).
数人が交替で話しました。
9. I will (**by**) (**no**) (**means**) forgive him.
私は決して彼を許さない。
10. (**By**) (**all**) (**means**) I must see the girl.
何としても私はその少女に会わなければならない。
11. These images must not be copied (**except**) (**for**) personal use.
これらの画像は個人的な利用をのぞきコピーしてはならない。
12. The room is (**far**) (**from**) comfortable.
その部屋は，快適とはほど遠い。
13. The specialist made a lecture (**for**) (**nothing**).
その専門家は無料で講義を行いました。
14. I don't know (**for**) (**certain**) if he will forgive us.
彼が私たちを許してくれるかどうか，確実にはわからない。
15. We've been friends (**for**) (**ages**).
私たちは長いこと友だちです。
16. Be careful (**from**) (**now**) (**on**).
これからは気をつけなさい。
17. Please use the seatbelt (**for**) the (**sake**) (**of**) safety.
安全のためにシートベルトをお使いください。
18. He'll be back (**in**) a (**moment**).
彼はまもなく戻ります。
19. This computer is heavy (**in**) (**comparison**) (**with**) the new model.
このコンピュータは新モデルと比較すると重い。
20. They encouraged me (**in**) (**earnest**).
彼らは真剣に私を励ましてくれました。
21. The novel is perfect (**in**) every (**aspect**).
その小説はあらゆる面で完ぺきです。
22. I'm (**in**) (**favor**) (**of**) the decision.
私はその決定に賛成です。

23. The school is named (**in**) (**honor**) (**of**) the founder.
その学校は創始者にちなんで名付けられています。

24. Among many sports, I like tennis (**in**) (**particular.**)
多くのスポーツの中で，私は特にテニスが好きです。

25. I'm satisfied with the hotel (**in**) (**terms**) (**of**) service.
サービスに関しては私はそのホテルに満足しています。

26. Everything will be all right (**in**) the (**long**) (**run**).
長い目で見ればすべてうまくいくでしょう。

27. Can I talk with you (**in**) (**private**) for a minute?
少しの間あなたと個人的にお話できますか。

28. The hotel is located (**in**) the (**heart**) (**of**) the city.
そのホテルは街の中心に位置しています。

29. I attended the meeting (**on**) (**behalf**) (**of**) my boss.
私は上司の代理でその会議に出席しました。

30. I was nervous during the game. (**On**) (**the**) (**contrary**), he was relaxed.
私は試合中緊張していた。対照的に，彼はリラックスしていた。

31. It rained (**on**) (**and**) (**off**) yesterday.
きのうは断続的に雨が降りました。

32. I've been (**out**) (**of**) (**shape**) for a long time.
私は長い間体が不調です。

33. The game was postponed (**owing**) to the bad weather.
その試合は悪天候のため延期されました。

形容詞を含むイディオム

1. I'm (**accustomed**) (**to**) speaking in public.
私は公の場で話すのに慣れています。

2. Are you (**anxious**) (**about**) the results of the examination?
あなたは試験の結果が心配ですか。

3. The people in the country are (**anxious**) (**for**) peace.
その国の人々は平和を切望しています。

4. The man is (**apt**) (**to**) get angry.
その男性は怒りがちです。
5. I'm (**assured**) (**of**) his success.
私は彼の成功を確信しています。
6. The library is (**available**) (**to**) all students and their families.
図書室は全生徒とその家族が利用できます。
7. I wasn't (**aware**) (**of**) the problem.
私はその問題に気づいていませんでした。
8. The movie is (**based**) (**on**) a famous mystery novel.
その映画は有名なミステリー小説に基づいています。
9. Alan soon got (**bored**) (**with**) the book.
アランはすぐにその本に飽きてしまいました。
10. Students will be (**capable**) (**of**) organizing the event by themselves.
学生たちはそのイベントを自分たちで準備できるでしょう。
11. I'm (**concerned**) (**about**) her future.
私は彼女の将来を心配しています。
12. We should be (**conscious**) (**of**) social responsibility.
私たちは社会的責任を自覚すべきです。
13. The child was (**curious**) (**to**) use the computer.
その子どもはしきりにコンピュータを使いたがりました。
14. Some customers were (**dissatisfied**) (**with**) the service of the hotel.
一部の客はそのホテルのサービスに不満でした。
15. The boy is (**eager**) (**to**) read two books a week.
その少年は１週間に本を２冊読むと意気込んでいます。
16. Sarah has been (**engaged**) (**in**) volunteer activities lately.
最近サラはボランティア活動に携わっています。
17. The movie is (**familiar**) (**to**) many people in the world.
その映画は世界の多くの人々によく知られています。
18. Ron is (**familiar**) (**with**) the history of baseball.
ロンは野球の歴史をよく知っています。
19. I'm (**grateful**) (**for**) your advice.
私はあなたの助言に感謝しています。

20. Oliver was (**ignorant**) (**of**) politics at that time.
当時オリバーは政治にうとかった。

21. Jack seemed (**incapable**) (**of**) making decisions by himself.
ジャックは自分で物事を決断することができないようでした。

22. This computer is (**inferior**) (**to**) that one in performance.
このコンピュータはあのコンピュータよりも性能の面で劣っています。

23. Last night, Paul was (**involved**) (**in**) a car accident.
昨晩，ポールは自動車事故に巻き込まれました。

24. The country's population is (**likely**) (**to**) grow over the next decade.
その国の人口は今後10年間で増える見込みです。

25. The boy is (**obedient**) (**to**) his parents.
その少年は両親に従順です。

26. We are (**obliged**) (**to**) preserve nature for future generations.
私たちは将来の世代のために自然を保護する義務を負っています。

27. They were (**reluctant**) (**to**) accept my suggestion.
彼らはしぶしぶ私の提案を受け入れました。

28. The violinist looked (**satisfied**) (**with**) his performance.
そのバイオリニストは自分の演奏に満足している様子でした。

29. The UN is (**short**) (**for**) the United Nations.
UNは国際連合の省略形です。

30. The country is (**short**) (**of**) food and water.
その国では食べ物と水が不足しています。

31. Digital dictionaries are (**superior**) to paper dictionaries in some ways.
電子辞書は紙辞書よりもいくつかの点で優れています。

32. Rei and I were (**supposed**) (**to**) meet at the station at 1 p.m.
レイと私は午後1時に駅で会うことになっていました。

33. Kevin is always (**willing**) (**to**) give a helping hand to his friends.
ケヴィンはいつも友人たちに快く援助の手を差し伸べます。

34. The museum is (**worth**) (**visiting**).
その博物館は訪れる価値があります。

2級レベルの基本文・口語表現

ここでは，２級でよく出る基本文・口語表現を集めました。効率的に学習できるよう，文の中での使い方を覚えられる例文形式で紹介しています。

※付属の赤シートで答えを隠して取り組みましょう。

日本文の意味を表す英文になるように，(　　)に適する英語を入れましょう。

あいさつ

1. It's a (**pleasure**) to meet you.　お会いできてうれしいです。
2. How are you (**doing**)? —— Couldn't be (**better**).
   調子はどうですか。—— 最高です。
3. I appreciate what you've done for me.
   —— Don't (**mention**) (**it**).
   あなたがしてくださったことに感謝します。—— どういたしまして。

話しはじめ・相づち・つなぎことば

4. (**You**) know (**what**)?　ねえ知ってる？
5. I couldn't (**agree**) more.　まったく同感です。
6. I wouldn't go if I were you. (**I**) (**mean**), you shouldn't go.
   私が君だったら行かない。つまり，君は行かない方がいい。
7. (**Come**) to (**think**) of it, I haven't eaten anything since morning.
   考えてみると，私は朝から何も食べていません。

強調表現

8. What (**on**) (**earth**) are you saying?
   あなたはいったい何を言っているのですか。
9. My brother has (**quite**) (**a**) few CDs.
   兄はかなりの数のCDを持っています。
10. There are (**not**) (**a**) few children in the park.
    公園にはかなりの数の子どもがいます。

勧誘・提案する

11. What do you (**say**) (**to**) going shopping?
買い物に行くのはどうですか。

12. Why (**don't**) (**we**) have lunch together?
—— I'm sorry, I have (**another**) appointment.
一緒に昼食を食べませんか。
—— ごめんなさい，別の約束があるんです。

13. Would you (**care**) for something to drink?
—— Yes, I'd (**like**) some coffee.
何か飲み物はいかがですか。—— はい，コーヒーをお願いします。

14. How (**about**) (**asking**) Alice to redesign our website?
—— That's a (**good**) (**idea**). She's cut out for this kind of job.
うちの会社のウェブサイトの作り直しをアリスに頼んだらどうかしら。
—— それはいい考えだ。彼女はこういう仕事に向いているね。

15. If you're in a hurry, why (**don't**) (**you**) take a taxi to the station?
—— I'll do (**so**). Thank you for your advice.
急いでいるなら，駅までタクシーで行ってはどうですか。
—— そうします。アドバイスをありがとう。

意見を求める

16. (**How**) do you (**like**) this school?
—— I (**love**) it. I've made a lot of friends.
この学校はどうですか。
—— 最高です。私はたくさんの友だちを作りました。

17. How did you (**find**) the baseball game?
—— I (**found**) it exciting.
野球の試合はどうでしたか。—— わくわくするものでした。

許可を求める・依頼する

18. Will you (**do**) me a (**favor**) ?
お願いがあるのですが。

19. Would you (**mind**) calling me tonight?
—— Not (**at**) (**all**). / I'm sorry, but I'm busy tonight.
今夜電話をいただけませんか。
—— いいですとも。/ すみませんが，私は今夜忙しいのです。

20. Would you (**mind**) (**my**) smoking? たばこを吸ってもかまいませんか。
—— Certainly (**not**). / I'd rather you (**didn't**).
—— かまいませんよ。/ 吸わないでくれるとうれしいです。

21. Could (**you**) check my English writing, Mrs. Allen?
—— Sure. I'm always (**ready**) (**to**) help you.
アレン先生，私の英語のライティングを見ていただけますか，。
—— いいわよ。いつでも力になるわ。

申し出る

22. (**Shall**) (**I**) make coffee for you?
—— Yes. Black, please.
コーヒーでも入れましょうか。—— ええ，ブラックでお願いします。

23. Please (**feel**) (**free**) to contact me if you have questions on this matter.
—— That's very kind (**of**) you.
この件で質問がありましたら，ご遠慮なく私にご連絡ください。
—— ご親切にありがとうございます。

慣用表現

24. Let's (**call**) it a (**day**). これで終わりにしよう。

25. How was your math test?
—— It was a (**piece**) of (**cake**).
数学のテストはどうだった？ —— すごく簡単だったよ

26. I'll keep my (**fingers**) (**crossed**). 幸運をお祈りしています。

2級

2023年度 第2回

一次試験 2023.10.8実施

二次試験 A日程 2023.11.5実施

B日程 2023.11.12実施

一次試験・筆記(85分)

pp.38～52

一次試験・リスニング(約25分)

pp.53～57
CD赤-1～32

二次試験・面接(約7分)

pp.58～61

※解答一覧は別冊p.3
※解答と解説は別冊pp.4～34

※別冊の巻末についている解答用マークシートを使いましょう。

合格基準スコア

- 一次試験……1520
  (満点1950／リーディング650, リスニング650, ライティング650)
- 二次試験……460(満点650／スピーキング650)

◉一次試験・筆記

1 次の(1)から(20)までの（　　）に入れるのに最も適切なものを**1**，**2**，**3**，**4**の中から一つ選び，その番号を解答用紙の所定欄にマークしなさい。

(1) ***A:*** What do you think of your new high school, Paula?
B: It's great, Mr. Morgan. I like it better than my (　　) school.
1 neutral　**2** exact　**3** previous　**4** appropriate

(2) Having a part-time job is good for Kaoru because she needs extra money to spend, but one (　　) is that she cannot go out with her friends on weekends.
1 structure　**2** baggage　**3** disadvantage　**4** lecture

(3) After a series of financial scandals, many people began to demand that the government make rules to (　　) banks more strictly.
1 regulate　**2** reproduce　**3** irritate　**4** impress

(4) David felt the job interview had gone badly, so he thought that the letter from the company would be a (　　). He was surprised to find he had actually got the job.
1 symptom　**2** rejection　**3** biography　**4** contribution

(5) When the police found the escaped criminal hiding in an old warehouse, they approached him (　　).
1 partially　**2** temporarily　**3** regionally　**4** cautiously

(6) Chris (　　　) his invitation to the barbecue party to friends, neighbors, and relatives. He wanted as many people as possible to come.

1 removed　**2** extended　**3** compared　**4** proved

(7) The rock band's (　　　) only lasted a few months. After radio stations stopped playing the band's songs, people soon forgot about it.

1 shade　**2** area　**3** fame　**4** origin

(8) Whenever Keith goes traveling, he (　　　) his luggage very carefully. He once had a bag stolen on a train, so he always keeps his things where he can see them.

1 guards　**2** carves　**3** divorces　**4** accelerates

(9) Louis has worked at the same company since he graduated from college. This year, after four (　　　) of working there, he is going to retire.

1 jails　**2** decades　**3** principles　**4** societies

(10) Kate took a walk by the sea yesterday. Some of the rocks were wet and slippery, so she often had to (　　　) herself to avoid falling into the water.

1 punish　**2** defeat　**3** filter　**4** steady

(11) Olivia worked for her father for eight years and eventually (   ) his business. She ran the company very successfully and even opened a branch overseas.

1 wrote up **2** took over **3** kept off **4** fell through

(12) ***A:*** Well, tomorrow our vacation (   ) an end, and we have to fly back home.

B: I know. I don't want to leave. I wish we could stay here longer.

1 goes for **2** brings up **3** takes out **4** comes to

(13) Gary has been having problems with his knees (   ) for several months. Yesterday, they were really painful. They are better today, but he has decided to see his doctor anyway.

1 on and off **2** up and down **3** side by side **4** one by one

(14) A storm caused the power to go off in Greenville yesterday. Residents had to (   ) electricity for two hours before the supply was restored.

1 drop by **2** come across **3** go against **4** do without

(15) ***A:*** Where's Gerald? He should have been here half an hour ago.

B: That's (   ) him. I don't think he ever arrives on time.

1 typical of **2** inferior to **3** grateful for **4** patient with

(16) Ms. Williams said that her students could have one more week to finish their history assignments, but anyone who ( ) their work late would be in trouble.

1 brought down **2** brought out
3 turned in **4** turned on

(17) Because Angela's family was ( ), she did not have to worry about the cost of going to university.

1 close up **2** next up **3** far off **4** well off

(18) Eisuke is the fastest runner at his school. He is sure ( ) the 100-meter race at the sports festival.

1 to win **2** win **3** will win **4** won

(19) ***A:*** Brian, you ( ) put so much salt on your food. Eating too much salt can be bad for you.
B: OK, Mom. I won't.

1 to not ought **2** not ought to **3** ought not to **4** to ought not

(20) Miranda screamed for joy ( ) moment she heard that she had got into Budgeforth College.

1 the **2** on **3** at **4** a

2

次の英文[A]，[B]を読み，その文意にそって*(21)*から*(26)*までの（　）に入れるのに最も適切なものを**1**，**2**，**3**，**4**の中から一つ選び，その番号を解答用紙の所定欄にマークしなさい。

[A]

Doggerland

Since the 1930s, fishermen have occasionally found ancient objects made from stone or bone in their nets when fishing in the sea between Britain and northern Europe. Many of these objects were made around 9,000 years ago. Historians used to believe this area was underwater at that time, like it is now. There was also little evidence that ancient Europeans regularly traveled on the sea. (*21*), experts had difficulty explaining how these man-made objects had ended up at the bottom of the ocean.

The only possible explanation was that sea levels must have been much lower in the past. In fact, research shows that Britain did not become an island until about 8,000 years ago. Before that, people (*22*) the European continent. The huge piece of land that once connected Britain and the European continent has been given the name Doggerland. As the last ice age ended, sea levels rose. Britain was separated from the rest of Europe when most of Doggerland was covered by the sea. By about 7,000 years ago, sea levels had risen further and covered Doggerland completely.

Researchers want to learn more about the people who lived in Doggerland. They have created 3D maps from data that has been collected by companies searching for oil at the bottom of the sea. The researchers are using these maps to choose sites where humans probably lived. At one of these sites, the researchers (*23*). As a result, they are hopeful that they will continue to make discoveries about the culture and lifestyles of the people of Doggerland.

(21)
1 What is more
2 Likewise
3 Therefore
4 Equally

(22)
1 made objects on
2 rarely visited
3 had heard stories about
4 could walk to it from

(23)
1 used a robot to look for oil
2 found an ancient stone tool
3 built a small museum
4 noticed some recent changes

[B]

The Science of False Starts

A shot is fired at the beginning of a running race to tell athletes to start moving. If one of the athletes moves before the shot is fired, it is known as a "false start," and the athlete is removed from the race. Interestingly, if an athlete moves before 0.1 seconds have passed after the shot is fired, this is also a false start. Athletics organizations argue that no human can (*24*). They say that such an athlete must have been guessing when the shot would be fired rather than waiting to hear it.

To learn more about false starts, scientists have carried out experiments on human response times. One experiment in the 1990s found that athletes responded to the sound of the shot after 0.12 seconds (*25*). Some were slightly quicker, while others were slightly slower. However, the athletes who took part in this experiment were amateurs. A more recent experiment showed that some professional athletes might be able to respond in just 0.08 seconds. Both studies, however, involved a small number of athletes.

Some people think that the false start rule is too strict. In some other sports and track-and-field events, athletes (*26*) if they break a rule. For example, in the long jump, if an athlete's foot goes over the line on their first attempt, the athlete still has two more opportunities to try. Some people suggest that instead of removing athletes who make false starts, their start position should be moved back a few meters, and this would make the races fair for everyone.

(24)
1 react so quickly
2 jump so high
3 hear such sounds
4 lift such weights

(25)
1 so far
2 by then
3 on average
4 in total

(26)
1 have extra chances
2 must pay money
3 can watch a video replay
4 return their medals

3

次の英文[A]，[B]，[C]の内容に関して，*(27)*から*(38)*までの質問に対して最も適切なもの，または文を完成させるのに最も適切なものを**1**，**2**，**3**，**4**の中から一つ選び，その番号を解答用紙の所定欄にマークしなさい。

[A]

From: Melissa Simmons <simmonsm@wigbylibrary>
To: Library staff <staff@wigbylibrary>
Date: October 8
Subject: Story time

Dear Staff,
One of my goals as the director of Wigby Public Library is to make it a popular place for families. Reading is important for everyone, especially children. If parents and children read books together, they will share happy memories and build better relationships. Also, reading is a great way for parents to help with their children's education. Our library can play a surprisingly important role in making Wigby an even smarter and more caring town!
With this in mind, I have decided to start a weekly storytelling session for children and parents, and I need your help to make it fun. Of course, I want your suggestions for stories. I also need someone to make posters to advertise the sessions and someone to look for items that the person telling the story can use to make the stories more fun. Finally, I think we should take turns telling the stories.
Please let me know if there is something you would really like to do for these sessions. If you have any ideas that could help make them better, I would like to hear them, too. Also, if you have any ideas that will encourage more families to come to the library, please feel free to tell me about them. You can either send me an e-mail or come to my office to talk to me in person.
Best regards,
Melissa
Director, Wigby Public Library

(27) According to Melissa, one way that reading can help families is by
1 giving children a chance to explain their goals to their parents.
2 allowing parents and children to develop better connections.
3 improving parents' chances of getting well-paid jobs.
4 reducing the amount of time that children spend watching TV.

(28) What is one thing that Melissa asks library staff to do?
1 Let her know if they are friends with any writers.
2 Help her to move items to make space for an event.
3 Write a story about a group of young children.
4 Create notices that tell people about an activity.

(29) Why does Melissa invite staff members to her office?
1 To have a meeting to review the duties of staff members.
2 To tell her how to make the library more attractive to families.
3 She is too busy to be able to go and speak to them.
4 She wants to get to know each staff member much better.

[B]

Purple Straw Wheat

Wheat is an important crop in the United States, and its seeds are used for making bread, pasta, and other foods. It has been the country's main food grain since the 18th century. Wheat production in the United States, however, has faced challenges throughout its history. During the late 18th century, many types of wheat were attacked by diseases and insects that came from Europe. One type of wheat called purple straw wheat, though, was able to resist these dangers, and for a long time, it was the best choice for many farmers to plant.

Purple straw wheat seeds can be used to make whiskey or produce soft and delicious flour that is good for making cakes and bread. It has been grown since the 18th century, especially in the southern United States. What made purple straw wheat particularly important was its ability to survive winter weather. Unlike other types, purple straw wheat could be planted in late autumn and harvested in early spring. This meant that it avoided summer diseases and insects. As a result, purple straw wheat continued to be widely grown until the mid-20th century.

In the 1960s, scientists developed new types of wheat by mixing the genes of existing ones. These new types produced more seeds per plant and were better able to resist diseases. By using modern farming technology, chemicals that kill insects, and these new types of wheat, farmers could produce large quantities of wheat seeds more cheaply than before. Although flour from purple straw wheat is tastier and healthier, this type of wheat almost completely went out of use.

Some researchers wanted to bring back purple straw wheat. However, its seeds were not easy to obtain because there were only a few sources. The researchers finally managed to get a few grams of purple straw wheat seeds and planted them at Clemson University in South Carolina. They have been gradually increasing the amount of wheat that they can produce, although it is still not enough to make and sell flour. Many chefs, bakers, and whiskey makers are looking forward to being able to use purple straw wheat in their products.

(30) What happened in the late 18th century in the United States?

1 Farmers developed a type of wheat that produced better flour.
2 Diseases and insects that affected wheat plants arrived from overseas.
3 A lack of wheat meant that it had to be imported from Europe.
4 People started to use grains other than wheat to make bread.

(31) What was one reason that purple straw wheat was better than other types of wheat?

1 It could be grown during the coldest part of the year.
2 It could be used to make new kinds of foods and drinks.
3 It could survive the hot summers in the southern United States.
4 It could grow in fields that had low-quality soil.

(32) Why did people stop growing purple straw wheat in the 20th century?

1 It was not suitable for use with modern farming technology.
2 Scientists created types of wheat that gave greater numbers of seeds.
3 People wanted to buy flour that tasted better and was healthier.
4 Chemicals that kill insects destroyed many purple straw wheat plants.

(33) Researchers who have been growing purple straw wheat

1 could only get a small amount of purple straw wheat seeds.
2 tested it in several different locations in the United States.
3 offered flour made from the wheat to chefs, bakers, and whiskey makers.
4 were surprised at how quickly they were able to produce enough to sell.

[C]

Venice's Books

During the Middle Ages, the Italian city of Venice was famous for international trade. Not only was the city's location important, but also there were fewer laws controlling people's behavior than in other parts of Europe. This freedom attracted writers, artists, and craftspeople to the city. Following the invention of printing machines in the 15th century, these people combined their abilities to make Venice the center of the printing and bookmaking industry in Europe. This tradition of making high-quality books by hand survives in the city to this day.

Paolo Olbi is helping to keep this tradition alive. He makes use of techniques that have existed for centuries to produce beautiful books, diaries, and photo albums. The paper inside them is cut by hand, and their covers are made of hand-printed paper, leather, wood, and even a kind of Italian glass called Murano. When Olbi began learning his craft in 1962, there were about 20 bookstores in Venice that made handmade books. Now, though, Olbi's store is one of only three such places that remain.

One of Olbi's heroes is a man called Aldus Manutius. Manutius founded a printing company in 1494 that became one of the most famous printing companies in Venice. Until the late 15th century, books were large, heavy, and very expensive. They were mostly about religion and law. Manutius developed techniques to produce smaller, lighter, and cheaper books. Moreover, he printed novels and books about art and philosophy. These developments made books more popular and easier to buy for ordinary people.

Olbi has a picture of Manutius on the wall of his store. Like Manutius, he loves books and believes they should be beautiful. Over the years, Olbi has taught his skills to many people. In 2018, a former student invited Olbi to display his books at an exhibition of handmade objects. This gave Olbi a chance to get more people interested in traditional bookmaking. Olbi wants to expand his store into a cultural center where tourists can see how he makes books and young people can learn his techniques. By doing so, he hopes to prevent the tradition of bookmaking in Venice from being lost.

(34) What is one reason that writers, artists, and craftspeople were attracted to Venice?
1 They could get part-time jobs in the bookmaking industry.
2 They could sell their work at higher prices in the city.
3 The city's location provided inspiration for their work.
4 The city allowed people to live more freely than other places.

(35) Paolo Olbi is a bookmaker who
1 uses traditional methods to make his products.
2 owns about 20 bookstores in the city of Venice.
3 has developed a new technique for printing on glass.
4 tries to use recycled materials to produce books.

(36) Aldus Manutius helped to increase the popularity of books by
1 opening schools in Venice where people could learn to read.
2 printing more and more books about topics such as religion and law.
3 writing a series of novels about artists and philosophers in Venice.
4 finding ways to reduce the size, weight, and prices of books.

(37) What is one thing that Olbi would like to do?
1 Find a picture of Manutius that was lost many years ago.
2 Meet his former students to find out what they have been doing.
3 Create a place where more people can learn about bookmaking.
4 Write a book about the life and achievements of Manutius.

(38) Which of the following statements is true?
1 One of the most famous printing companies in Venice was established in 1494.
2 The number of stores in Venice making handmade books has increased since 1962.
3 Olbi holds an annual exhibition in Venice to display the work of his students.
4 Laws to stop international trade were introduced in Venice in the Middle Ages.

●以下のTOPICについて，あなたの意見とその理由を２つ書きなさい。
●POINTSは理由を書く際の参考となる観点を示したものです。ただし，これら以外の観点から理由を書いてもかまいません。
●語数の目安は80語～100語です。
●解答は，解答用紙のB面にあるライティング解答欄に書きなさい。なお，解答欄の外に書かれたものは採点されません。
●解答がTOPICに示された問いの答えになっていない場合や，TOPICからずれていると判断された場合は，0点と採点されることがあります。TOPICの内容をよく読んでから答えてください。

TOPIC

Today, some customers ask delivery companies to put packages by their doors instead of receiving them directly. Do you think this kind of service will become more common in the future?

POINTS

● ***Convenience***
● ***Damage***
● ***Security***

◉一次試験・リスニング

2級リスニングテストについて

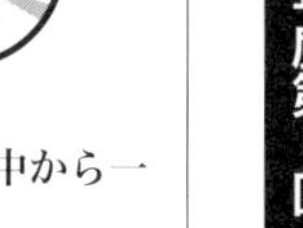

❶このリスニングテストには，第1部と第2部があります。

★英文はすべて一度しか読まれません。

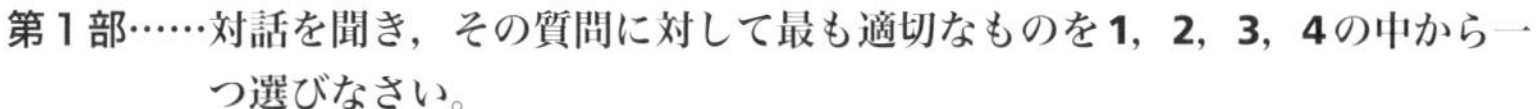
第1部……対話を聞き，その質問に対して最も適切なものを**1**，**2**，**3**，**4**の中から一つ選びなさい。

第2部……英文を聞き，その質問に対して最も適切なものを**1**，**2**，**3**，**4**の中から一つ選びなさい。

❷No. 30のあと，10秒すると試験終了の合図がありますので，筆記用具を置いてください。

第1部

No. 1 (CD 赤-2)

1 Look at a map of the university campus.
2 Walk with her to the corner.
3 Take a different route to the Science Center.
4 Ask the staff at the History Department building.

No. 2 (CD 赤-3)

1 Finding a job at the airport.
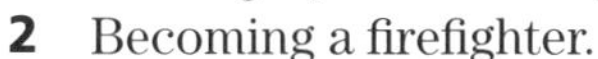
2 Becoming a firefighter.

3 Traveling to foreign countries.
4 Traveling safely.

No. 3 (CD 赤-4)

1 To do research for his presentation.
2 To help the girl get a better grade.
3 To use the computers there.
4 To participate in a study group.

No. 4 (CD 赤-5)

1 He does not have the right computer.
2 He does not know what a web camera is.
3 He might have trouble setting up a web camera.
4 He might need some help carrying equipment.

No. 5 (CD 赤-6)

1 Pick her up at the supermarket.
2 Get home as fast as he can.
3 Buy something from the supermarket.
4 Wait for a delivery at home.

No. 6

1 Show him how to get to Larry's Café.
2 Make him a tuna sandwich.
3 Get him some food.
4 Help him finish his work.

No. 7

1 Most of them did not turn out well.
2 He printed them out on Thursday.
3 He could not hand them in on time.
4 They were the first ones he took this year.

No. 8

1 Search for their gate.
2 Look in some stores.
3 Ask someone for directions.
4 Start boarding the plane.

No. 9

1 It is very expensive.
2 It has a very sweet taste.
3 It is only sold in restaurants in Spain.
4 It goes well with the restaurant's food.

No. 10

1 He took the bus.
2 He went on foot.
3 He called a taxi.
4 His wife drove him.

No. 11

1 She has been watering it too much.
2 She gave it the wrong plant food.
3 It is not getting enough sunlight.
4 It is being attacked by insects.

No. 12

1 Read a review.
2 Fix the elevator.
3 Talk to some artists.
4 See an art exhibition.

No. 13

1 He dislikes traveling.
2 He has just taken a trip.
3 He will go to Indonesia soon.
4 He took three days off work.

No. 14

1 Walking around the woman's house.
2 Watering the woman's garden.
3 Showing his garden to the woman.
4 Looking at a picture of the woman's house.

No. 15

1 Fill out a form in German.
2 Send a package to Germany.
3 Weigh her package later.
4 Leave for Germany within a week.

第2部

No. 16

1 Stuart gave her a beautiful card.
2 Stuart took her out to breakfast.
3 Stuart woke up by himself.
4 Stuart cooked breakfast for her.

No. 17

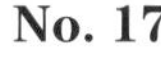

1 See notes for the class.
2 Buy their textbooks.
3 Discuss topics from class.
4 Send messages to classmates.

No. 18

1 She found a new pen pal.
2 She joined a club at school.
3 She started a part-time job.
4 She met her brother's friends.

No. 19

1 There will be a big storm.
2 Her father asked her to clean her room.
3 A friend will move to another city.
4 She has a lot of homework to do.

No. 20

1 His camera was stolen outside his school.
2 His computer fell down and broke.
3 His uncle bought him a new toy.
4 His teacher took away his smartphone.

No. 21

1 Helping his sister.
2 Buying a cat.
3 Looking for a new home.
4 Preparing breakfast.

No. 22

1 He was not born in the United States.
2 He invented a new way to print books.
3 He often wrote fiction with historical events.
4 He did not like his country's president.

No. 23

1 Give her old car to her daughter.
2 Use her car to deliver items.
3 Help her son look for a sports car.
4 Go for a drive in her new car.

No. 24

1 It was difficult for him to turn it around.
2 It had nine windows on each side.
3 It took him and his band six years to build.
4 It had enough space inside for concerts.

No. 25

1 By showing a code on a screen.
2 By answering 10 questions.
3 By buying more than five items.
4 By speaking to a member of staff.

No. 26

1 To make a video to show people how to cook.
2 To stop eating so much roast beef.
3 To think about becoming a professional chef.
4 To use brown bread when she makes sandwiches.

No. 27

1 They saw an unusually big plant.
2 They found a very rare animal.
3 They heard some strange animal noises.
4 They found the biggest mouse on Earth.

No. 28

1 To give people information about park rules.
2 To let people know that the festival is over.
3 To tell people about the festival's final show.
4 To ask some performers to come to the stage.

No. 29

1 Their names were chosen to match their shapes.
2 Their shapes were created by a famous designer.
3 They were recently discovered by foreign hikers.
4 They are famous for the quality of the water in them.

No. 30

1 Show him how to draw animals.
2 Buy him a new comic book.
3 Take him to the zoo on his birthday.
4 Teach him to play a song.

◉二次試験・**面接**

※本書では出題例として2種類のカードを掲載していますが，本番では1枚のみ渡されます。
※面接委員の質問など，二次試験に関する音声はCDに収録されていません。

受験者用問題　カード　A

Better Communication

Today, Japanese people often have chances to do business with foreigners. For this reason, it is important that Japanese people understand differences in ways of thinking. Some companies let their employees learn about such differences, and in this way they help their employees avoid misunderstandings. In the future, more and more Japanese will probably work with foreigners as the world becomes more connected.

Your story should begin with this sentence: **One afternoon, Jun and his mother were watching a television program about France.**

No.1 According to the passage, how do some companies help their employees avoid misunderstandings?

No.2 Now, please look at the picture and describe the situation. You have 20 seconds to prepare. Your story should begin with the sentence on the card.
<20 seconds>
Please begin.

Now, Mr. / Ms. _____, please turn over the card and put it down.

No.3 Some people say that more companies should allow their workers to have meetings online. What do you think about that?

No.4 Today, many people use their smartphones in public places. Do you think people are careful enough about their manners when using smartphones?
Yes. → Why?
No. → Why not?

受験者用問題　カード　B

Helping Working Parents

It is not easy for parents who have small children to work full-time. As a result, the importance of places where parents can leave their children while working is increasing. Now, some companies offer such places, and in this way they help employees with small children work more easily. Companies like these will probably become more and more common in the future.

Your story should begin with this sentence: **One day, Koji and his mother were talking in their living room.**

No.1 According to the passage, how do some companies help employees with small children work more easily?

No.2 Now, please look at the picture and describe the situation. You have 20 seconds to prepare. Your story should begin with the sentence on the card.
<20 seconds>
Please begin.

Now, Mr. / Ms. _____, please turn over the card and put it down.

No.3 Some people say that children today do not spend enough time playing with other children. What do you think about that?

No.4 Today, most towns and cities have libraries. Do you think more people will use libraries in the future?
Yes. → Why?
No. → Why not?

2023年度 第1回

一次試験　2023.6.4実施

二次試験　A日程　2023.7.2実施

B日程　2023.7.9実施

一次試験・筆記（85分）

pp.64～78

一次試験・リスニング（約26分）

pp.79～83
CD赤-33～64

二次試験・面接（約7分）

pp.84～87

※解答一覧は別冊p.35
※解答と解説は別冊pp.36～66

※別冊の巻末についている解答用マークシートを使いましょう。

合格基準スコア

- 一次試験……1520
  （満点1950／リーディング650，リスニング650，ライティング650）
- 二次試験……460（満点650／スピーキング650）

◉一次試験・**筆記**

1 次の*(1)*から*(20)*までの（　）に入れるのに最も適切なものを**1**，**2**，**3**，**4**の中から一つ選び，その番号を解答用紙の所定欄にマークしなさい。

(1) ***A:*** Dave asked me to marry him. Do you think I should say yes?
B: You have to use your own (　　) to decide. No one else can do it for you.

1 income　**2** convention　**3** judgment　**4** geography

(2) ***A:*** What did you think of my essay, Jill?
B: Well, some of the explanations you gave are a bit (　　). Maybe you should make those parts clearer.

1 harmful　**2** previous　**3** certain　**4** vague

(3) Colin had been getting bad grades in math for a long time, but he did not do anything about it. Finally, he decided to (　　) the problem and ask his teacher for help.

1 alter　**2** impress　**3** honor　**4** confront

(4) The St. Patrick's Day parade started on 10th Avenue and (　　) slowly to the center of town.

1 illustrated　**2** reminded　**3** proceeded　**4** defended

(5) Before there were motor vehicles, people often used (　　) that were pulled by horses to make long journeys.

1 carriages　**2** fantasies　**3** puzzles　**4** luxuries

(6) Jane bought five silk handkerchiefs. Because she was going to give each one to a different friend, she asked the salesclerk to wrap them ( ).

1 legally **2** financially **3** accidentally **4** individually

(7) In the first lecture, Professor Smith ( ) how important it was to take good notes. He mentioned it three or four times.

1 engaged **2** divided **3** buried **4** stressed

(8) Yesterday, there was a small fire at a house on the street where Ben lives. Firefighters ( ) water onto the fire and soon put it out.

1 sprayed **2** demanded **3** awarded **4** punished

(9) In the game *Invasion!* , each player tries to take over other countries and build an ( ).

1 urgency **2** offspring **3** empire **4** impulse

(10) In science class, Ms. Dixon lit a candle and asked her students to look at the ( ). She told them that the hottest part was where it was blue.

1 triumph **2** religion **3** flame **4** luggage

(11) Margaret's parents finally bought her a piano after she promised to practice every day, but she quit playing after just two months. They were very ( ) her.

1 capable of **2** inspired by
3 attracted to **4** disappointed in

(12) ***A:*** I'm sorry that I came home late. Did you have dinner without me?
B: Yes. We were very hungry, but I ( ) some food for you. I'll heat it up now.

1 cut down **2** hung up **3** took after **4** set aside

(13) Due to construction work on Bayside Street, the electricity to the houses on the street had to be ( ) for two hours.

1 heard of **2** turned over **3** shut off **4** ruled out

(14) Tau Electronics has confirmed that it will be ( ) its new smartphone next month. The release has been delayed for several months due to technical issues.

1 bringing out **2** falling for **3** picking on **4** giving off

(15) Water that falls as snow and rain in the Andes Mountains travels thousands of kilometers down the Amazon River and eventually ( ) the Atlantic Ocean.

1 flows into **2** runs across **3** hands over **4** digs up

(16) Applicants for jobs at Swandon Foods must apply (　　　). They are not allowed to mail their application forms. Instead, they must take them to the store manager or his assistant.

1 at ease　**2** at length　**3** in person　**4** in detail

(17) The students in Jason's class take turns to look after things in the classroom. This week, Jason is (　　　) of checking that there is no trash on the floor at the end of each day.

1 for fear　**2** in charge　**3** on behalf　**4** by way

(18) Jenny is an excellent cook. Her soups and stews are as good as (　　　) that are served in a restaurant.

1 none　**2** any　**3** other　**4** few

(19) ***A:*** Mom, can I go to the park to play with Jimmy later?
B: Yes, (　　　) you finish your homework first.

1 provide　**2** provided　**3** to provide　**4** only provide

(20) Ms. Misawa is very rich and lives in a huge house. Her kitchen is four times (　　　) other people's kitchens.

1 large from　**2** size from　**3** the large of　**4** the size of

2

次の英文[A], [B]を読み，その文意にそって*(21)*から*(26)*までの（　）に入れるのに最も適切なものを**1**, **2**, **3**, **4**の中から一つ選び，その番号を解答用紙の所定欄にマークしなさい。

[A]

Any Change?

Long ago, humans did not use money. Because they often could not produce everything that they needed, they traded some of their goods for goods made by others. Gradually, the goods that they exchanged were replaced by cash. For hundreds of years, metal coins and paper bills that can be exchanged for goods and services have been produced. Cash is convenient for many people because it is easy to carry. At the same time, though, it (*21*). Another disadvantage is that criminals have been able to produce fake coins and bills.

In the middle of the 20th century, plastic credit cards were introduced. They had security features to prevent them from being used by anyone except their owners. At first, their use was limited to wealthy people. Over time, however, they became (*22*). In the last few years, apps for smartphones that can be used in the same way as credit cards have also become popular. Because of this, some people are suggesting that we may soon see the end of cash.

Supporters of a "cashless" society—in which all payments are made electronically—argue that it would have several benefits. For example, people would not have to worry about keeping their wallets safe. However, some people are concerned that they might be unable to pay for the things they need because of a software error or a broken smartphone. Moreover, some people do not have bank accounts or credit cards, so their only option is to use coins and bills. (*23*), it seems as though societies will continue to use cash.

(21)
1 can be lost or stolen
2 is used for shopping online
3 can be recycled
4 is understood by almost everyone

(22)
1 thinner and lighter
2 more colorful and exciting
3 harder to use
4 more widely available

(23)
1 For now
2 Until then
3 With luck
4 By contrast

[B]

The Tale of Mejk Swenekafew

Recently, many people have been talking about "fake news"—news reports that are untrue. However, such reports have been around for a long time. They are sometimes used in order to get more people to read newspapers, watch TV programs, or visit online news sites. People also use fake news to spread their political or religious beliefs. However, (*24*) publishing fake news. In 1903 in the city of Clarksburg, West Virginia, fake news was used to check if a newspaper was really writing its own articles.

In the city, there were two rival newspapers, the *Clarksburg Daily Telegram* and the *Clarksburg Daily News*. The *Daily Telegram*'s staff believed that the Daily News's reporters were (*25*). The *Daily Telegram* decided to check whether this was happening. It published a fake news story about a man who had been shot after an argument about a dog. The man's name was Mejk Swenekafew. Soon afterward, exactly the same news appeared in the *Daily News*. However, the reporters at the *Daily News* had not noticed that the name "Swenekafew" was actually "we fake news" written backward. They were forced to admit that they had copied the *Daily Telegram*'s article.

These days, there is more pressure than ever on newspapers, news programs, and news websites to get more readers, viewers, and visitors. In order to do so, they need to report big news stories as quickly as possible. (*26*), they are constantly watching each other to make sure they have the latest stories. However, they need to be careful not to do the same thing that the *Clarksburg Daily News* did.

(24)
1 these are not the only reasons for
2 there are rules to stop people from
3 many popular websites have been
4 some TV companies began by

(25)
1 attending an event
2 planning to quit
3 being paid more
4 stealing its stories

(26)
1 Despite this
2 By chance
3 As a result
4 On the other hand

3 次の英文[A]，[B]，[C]の内容に関して，*(27)*から*(38)*までの質問に対して最も適切なもの，または文を完成させるのに最も適切なものを**1**，**2**，**3**，**4**の中から一つ選び，その番号を解答用紙の所定欄にマークしなさい。

[A]

From: Karen Taylor <taylor-k@speakezls.com>
To: Tracy Mitchell <tracym_0617@ugotmail.com>
Date: June 4
Subject: Speak-EZ Language School

Dear Ms. Mitchell,

Thank you very much for inquiring about Spanish lessons at Speak-EZ Language School. Speak-EZ Language School has been giving high-quality lessons for over 30 years, and our teachers have helped thousands of students achieve their goals. Whether you want to learn Spanish for business situations, to chat with friends, to pass exams, or just for the fun of learning, we can offer a suitable program for you.

You mentioned that because you studied Spanish in high school but had not used it for several years, you were not sure which lesson to take. Don't worry—we offer a free language skills test. You can take the test once you have decided to join Speak-EZ Language School. One of our instructors will use the results to help you pick the right program for your ability and your goals. You can also take a free 20-minute private lesson to get an idea of the methods that we use at Speak-EZ Language School.

We offer both private and group lessons. Group lessons can be a great way to make new friends. However, no more than eight people can join each group lesson, so spaces are limited. You can also try our Speak-EZ Chat Sessions. These are hosted by one of our instructors and give students of all levels a chance to chat freely. Speak-EZ Chat Sessions are available every weekday evening.

I hope to hear from you soon!

Karen Taylor
Speak-EZ Language School

(27) What is one thing that Karen Taylor says about Speak-EZ Language School?

1 It gives lessons in over 30 different languages.
2 It is planning to hire a new Spanish teacher.
3 It has teachers from all over the world.
4 It offers various types of courses.

(28) Ms. Mitchell said that she

1 did not know which class to sign up for.
2 had never studied Spanish before.
3 wanted more information about teaching methods.
4 was at high school with one of the instructors.

(29) Speak-EZ Chat Sessions

1 take place on Monday through Friday every week.
2 have a limited number of spaces per session.
3 are only available to advanced students.
4 focus on using foreign languages to make friends.

[B]

An Extraordinary Machine

Most of the machines that people in developed nations use were invented during the last 200 years. They make tasks easier for people and give them more time for other tasks and for leisure. However, which of these machines has changed society the most? Even though people spend more time with their TVs, computers, and smartphones, some historians argue that the impact of these inventions has been small compared with that of washing machines.

Before washing machines, clothes and sheets were washed by hand. For most of history, this has involved carrying the laundry to a river or a lake, wetting it, and rubbing it with rocks, sand, or soap to remove the dirt. Then, the laundry had to be put in water again, and the extra water was usually removed to make drying easier. Even if people had water in their homes, the laundry would have to be rubbed against a special board or hit with pieces of wood to make it clean. It was hard work that took a long time.

The first washing machines were operated by hand, and they still required a lot of hard work. Discovering how to use electricity to power these machines was a challenge because the combination of water and electricity is very dangerous. However, during the first half of the 20th century, inventors created electric machines that were able to automatically do most of the steps involved in washing. Before long, these machines became common in homes in wealthier parts of the world.

Automatic washing machines gave people more time and energy for other activities than any other new technology did. They used some of this extra time and energy to study and teach their children. This, in turn, led to improvements in the quality of everyone's lives in the places where washing machines became common. Even today, many people in the world still wash their clothes by hand. This means that, over the next few decades, washing machines will probably continue to make a big difference to the lives of billions of humans.

(30) What do some historians say about the invention of washing machines?

1 It happened due to an important change in society.
2 It led to the development of TVs, computers, and smartphones.
3 It has had a major impact on the natural environment.
4 It has had a greater effect on society than other modern inventions.

(31) Cleaning clothes and sheets without washing machines was hard work because

1 the process of doing laundry involved several different stages.
2 the soap used to wash laundry had to be prepared by hand.
3 people had to travel long distances in order to dry their laundry.
4 people who did it had to wash many items to earn enough money.

(32) What was one challenge faced by people trying to invent electric washing machines?

1 Many people thought that they would not be as effective as washing laundry by hand.
2 The use of electricity was limited to a few homes in wealthier parts of the world.
3 They could not discover how to make a machine to do all the steps involved in washing.
4 Machines that involve both electricity and water can be very unsafe to work with.

(33) Washing machines have allowed people to

1 spend more time teaching themselves and their children.
2 use their energy for volunteer activities in their communities.
3 invent other machines to carry out tasks in the home.
4 live in parts of the world where there are many rivers and lakes.

[C]

Living the Dream

On average, people spend about one-third of their lives sleeping, and for about one-quarter of the time that they are asleep, they dream. Although scientists have learned a lot about the parts of people's brains that are involved in dreaming, they are still uncertain about the purpose of dreams. One reason for this is the variety of dreams that people have—they can be pleasant, scary, unusual, or very ordinary. On top of this, they often do not make sense and are mostly forgotten soon after waking up.

People have been trying to explain why we dream for thousands of years. Ancient people believed that dreams were messages from gods. More recently, it was suggested that dreams could tell us about hidden parts of our personalities. These days, most psychologists believe that one of the principal functions of dreaming is to review memories and strengthen them. This is important because to learn well, we must not only find new ideas and skills but also regularly recall them.

For a recent study, Erin Wamsley of Furman University in the United States invited 48 participants to spend the night at a special laboratory at the university. The participants were woken up several times during the night and asked to report what they had been dreaming about. The following morning, the participants tried to connect the content of their dreams with events in their lives. Wamsley found that over half the dreams could be connected to memories of experiences. This supports the idea that dreams play a role in learning.

However, Wamsley also found that about 25 percent of dreams were connected to specific future events in participants' lives, such as upcoming tests or trips. This, she believes, is evidence that another important function of dreaming is to give people a chance to prepare for these events. Moreover, Wamsley observed that these dreams were more common later in the night. One explanation that she offers is that our brains are aware of time even while we are sleeping. As we get closer to the start of a new day, our attention switches from reviewing past events to thinking about future ones.

(34) What is one reason that scientists are uncertain about why people dream?

1 Several parts of people's brains are involved in dreaming.
2 Dreams do not usually appear to have a clear meaning.
3 People often do not want to describe their dreams honestly.
4 Different people sometimes have exactly the same dream.

(35) Modern psychologists think that

1 people discovered the reason that we have dreams thousands of years ago.
2 people's brains are able to exercise and grow larger by having dreams.
3 dreams allow people to hide parts of their personalities that they do not like.
4 dreams give people an opportunity to make their memories stronger.

(36) What was one thing that participants in Erin Wamsley's study were asked to do?

1 Discuss the content of their dreams with other participants in the study.
2 Relate what happened in their dreams to what was happening in their lives.
3 Try to wake themselves up as soon as they knew that they were dreaming.
4 Compare their own dreams with a list of dreams that people commonly have.

(37) Wamsley suggests that dreams about future events

1 happen because our brains know that we will wake up soon.
2 occur more often after tests or other stressful events.
3 are experienced just as often as dreams about the past.
4 probably stay in our memories longer than other dreams.

(38) Which of the following statements is true?

1 People long ago believed that gods spoke to them through dreams.
2 People dream for more than half of the time that they are asleep.
3 Participants in Wamsley's study mostly had dreams about future events.
4 Participants in Wamsley's study were observed in their own homes.

●以下のTOPICについて，あなたの意見とその理由を２つ書きなさい。
●POINTSは理由を書く際の参考となる観点を示したものです。ただし，これら以外の観点から理由を書いてもかまいません。
●語数の目安は80語～100語です。
●解答は，解答用紙のＢ面にあるライティング解答欄に書きなさい。なお，解答欄の外に書かれたものは採点されません。
●解答がTOPICに示された問いの答えになっていない場合や，TOPICからずれていると判断された場合は，0点と採点されることがあります。TOPICの内容をよく読んでから答えてください。

TOPIC

Today, many buildings collect rainwater and then use it in various ways, such as giving water to plants. Do you think such buildings will become more common in the future?

POINTS

● ***Cost***
● ***Emergency***
● ***Technology***

◉一次試験・リスニング

2級リスニングテストについて

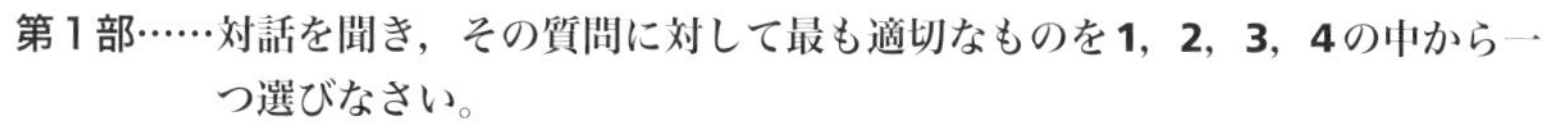

❶このリスニングテストには，第１部と第２部があります。
　★英文はすべて一度しか読まれません。
　　第１部……対話を聞き，その質問に対して最も適切なものを**1**，**2**，**3**，**4**の中から一つ選びなさい。
　　第２部……英文を聞き，その質問に対して最も適切なものを**1**，**2**，**3**，**4**の中から一つ選びなさい。
❷No. 30のあと，10秒すると試験終了の合図がありますので，筆記用具を置いてください。

第1部

No. 1

1 By riding on a bus.
2 By driving his car.
3 By taking a train.
4 By flying in a plane.

No. 2

1 One for their bedroom.
2 One for three people.
3 One that can be used as a bed.
4 One like the one in their living room.

No. 3

1 He is working during the holiday.
2 He will meet the woman's parents.
3 He will let the woman have his seat.
4 He is traveling to London.

No. 4

1 He is having trouble with his French lessons.
2 He needs to choose a topic for a project.
3 He is starting a new French class.
4 He cannot find a book in the library.

No. 5

1 Take pictures of the Johnsons' house.
2 Send a thank-you card to the Johnsons.
3 Play in a volleyball game.
4 Hold a barbecue party.

No. 6

1 He should choose a closer college.
2 He needs to look after himself.
3 He cannot buy a new pair of blue jeans.
4 He cannot go to Bobby's party.

No. 7

1 Ask a store clerk for help.
2 Go to a different shop.
3 Look for information online.
4 Keep using their old computer.

No. 8

1 She should not talk with their boss now.
2 She should not be upset with their boss.
3 She should try to calm down.
4 She should try to get a pay raise.

No. 9

1 She needs to hire a cook.
2 She already has enough waiters.
3 She is interested in hiring him.
4 She thinks he needs more experience.

No. 10

1 It is too far away.
2 The tables are dirty there.
3 There may be too many people there.
4 He brought sandwiches from home.

No. 11

1 He usually buys only roses.
2 He knows a lot about flowers.
3 He is buying some flowers for his mother.
4 He has never given flowers to anyone before.

No. 12

1 He borrowed his friend's homework.
2 He went to the library before school.
3 He studied hard for several weeks.
4 He asked his parents for help.

No. 13

1 He did not finish his homework.
2 He could not find his cell phone.
3 He left an assignment at school.
4 He forgot his sister's phone number.

No. 14

1 She forgot she had to go to work.
2 She forgot that it was Saturday.
3 She did not give her presentation.
4 She did not call Mr. Carter.

No. 15

1 She hurt herself while hiking in the rain.
2 She wants to become a volunteer there.
3 To make a reservation for a campsite.
4 To find out about the hiking conditions.

第2部

No. 16

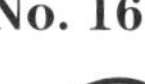

1 He no longer works in sales.
2 He does not enjoy his job.
3 He will work at a new company.
4 He wants to get an assistant.

No. 17

1 They will invite a guest to talk.
2 They will read out a pamphlet.
3 They will show a short movie.
4 They will give out recycled paper.

No. 18

1 It wanted to send signals during a war.
2 Some people did not trust what was said.
3 Children could not understand the information.
4 The announcers kept listeners awake too long.

No. 19

1 She needs to save money to buy a ticket.
2 Her best friend's birthday is in July.
3 The weather may be bad next weekend.
4 There will be a special event at the park then.

No. 20

1 Stop the car's alarm from making a noise.
2 Park in a different place in the garage.
3 Pay extra for parking over the time limit.
4 Return to the car and turn its lights off.

No. 21

1 Receiving congratulations for his poem.
2 Winning some money in a contest.
3 Learning about wildlife at his local library.
4 Finding a book of poems about wildlife.

No. 22

1 He was attacked by some English ships.
2 He succeeded in traveling around the world.
3 He stole jewels from the Queen of England.
4 He returned with five ships after a journey.

No. 23

1 Her friend brought a person who she did not know.
2 John was not interested in the same things as her.
3 Yumi chose the food without asking Kate first.
4 The chairs at the restaurant were not comfortable.

No. 24

1 Come back to the studio next Wednesday.
2 Be quiet until some signs are shown.
3 Decide which questions to ask Pamela.
4 Record the show with their cell phones.

No. 25

1 It would give him more time to study.
2 It would be a boring way to make money.
3 It would be a good way to learn about children.
4 It would give him a chance to make new friends.

No. 26

1 They help some kinds of plants to grow.
2 They only drink the blood of other animals.
3 Their bodies can be used to make medicine.
4 Their bites are more painful than those of females.

No. 27

1. To confirm the location of the exits.
2. To give out notes to people in the audience.
3. To check that the equipment is working.
4. To fill out a form about their presentation.

No. 28

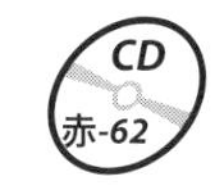

1. To prepare for a competition.
2. To advertise her new business.
3. To thank people for their help.
4. To get a college certificate.

No. 29

1. Because it helps them to breathe more easily.
2. Because they feel very relaxed.
3. They are trying to remember things.
4. They are trying to wake up to play.

No. 30

1. She has started enjoying a different kind of music.
2. She went to a big music concert two years ago.
3. She works in a studio where music is recorded.
4. She often listens to people talk about music.

◉二次試験・面接

※本書では出題例として2種類のカードを掲載していますが，本番では1枚のみ渡されます。
※面接委員の質問など，二次試験に関する音声はCDに収録されていません。

受験者用問題　カード　A

Used Computers

These days, the number of shops selling used computers has been increasing. These computers seem attractive because they are much cheaper than new computers. However, there is the danger that used computers will not work properly. Some consumers are concerned about this danger, and as a result they avoid buying used computers. People should think carefully before they purchase used products.

Your story should begin with this sentence: **One day, Mr. and Mrs. Takeda were talking about going shopping.**

No. 1 According to the passage, why do some consumers avoid buying used computers?

No. 2 Now, please look at the picture and describe the situation. You have 20 seconds to prepare. Your story should begin with the sentence on the card.

<20 seconds>

Please begin.

Now, Mr. / Ms. _____, please turn over the card and put it down.

No. 3 Some people say that, because of computers, people spend too much time alone. What do you think about that?

No. 4 Today, many kinds of supplements, such as vitamins and minerals, are sold in stores. Do you think it is a good idea for people to take such supplements?

Yes. → Why?

No. → Why not?

受験者用問題　カード　B

Disasters and Pets

Pets are usually regarded as important members of families. However, when natural disasters occur, it can be difficult to find places where people and pets can stay together. Some local governments provide these places, and in this way they allow people to look after their pets during emergencies. Such places are likely to become more and more common in the future.

Your story should begin with this sentence: **One day, Mr. and Mrs. Mori were on vacation near the beach.**

No. 1 According to the passage, how do some local governments allow people to look after their pets during emergencies?

No. 2 Now, please look at the picture and describe the situation. You have 20 seconds to prepare. Your story should begin with the sentence on the card.
<20 seconds>
Please begin.

Now, Mr. / Ms. _____, please turn over the card and put it down.

No. 3 Some people say that the number of pet cafés that allow people to play with animals will increase in the future. What do you think about that?

No. 4 Nowadays, many people share information about their daily lives online. Do you think people are careful enough about putting their personal information on the Internet?
Yes. → Why?
No. → Why not?

2級

2022年度 第3回

一次試験 2023.1.22実施

二次試験 A日程 2023.2.19実施

B日程 2023.2.26実施

一次試験・筆記(85分)

pp.90～104

一次試験・リスニング(約25分)

pp.105～109
CD赤-65～96

二次試験・面接(約7分)

pp.110～113

※解答一覧は別冊p.67
※解答と解説は別冊pp.68～98

※別冊の巻末についている解答用マークシートを使いましょう。

合格基準スコア

- 一次試験……1520
  (満点1950／リーディング650, リスニング650, ライティング650)
- 二次試験……460(満点650／スピーキング650)

◉一次試験・**筆記**

1 次の*(1)*から*(20)*までの（　　）に入れるのに最も適切なものを**1**, **2**, **3**, **4**の中から一つ選び，その番号を解答用紙の所定欄にマークしなさい。

(1) Jun taught his daughter an easy (　　) of making ice cream at home with milk, cream, sugar, and maple syrup.
1 cure　**2** register　**3** method　**4** slice

(2) Companies these days are making cameras that are (　　) small. Some are even smaller than a shirt button.
1 incredibly　**2** partially
3 eagerly　**4** consequently

(3) There are very few houses in the north part of Silver City. It is an (　　) area filled with factories and warehouses.
1 emergency　**2** instant
3 industrial　**4** environmental

(4) ***A:*** Do you think it's going to rain tomorrow, Tetsuya?
B: I (　　) it. The rainy season is over, and it's been sunny all week.
1 doubt　**2** blame　**3** pardon　**4** affect

(5) ***A:*** Why has the office been so quiet recently?
B: Since Amy and Ben had an argument, there has been a lot of (　　) between them.
1 tension　**2** survival　**3** privacy　**4** justice

(6) Julie's teacher asked her to (　　　) the new textbooks to all of the students. She had to place one on each desk in the classroom.

1 respond　**2** negotiate　**3** collapse　**4** distribute

(7) ***A:*** Did your teacher (　　　) your idea for your science project?
B: No. He says that I'm not allowed to do anything that involves dangerous chemicals. I'll have to think of something else.

1 confine　**2** compare　**3** abandon　**4** approve

(8) ***A:*** Is that the document you were looking for earlier?
B: Yes, it is. It was (　　　) under a pile of papers on my desk. I really need to be more organized.

1 dyed　**2** peeled　**3** buried　**4** honored

(9) Many science-fiction authors have written about the (　　　) of traveling at the speed of light. With future developments in technology, this idea could become a reality.

1 edition　**2** notion　**3** contact　**4** instinct

(10) When Hayley did some research into her (　　　), she discovered that one of her great-grandfathers used to work in a famous theater in London.

1 angels　**2** ancestors　**3** employees　**4** enemies

(11) The big storm caused a lot of damage to many of the homes in the city. The cost to repair all the damage (　　　) over $70 million.

1 amounted to　　**2** aimed at
3 calmed down　　**4** checked with

(12) ***A:*** Tina, have you (　　　) what you're going to wear for Helen's wedding?

B: Yes. I've got quite a few nice dresses, but I'm going to wear the pink one that I bought at the New Year's sale.

1 called up　**2** picked out　**3** occurred to　**4** disposed of

(13) The current president of Baxter's Boxes is Mike Baxter. His business was (　　　) his father, Peter, who retired 15 years ago.

1 balanced on　　**2** opposed to
3 inherited from　　**4** prohibited by

(14) Neil tries to keep his work (　　　) his private life. He does not like to mix them, so he never takes work home or talks about his family with his colleagues.

1 separate from　　**2** familiar with
3 anxious for　　**4** equal to

(15) In the heavy rain, the ship's crew members were (　　　) of the weather. They had to wait for the storm to pass before they could start the engines safely.

1 at the mercy　　**2** on the point
3 in the hope　　**4** off the record

(16) The British TV drama *Coronation Street* first went (　　　) in 1960. It has remained popular ever since, and in 2020, its 10,000th episode was broadcast.

1 in a bit　**2** for a change　**3** at the rate　**4** on the air

(17) ***A:*** Excuse me. I'm looking for an electric heater for my kitchen.
B: I recommend this one, ma'am. It's small, but it (　　　) plenty of heat. It should warm your kitchen in just a few minutes.

1 drops out　**2** runs out　**3** gives off　**4** keeps off

(18) ***A:*** I can't help (　　　) these peanuts. They're so delicious!
B: I know. Once you start, it's very, very difficult to stop.

1 eating　**2** to eat　**3** eat　**4** eaten

(19) ***A:*** What do you think of these cups in the shape of animals?
B: They're so cute! I need to get a present for my sister's birthday, and one of those cups would be the (　　　) thing.

1 ever　**2** much　**3** very　**4** so

(20) The members of the band Rockhammer were looking forward to playing with their new guitarist. However, she did not arrive (　　　) the concert was over.

1 unless　**2** whether　**3** until　**4** yet

2

次の英文[A]，[B]を読み，その文意にそって*(21)*から*(26)*までの（　　）に入れるのに最も適切なものを**1**，**2**，**3**，**4**の中から一つ選び，その番号を解答用紙の所定欄にマークしなさい。

[A]

Johnny Appleseed

The tale of Johnny Appleseed is an American legend. According to the story, Appleseed's dream was to grow enough apples for everybody to have plenty to eat. He traveled all across the United States, planting apple trees on the way. Much of this story is fiction. However, Johnny Appleseed (*21*). This was a man called John Chapman, who was born in the northeastern state of Massachusetts in 1774.

At the time, many people in the eastern United States were moving west to find cheap land. Chapman saw this as a (*22*). He got free bags of apple seeds from producers of cider, an alcoholic drink made from apples. As he traveled around, he bought land and planted apple trees in places that would likely become towns. Later, he would return to these places to check his apple trees and sell them. Sometimes, he also sold his land to people who wanted to settle there.

Chapman became popular with the people that he visited on his travels. He would bring them news from far away and tell them stories from his interesting life. Also, it seems that he was a kind person. If someone paid for his apple trees with clothes, he would then give these clothes to people who needed them more than he did. He was happy to wear a jacket made from an old cloth bag, and he rarely wore shoes, even in winter. The story of Johnny Appleseed is mainly a legend. (*23*), though, it contains a few seeds of truth taken from Chapman's life.

(21) 1 has appeared in several movies
2 has been given a new image
3 was based on a real person
4 was created by an apple farm

(22) 1 reason to celebrate
2 normal reaction
3 serious mistake
4 chance to make money

(23) 1 In response
2 At least
3 On average
4 With luck

[B]

Sea Shanties

Life on large sailing ships was hard. Sailors could be away from their homes and families for months or even years. The food they had to eat was often dried and in bad condition. The work that the sailors had to do on a ship was usually boring and physically tiring. (***24***), the sea itself was a very dangerous place, especially during storms, and accidents were common. It is not surprising that sailors started to make and sing their own songs to stay cheerful.

These songs, called "sea shanties," come in two varieties. "Capstan shanties" were used for work that needed a regular pace without stopping, such as raising the ship's anchor. "Pulling shanties" were used when the sailors pulled ropes to raise the sails. They sang these shanties as they worked together for a few seconds, stopped to take a breath, and then started again. During these shanties, one of the sailors, known as the "shantyman," would sing out a line. The other sailors would all sing the next line together. This helped them to (***25***).

After the invention of steamships, sailors no longer had to work together in teams. The ships' engines did all the hard work. Even so, sea shanties have remained popular. One reason is that their words are often based on funny stories. There are groups all over the world who get together to sing these amusing songs. Some people even write new ones. Like the sea shanties of the past, new ones also (***26***).

(24)
1 After a while
2 In exchange
3 To make matters worse
4 For this reason

(25)
1 keep a steady rhythm
2 learn how to build ships
3 get to know one another
4 scare sharks away

(26)
1 have both men's and women's parts
2 teach people how to sail
3 usually contain a lot of humor
4 rarely last more than a minute

3

次の英文[A], [B], [C]の内容に関して, *(27)*から*(38)*までの質問に対して最も適切なもの, または文を完成させるのに最も適切なものを**1**, **2**, **3**, **4**の中から一つ選び, その番号を解答用紙の所定欄にマークしなさい。

[A]

From: Gravelton Comic Show <info@graveltoncomicshow.com>
To: Alice Sullivan <alisulli321@friendlymail.com>
Date: January 22
Subject: Thank you for signing up

Dear Alice,

Thank you for signing up online for the eighth annual Gravelton Comic Show. This year's show will be held at the convention center in Gravelton on Saturday, February 18, and it will be our biggest ever. There will be thousands of comic books on sale, including rare items and comic books by local creators, as well as T-shirts, posters, and other goods from your favorite comic books. You'll also have the chance to meet and talk to some of the artists and writers who created them.

As usual, we'll be holding costume contests for visitors. One contest is for kids aged 12 or under, and the other is for everybody else. If you want to participate, please sign up at the reception desk by noon. Please note that your costume must have been made by you. People wearing costumes bought from a store will not be allowed to enter the contest. Be creative, and you might win a fantastic prize.

We ask all visitors to respect one another. Please do not touch other people's costumes or take photos of them without getting permission first. Also, please remember that eating and drinking are not allowed in the main hall of the convention center. In addition to the convention center's cafeteria, there will also be food trucks selling snacks and drinks in the square outside the center.

We look forward to seeing you at the show!

Gravelton Comic Show Staff

(27) At the Gravelton Comic Show, Alice will be able to
1 purchase comic books made by people from the Gravelton area.
2 watch movies based on her favorite comic books.
3 take lessons in how to create her own comic books.
4 display her paintings of famous comic book characters.

(28) What is one thing that participants in the costume contest need to do?
1 Make their costumes themselves.
2 Sign up before coming to the show.
3 Pay an entry fee at the reception desk.
4 Explain why they chose their costumes.

(29) Visitors to the Gravelton Comic Show must ask to be allowed to
1 eat in the main hall of the convention center.
2 use the parking lot in the square outside the center.
3 take a picture of another visitor's costume.
4 bring their own snacks and drinks to the show.

[B]

The King's Little Path

For thousands of years, the Guadalhorce river has flowed through the mountains of southern Spain. Over time, it has created an impressive narrow valley with high rock walls that are 300 meters above the river in some places. At the beginning of the 20th century, engineers decided that the fast-flowing river was a good place for a dam that could be used to generate electricity. A one-meter-wide concrete walkway was built high up on the walls of the valley for people to reach the dam from a nearby town.

To begin with, the walkway was only used by workers at the power plant and local people who wanted to get to the other side of the mountains. Soon, news of the walkway's amazing views spread, and it became popular with hikers. The engineers decided to improve the walkway to make it more attractive to tourists, and in 1921, it was officially opened by King Alfonso XIII of Spain. After the ceremony, the king walked the eight-kilometer route, and it became known as El Caminito del Rey, meaning "the king's little path."

Despite its popularity, the walkway was not well looked after. Holes appeared in places where the concrete had been damaged. Originally, there was a metal fence on one side of the walkway to stop people from falling, but this broke and fell to the bottom of the valley. El Caminito del Rey became famous as the most dangerous hiking path in the world, and people from many countries came for the excitement of walking along it. However, after four deaths in two years, the government decided to close the walkway in 2001.

Interest in El Caminito del Rey remained, and 2.2 million euros were spent on rebuilding the walkway with wood and steel. The new walkway was opened in 2015, and although it is safer than the old one, some people still find it frightening. Despite this, the dramatic scenery attracts many visitors. To keep El Caminito del Rey in good condition for as long as possible, hikers must now buy tickets to use it, and only 300,000 tickets are available each year.

(30) A walkway was built high up on the walls of the Guadalhorce river valley because

1 the river was too dangerous for boats to travel on.
2 a lower walkway had been destroyed by a sudden flood.
3 there were rocks in the valley that made it difficult to walk.
4 people needed it to get to a newly constructed dam.

(31) Why was the walkway called El Caminito del Rey?

1 Because the king of Spain walked along it after he opened it.
2 Because of the uniforms worn by the engineers who built it.
3 Because of the amazing views that could be seen from it.
4 Because local people wanted it to be attractive to tourists.

(32) A decision was made to close the walkway

1 following the discovery of holes in the concrete.
2 following accidents in which people died.
3 after a metal fence fell onto it.
4 after the cost of looking after it increased.

(33) What is one way in which the new walkway is being protected?

1 People have to wear special hiking boots when they use it.
2 A roof has been added to prevent damage caused by rain.
3 The surface of the walkway is made from a new material.
4 The number of people who can hike on it has been limited.

[C]

The Evolution of Laughter

Laughter is not only a way to express our feeling that something is funny, but it is also something that is good for our health. In the short term, it can help to relax muscles and improve blood flow, and in the long term, it can make our bodies better at fighting diseases. Researchers have been investigating how laughter evolved in humans by looking for similar behavior in other animals. A study carried out at the University of California, Los Angeles, has revealed evidence of laughter-like behavior in over 60 species.

It has long been known that chimpanzees laugh, although the sound is a little different from human laughter. When most humans laugh, they only make a noise when they breathe out, but when chimpanzees laugh, they make a noise both when they breathe out and when they breathe in. Chimpanzees are closely related to humans, so it is not really surprising that they, gorillas, and orangutans laugh. However, as these animals do not have the complicated languages needed to tell jokes, the researchers were interested to find out what makes them laugh.

The researchers found that chimpanzees made these laughing noises when they were playing roughly with each other. They believe that laughter is a chimpanzee's way of letting others know that it is not really trying to harm them. Playing allows chimpanzees and other animals to develop fighting and hunting skills as well as to build stronger relationships with the other members of their groups.

By listening for the noises made by other animals during play behavior, the researchers were able to identify "laughter" in a wide range of animals. Dogs, for example, breathe loudly when they play, and dolphins make special clicking noises. In the case of rats, the laughter-like sounds they make when they are touched gently are too high for humans to hear. However, the sounds can be detected with special equipment. The researchers have concluded that laughter began to evolve as a signal to others that they can relax and have fun. Of course, humans laugh for a variety of reasons, so researchers still have much to learn about how this behavior evolved.

(34) How are researchers trying to find out about the development of laughter in humans?

1 By searching for behavior that seems like laughter in other species.
2 By analyzing the kinds of things that people think are funny.
3 By studying the reactions of human babies from the time they are born.
4 By investigating the muscles that are used when a person laughs.

(35) How is chimpanzees' laughter different from most humans' laughter?

1 Chimpanzees make the same noises as humans do when they are surprised.
2 Chimpanzees produce sounds by breathing through their noses.
3 Chimpanzees do not only make sounds when they breathe out.
4 Chimpanzees do not breathe as slowly as humans do when they laugh.

(36) Researchers think that chimpanzees use laughter to

1 indicate that their behavior is not serious.
2 welcome new members to their groups.
3 warm their muscles up before they go hunting.
4 avoid fighting by scaring other chimpanzees away.

(37) Special equipment needs to be used in order to

1 measure the signals in humans' brains when they laugh.
2 recognize the different noises made by dolphins.
3 observe the laughter-like noises of a kind of animal.
4 identify the exact reason that a human is laughing.

(38) Which of the following statements is true?

1 The goal of play in animals is to make other members of their groups laugh.
2 Experts still have things to learn about how human laughter developed.
3 One of the benefits of laughter is that it helps people develop strong muscles.
4 Researchers have found evidence that chimpanzees actually tell each other jokes.

●以下のTOPICについて，あなたの意見とその理由を２つ書きなさい。
●POINTSは理由を書く際の参考となる観点を示したものです。ただし，これら以外の観点から理由を書いてもかまいません。
●語数の目安は80語～100語です。
●解答は，解答用紙のB面にあるライティング解答欄に書きなさい。なお，解答欄の外に書かれたものは採点されません。
●解答がTOPICに示された問いの答えになっていない場合や，TOPICからずれていると判断された場合は，0点と採点されることがあります。TOPICの内容をよく読んでから答えてください。

TOPIC

Some people say that Japan should use the Internet for people to vote in elections. Do you agree with this opinion?

POINTS

● *Convenience*
● *Cost*
● *Security*

◉一次試験・リスニング

2級リスニングテストについて

❶このリスニングテストには，第１部と第２部があります。

★英文はすべて一度しか読まれません。

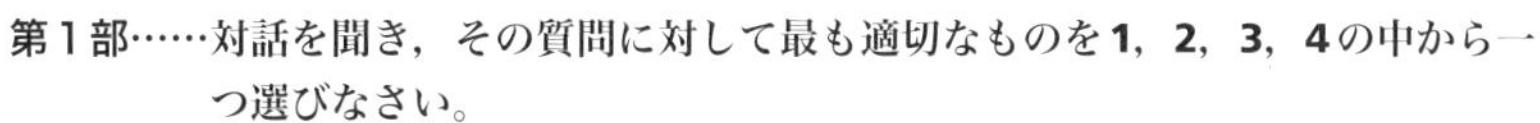
第１部……対話を聞き，その質問に対して最も適切なものを**1**, **2**, **3**, **4**の中から一つ選びなさい。

第２部……英文を聞き，その質問に対して最も適切なものを**1**, **2**, **3**, **4**の中から一つ選びなさい。

❷No. 30のあと，10秒すると試験終了の合図がありますので，筆記用具を置いてください。

第１部

No. 1

1 His friend cannot meet him for lunch.
2 He cannot order what he wanted.
3 There is no more clam chowder.
4 The salmon pasta is not very good.

No. 2

1 They often travel to Africa.
2 They were born in Kenya.
3 They enjoy looking at photographs.
4 They are no longer working.

No. 3

1 To tell her about a new restaurant.
2 To ask about what to do on her birthday.
3 To suggest that she make a reservation.
4 To ask where she ate dinner.

No. 4

1 The café is famous for it.
2 It is hot outside today.
3 A friend recommended it.
4 She is not very hungry.

No. 5

1 She is writing a book called *The Young Ones*.
2 She took the wrong train yesterday.
3 She thinks she lost his book.
4 She bought him a train ticket.

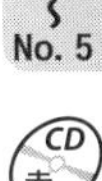

No. 6

1 They had to wait for a long time.
2 They started feeling very tired.
3 They took the wrong exit.
4 They could not go inside.

No. 7

1 To meet some classmates.
2 To get leaves for an art project.
3 To plant some trees.
4 To take pictures for school.

No. 8

1 She needs some more information.
2 She forgot to call the sales department.
3 She does not know how to write it.
4 She does not have time to do it.

No. 9

1 It was built recently.
2 It will be closing.
3 It is being repaired.
4 It makes a lot of money.

No. 10

1 Spend more time at home.
2 Quit the company.
3 Move closer to his office.
4 Find a new babysitter.

No. 11

1 Attend a play this evening.
2 Contact her son's school.
3 Design the man's costume.
4 Borrow a sewing machine.

No. 12

1 She was too busy to come to the phone.
2 She works for a different company now.
3 She was away from the office.
4 She was out to lunch.

No. 13

1 If she knows where Mars is.
2 If she knows a good book.
3 If she wants to travel to space.
4 If she can go to the library with him.

No. 14

1 News about a famous person.
2 An interview with a band.
3 A new rock band's music.
4 Advertisements for a music store.

No. 15

1 It may snow heavily.
2 It may be too late to plant her garden.
3 The man's garden party may be canceled.
4 Her plants may freeze.

第2部

No. 16

1 Whether he will be able to visit famous buildings.
2 Working in another country.
3 His aunt's busy travel schedule.
4 How to spend time on a long flight.

No. 17

1 They walked fast in special competitions.
2 They could not watch the Olympics.
3 Race walking made their children feel a lot of stress.
4 There were no sports clubs for them to join.

No. 18

1 She bought him a video game about hiking.
2 She asked him about his favorite game.
3 She took him and his friends to a gym.
4 She created a game to play while hiking.

No. 19

1 To stop his boss from complaining.
2 To make some extra money for himself.
3 To help them learn about managing their money.
4 To interest them in working at the bank.

No. 20

1. Because men from Persia started traveling there.
2. Because sailors could buy it cheaply there.
3. Because young girls there needed healthy food.
4. Because people saw a cartoon character eat it.

No. 21

1. Choose a sport to play.
2. Take his entrance exams again.
3. Ask his teacher for a class schedule.
4. Help his mother with housework.

No. 22

1. Buy a pet at half price.
2. Meet a famous radio personality.
3. Help to feed the tigers.
4. Get cheaper admission.

No. 23

1. She practiced skating by herself.
2. She bought some new earrings.
3. She asked him about his hobbies.
4. She took ice-skating lessons for two weeks

No. 24

1. Her room was too warm.
2. She heard noises outside.
3. The wind was blowing through a hole in her wall.
4. A light came in through her window.

No. 25

1. She told people how to get rid of things.
2. She helped people to sell their homes.
3. She fixed Internet problems for professionals.
4. She taught ways to build stronger houses.

No. 26

1. She does not know how to walk to school.
2. She cannot remember her father's advice.
3. She is not good at making new friends.
4. She may not be able to find her classroom.

No. 27

1 Brides and grooms gave each other pieces of cloth.
2 Brides had to make colorful hats for their grooms to wear.
3 Wedding dances there were famous all over the world.
4 Weddings cost more money than in other countries.

No. 28

1 Everyone will start boarding the plane.
2 The plane will take off.
3 Special foods will be on sale.
4 Passengers will enjoy a drink and a snack.

No. 29

1 She kept forgetting to take her medicine.
2 She had a problem with her eyes.
3 Her chair was the wrong size for her.
4 Her desk lamp was too bright.

No. 30

1 Surfboards for children will be sold.
2 There will be a surfing competition.
3 A dance party with loud music will start.
4 A truck will come to collect any trash.

◉二次試験・面接

※本書では出題例として２種類のカードを掲載していますが，本番では１枚のみ渡されます。
※面接委員の質問など，二次試験に関する音声はCDに収録されていません。

受験者用問題　カード　A

Fake News

Photographs are used by the media because they help people to understand news stories better. Nowadays, however, photographs that contain false information can easily be created with modern technology. Some people put such photographs on the Internet, and by doing so they try to make others believe untrue stories. People should be aware that technology can be used in good and bad ways.

Your story should begin with this sentence: **One day, Ken and Sakura were talking about their favorite sea animals.**

No. 1 According to the passage, how do some people try to make others believe untrue stories?

No. 2 Now, please look at the picture and describe the situation. You have 20 seconds to prepare. Your story should begin with the sentence on the card.
<20 seconds>
Please begin.

Now, Mr. / Ms. _____, please turn over the card and put it down.

No. 3 Some people say that, because of robots, many people will lose their jobs in the future. What do you think about that?

No. 4 These days, many families in Japan have pets. Do you think it is good for children to have pets?
Yes. → Why?
No. → Why not?

受験者用問題　カード　B

Animal Shelters

Nowadays, there are many animal shelters that care for abandoned pets. These animals are often scared of people. Now, training that helps pets get along with people is attracting attention. Some animal shelters offer such training, and in this way they make it easier for abandoned pets to find new owners. Animal shelters will probably continue to play an important role in society.

Your story should begin with this sentence: **One day, Mr. and Mrs. Sano were talking at a hotel in Thailand.**

No. 1 According to the passage, how do some animal shelters make it easier for abandoned pets to find new owners?

No. 2 Now, please look at the picture and describe the situation. You have 20 seconds to prepare. Your story should begin with the sentence on the card.
<20 seconds>
Please begin.

Now, Mr. / Ms. _____, please turn over the card and put it down.

No. 3 Some people say that animals should not be kept in zoos. What do you think about that?

No. 4 Today, many people buy things with credit cards instead of cash. Do you think this is a good idea?
Yes. → Why?
No. → Why not?

2022年度 第2回

一次試験　2022.10.9実施

二次試験　A日程 2022.11.6実施

B日程 2022.11.13実施

一次試験・筆記(85分)
pp.116～130

一次試験・リスニング(約25分)
pp.131～135
CD青-1～32

二次試験・面接(約7分)
pp.136～139

※解答一覧は別冊p.99
※解答と解説は別冊pp.100～130

※別冊の巻末についている解答用マークシートを使いましょう。

合格基準スコア

- 一次試験……1520
  (満点1950／リーディング650, リスニング650, ライティング650)
- 二次試験……460(満点650／スピーキング650)

◉一次試験・筆記

1 次の(1)から(20)までの（　　）に入れるのに最も適切なものを**1**, **2**, **3**, **4**の中から一つ選び，その番号を解答用紙の所定欄にマークしなさい。

(1) Considering that Keiko has only been studying English for six months, she gave a (　　　) good English presentation at yesterday's contest. She got second prize.

1 remarkably　**2** nervously　**3** suddenly　**4** carefully

(2) ***A:*** How was your vacation, Dale?
B: It was (　　　)! We had seven days of pure fun and relaxation.

1 marvelous　**2** industrial　**3** humble　**4** compact

(3) People around the world are afraid that the (　　　) between the two countries will cause a war.

1 patient　**2** phrase　**3** conflict　**4** courage

(4) The baseball player Shuta Omura had to have (　　　) on his right knee in 2019, but he made a full recovery and was ready to play again in 2020.

1 recognition　**2** innocence　**3** surgery　**4** inquiry

(5) The restaurant lost its good (　　　) after several cases of food poisoning, and eventually it had to close.

1 reputation　**2** anticipation
3 observation　**4** examination

(6) Sunlight is important for people to stay healthy. However, it is not good to (　　　) skin to too much sunlight.

1 protest　**2** expose　**3** conduct　**4** represent

(7) After Kai broke his arm, it took about three months to (　　　) completely. Now he can play tennis again without any problems.

1 fulfill　**2** cheat　**3** heal　**4** retire

(8) These days, many companies are offering their employees a lot of (　　　). For example, staff members can sometimes work from home or choose what time to start and finish.

1 majority　**2** similarity　**3** quantity　**4** flexibility

(9) Kevin got stuck in a snowstorm while driving home. The weather was so bad that he had to (　　　) his car and walk the rest of the way.

1 maintain　**2** abandon　**3** prevent　**4** supply

(10) Laura was unhappy about being (　　　) from the badminton tournament so early, but now she supports her friends during their matches.

1 committed　**2** defended　**3** eliminated　**4** imported

(11) Sarah has been told to (　　　) running until her foot is better. Otherwise, she might make her injury worse.

1 read through **2** refrain from **3** reflect on **4** refer to

(12) ***A:*** How did you like the movie?

B: (　　　), I enjoyed it. Even though some of the actors weren't the best, the story was great and the music was beautiful.

1 On the move **2** In respect **3** As a whole **4** By then

(13) ***A:*** What's wrong, Emily?

B: Jim made a (　　　) of me in front of my friends. He said my shoes were ugly.

1 difference **2** point **3** fool **4** start

(14) Jason has asked his mother several times to stop (　　　) his personal life. He is upset that she wants to try to control him even though he is an adult.

1 counting on **2** insisting on
3 comparing with **4** interfering with

(15) ***A:*** It's a shame that we had to (　　　) the barbecue.

B: Yes, but we can't hold a barbecue outside in the rain. We can hold it next week instead if the weather is better.

1 call off **2** pick on **3** fall for **4** bring out

(16) The thief must have gotten into the building (　　　) of a ladder. The only way to get in was through a second-floor window.

1 by means　　**2** in charge　　**3** at times　　**4** for all

(17) Barney tried to teach his cat to follow some simple commands, but his efforts were (　　　). Every time he told it to lie down, it just walked away.

1 of late　　**2** in vain　　**3** for sure　　**4** by chance

(18) (　　　) lived in Tokyo for three years, Cassandra knew exactly how to get to Tokyo Skytree from her apartment.

1 Having　　**2** Had　　**3** Have　　**4** To have

(19) Somebody had broken one of the windows in Michelle's classroom. Michelle had not done it, but some of the other students looked at her (　　　) she had.

1 as to　　**2** as if　　**3** if only　　**4** if not

(20) ***A:*** How long does it take to drive to your parents' house?

B: There's no (　　　) with traffic during the holidays. It could take thirty minutes, or it could take two hours.

1 tell　　**2** telling　　**3** tells　　**4** told

2

次の英文[A], [B]を読み，その文意にそって(*21*)から(*26*)までの（　　）に入れるのに最も適切なものを**1**, **2**, **3**, **4**の中から一つ選び，その番号を解答用紙の所定欄にマークしなさい。

[A]

Trouble at Sea

Plastic is used in a wide variety of goods. In fact, it is estimated that about 400 million tons of plastic is produced around the world each year. Much of it is designed to be used only once and then thrown away. Most of this waste is buried in the ground in landfill sites. However, a large amount (*21*). According to the International Union for Conservation of Nature, more than 14 million tons of plastic waste goes into the ocean each year. Plastic is strong and takes a long time to break down. For this reason, the world's oceans are quickly filling up with it.

Plastic waste causes two major problems for wildlife living in and by the ocean. First, animals sometimes get trapped by larger pieces of plastic and die because they are unable to swim freely. The other problem, however, is caused by smaller pieces of plastic. Animals often (*22*). A recent study found that about two-thirds of fish species and 90 percent of all seabirds have accidentally eaten tiny pieces of plastic floating in the ocean.

In response, many environmental protection organizations are making efforts to get governments to do something about the plastic in the ocean. For instance, the Center for Biological Diversity has asked the U.S. government to make laws to control plastic pollution. Such groups are also trying to educate the public about the problem. (*23*), people continue to throw away plastic, and the amount of plastic in the ocean continues to increase.

(21) **1** completely disappears
2 ends up elsewhere
3 is given to charities
4 could be used again

(22) **1** live in large family groups
2 have to make long journeys
3 see these as food
4 leave the ocean

(23) **1** In spite of this
2 Therefore
3 Likewise
4 In particular

[B]

Performing Cats

Andrew Lloyd Webber is famous for writing musicals, and many of the songs he has written have become famous. Over the last 50 years, Webber has created a number of popular musicals, including *The Phantom of the Opera* and *Joseph and the Amazing Technicolor Dreamcoat.* The characters in these were taken from well-known stories that had been around for many years. One of Webber's most successful musicals is *Cats*. This features the song "Memory," the most popular one he has ever written. Like many of Webber's other musicals, though, the characters in *Cats* were (***24***).

As a child, one of Webber's favorite books was *Old Possum's Book of Practical Cats* by T. S. Eliot. This is a collection of poems that describe (***25***). For example, one of the characters likes to be the focus of everyone's attention. Another seems to be lazy during the daytime, but at night, she secretly works hard to stop mice and insects from causing trouble. Webber used the words of these poems for the songs in his musical, and he created a world in which these cats live together.

Webber began work on *Cats* in 1977, and it had its first performance in London in 1981. It was so popular that it was still being performed there 21 years later. (***26***), after its first performance on Broadway in New York City in 1982, it ran for 18 years there. *Cats* has become popular around the world. In fact, the show has been translated into 15 languages, performed in over 30 countries, and seen by more than 73 million people.

(24) 1 not very important
2 not created by him
3 difficult to like
4 based on his friends

(25) 1 the history of cats as pets
2 how to take care of cats
3 the personalities of some cats
4 how cats' bodies work

(26) 1 In any case
2 Unfortunately
3 By mistake
4 Similarly

3

次の英文[A]，[B]，[C]の内容に関して，*(27)*から*(38)*までの質問に対して最も適切なもの，または文を完成させるのに最も適切なものを**1**，**2**，**3**，**4**の中から一つ選び，その番号を解答用紙の所定欄にマークしなさい。

[A]

From: Michael Green <mikeyg4000@friendlymail.com>
To: Television Depot Customer Service <service@televisiondepot.com>
Date: October 9
Subject: ZX950 LCD TV

Dear Customer Service Representative,
After reading several excellent reviews of the ZX950 LCD TV on the Internet, I purchased one from your Television Depot online store. When the item arrived, it appeared to be in perfect condition, and I was able to set it up successfully by following the TV's instruction manual. However, once I started using it, I noticed that there was a problem.
I was unable to adjust the volume of the TV with the remote control. I tried replacing the batteries in the remote control, but this did not fix the problem. I looked through the instruction manual, but I could not find a solution. Although I can adjust the volume with the buttons on the TV, I'm sure that you can understand how inconvenient it is to do it this way.
Would it be possible to obtain a replacement remote control, or do I need to return the TV, too? It would be good if I don't need to send it back because it will be difficult to put such a large TV back into its box. I hope you are able to solve this problem in the next few days. I would very much like to use my new TV to watch the European soccer tournament that begins next weekend. I look forward to receiving your reply.
Regards,
Michael Green

(27) What is one thing that Michael Green says about the TV that he bought?

1 It was sent to him without an instruction manual.
2 It has received some positive online reviews.
3 He got it from his local Television Depot store.
4 He chose it because it was in a recent sale.

(28) What problem does Michael Green say the TV has?

1 The sound level cannot be changed with the remote control.
2 The remote control uses up its batteries in just a few hours.
3 The buttons on the TV do not seem to be working.
4 The TV sometimes turns itself off unexpectedly.

(29) Michael Green hopes the customer service representative will

1 send someone to help him put the TV back into its box.
2 solve the problem in time for him to watch a sports event.
3 tell him about tournaments sponsored by Television Depot.
4 give him instructions to allow him to fix the problem himself.

[B]

The Empress's Favorite Clothes

The Asian country of Bangladesh is one of the largest exporters of clothes in the world. Low wages and modern techniques have allowed clothing factories in Bangladesh to produce cheap clothes. However, until the 19th century, the country produced a luxury cloth called Dhaka muslin. Many regard this cloth as the finest ever made, and it cost over 20 times more than the best silk. It was produced from cotton from a plant called *phuti karpas*. This kind of cotton can be made into very thin threads, which can be used to make incredibly soft and light cloth.

Dhaka muslin was difficult to make, but wealthy people were happy to pay the high prices demanded by the makers. The fame of this cloth spread to Europe, and the wife of Emperor Napoleon of France loved to wear dresses made from Dhaka muslin. When the area that includes Bangladesh became part of the British Empire, though, British traders put pressure on the makers of Dhaka muslin to produce more cloth at lower prices. Eventually, all the makers decided to either produce lower-quality types of cloth or quit.

In 2013, Saiful Islam, a Bangladeshi man living in London, was asked to organize an exhibition about Dhaka muslin. Islam was amazed by the high quality of this material. He wondered if it would be possible to produce Dhaka muslin again. Sadly, he could not find any *phuti karpas* plants in Bangladesh. However, using the DNA from some dried leaves of *phuti karpas* from a museum, he was able to find a species that was almost the same.

Islam harvested cotton from plants of this species, but the threads he made were too thin and broke easily. He had to mix the cotton with some from other plants. The threads made from this mixture, though, were still much thinner than normal. After a lot of hard work, Islam and his team produced some cloth that was almost as good as Dhaka muslin. He wants to keep improving the production technique. The government of Bangladesh is supporting him because it wants the country to be known as the producer of the finest cloth in the world.

(30) What is true of the cloth known as Dhaka muslin?

1 Its thin threads are over 20 times stronger than those of silk.
2 It stopped Bangladesh from becoming a major exporter of clothes.
3 Modern techniques have allowed factories to produce it cheaply.
4 Many people say it is the best kind that there has ever been.

(31) What happened as a result of the demands made by British traders?

1 Various colors were introduced to appeal to European customers.
2 The price of Dhaka muslin in Europe increased dramatically.
3 Makers began to use British techniques to make better cloth.
4 Production of high-quality Dhaka muslin stopped completely.

(32) Saiful Islam used the DNA from some *phuti karpas* leaves

1 to find plants like the ones that were used to make Dhaka muslin.
2 to check whether samples of Dhaka muslin were genuine or fake.
3 to explain the evolution of Dhaka muslin at an exhibition.
4 to create artificial Dhaka muslin in a laboratory in London.

(33) Why is the government of Bangladesh supporting Islam's efforts?

1 It wants to make the country famous for producing high-quality cloth.
2 It believes that his project will create new jobs for Bangladeshis.
3 Because he will quit unless he gets additional financial support.
4 Because he may discover a way to produce cheap clothes more easily.

[C]

Desert Delight

The Tohono O'odham people are Native Americans who come from the Sonoran Desert. In fact, the name of this tribe means "desert people" in their own language. The Sonoran Desert lies around the border between the United States and Mexico. Traditionally, the Tohono O'odham people lived in villages and grew crops such as beans, corn, and melons. They also ate some of the wild plants and animals that are found in the desert.

Although the Sonoran Desert is hot and dry, it has over 2,000 different species of plants. Hundreds of these plants are safe for people to eat. There are two reasons why the Sonoran Desert has so many species of plants. One is that it contains a variety of types of soil, and these support the growth of many kinds of plants. The other is that, although the desert is mostly dry, it rains a couple of times each year—once in the winter and once in the summer. This rain is enough for some kinds of plants to survive.

One desert plant, the saguaro cactus, is especially important to the people of the Tohono O'odham tribe. Saguaro cactuses can live for over 200 years and grow more than 15 meters tall. Once a year, around June, they produce red fruit. This fruit—the saguaro fruit—has long been a favorite food of the Tohono O'odham people. When the fruit is ready to eat, families work together to knock it down from the cactuses and collect it. The fruit is sweet and delicious when it is fresh, and it can also be turned into sauce or wine so that it can be stored for long periods.

The people of the Tohono O'odham tribe were very independent, and for a long time, they fought to keep their traditional way of life. However, in the early 20th century, the U.S. government forced them to change their lifestyle. It sent Tohono O'odham children to schools to make them learn English and forget their own culture. Many stopped following their traditional way of life. Recently, though, some Tohono O'odham people have begun bringing back their tribe's endangered traditions, including collecting and eating saguaro fruit.

(34) What is true about the Tohono O'odham people of North America?

1 They used to protect the border between Mexico and the United States.

2 They lived in small communities and kept farms in a dry area.

3 They ate wild plants and animals instead of growing their own food.

4 They were forced to leave their homes and live in the Sonoran Desert.

(35) What is one reason that over 2,000 different types of plants can survive in the Sonoran Desert?

1 The sunshine in the area means that some plants can actually grow better there.

2 The Sonoran Desert gets enough rain twice a year to allow the plants to grow.

3 There are few human beings or wild animals living in the region that eat them.

4 There is one kind of soil in the desert that almost any plant can grow in.

(36) The saguaro cactus

1 produces fruit that the local people have enjoyed for a long time.

2 was discovered by the Tohono O'odham people about 200 years ago.

3 has roots that grow 15 meters below the ground to reach water.

4 is best to eat with a special sauce made from traditional wine.

(37) Why did many Tohono O'odham people stop following their traditions?

1 The U.S. government wanted them to behave more like other U.S. citizens.

2 The U.S. government offered them opportunities to travel overseas to study.

3 They wanted their children to study English so that they could enter good schools.

4 They lost their independence after a war that took place in the early 20th century.

(38) Which of the following statements is true?

1 The method of collecting saguaro fruit is endangering the plants that it grows on.

2 The name of the Tohono O'odham tribe comes from its people's favorite food.

3 The soil in the Sonoran Desert is different in the winter and in the summer.

4 The Tohono O'odham people have a tradition of collecting fruit in family groups.

4

- ●以下のTOPICについて，あなたの意見とその理由を２つ書きなさい。
- ●POINTSは理由を書く際の参考となる観点を示したものです。ただし，これら以外の観点から理由を書いてもかまいません。
- ●語数の目安は80語～100語です。
- ●解答は，解答用紙のB面にあるライティング解答欄に書きなさい。なお，解答欄の外に書かれたものは採点されません。
- ●解答がTOPICに示された問いの答えになっていない場合や，TOPICからずれていると判断された場合は，0点と採点されることがあります。TOPICの内容をよく読んでから答えてください。

TOPIC

Some people say that Japan should accept more people from other countries to work in Japan. Do you agree with this opinion?

POINTS

● ***Aging society***
● ***Culture***
● ***Language***

◉一次試験・リスニング

2級リスニングテストについて

CD 青-1

❶このリスニングテストには，第１部と第２部があります。
★英文はすべて一度しか読まれません。
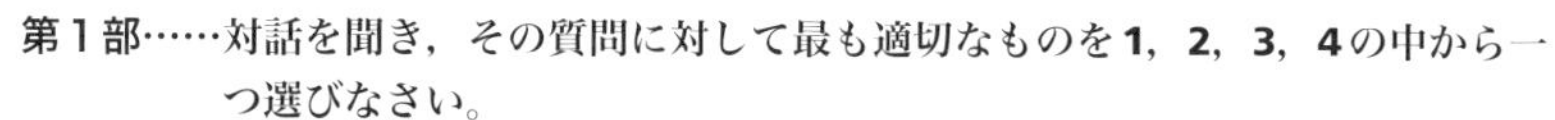
第１部……対話を聞き，その質問に対して最も適切なものを**1**，**2**，**3**，**4**の中から一つ選びなさい。
第２部……英文を聞き，その質問に対して最も適切なものを**1**，**2**，**3**，**4**の中から一つ選びなさい。
❷No. 30のあと，10秒すると試験終了の合図がありますので，筆記用具を置いてください。

第１部

No. 1

1 She lost her map.
2 She is too tired to walk any farther.
3 She cannot find her friend's house.
4 She does not like her neighbors.

No. 2

1 Red wine is her favorite.
2 Her friend does not like French wine.
3 She drank a lot of wine in France.
4 She does not want to spend too much money.

No. 3

CD 青-4

1 Call another restaurant.
2 Drive to the supermarket.
3 Make a sandwich for lunch.
4 Go to pick up some food.

No. 4

1 She is sick in bed at home.
2 She gave Eddie her cold.
3 She will leave the hospital in a few days.
4 She got medicine from her doctor.

No. 5

CD 青-6

1 He will visit another friend.
2 He has to work on Saturday night.
3 He does not feel well.
4 He is not invited.

No. 6

1 She takes music lessons.
2 She goes bowling with her friends.
3 She helps her cousin with homework.
4 She learns to ride horses.

No. 7

1 A shirt with a bear on it.
2 A soft pillow.
3 A big teddy bear.
4 A bed for her son.

No. 8

1 Changing its soil.
2 Putting it in a bigger pot.
3 Giving it more light.
4 Giving it less water.

No. 9

1 Buy meat.
2 Call his friend.
3 Go to the party.
4 Come home early.

No. 10

1 He will write to the publisher.
2 He will go to another store.
3 He will use the Internet.
4 He will look in his basement.

No. 11

1 She was frightened by a dog.
2 She hurt her leg while running.
3 She walked her dog for a long time.
4 She does not go running often.

No. 12

1 He waits to be told what to do.
2 He is a great history student.
3 He wants to do the report alone.
4 He can be a lazy person.

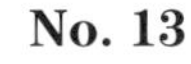

No. 13

1 Their championship parade was canceled.
2 Their manager is changing teams.
3 They have not been playing well.
4 They do not have a nice stadium.

No. 14

1 Somewhere with few people.
2 Somewhere near his home.
3 To several cities in Europe.
4 To a beach resort in Mexico.

No. 15

1 A baseball game is on TV tonight.
2 The town will build a new town hall.
3 He should go to the meeting with her.
4 He should take the children to the park.

第2部

No. 16

1 It is too big for her.
2 It uses too much gasoline.
3 She needs one that is easier to drive.
4 She wants one with more doors.

No. 17

1 Some men wore them to look thin.
2 They could not be worn in England.
3 Women could not wear them in public.
4 Wearing them caused pain in people's backs.

No. 18

1 Read comic books at a café.
2 Clean her kitchen.
3 Work part-time.
4 Relax at home.

No. 19

1 It was easy to play at first.
2 It had horses that could fly.
3 She could play with her friend.
4 She could play it several times.

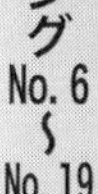

No. 20

1 He had to give information about an accident.
2 He woke up too late to catch his train.
3 He had a problem with his bicycle.
4 He could not find his bicycle in the parking space.

No. 21

1 It was buried together with a prince.
2 It had flower decorations from Siberia on it.
3 It was made by a family in Persia.
4 It had been in one family for many years.

No. 22

1 To move some old things.
2 To clean her kitchen windows.
3 To show her how to use her computer.
4 To help her to do some cooking.

No. 23

1 He saw them being used at an office.
2 He saw an ad for them on the train.
3 He read about them in a magazine.
4 He heard about them from his boss.

No. 24

1 They were decorated with different colors.
2 They were made for different purposes.
3 They were sold at different events.
4 They were served with different meals.

No. 25

1 By the exit on the first floor.
2 By the stairs on the second floor.
3 Next to the computers on the third floor.
4 Next to the cameras on the fourth floor.

No. 26

1 By drinking a lot of donkey milk every day.
2 By washing their bodies with donkey milk.
3 By eating the meat of young donkeys.
4 By spending time looking after donkeys.

No. 27

1 Ask people about their favorite restaurants.
2 Search for a restaurant online.
3 Open a restaurant in her area.
4 Go and take a look at a restaurant.

No. 28

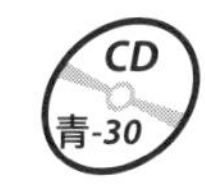

1 Staff will be hired to greet new members.
2 Members can get free protein bars.
3 New exercise machines are coming soon.
4 The fitness center will close in an hour.

No. 29

1 She came home later than she promised.
2 She had forgotten to feed her pet.
3 She had not cleaned the kitchen.
4 She had not done her homework.

No. 30

1 People who bring their pets to the store.
2 People who drive to the supermarket.
3 Customers with a lot of shopping bags.
4 Customers who live less than 5 kilometers away.

◉二次試験・**面接**

※本書では出題例として２種類のカードを掲載していますが，本番では１枚のみ渡されます。
※面接委員の質問など，二次試験に関する音声はCDに収録されていません。

受験者用問題　カード　A

A Shortage of Doctors

Nowadays, some parts of Japan do not have enough doctors. It is said that many doctors prefer to work in cities, and this can cause problems for people living in rural areas. A shortage of doctors will prevent these people from receiving good medical treatment, so it is a serious issue. Many people say the government needs to do more about this situation.

Your story should begin with this sentence: **One day, Mr. and Mrs. Kato were talking about going to the beach.**

No. 1 According to the passage, why is a shortage of doctors a serious issue?

No. 2 Now, please look at the picture and describe the situation. You have 20 seconds to prepare. Your story should begin with the sentence on the card.

<20 seconds>

Please begin.

Now, Mr. / Ms. _____, please turn over the card and put it down.

No. 3 Some people say that young people today do not show enough respect to elderly people. What do you think about that?

No. 4 Today, some young people rent a house and live in it together. Do you think sharing a house with others is a good idea for young people?

Yes. → Why?

No. → Why not?

受験者用問題　カード　B

Promoting New Products

Today, some high-quality products are very expensive, so many people worry about whether they should buy them or not. Now, systems that allow people to rent a variety of products monthly are attracting attention. Some companies offer such systems, and by doing so they let people try items before buying them. With such systems, companies can promote their products more effectively.

Your story should begin with this sentence: **One evening, Mr. and Mrs. Kimura were talking about renting a car and going camping by a lake.**

No. 1 According to the passage, how do some companies let people try items before buying them?

No. 2 Now, please look at the picture and describe the situation. You have 20 seconds to prepare. Your story should begin with the sentence on the card.
<20 seconds>
Please begin.

Now, Mr. / Ms. _____, please turn over the card and put it down.

No. 3 Some people say that, because of electronic money, people will not carry cash in the future. What do you think about that?

No. 4 Some people put solar panels on their houses to produce electricity. Do you think the number of these people will increase in the future?
Yes. → Why?
No. → Why not?

2級

2022年度 第1回

一次試験 2022.6.5実施

二次試験 A日程 2022.7.3実施

B日程 2022.7.10実施

一次試験・筆記(85分)
pp.142～156

一次試験・リスニング(約25分)
pp.157～161
CD青-33～64

二次試験・面接(約7分)
pp.162～165

※解答一覧は別冊p.131
※解答と解説は別冊pp.132～162

※別冊の巻末についている解答用マークシートを使いましょう。

合格基準スコア

- 一次試験……1520
(満点1950／リーディング650，リスニング650，ライティング650)
- 二次試験……460(満点650／スピーキング650)

◉一次試験・筆記

1

次の*(1)*から*(20)*までの（　　）に入れるのに最も適切なものを**1**, **2**, **3**, **4**の中から一つ選び，その番号を解答用紙の所定欄にマークしなさい。

(1) Last week, Shelly went to see a horror movie. It was about a strange (　　) that was half shark and half man.

1 creature　**2** mineral　**3** package　**4** instrument

(2) After high school, Ted joined the (　　) so that he could serve his country. He felt proud when he put on his army uniform for the first time.

1 affair　**2** emergency　**3** container　**4** military

(3) Reika's dream is to work for a famous French restaurant in Tokyo. She is trying to (　　) this by going to a cooking school.

1 decrease　**2** unite　**3** overwhelm　**4** accomplish

(4) Arthur was going to sell his café. However, he (　　) his decision because he started to get more customers after a new college opened nearby.

1 abused　**2** secured　**3** reversed　**4** stimulated

(5) Frank did not have (　　) time to write his report, so he asked his boss if he could have a few more days to finish it.

1 possible　**2** delicate　**3** financial　**4** sufficient

(6) There was a fire at a restaurant in Brigston City yesterday. No one was hurt, but the building was (　　　) damaged. The owners will have to build a new one.

1 mentally　**2** intelligently　**3** annually　**4** severely

(7) Beth was invited to a wedding party last week. She did not want to go by herself, so she asked her friend Jeremy to (　　　) her.

1 restrict　**2** distribute　**3** accompany　**4** promote

(8) The SOL-5 rocket will leave Earth tomorrow. The astronauts' (　　　) is to repair a weather satellite.

1 foundation　**2** impression　**3** definition　**4** mission

(9) In chemistry class, the students added a small amount of acid to water. Then, they used this (　　　) to carry out an experiment.

1 mixture　**2** climate　**3** entry　**4** moment

(10) It was raining very hard in the morning, so the government had to wait to (　　　) the rocket into space.

1 elect　**2** impact　**3** sweep　**4** launch

(11) During history class, Aiden noticed that Risa did not have her notebook. He ( ) some paper from his notebook and gave it to her so that she could take notes.

1 tore off **2** relied on
3 answered back **4** broke out

(12) Derek ( ) winning his company's golf tournament. However, he played a bad shot on the last hole, and he ended up finishing second.

1 came close to **2** made fun of
3 took pride in **4** found fault with

(13) Mr. Griffith warned his students that they would get extra homework if they kept talking in class. He ( ) with his threat because they would not be quiet.

1 followed through **2** went over
3 got through **4** turned over

(14) ***A:*** Guess who I just ( ). Do you remember Gina from college?
B: Oh, yes. I met her the other day, too. It seems she works in the same building as us.

1 hoped for **2** ran into
3 looked over **4** complied with

(15) Since changing jobs, Neil has been much more ( ) his work-life balance. He is enjoying his new position, but he is also glad that he can spend more time with his family and friends.

1 separate from **2** content with
3 based on **4** equal to

(16) ***A:*** Mom, is it OK if I invite a couple of friends to the barbecue on Saturday?

B: ( ). There should be more than enough for everyone to eat and drink.

1 In any case **2** At any rate
3 By all means **4** On the whole

(17) Alison hates it when her baby brother goes into her room. He always ( ) with her things, and she has to clean up afterward.

1 makes an effort **2** makes a mess
3 takes a chance **4** takes a rest

(18) After getting the first prize in the presentation competition, Kevin said in his speech that ( ) for his wife's help, he never would have won.

1 with **2** but **3** along **4** over

(19) Sean has an important meeting early tomorrow morning, so he ( ) better not stay up late tonight.

1 may **2** would **3** had **4** should

(20) ***A:*** Nicky, you're graduating from high school next year. It's time you ( ) thinking about which university you want to go to.

B: You're right, Dad, but I still don't know what I want to be in the future.

1 started **2** will start **3** starting **4** to start

2

次の英文[A]，[B]を読み，その文意にそって*(21)*から*(26)*までの（　）に入れるのに最も適切なものを**1**，**2**，**3**，**4**の中から一つ選び，その番号を解答用紙の所定欄にマークしなさい。

[A]

An Answer in a Teacup

As in many other countries, people in India are concerned about the problem of plastic waste. After all, the country produces 5.6 billion kilograms of it every year. The system for managing plastic waste needs improvement because a lot of plastic ends up as trash on land and in waterways such as the Ganges River. In response, the Indian government planned to introduce a ban on plastic items that could only be used once. (*21*), though, the government was forced to change its plans because of the condition of the economy and worries about an increase in unemployment.

Nevertheless, there is one kind of situation where the use of plastic has come to an end. All 7,000 railway stations in India have replaced plastic teacups with brown clay teacups called *kulhads*. Long before plastic cups were used in India, people enjoyed drinking tea in these traditional cups. The minister for railways in India ordered railway stations to (*22*) *kulhads*. By doing so, he hopes the country will take an important step toward ending plastic waste.

There are several reasons why *kulhads* are better than plastic teacups. First, after they have been thrown away, they soon break down into substances that do not harm the environment. Second, the clay that *kulhads* are made from actually improves the flavor of the tea. Finally, using *kulhads* (*23*). Plastic cups are made with machines, but *kulhads* are made by hand. The Indian government estimates that hundreds of thousands of people will get extra work because of this change.

(21) **1** In the end
2 Moreover
3 For one thing
4 Overall

(22) **1** provide trash cans for
2 use less plastic in
3 only sell tea in
4 charge more for

(23) **1** will create jobs
2 costs less money
3 is better for people's health
4 is just the beginning

[B]

More than Just a Pretty Bird

Parrots are smart and sometimes very colorful birds. They are popular as pets and can often be seen in zoos. Unfortunately, about one-third of parrot species in the wild are in danger of dying out. Examples include hyacinth macaws and Lear's macaws. Each year, some of these birds are caught and sold illegally as pets. (*24*), many are dying because the forests where they live are being cleared to create farmland and to get wood. This has reduced the size of the areas in which they can build nests and collect food.

A study published in the journal *Diversity* revealed that hyacinth macaws and Lear's macaws play an important role in the forests. Researchers studying these parrots in Brazil and Bolivia found that they spread the seeds of 18 kinds of trees. They observed the birds taking fruits and nuts from trees and carrying them over long distances. The birds do this so that they can eat the fruits and nuts later. However, they (*25*). When this happens in areas cleared by humans, the seeds inside the fruits and nuts grow into trees, helping the forests to recover.

Today, conservation groups are working hard to protect hyacinth macaws and Lear's macaws. One difficulty is that these parrots (*26*). An important reason for this is that their eggs are often eaten by other birds. To prevent this, macaw eggs are sometimes removed from their nests by scientists and replaced with chicken eggs. The scientists keep the eggs safe. After the macaw chicks come out of their eggs, they are returned to their parents.

(24)
1 On the contrary
2 Under this
3 What is worse
4 Like before

(25)
1 often go back for more
2 sometimes drop them
3 also eat leaves and flowers
4 bring them to their nests

(26)
1 do not build nests
2 are not easy to catch
3 have poor hearing
4 lose many babies

3

次の英文[A], [B], [C]の内容に関して, *(27)*から*(38)*までの質問に対して最も適切なもの, または文を完成させるのに最も適切なものを**1**, **2**, **3**, **4**の中から一つ選び, その番号を解答用紙の所定欄にマークしなさい。

[A]

From: Noel Lander <noel@coffeeshopsupplies.com>
To: Gary Stein <thedaydreamcoffeeshop@goodmail.com>
Date: June 5
Subject: Your order

Dear Mr. Stein,
Thank you for placing an order by telephone with Jenna Marks of our sales department this morning. The order was for 500 medium-sized black paper cups with your café's name and logo printed on them. According to Jenna's notes on the order, you need these cups to be delivered to you by Saturday.
I am sorry to say that we do not have any medium-sized black coffee cups at this time. What is more, the machine that makes our coffee cups is currently not working. The part that is broken was sent for repair the other day, but it will not be returned to our factory until Friday. Because of this, I am writing to you to suggest some alternatives.
If you really need black cups, then we have them in small and large sizes. However, I guess that size is more important than color for you. We have medium-sized coffee cups in white, and we could print your logo on these instead. We also have medium-sized cups in brown. We are really sorry about this problem. Please let us know which of these options is best, and we'll send you an additional 50 cups for free. Our delivery company says we will need to send the order by Wednesday so that it arrives by Saturday. Please let me know your decision as soon as you can.
Sincerely,
Noel Lander
Customer Support
Coffee Shop Supplies

(27) This morning, Jenna Marks
1 wrote down the wrong name on Mr. Stein's order.
2 gave a customer the wrong delivery date.
3 contacted the sales department by telephone.
4 took an order for cups for Mr. Stein's café.

(28) According to Noel Lander, what is the problem with the order?
1 His company does not have the cups that Mr. Stein wants.
2 His company's machine cannot print Mr. Stein's logo.
3 The cups cannot be delivered to Mr. Stein until Friday.
4 The cups were lost by the delivery company the other day.

(29) What does Noel Lander suggest to Mr. Stein?
1 Ordering more than 50 cups next time.
2 Using cups that are white or brown.
3 Offering his customers free coffee.
4 Buying his cups from another company.

[B]

Tweed

Tweed is the name given to a type of thick cloth that was first developed by farmers in Scotland and Ireland. Long pieces of wool are dyed different colors and then put together to make a cloth with a pattern. The weather in Scotland and Ireland is often cold and wet, so this warm, waterproof material was very popular with the farmers as they worked in the fields.

Tweed did not become well known outside farming communities until the 19th century. At that time, wealthy English people were buying large areas of land in Scotland. These were known as estates, and they were used by their owners for hunting and fishing. Hunters became interested in tweed because it is mainly brown, green, or gray, so wild animals find it difficult to see people wearing clothes made of the material. The wealthy English owners began having patterns of tweed made for their estates. After Queen Victoria's husband, Prince Albert, had a unique pattern made for the people on a royal estate in Scotland, the cloth became famous throughout the United Kingdom.

Clothes made from tweed became standard items for wealthy people to wear in the countryside. Men would wear blue or black suits when doing business in towns and cities, and tweed suits when they went to relax on their estates. Ordinary people began to imitate them by wearing tweed for outdoor hobbies such as playing golf or cycling. The fashion for wearing tweed also spread to the United States and the rest of Europe, and tweed became even more popular in the 20th century when various famous fashion designers used it for their clothes.

Tweed remained fashionable for many years, though by the start of the 21st century, its popularity had dropped. However, tweed is now starting to become popular once more. One reason for this is that it does little harm to the environment. In addition to being made from natural wool, it is strong enough to last for a very long time, so people do not often need to buy new clothes. Indeed, some wealthy people in the United Kingdom still wear their grandparents' tweed suits.

(30) Tweed was popular with farmers in Scotland and Ireland because
1 it helped keep them warm and dry while they were outside.
2 it helped them to make some money in their free time.
3 it allowed them to use any extra wool they produced.
4 it allowed them to teach their culture to younger people.

(31) How did Prince Albert help to make tweed well-known?
1 He often went hunting on land owned by farmers in Scotland.
2 He bought an estate in Scotland where there was a tweed factory.
3 He was seen wearing it while traveling in Scotland.
4 He ordered a special tweed pattern for an estate in Scotland.

(32) Ordinary people wore tweed when they were
1 doing business in towns and cities.
2 visiting the United States and Europe.
3 trying to show that they were farmers.
4 enjoying leisure activities outside.

(33) What is one reason that tweed does little harm to the environment?
1 It does not release harmful smoke when it is burned.
2 It does not become dirty easily and needs little washing.
3 It is tough enough for people to wear it for many years.
4 It is made by hand in small factories run by families.

[C]

Clues from the Distant Past

Humans who lived before the development of farming left many stone objects behind. These objects are usually parts of tools or weapons, and they show us how these people obtained their food. However, less is known about other parts of their culture. The other source of information we have from this period is paintings on the walls inside caves. These are mostly hunting scenes, so while they show that early humans lived in groups, they do not show that early humans participated in other social activities, such as religious ceremonies.

The lack of evidence led many historians to believe that religions did not develop until humans started to build farms and live in villages. A recent discovery, though, suggests that religious beliefs may have existed before this time. The Shigir Idol is a tall wooden statue that has faces and symbols carved into it. Experts say that it is very likely that these symbols express religious beliefs about the gods they worshipped.

The Shigir Idol was actually found in Russia in 1890. For a long time, people did not know how old it was, but analysis of the wood in the last few years has revealed that it was made around 12,500 years ago—long before humans in the area began farming. The statue was made in several pieces so that it could be taken down and set up again in a different place as the humans who owned it moved around. Unfortunately, some pieces were lost during the early 20th century and only drawings of them remain.

At some point in history, the Shigir Idol fell into a kind of mud that kept it safe for thousands of years. The conditions in which it was found are very rare. Indeed, no other wooden statues of a similar age have been discovered. Judging from the quality of the Shigir Idol, early humans were skilled at making things from wood. However, few wooden items have survived. Despite this, the Shigir Idol has shown historians that early humans had more advanced cultures than people once thought and that they probably also had religions.

(34) What can be learned from the stone objects left behind by early humans?

1 Whether or not they lived in caves.
2 How they were able to get things to eat.
3 Where their groups originally came from.
4 Which kinds of animals they used to hunt.

(35) The Shigir Idol is a wooden statue that

1 has the faces of famous historical leaders carved into it.
2 may show that early humans believed in the existence of gods.
3 is a symbol of the importance of farming to early humans.
4 was probably at the center of one of the first human villages.

(36) What is one thing that has been recently discovered about the Shigir Idol?

1 The humans who owned it made drawings that show how to set it up.
2 Some of the pieces that make up the statue have never been found.
3 The statue can be put together in a number of different ways.
4 It was made by people who had not yet begun growing their own food.

(37) Why is the discovery of the Shigir Idol likely to be a unique event?

1 Because the kind of mud in the area where it was found makes digging difficult.
2 Because early humans often destroyed the religious statues made by other groups.
3 Because few early people had the skills to make something like the Shigir Idol.
4 Because wood survives for thousands of years only in very special conditions.

(38) Which of the following statements is true?

1 The Shigir Idol shows there was cultural exchange between groups of early humans.
2 Paintings in caves show early humans participating in religious ceremonies.
3 Historians have believed for a long time that humans have always had religions.
4 The age of the Shigir Idol was a mystery for many years after it was discovered.

●以下のTOPICについて，あなたの意見とその理由を2つ書きなさい。
●POINTSは理由を書く際の参考となる観点を示したものです。ただし，これら以外の観点から理由を書いてもかまいません。
●語数の目安は80語～100語です。
●解答は，解答用紙のB面にあるライティング解答欄に書きなさい。なお，解答欄の外に書かれたものは採点されません。
●解答がTOPICに示された問いの答えになっていない場合や，TOPICからずれていると判断された場合は，0点と採点されることがあります。TOPICの内容をよく読んでから答えてください。

TOPIC

Some people say that it is necessary for people to go to important historical sites in order to understand history better. Do you agree with this opinion?

POINTS

● ***Experience***
● ***Motivation***
● ***Technology***

◉一次試験・リスニング

2級リスニングテストについて

CD 青-33

❶このリスニングテストには，第1部と第2部があります。
★英文はすべて一度しか読まれません。
第1部……対話を聞き，その質問に対して最も適切なものを**1**，**2**，**3**，**4**の中から一つ選びなさい。
第2部……英文を聞き，その質問に対して最も適切なものを**1**，**2**，**3**，**4**の中から一つ選びなさい。
❷No. 30のあと，10秒すると試験終了の合図がありますので，筆記用具を置いてください。

第1部

No. 1

1 When the last train is.
2 How to get to City Station.
3 Whether he can change rooms.
4 What room his clients are in.

No. 2

1 Playing sports with friends.
2 Driving with his mother.
3 Riding his bicycle.
4 Talking to Cathy.

No. 3

CD 青-36

1 She took her cat to a hospital.
2 She ran all the way to work this morning.
3 She got up early to clean her kitchen.
4 She had to look for her cat last night.

No. 4

1 He gave his old one to a friend in class.
2 He lost his old one at the aquarium.
3 He needed a bigger one for art class.
4 He wanted one with a different picture on it.

No. 5

1 By cleaning her room.
2 By buying more tissues.
3 By talking to the building manager.
4 By asking her friend for help.

No. 6

1. A chair that will match her desk.
2. A new desk for her room.
3. A wooden shelf for her books.
4. Metal furniture for her room.

No. 7

1. Delivering the mail.
2. Checking his mailbox.
3. Picking up his new license.
4. Getting a package.

No. 8

CD 青-41

1. The time of the wedding has been changed.
2. The wedding plans are not finished yet.
3. The honeymoon was not enjoyable.
4. The honeymoon plans were made six weeks ago.

No. 9

1. She is taking a class.
2. She has started her own business.
3. She will call the woman.
4. She moved to a different street.

No. 10

1. She will be working late until next month.
2. She will not speak with Mr. Donaldson.
3. She has never made a presentation before.
4. She has almost finished writing a presentation.

No. 11

1. Wait for Lorie to call.
2. Call Lorie again.
3. Eat dinner at home.
4. Go out with his parents.

No. 12

1. It is the last day of the exhibition.
2. It is nearly closing time.
3. Exhibition tickets will sell out soon.
4. The museum shop is having a special sale.

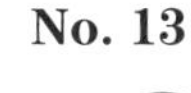

No. 13

1 She must cook dinner that night.
2 She has to take care of a baby.
3 She is going out with her sister.
4 She will be working late.

No. 14

1 Pay more attention in science class.
2 See Ms. Wilson after school.
3 Work harder in his math class.
4 Try to find a new math tutor.

No. 15

1 Move to Germany.
2 Eat lunch with the man.
3 Find out where the man is going.
4 Have lunch at a good restaurant.

第2部

No. 16

1 She did not feel active anymore.
2 Her foot did not get better.
3 There were too many people there.
4 The instructor there was too strict.

No. 17

1 He will hand in reports on Fridays.
2 He will stop working from home.
3 There will be less time to make reports.
4 The staff meeting will move to Wednesdays.

No. 18

1 They wanted to feed it to animals.
2 They needed something sweet to eat.
3 They could not find enough sausages.
4 They did not want to waste animal parts.

No. 19

1 He broke his smartphone.
2 He got lost at night.
3 He had no place to put up his tent.
4 He could not help his friend.

No. 20

1 People from Panama named their country after them.
2 They can keep people's heads warm during winter.
3 Each one takes a long time and special skills to make.
4 There are many colors to choose from.

No. 21

1 By looking for another job.
2 By working less on weekends.
3 By buying less bread.
4 By talking to her manager.

No. 22

1 It would be easier to sell than a car.
2 It would need less space than a car.
3 His wife wanted one to keep in her car.
4 His daughter liked it more than a car.

No. 23

1 By coming to the store early.
2 By introducing a new member.
3 By using the new computers.
4 By buying some coffee.

No. 24

1 She got advice from a lawyer.
2 She was given a yoga mat by a friend.
3 She has been suffering from stress.
4 She plans to write an article about it.

No. 25

1 The soldiers thought zoot suits used too much material.
2 The military used zoot suits when flying in airplanes.
3 The young men did not want to work in suit stores.
4 The businessmen could no longer wear suits.

No. 26

1 There was an advertisement at her school.
2 A teacher told her about a course.
3 She wanted to experience high school life overseas.
4 Her classmates said it would be fun.

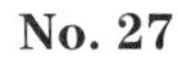

No. 27

1 They trade alcoholic drinks for it.
2 They cut open a part of a tree.
3 They buy it at stores in cities.
4 They mix coconut leaves with water.

No. 28

1 Join a party in the lobby.
2 Enjoy free food and drinks.
3 Present flowers to dancers.
4 Hear a 20-minute talk about ballet.

No. 29

1 She will paint the walls.
2 She will remove a cabinet.
3 She will move the fridge.
4 She will get a bigger oven.

No. 30

1 The station opened a new platform.
2 Entrance B2 is closed for repairs.
3 A bag has been found by a staff member.
4 The first floor is being cleaned.

◉二次試験・面接

※本書では出題例として２種類のカードを掲載していますが，本番では１枚のみ渡されます。
※面接委員の質問など，二次試験に関する音声はCDに収録されていません。

受験者用問題　カード　A

Learning about Food

These days, many people are paying more attention to food safety. Because of this, food companies around Japan are trying to let customers know more about their products. Many of these companies use their websites to provide information about how food is produced. Customers check such information, and by doing so they learn more about the food products they purchase.

Your story should begin with this sentence: **One day, Miki was talking to her father in the kitchen.**

No. 1 According to the passage, how do customers learn more about the food products they purchase?

No. 2 Now, please look at the picture and describe the situation. You have 20 seconds to prepare. Your story should begin with the sentence on the card.
<20 seconds>
Please begin.

Now, Mr. / Ms. ＿＿＿, please turn over the card and put it down.

No. 3 Some people say that people trust information on the Internet too easily. What do you think about that?

No. 4 Today, there are some Japanese restaurants in foreign countries. Do you think the number of these restaurants will increase in the future?
Yes. → Why?
No. → Why not?

受験者用問題　カード　B

Protecting Important Sites

Nowadays, more places are being listed as World Heritage sites. However, many natural disasters are happening around the world. Some World Heritage sites have been seriously damaged by them, so they require a lot of work to repair. Communities need to work together to keep World Heritage sites in good condition. It is important to look after such sites for future generations.

Your story should begin with this sentence: **One day, Mr. and Mrs. Ito were talking about their trip.**

No. 1 According to the passage, why do some World Heritage sites require a lot of work to repair?

No. 2 Now, please look at the picture and describe the situation. You have 20 seconds to prepare. Your story should begin with the sentence on the card.
<20 seconds>
Please begin.

Now, Mr. / Ms. _____, please turn over the card and put it down.

No. 3 Some people say that we should control the number of tourists who visit beautiful places in nature. What do you think about that?

No. 4 Today, many schools give students time to do volunteer activities. Do you think schools should give time for students to do volunteer activities?
Yes. → Why?
No. → Why not?

2021年度 第3回

一次試験　2022.1.23実施

二次試験　A日程　2022.2.20実施

B日程　2022.2.27実施

一次試験・筆記(85分)

pp.168～182

一次試験・リスニング(約25分)

pp.183～187
CD青-65～96

二次試験・面接(約7分)

pp.188～191

※解答一覧は別冊p.163
※解答と解説は別冊pp.164～194

※別冊の巻末についている解答用マークシートを使いましょう。

合格基準スコア

- 一次試験……1520
  (満点1950／リーディング650，リスニング650，ライティング650)
- 二次試験……460(満点650／スピーキング650)

◉一次試験・**筆記**

1 次の*(1)*から*(20)*までの（　　）に入れるのに最も適切なものを**1**，**2**，**3**，**4**の中から一つ選び，その番号を解答用紙の所定欄にマークしなさい。

(1) A rare bird escaped from the zoo last week. It was finally (　　　) today and taken back to the zoo.

1 proved　**2** accused　**3** captured　**4** neglected

(2) ***A:*** Can you (　　　) me to call my mother before we leave on our trip? I mustn't forget.
B: Yes, of course.

1 expect　**2** distract　**3** remind　**4** disturb

(3) Bill was not sure if the new girl was interested in him. He (　　　) asked her to go on a date with him and was pleased when she said yes.

1 hesitantly　**2** academically　**3** spiritually　**4** terribly

(4) ***A:*** Luke told me that we had about 20 percent more sales than last year. Wendy, can you tell me the (　　　) amount?
B: Our sales rose by exactly 21.8 percent.

1 intense　**2** endless　**3** precise　**4** frequent

(5) Good teachers always use (　　　) rather than threats to get their students to study.

1 immigration　**2** organization　**3** persuasion　**4** admission

(6) Before Sylvia traveled to Canada, she made sure to get some good ( ) for overseas travel in case something happened to her or her baggage.

1 violence **2** affection **3** insurance **4** punishment

(7) ***A:*** Was Bob able to help you with your science homework?

B: Actually, he just ( ) me. I couldn't understand his complicated explanations.

1 confused **2** promoted **3** arrested **4** located

(8) Although the art gallery wanted to ( ) the painting right away, they had to wait until the owner gave his permission before they could display it.

1 combine **2** exhibit **3** imitate **4** overcome

(9) ***A:*** Sorry I'm late for class, Ms. Holden. I don't have a good ( ). I just woke up late this morning.

B: Well, maybe you should try going to bed earlier, Stephen.

1 device **2** excuse **3** applause **4** resource

(10) Highway 401 in Canada is the busiest road in North America. Every day, about 420,000 ( ) travel on it.

1 vehicles **2** tubes **3** rivals **4** deserts

(11) The fast-food restaurant (　　) with extra-large drinks because only a few customers ordered them. Now, the drinks are smaller and more customers order them with meals.

1 did away　**2** kept on　**3** went in　**4** got on

(12) ***A:*** After visiting Kyoto, why don't we go see Sendai tomorrow?

B: Look at the map! Those two places are too far from each other. That won't (　　).

1 live on　**2** account for　**3** cope with　**4** work out

(13) Greg's father taught Greg how to fish, and Greg (　　) plans to teach his son.

1 in turn　**2** in touch　**3** by chance　**4** by heart

(14) After studying law at university, Alex decided to (　　) online crime because he was very interested in computers and the Internet.

1 complain of　**2** specialize in　**3** differ from　**4** bound for

(15) Richard's teacher told Richard to stop bothering the other students. She said that if he (　　) behaving badly, she would send him to the principal's office.

1 wore out　**2** persisted in　**3** relied on　**4** made for

(16) The power company said that rats were to ( ) the blackout. The animals had eaten through wires connecting houses to the electricity supply.

1 blame for **2** begin at **3** add to **4** act on

(17) Arnold thinks that his daughter ( ) him. Their eyes are the same color, and her nose is a similar shape to his, too.

1 takes after **2** falls down **3** lies off **4** sees in

(18) Misaki's family moved to the United States when she was a little girl. Next year, Misaki ( ) there for more than half of her life.

1 is living **2** is to live
3 will have lived **4** has lived

(19) The letter said the bank regretted ( ) Mr. Humphries that his application for a credit card had not been successful.

1 inform **2** informs **3** to inform **4** informed

(20) Chris has been training hard for the city soccer championship. He runs no ( ) than 5 kilometers and spends over an hour exercising in the gym every day.

1 least **2** less **3** only **4** worse

2 次の英文[A], [B]を読み，その文意にそって*(21)*から*(26)*までの（　）に入れるのに最も適切なものを**1**, **2**, **3**, **4**の中から一つ選び，その番号を解答用紙の所定欄にマークしなさい。

[A]

A Feeling for Music

The music of the German composer Ludwig van Beethoven has given happiness to generations of listeners. However, as is well known, Beethoven began to lose his own hearing in his late 20s. By the time he was 44, he was deaf and could hear hardly any sounds at all. (***21***), he did not stop writing music, and some of his most famous works were composed after he had lost his hearing.

To celebrate the 250th anniversary of Beethoven's birth, Mate Hamori, the conductor of an orchestra from Hungary, held some special concerts. He invited groups of deaf people to come and enjoy Beethoven's music. In order to "hear" the music, some of the audience members sat next to the musicians and placed their hands on the instruments. By doing this, the deaf people could feel the vibrations made by the instruments as they were being played. Other audience members held balloons which allowed them to feel the music's vibrations in the air. They were able to use (***22***) to experience the music.

The concerts were a success. Zsuzsanna Foldi, a 67-year-old woman who had been deaf since she was a baby, cried with joy when she was able to "hear" Beethoven's Fifth Symphony in this way. Although Hamori's idea was unusual, it was not his own. As Beethoven was becoming deaf, he used a piano when writing music. He discovered that the instrument allowed him to feel his music through his fingers. Hamori took Beethoven's idea and used it so that people who (***23***) could enjoy the composer's music.

(21)
1 Even so
2 Rather
3 For once
4 Therefore

(22)
1 this new technology
2 their sense of touch
3 the colors of a rainbow
4 these natural smells

(23)
1 are unable to leave home
2 have no memory
3 face the same challenge
4 prefer other styles

[B]

Salt Solution

In places with cold winters, snow and ice can cause traffic accidents. To prevent them, salt is often spread on roads in winter. This is done because salt allows ice to melt at temperatures lower than 0°C. For example, a 10 percent salt-water mixture lowers the melting temperature of ice from 0°C to minus 6°C. A 20 percent mixture lowers this temperature further to minus 16°C. However, using salt in this way (***24***). Cars, roads, and even the natural environment can be damaged by salt.

Research has shown that when salt is used on roads, it (***25***). Instead, it is carried into the ground by the melted ice. Much of the salt ends up in lakes and rivers where it can harm underwater plants, fish, and other creatures. High levels of salt can, for example, reduce the size of baby fish by up to one-third. Moreover, salt can lead to an increase in bacteria which not only harm underwater species but also affect the water that people drink.

To avoid these problems, natural alternatives to salt are being tested. One idea has been to use juice from vegetables called beets to melt ice. However, although beet juice is natural, it reduces the amount of oxygen in lakes and rivers, which makes it hard for plants and fish to survive. This is not an easy problem to solve, but researchers are continuing to try different ways to melt ice. (***26***), they will be able to find a substance that can help prevent traffic accidents but does not damage the environment.

(24) **1** changes its flavor
2 is quite common
3 has unwanted effects
4 can be wasteful

(25) **1** soon turns into a gas
2 is eaten by animals
3 cannot be replaced
4 does not just disappear

(26) **1** In reality
2 With luck
3 Like before
4 By then

3

次の英文[A], [B], [C]の内容に関して，*(27)*から*(38)*までの質問に対して最も適切なもの，または文を完成させるのに最も適切なものを**1**, **2**, **3**, **4**の中から一つ選び，その番号を解答用紙の所定欄にマークしなさい。

[A]

From: Amy Gordon <a.gordon@g-kelectronics.com>
To: All Customer Service Staff <customerservicestaff@g-kelectronics.com>
Date: January 23
Subject: Staff changes

Dear Customer Service Staff,
I hope everyone enjoyed themselves at the company party last Friday. I had a really good time. I think that the Grand Hotel was the perfect place to have it. Don't forget that some of you won prizes in the bingo games that we played. Steve Miller in the sales department says that he has the prizes, so if you won something, go and see him to pick up your prize.
I have some other announcements as well today. Six new people will be joining our company next month. They've all recently graduated from college, and two of them will be coming to work with us in the customer service department. We'll have three new co-workers altogether because Kent Gardiner will also be moving to our department at the same time. He has worked in the design department at G&K Electronics for 10 years, so I'm sure that many of you already know him.
There are a couple of other staff changes, too. Peter Smith, the manager of the accounting department, will be retiring at the end of next month. Peter has worked at G&K Electronics for over 40 years. There will be a short retirement ceremony for him in Meeting Room A at 5 p.m. on February 28. Also, starting next week, Rachel Martin will take six months off because her baby will be born very soon.
Sincerely,
Amy Gordon
Customer Service Department Manager

(27) What did Amy Gordon think of the recent company party?
1 It would have been better if the sales department had been there.
2 It would have been fun to play some bingo games.
3 The prizes this year were nicer than those last year.
4 The choice of location was just right for it.

(28) What is going to happen next month?
1 Some college students will volunteer at the company.
2 Kent Gardiner will move to the design department.
3 Workers at the company will get their first bonus for 10 years.
4 Three people will join the customer service department.

(29) Next week, Rachel Martin will
1 retire from the company after working there for over 40 years.
2 leave work for a while because she will have a child.
3 become the manager of the company's accounting department.
4 be in charge of planning a special event for Peter Smith.

[B]

First Steps

There are two major groups of animals—those which have backbones and those which do not. Animals with backbones are known as vertebrates. The first vertebrates that developed were fish, and for a long time, they were the only vertebrates. Then, around 374 million years ago, some of these fish moved out of the sea and began living on land. These became the first "tetrapods." A tetrapod is a creature which has four limbs—legs and either wings or arms, depending on the kind of animal—and a backbone. Examples of tetrapods include reptiles, birds, and mammals such as human beings.

The movement of vertebrates from the sea to land is considered to be one of the most important events in the history of life on Earth. Even today, though, little is known about exactly how this occurred. One reason for this is that relatively few fossils remain from the time when fish were evolving into tetrapods. The recent discovery of a complete fossil of an ancient fish in Canada, however, has provided new hints about how this change might have happened.

The fossil is of a 1.6-meter-long fish called an elpistostegalian. Scientists have believed for some time that these fish, which looked a bit like crocodiles and lived near the coast, were one of the ancestors of tetrapods. The fish had four fins, two at the front and two at the back, and these may have developed into the four limbs of a tetrapod. The discovery of a complete fossil in Miguasha National Park in Quebec, Canada, has allowed scientists to examine the front fins of an elpistostegalian for the very first time.

The scientists found that the front fins of this ancient fish contained bones like the ones in the hands of land animals. Normally, fins do not contain any bones at all. The scientists believe these bones developed to allow the fish to support its body when it was in shallow water. In other words, the fish began developing hands and feet even before it left the sea. This makes it even more likely that the elpistostegalian is one of the links between fish and tetrapods.

(30) "Tetrapods" are

1 the group of animals that developed into the earliest kinds of fish.

2 the only animals without backbones that have developed arms and legs.

3 animals with a backbone and four limbs which allow them to walk or fly.

4 animals that lived both in the sea and on land about 374 million years ago.

(31) Why are people unsure about how vertebrates first started living on land?

1 Few hints about what the land was like around that time have been found.

2 There is not much fossil evidence from the period when this change happened.

3 Ancient fish fossils show that it occurred in several different ways.

4 Experts are not sure exactly when this important event might have occurred.

(32) The animals called elpistostegalians

1 were a kind of large creature that lived close to land.

2 were early tetrapods that liked to eat crocodiles.

3 developed from tetrapods that had both fins and legs.

4 were unknown to scientists until one was found in Canada.

(33) What did scientists discover when they examined the elpistostegalian fossil?

1 The elpistostegalian's bones were not strong enough for it to survive in deep water.

2 The elpistostegalian's hands and feet must have developed sometime after it left the sea.

3 The elpistostegalian could not have been one of the links between sea and land animals.

4 The elpistostegalian was different from other fish because its fins contained bones.

[C]

An Excellent Fruit

Today, pineapples are one of the world's most popular fruits. For a long time, though, in most parts of the world, they were extremely rare. Pineapples originally come from South America. They first grew in places which are now parts of Brazil and Paraguay. Their natural sweetness made them a favorite of the native people. They were especially popular with the Carib people who lived in coastal areas of South America and on Caribbean islands.

One of the first Europeans to discover pineapples was the explorer Christopher Columbus. On his second voyage to America in 1493, he found some pineapples on the island of Guadeloupe in the Caribbean. He took them back to Spain and presented them to King Ferdinand. At that time in Europe, there was very little sugar, and fruits were only available for short periods during the year. The king tasted a pineapple and declared it to be the most delicious of all fruits. News of this previously unknown fruit quickly spread around Europe.

Unfortunately, the journey from South America to Europe at the time took over a month, so pineapples usually went bad before they reached their destination. Europeans tried to find ways to grow pineapples in Europe instead. The Dutch and the British built greenhouses which were heated to enable pineapples to grow. Huge amounts of fuel were needed to keep the greenhouses warm, and one pineapple took as long as four years to become ready to eat. Growing pineapples became a hobby for very rich people, and pineapples became a status symbol. They were often used as a decoration rather than eaten.

Because of its unusual appearance and status, the pineapple also became a popular image in art and design. Even today, one can find many stone images of pineapples in the gardens of big old houses in Britain. After ships with steam engines were invented, it became much quicker to make the journey from South America to Europe. Pineapple imports grew and prices decreased so that even ordinary people could buy them. As a result, the pineapple lost its luxury image and became a common fruit enjoyed around the world.

(34) Originally, pineapples were
1 hard for many people to get because they only grew in a few places.
2 thought to be too sweet by the native people of South America.
3 introduced to countries like Brazil and Paraguay by the Carib people.
4 used by people on Caribbean islands as food for farm animals.

(35) What happened after King Ferdinand tried a pineapple?
1 He ordered Christopher Columbus to return to America and bring back more.
2 Stories about this unfamiliar but tasty fruit were heard across Europe.
3 European explorers began searching the world for even more delicious fruit.
4 The king realized that people would be healthier if they ate more fruit.

(36) Why did Europeans look for ways to grow pineapples in Europe?
1 In order to become as rich as the people who grew pineapples in South America.
2 In order to stop pirates from attacking their ships and taking their valuable fruit.
3 Because many pineapples were no longer fresh when they arrived in Europe.
4 Because huge amounts of fuel were needed to ship pineapples from South America.

(37) What caused the price of pineapples in Europe to go down?
1 Pineapple farms were created in places closer to Europe than South America.
2 Ships were invented that took less time to travel from South America to Europe.
3 They became so common that ordinary people became tired of eating them.
4 The climate in Britain changed so that people could grow them in their gardens.

(38) Which of the following statements is true?
1 Some people did not want to eat pineapples because their appearance was unusual.
2 Pineapples used to be a way for people to show how wealthy they were.
3 The pineapples that grew naturally in parts of South America were not sweet.
4 Sugar was widely available in Europe at the time of Christopher Columbus.

●以下のTOPICについて，あなたの意見とその理由を２つ書きなさい。
●POINTSは理由を書く際の参考となる観点を示したものです。ただし，これら以外の観点から理由を書いてもかまいません。
●語数の目安は80語～100語です。
●解答は，解答用紙のB面にあるライティング解答欄に書きなさい。なお，解答欄の外に書かれたものは採点されません。
●解答がTOPICに示された問いの答えになっていない場合や，TOPICからずれていると判断された場合は，0点と採点されることがあります。TOPICの内容をよく読んでから答えてください。

TOPIC

Today in Japan, many buildings and public areas have a lot of lights for decoration, such as the lights used during Christmas. Do you think this is a good idea?

POINTS

- ***Safety***
- ***The environment***
- ***Tourism***

◉一次試験・リスニング

2級リスニングテストについて

CD 青-65

❶このリスニングテストには，第1部と第2部があります。
★英文はすべて一度しか読まれません。

第1部……対話を聞き，その質問に対して最も適切なものを**1**，**2**，**3**，**4**の中から一つ選びなさい。
第2部……英文を聞き，その質問に対して最も適切なものを**1**，**2**，**3**，**4**の中から一つ選びなさい。

❷No. 30のあと，10秒すると試験終了の合図がありますので，筆記用具を置いてください。

第1部

No. 1

1 Take him shopping.
2 Pack his boxes.
3 Help him arrange his furniture.
4 Clean his new house.

No. 2

1 To get some medicine.
2 To change his dentist.
3 To get advice over the phone.
4 To make an appointment.

No. 3

1 He will order what she wants to eat.
2 He will change her reservation time.
3 He will go to the restaurant early.
4 He will drive her to the restaurant.

No. 4

1 He should make a new ID.
2 He needs a book for school.
3 He needs to return some books.
4 He cannot use his library card.

No. 5

1 She does not know the time.
2 She does not usually take the bus.
3 She needs to be at work soon.
4 She saw him on the bus.

No. 6

1 It is still at the repair shop.
2 It is connected to the Internet.
3 It has stopped making noises.
4 It has not been working properly.

No. 7

1 She has prepared for her transfer.
2 She knows a lot about Chinese culture.
3 She can speak many languages.
4 She is going to work in China.

No. 8

1 They will buy her something at the mall.
2 They will make her something.
3 They will take her to dinner.
4 They will give her flowers from the garden.

No. 9

1 Go for a horseback ride.
2 Put their bags in their room.
3 Have lunch at the ranch.
4 Check out of their room.

No. 10

1 The parking lot by her shop is closed.
2 The shop next door is too noisy.
3 The man left his things in her office.
4 The man's truck is in front of her office.

No. 11

1 Many hotels in Paris are already full.
2 Traveling to France may become more expensive.
3 A lot of people are going to Paris this summer.
4 Seats on airplanes to France may sell out.

No. 12

1 Some machines need a lot of space.
2 Patients require their own rooms.
3 Every room must have its own machine.
4 Many new doctors will work there.

No. 13

1 The soccer club is only for adults.
2 There will be practice during summer.
3 Practice will last for about an hour.
4 Parents can stay and watch practice.

No. 14

1 He went to the shopping mall.
2 Their car has broken down.
3 They should not go out this afternoon.
4 He cannot fix their stereo.

No. 15

1 He got the wrong kind of medicine.
2 He had to wait a long time at the clinic.
3 He went to see a new doctor.
4 He forgot to go to the clinic.

第2部

No. 16

1 They have never used a computer.
2 They can type very quickly.
3 They do not want a smartphone.
4 They hope to become teachers.

No. 17

1 They can fly up to 100 kilometers per hour.
2 They can run faster than humans.
3 They make very loud sounds.
4 They make homes near tigers for protection.

No. 18

1 The rent would become less expensive.
2 The building would be closed for construction.
3 He would have to pay an additional charge.
4 He should go to another building during earthquakes.

No. 19

1 She knows few people on her soccer team.
2 She will play soccer in a larger league.
3 She is going to meet her favorite soccer player.
4 She has a big soccer match tomorrow.

No. 20

1 It has pictures of castles on it.
2 People use it to make colorful paintings.
3 A king or queen decides who can wear it.
4 Men make it to show their skills to women.

No. 21

1 They were not accepted by a publisher.
2 She hoped they would be made into a movie.
3 The website contacted her and asked for them.
4 Her friends did not have time to read them.

No. 22

1 He knows a lot about some of the events.
2 He knows some of the athletes.
3 He was asked to help by a friend.
4 He was too late to buy any tickets.

No. 23

1 A special novel will be read.
2 It will be a holiday.
3 Old novels will be sold.
4 The floors will be cleaned on Tuesday.

No. 24

1 They were told with more pictures.
2 They were loved more by boys than girls.
3 They were scarier than they are now.
4 They were mostly told by children.

No. 25

1 Her neighborhood is becoming more expensive.
2 Her neighbors have problems with noisy children.
3 Her favorite restaurant is going to close.
4 Her shop will get a new owner soon.

No. 26

1 Looking for a new gym.
2 Exercising before work.
3 Going to the gym on his lunch break.
4 Working at a sports center.

No. 27

1. To announce that a woman will get married.
2. To tell people about places for short vacations.
3. To describe a sweet dish eaten at weddings.
4. To teach couples about married life.

No. 28

1. Get new business cards.
2. Move desks into a new office.
3. Make new business plans.
4. Think of a new company name.

No. 29

1. There were a lot of insects at her school.
2. She enjoyed being outdoors.
3. Her friends suggested going camping.
4. The school trip was canceled.

No. 30

1. By buying 10 hand towels.
2. By going to the service counter.
3. By paying for parking every month.
4. By showing a ticket when they buy things.

◉二次試験・面接

※本書では出題例として2種類のカードを掲載していますが，本番では1枚のみ渡されます。
※面接委員の質問など，二次試験に関する音声はCDに収録されていません。

受験者用問題　カード　A

Healthy Workers

A lot of people in Japan get a medical checkup every year. Some organizations offer a useful service for this. These organizations send special buses that provide medical checkups at the workplace. Many companies use such buses, and by doing so they help busy workers to stay healthy. It is very important that people try to get a medical checkup regularly.

Your story should begin with this sentence: **One morning, Mr. and Mrs. Mori were talking in their living room.**

No. 1 According to the passage, how do many companies help busy workers to stay healthy?

No. 2 Now, please look at the picture and describe the situation. You have 20 seconds to prepare. Your story should begin with the sentence on the card.
<20 seconds>
Please begin.

Now, Mr. / Ms. ＿＿＿, please turn over the card and put it down.

No. 3 Some people say that trains and buses in Japan use too much air conditioning in summer. What do you think about that?

No. 4 In Japan, there are many famous brand-name stores. Do you think the number of people who shop at such stores will increase in the future?
Yes. → Why?
No. → Why not?

受験者用問題　カード　B

Unusual Sea Life

These days, scientists are interested in knowing more about creatures that live deep in the world's oceans. However, reaching areas that are deep in the ocean is very dangerous. Now, some scientists send robots to such areas, and by doing so they can learn about unusual sea life safely. These robots will probably become more and more useful in the future.

Your story should begin with this sentence: **One day, Ken and his mother were talking in their living room.**

No. 1 According to the passage, how can some scientists learn about unusual sea life safely?

No. 2 Now, please look at the picture and describe the situation. You have 20 seconds to prepare. Your story should begin with the sentence on the card.
<20 seconds>
Please begin.

Now, Mr. / Ms. _____, please turn over the card and put it down.

No. 3 Some people say that we should buy environmentally friendly products even when they are more expensive. What do you think about that?

No. 4 Today, many movies have violent scenes. Do you think people should stop making these movies?
Yes. → Why?
No. → Why not?

CD作成協力●ELEC録音スタジオ　本文デザイン●松倉浩・鈴木友佳
編集協力●一校舎　企画編集●成美堂出版編集部

本書に関する正誤等の最新情報は，下記のアドレスで確認することができます。
https://www.seibidoshuppan.co.jp/support/

上記URLに記載されていない箇所で正誤についてお気づきの場合は，書名・発行日・質問事項・ページ数・氏名・郵便番号・住所・FAX番号を明記の上，**郵送**または**FAX**で**成美堂出版**までお問い合わせください。

※**電話でのお問い合わせはお受けできません。**

※本書の正誤に関するご質問以外にはお答えできません。また受験指導などは行っておりません。

※ご質問の到着確認後，10日前後に回答を普通郵便またはFAXで発送いたします。
ご質問の受付期限は，2024年度の各試験日の10日前到着分までとさせていただきます。ご了承ください。

- 本書の付属CDは，CDプレーヤーでの再生を保証する規格品です。
- CDプレーヤーで音声が正常に再生されるCDから、パソコンやiPodなどのデジタルオーディオプレーヤーに取り込む際にトラブルが生じた場合は、まず、そのソフトまたはプレーヤーの製作元にご相談ください。
- 本書の付属CDには，タイトルなどの文字情報はいっさい含まれておりません。CDをパソコンに読み込んだ際，異なった年版や書籍の文字情報が表示されることがありますが，それは弊社の管理下にはないデータが取り込まれたためです。必ず音声をご確認ください。

このコンテンツは，公益財団法人 日本英語検定協会の承認や推奨，その他の検討を受けたものではありません。

英検®2級過去6回問題集 '24年度版

2024年3月10日発行

編　者　成美堂出版編集部
発行者　深見公子
発行所　成美堂出版
〒162-8445　東京都新宿区新小川町1-7
電話(03)5206-8151 FAX(03)5206-8159
印　刷　大盛印刷株式会社

ISBN978-4-415-23809-8
落丁·乱丁などの不良本はお取り替えします
定価はカバーに表示してあります

文部科学省後援

’24
年度版

英検®
過去6回問題集
2級

英検®は、公益財団法人 日本英語検定協会の登録商標です。

成美堂出版

CONTENTS

※別冊は，付属の赤シートで答えを隠してご利用下さい。

●合格基準スコア●

一次試験……………………………………………1520

（満点1950／リーディング650, リスニング650, ライティング650）

二次試験……………………………………………460

（満点650／スピーキング650）

間違った問題は特によく解説を読みましょう。

本書で使用する記号

S＝主語　　　V＝動詞
O＝目的語　　C＝補語

to *do* / *do*ing＝斜体のdoは動詞の原形を表す

空所を表す(　)以外の(　)＝省略可能・補足説明
[　]＝言い換え可能

2023年度 第2回

解答欄					
問題番号		1	2	3	4
1	(1)	①	②	❸	④
	(2)	①	②	❸	④
	(3)	❶	②	③	④
	(4)	①	❷	③	④
	(5)	①	②	③	❹
	(6)	①	❷	③	④
	(7)	①	②	❸	④
	(8)	❶	②	③	④
	(9)	①	❷	③	④
	(10)	①	②	③	❹
	(11)	①	❷	③	④
	(12)	①	②	③	❹
	(13)	❶	②	③	④
	(14)	①	②	③	❹
	(15)	❶	②	③	④
	(16)	①	②	❸	④
	(17)	①	②	③	❹
	(18)	❶	②	③	④
	(19)	①	②	❸	④
	(20)	❶	②	③	④

解答欄					
問題番号		1	2	3	4
2	(21)	①	②	❸	④
	(22)	①	②	③	❹
	(23)	①	❷	③	④
	(24)	❶	②	③	④
	(25)	①	②	❸	④
	(26)	❶	②	③	④

解答欄					
問題番号		1	2	3	4
3	(27)	①	❷	③	④
	(28)	①	②	③	❹
	(29)	①	❷	③	④
	(30)	①	❷	③	④
	(31)	❶	②	③	④
	(32)	①	❷	③	④
	(33)	❶	②	③	④
	(34)	①	②	③	❹
	(35)	❶	②	③	④
	(36)	①	②	③	❹
	(37)	①	②	❸	④
	(38)	❶	②	③	④

4 の解答例はp.16をご覧ください。

リスニング解答欄					
問題番号		1	2	3	4
第1部	No. 1	①	②	❸	④
	No. 2	①	②	③	❹
	No. 3	❶	②	③	④
	No. 4	①	②	❸	④
	No. 5	①	②	❸	④
	No. 6	①	②	❸	④
	No. 7	❶	②	③	④
	No. 8	①	❷	③	④
	No. 9	①	②	③	❹
	No. 10	①	❷	③	④
	No. 11	①	②	③	❹
	No. 12	①	②	③	❹
	No. 13	①	❷	③	④
	No. 14	❶	②	③	④
	No. 15	①	❷	③	④
第2部	No. 16	①	②	③	❹
	No. 17	❶	②	③	④
	No. 18	①	❷	③	④
	No. 19	①	②	③	❹
	No. 20	①	❷	③	④
	No. 21	❶	②	③	④
	No. 22	①	②	❸	④
	No. 23	①	②	③	❹
	No. 24	❶	②	③	④
	No. 25	❶	②	③	④
	No. 26	①	②	③	❹
	No. 27	①	❷	③	④
	No. 28	①	②	❸	④
	No. 29	❶	②	③	④
	No. 30	①	②	③	❹

1 一次試験・筆記
(問題編pp.38〜41)

(1) 正解 **3**

訳 A：新しい高校をどう思いますか，ポーラ？　B：とてもいいですよ，モーガンさん。前の高校よりも気に入っています。

解説 AがBに新しい高校をどう思うか尋ねているので，Bは転校してきた高校生，または転勤してきた教師と考えられる。空所の前にI like it (＝new high school) better than ... とあるので,「前の高校よりも」という意味になるように, **3のprevious**「以前の」を入れる。neutral「中立の」，exact「正確な」，appropriate「適切な」。

(2) 正解 **3**

訳 余分に使えるお金が必要なのでアルバイトをするのはカオルにとって良いことだが，1つ不都合な点は週末に友達と出かけられないことだ。

解説 空所にはthat she cannot go out with her friends on weekends「週末に友達と出かけられないこと」を表す名詞が入るので，**3のdisadvantage**「不都合な点」が適切。structure「構造」，baggage「手荷物」，lecture「講義，講演」。

(3) 正解 **1**

訳 金融スキャンダルが続いた後で，多くの人々は政府がもっと厳しく銀行を取り締まる規則を作るよう要求し始めた。

解説 空所直前にmake rules to「〜するための規則を作る」とあるので，空所には銀行に対してどうするのかを表す動詞が入る。したがって，**1のregulate**「〜を取り締まる」を入れると文脈に合う。reproduce「〜を再生する，繁殖する」，irritate「〜をいらいらさせる」，impress「〜に感銘を与える」。

(4) 正解 **2**

訳 デイビッドは就職の面接がうまくいかなかったと感じたので，その会社からの手紙は不採用通知だろうと思った。実は採用されたとわかって彼は驚いた。

解説 空所には「会社からの手紙」の内容を表す名詞が入る。第1文にfelt the job interview had gone badly「就職の面接がうまくいかなかったと感じた」とあるので，デイビッドは不採用だと予想していたと考えられる。したがって，**2のrejection**「不採用(通知)，不合格(通知)」が正解。symptom「症状」，biography「伝記」，contribution「貢献，寄付」。

(5) 正解 **4**

訳 逃走犯が古い倉庫に隠れているのを発見したとき，警察は慎重に近づいた。

解説 文前半にthe police found the escaped criminal hiding in an old warehouse「逃走犯が古い倉庫に隠れているのを発見した」とあり，警察は気づかれないよう慎重に行動したと考えられるので，**4のcautiously**「慎重に」が正解。partially「部分的に」，

※2024年度第1回から，試験形式の変更に伴い大問1の問題数は17問になります。

temporarily「一時的に」, regionally「地域的に」。

(6)　正解　2

訳 クリスはバーベキュー・パーティーへの招待を友達や近所の人たち，親戚にまで広げた。彼はできるだけたくさんの人たちに来てほしかった。

解説 空所直後のhis invitation to the barbecue party「バーベキュー・パーティーへの招待」の後にtoが続いていることに注目。**extend 〜 to ...**で「〜を…にまで広げる」という意味を表し，第2文の内容にも合うので，**2のextended**が適切。remove「〜を取り除く」, compare「〜を比べる」, prove「〜を証明する」。

(7)　正解　3

訳 そのロックバンドの名声はほんの数か月しか続かなかった。ラジオ局がそのバンドの歌を流すのをやめると，人々はすぐにそのことを忘れた。

解説 第2文後半にpeople soon forgot about it (＝the band)「人々はすぐにそのことを忘れた」とあるので，そのバンドの人気は長続きしなかったとわかる。したがって，**3のfame**「名声」を入れると状況に合う。shade「陰」, area「地域」, origin「起源」。

(8)　正解　1

訳 キースが旅行に行くときはいつも，手荷物をとても注意深く見張る。彼は以前，電車の中でかばんを盗まれたことがあるので，常に持ち物を見える場所に置いておく。

解説 第2文後半にhe always keeps his things where he can see them「常に持ち物を見える場所に置いておく」とあるので，手荷物が盗まれないよう見張っているとわかる。**guard**で「〜を守る，見張る」という意味を表すので，**1のguards**が適切。carve「〜を彫る」, divorce「〜と離婚する」, accelerate「〜を加速する」。

(9)　正解　2

訳 ルイスは大学卒業以来，同じ会社で働いてきた。そこで40年間働いた後で，今年，彼は退職する予定だ。

解説 第1文のLouis has worked at the same country since he graduated from college「ルイスは大学卒業以来，同じ会社で働いてきた」, 第2文のThis year, ... he is going to retire「今年，彼は退職する予定だ」から，ルイスは20代から同じ会社に勤め，60代で定年退職すると思われる。空所直前にfourとあり，**decade**で「10年間」を表すので，**2のdecades**を入れると「40年間」となり文脈に合う。jail「刑務所」, principle「主義，原理」, society「社会」。

(10)　正解　4

訳 ケイトは昨日，海辺を散歩した。いくつかの岩が濡れていて滑りやすかったので，彼女は水に落ちないようにするために，たびたびバランスをとらなければならなかった。

解説 空所の後にto avoid falling into the water「水に落ちないようにするために」とあるので，滑りやすい岩場を気をつけながら歩いたとわかる。**steady oneself**で「バランスを取る」という意味を表すので，**4のsteady**「〜を安定させる」を入れると状況に合う。punish「〜を罰する」, defeat「〜を打ち負かす」, filter「〜をろ過する」。

(11) 正解　2

訳 オリビアは父親のもとで8年間働き，結局その事業を引き継いだ。彼女はその会社を非常にうまく経営し，海外に支社を開設さえした。

解説 第2文にShe ran the company very successfully「彼女はその会社を非常にうまく経営した」とあるので，オリビアは父親の会社を引き継いだと考えられる。**take over**で「～を引き継ぐ」という意味を表すので，**2のtook over**が正解。write up ～「～を詳しく書く」，keep off ～「～を近づけない」，fall through「失敗に終わる」。

(12) 正解　4

訳 A：さて，明日休暇が終わって，飛行機で帰国しないといけないね。　B：そうだね。帰りたくないよ。もっと長くここにいられたらいいのになぁ。

解説 Aの発言we have to fly back home「飛行機で帰国しないといけない」と，vacation「休暇」，end「終わり」との関係を考える。**come to an end**で「終わる」という意味を表すので，**4のcomes to**を入れると文意が成り立つ。go for ～「～を取りに行く，目指す」，bring up ～「～を育てる，持ち出す」，take out ～「～を取り出す，連れて行く」。

(13) 正解　1

訳 ゲーリーは数か月の間，時々ひざの問題を抱えている。昨日は本当に痛かった。今日はましだが，とにかく医者に診てもらうことに決めた。

解説 第2～3文のYesterday, they(＝his knees) were really painful. They are better today「昨日は本当に痛かった。今日はましだ」から，日によってひざの調子が良かったり悪かったりするとわかる。**1のon and off**「時々，断続的に」を入れると状況に合う。up and down「上下に」，side by side「並んで」，one by one「1人［1つ］ずつ」。

(14) 正解　4

訳 昨日，グリーンビルでは嵐のせいで停電した。送電が復旧するまでの2時間，住民は電気なしで過ごさなければならなかった。

解説 第1文のA storm caused the power to go off「嵐のせいで停電した」，第2文のfor two hours before the supply was restored「送電が復旧するまでの2時間」から，電気なしで過ごしたとわかる。**do without ～**で「～なしですます」という意味なので，**4**が正解。drop by ～「～に立ち寄る」，come across ～「～に出くわす」，go against ～「～に反する」。

(15) 正解　1

訳 A：ジェラルドはどこにいる？　30分前にここに着いているはずだよ。　B：いかにも彼らしいよ。彼が時間通りに到着することがあるとは思わないよ。

解説 Bの発言I don't think he ever arrives on time.「彼が時間通りに到着することがあるとは思わないよ」から，ジェラルドはよく遅刻すると考えられる。**typical of ～**で「～にありがちな，いかにも～らしい」という意味を表すので，**1**が正解。inferior to ～「～に劣っている」，grateful for ～「～に感謝する」，patient with ～「～に我慢する」。

(16) 正解 3

訳 ウィリアムズ先生は，生徒たちが歴史の課題を終えるのにあと1週間かけても良いが，宿題を遅れて提出した人は困ったことになるだろうと言った。

解説 文前半のher students could have one more week to finish their history assignments「生徒たちが歴史の課題を終えるのにあと1週間かけても良い」から，生徒たちには宿題が出されているとわかる。**turn in ～**で「～を提出する」という意味を表すので，**3のturned in**を入れると状況に合う。bring down ～「～を下ろす，倒す」，bring out ～「～を持ち出す」，turn on ～「～をつける」。

(17) 正解 4

訳 アンジェラの家族は裕福だったので，大学に通う費用について心配する必要はなかった。

解説 文後半のshe did not have to worry about the cost of going to university「大学に通う費用について心配する必要はなかった」から，アンジェラの家族には学費を払うお金が十分にあったとわかる。**well off**で「裕福な」という意味を表すので，**4**が適切。close up「閉店する」，next up「次の番」，far off「遠く離れて」。

(18) 正解 1

訳 エイスケは学校で一番速く走る。彼は運動会の100メートル走できっと優勝する。

解説 第1文Eisuke is the fastest runner at his school.「エイスケは学校で一番速く走る」から，彼は優勝候補だと思われる。**be sure to *do***で「きっと～する」という意味を表すので，空所には**1のto win**を入れるのが適切。

(19) 正解 3

訳 A：ブライアン，食べ物にそんなにたくさん塩をかけない方がいいわ。塩を摂りすぎるのは体に悪いわよ。 B：わかったよ，お母さん。かけないよ。

解説 ought to *do*「～すべきである，した方がよい」の否定文は，**ought not to *do***の語順で「～すべきでない，しない方がよい」という意味を表す。したがって，**3**が正解。

(20) 正解 1

訳 ミランダはバッジフォース大学に受かったと聞いた瞬間に，うれしくて叫んだ。

解説 空所直後のmomentの後に主語（she）と動詞(heard)があることに注目。**the moment (that)＋S＋V**で「～するとすぐ，～した瞬間に」という意味を表すので，**1のthe**が正解。

2[A] 一次試験・筆記
(問題編pp.42～43)

Key to Reading 海に沈んだとされる古代の陸地について述べた説明文。段落ごとのポイントを押さえながら，空所の前後の文の関係，文と文の接続関係を表す語（句）などに着目しよう。

訳 ドッガーランド

1930年代から，漁師は英国と北欧の間の海で漁をしているときに，網の中に石や骨で作られた古代の物体を見つけることがたまにあった。これらの物体の多くは，およそ9000年前に作られた。歴史家たちは，当時この地域は現在と同じように水中にあったと考えていた。また，古代ヨーロッパ人が定期的に海を旅していたという証拠もほとんどなかった。そのため，専門家たちは，こうした人工物がどのようにして海の底にたどり着いたのかを説明するのに苦労していた。

唯一可能な説明は，昔は海面がはるかに低かったに違いないということだけだった。実際，研究によって，英国は約8000年前まで島ではなかったことがわかっている。その前は，人々はヨーロッパ大陸からそこに歩いて行くことができた。かつて英国とヨーロッパ大陸をつないでいた広大なひとかたまりの土地には，ドッガーランドという名前が与えられている。最後の氷河期が終わると，海面は上昇した。ドッガーランドのほとんどが海に覆われると，英国はほかのヨーロッパから切り離された。およそ7000年前までに，海面はさらに上昇し，ドッガーランドを完全に覆った。

研究者たちは，ドッガーランドに住んでいた人々についてもっと知りたいと思っている。彼らは，海底で石油を探している会社によって集められたデータを元に立体地図を作った。研究者たちは，人間が恐らく暮らしていた場所を選ぶのにこれらの地図を使用している。こうした場所の1つで，研究者たちは古代の石器を見つけた。その結果，彼らはドッガーランドの人々の文化や生活様式について発見を続けるだろうと希望を持っている。

(21) 正解 3

選択肢の訳 **1** さらには **2** 同様に **3** そのため **4** 等しく

解説 第1段落第1～2文で漁師が海で古代の遺物を見つけることがあるという事実が述べられ，空所前の第3～4文では当時もそこは海中にあり，古代ヨーロッパ人が定期的に海を旅していた証拠もほとんどないことが述べられている。空所の後では，experts had difficulty explaining how these man-made objects had ended up at the bottom of the ocean「専門家たちは，こうした人工物がどのようにして海の底にたどり着いたのかを説明するのに苦労していた」と述べられ，第4文までの結論となっているので，これをつなぐ語句として適切なのは**3**。

(22) 正解 4

選択肢の訳 **1** で物を作った **2** をめったに訪れなかった **3** についての話を聞いたことがあった **4** からそこに歩いて行くことができた

解説 第2段落第2文のBritain did not become an island until about 8,000 years ago「英国は約8000年前まで島ではなかった」から，当時は英国がヨーロッパと陸続きだったとわかる。空所を含む文はBefore that「その前は」で始まり，主語がpeople，空所のあとにthe European continentがあるので，約8000年前まで人々は陸続きのヨーロッパ大陸から英国に歩いて行くことができたという内容にすると流れに合う。したがって，**4**が正解。

(23) 正解 2

選択肢の訳 **1** 石油を見つけるためにロボットを使った **2** 古代の石器を見つけた **3** 小さな博物館を建てた **4** 最近の変化に気づいた

解説 空所を含む第3段落第4文はAt one of these sites「こうした場所の1つで」で始まっている。このthese sitesとは，第3文のsites where humans probably lived「人間が恐らく暮らしていた場所」であり，今は海底となっている。空所にはその場所で何かを見つけたという内容を入れると，最終文のAs a result, ... they will continue to make discoveries「その結果，彼らは…発見を続けるだろう」にうまくつながるので，**2**が正解。

2[B] 一次試験・筆記

(問題編pp.44〜45)

Key to Reading ①号砲後0.1秒より前に動くとフライングになるという事実（→第1段落），②人間の反応時間についての実験結果（→第2段落），③フライングをした選手にもチャンスを与えるための提案（→第3段落）などがポイント。

訳 フライングの科学

競走の始まりに号砲が鳴らされ，選手にスタートを切るよう知らせる。もし号砲が鳴る前に選手の1人が動くと，それは「フライング」として知られており，その選手はレースから外される。興味深いことに，もし選手が号砲が鳴らされてから0.1秒経過するより前に動くと，これもまたフライングとなるのだ。運動競技団体は，それほど速く反応することのできる人間はいないと主張する。彼らは，そのような選手は号砲が鳴るのを待っていたのではなく，いつ鳴るのかを予測していたに違いないと言うのだ。

フライングについてもっと知るために，科学者たちが人間の反応時間について実験を行った。1990年代のある実験で，選手たちは号砲の音に平均して0.12秒後に反応するということがわかった。ある選手はわずかに速く，ほかの選手はわずかに遅かった。しかしながら，この実験に参加した選手たちはアマチュアだった。もっと最近の実験では，一部のプロ選手は，たった0.08秒で反応できるかもしれないということがわかった。とはいえ，どちらの研究でも少数の選手が関わっただけである。

中にはフライングのルールは厳しすぎると考える人もいる。ほかのスポーツや陸上競技には，もし選手がルールを破っても追加のチャンスをもらえるものもある。例えば，走り幅跳びでは最初の挑戦で選手の足が線を越えても，その選手はあと2回挑戦する機会がある。中にはフライングをした選手を外すのではなく，スタート位置を数メートル後ろにするべきであり，そうすればレースはだれにとっても公平になるだろうと提案する人もいる。

(24) 正解 1

選択肢の訳 **1** それほど速く反応する **2** それほど高く跳ぶ **3** そのような音を聞く **4** それほどの重さを持ち上げる

解説 第1段落第3文に，if an athlete moves before 0.1 seconds have passed after the shot is fired, this is also a false start「もし選手が号砲が鳴らされてから0.1

秒経過するより前に動くと，これもまたフライングとなるのだ」とあり，選手が動く速さが話題になっている。選択肢の中ではquicklyが速さを表す副詞なので，「それほど速く反応することのできる人間はいない」となるように**1**を選ぶ。

(25)　正解　3

選択肢の訳　**1**　今までのところ　　**2**　それまでに　　**3**　平均して　　**4**　合計で

解説　空所直前の0.12 seconds「0.12秒」がどのような数値かを表す語句が入る。直後の第２段落第３文にSome were slightly quicker, while others were slightly slower.「ある選手はわずかに速く，ほかの選手はわずかに遅かった」とあるので，0.12秒とは号砲の音に対する選手の反応時間の平均値だと考えられる。したがって，**3**が正解。

(26)　正解　1

選択肢の訳　**1**　追加のチャンスをもらえる　　**2**　お金を払わなければならない
3　ビデオ再生を見ることができる　　**4**　メダルを返す

解説　第３段落第３文にFor exampleとあり，空所を含む第２文の具体例が挙げられている。走り幅跳びで最初にルールを破ったとしても，the athlete still has two more opportunities to try「その選手はあと２回挑戦する機会がある」と述べられ，それはつまり「追加のチャンスをもらえる」ということなので，**1**が正解。

3[A]　一次試験・筆記

(問題編pp.46～47)

Key to Reading　図書館職員に「お話の時間」の計画について知らせるメール。①子供たちに大切な読書の役割。(→第１段落)，②お話の会を始めるにあたって必要となる職員の業務。(→第２段落)，③アイディアの募集と応募方法。(→第３段落）などがポイント。

訳　差出人：メリッサ・シモンズ＜simmonsm@wigbylibrary＞
宛先：図書館職員＜staff@wigbylibrary＞
日付：10月８日
件名：お話の時間
拝啓　職員の皆様
ウィグビー公立図書館の館長として，私の目標の１つは家族連れに人気の場所にすることです。読書はだれにとっても，特に子供たちにとっては大切です。両親と子供たちが一緒に本を読めば，楽しい思い出を分かち合い，より良い関係を築くことでしょう。また，読書は両親が子供たちの教育に手を貸すためのすばらしい方法です。ウィグビーをさらに知的でもっと思いやりのある町にするために，当図書館は驚くほど重要な役割を果たすことができるのです！
このことを念頭に置き，子供たちと両親のためのお話の会を週に１回始めることにしましたので，楽しくするために皆様の手助けが必要です。もちろん，物語の提案もしていただきたいと思います。また，会を宣伝するためのポスターを作る人や，物語をもっとおもしろくするためにお話をする人が使える物を探す人も必要です。最後に，お話は交代でした方がいいと思います。

こうした会で本当にやってみたいことがありましたら，私までどうぞお知らせください。より良くするのに役立つアイディアが何かありましたら，それもお聞きしたいです。また，家族連れにもっと図書館に来てもらえるようなアイディアが何かありましたら，遠慮なくお知らせください。私宛にEメールをお送りいただいても，私の事務室まで直接話しに来ていただいてもかまいません。
敬具
メリッサ
ウィグビー公立図書館　館長

(27) 正解 2

質問の訳 メリッサによると，読書が家族の役に立てる1つの方法は

選択肢の訳 **1** 自分の目標を両親に説明する機会を子供たちに与えることだ。 **2** 両親と子供たちがより良い関係を築けるようにすることだ。 **3** 両親が賃金の良い仕事に就く可能性を高めることだ。 **4** 子供たちがテレビを見て過ごす時間を減らすことだ。

解説 本文第1段落第3文にIf parents and children read books together, they will share happy memories and build better relationships.「両親と子供たちが一緒に本を読めば，楽しい思い出を分かち合い，より良い関係を築くことでしょう」とあるので，この内容を簡潔に表した**2**が正解。

(28) 正解 4

質問の訳 メリッサが図書館職員にするように頼んでいることの1つは何ですか。

選択肢の訳 **1** 作家の友達がいるかどうかを彼女に知らせる。 **2** イベントのスペースを作るために物を移動させる手伝いをする。 **3** 幼い子供たちのグループについての物語を書く。 **4** 活動について人々に知らせる掲示を作る。

解説 本文第2段落第3文にI also need someone to make posters to advertise the sessions「また，会を宣伝するためのポスターを作る人も必要です」とある。make posters to advertise the sessionsを，Create notices that tell people about an activity.と言い換えた**4**が正解。

(29) 正解 2

質問の訳 メリッサが職員を自分の事務室に招いているのはなぜですか。

選択肢の訳 **1** 職員の職務を見直す会議をするため。 **2** 図書館を家族連れにとってもっと魅力的にする方法を彼女に話すため。 **3** 忙しすぎて彼らのところに話しに行くことができない。 **4** 職員1人1人ともっとよく知り合いたい。

解説 本文第3段落最終文にYou can ... come to my office to talk to me in person「私の事務室まで直接話しに来ていただいてもかまいません」とある。その理由は，第3文にif you have any ideas that will encourage more families to come to the library, please feel free to tell me about them「家族連れにもっと図書館に来てもらえるようなアイディアが何かありましたら，遠慮なくお知らせください」と書かれているので，**2**が正解。

3[B] 一次試験・筆記
(問題編pp.48〜49)

Key to Reading 第1段落：導入（米国で18世紀から栽培されていたパープルストロー小麦）→第2段落：本論1（パープルストロー小麦が20世紀半ばまで広く栽培され続けた理由）→第3段落：本論2（1960年代に開発された生産性の高い新しい小麦）→第4段落：結論（研究者たちによるパープルストロー小麦を復活させる試み）の4段落構成の説明文。

訳 パープルストロー小麦

小麦はアメリカ合衆国では重要な作物であり，その実はパン，パスタ，その他の食品を作るために使われる。18世紀以来，小麦はこの国の主要な穀物である。しかしながらアメリカの小麦生産は，その歴史の間ずっと難題に直面してきた。18世紀後半には，多くの種類の小麦がヨーロッパからやって来た病気や害虫に襲われた。だが，パープルストロー小麦という種類の小麦はこうした危機に耐えることができ，長い間多くの農家が植えるのに最適の選択だった。

パープルストロー小麦の実はウイスキーを作ったり，ケーキやパンを作るのに適したなめらかで非常においしい小麦粉を生産したりするのに使うことができる。18世紀から，特にアメリカ南部で栽培されてきた。パープルストロー小麦をとりわけ重要にしたのは，冬の天候を生き延びる能力であった。ほかの種類と違って，パープルストロー小麦は晩秋に蒔いて早春に刈り入れることができる。これは夏の病気や害虫を避けられるということを意味した。その結果，パープルストロー小麦は20世紀半ばまで広く栽培され続けていた。

1960年代に，科学者たちは既存の小麦の遺伝子を掛け合わせることによって新しい種類の小麦を開発した。こうした新しい種類は1株につきより多くの実をつけ，病気に対する抵抗力も強かった。最新の農業技術，殺虫剤，そして新しい種類の小麦を使うことによって，農家は大量の小麦の実を以前より安く生産することができた。パープルストロー小麦からできる小麦粉の方がおいしくて健康に良いにもかかわらず，この種類の小麦はほぼ全く使われなくなった。

中にはパープルストロー小麦をよみがえらせたいと思う研究者もいた。とはいえ，供給源がほんの少ししかなかったので，その種を手に入れるのは容易ではなかった。研究者たちはようやく数グラムのパープルストロー小麦の種をなんとか手に入れ，サウスカロライナのクレムソン大学で蒔いた。徐々にその小麦の生産量を増やしているが，まだ小麦粉を作って販売するほど十分ではない。多くの料理人やパン職人，ウイスキーメーカーがパープルストロー小麦を使って製品を作れるようになることを楽しみにしている。

(30) 正解 2

質問の訳 18世紀後半にアメリカ合衆国で何が起こりましたか。

選択肢の訳 **1** 農家がよりおいしい小麦粉を作る種類の小麦を開発した。 **2** 小麦に影響を及ぼす病気や害虫が海外からやって来た。 **3** 小麦不足のためヨーロッパから輸入しなければならなかった。 **4** 人々がパンを作るために小麦以外の穀物を使い始めた。

解説 第1段落第4文に，During the late 18th century, many types of wheat were attacked by diseases and insects that came from Europe.「18世紀後半には，多く

※2024年度第1回から，試験形式の変更に伴い大問3の[B](30)〜(33)が削除されます。

の種類の小麦がヨーロッパからやって来た病気や害虫に襲われた」とあるので，この内容をまとめ，Europeをoverseasと言い換えて表した**2**が正解。

(31) 正解 **1**

質問の訳 パープルストロー小麦がほかの種類の小麦よりも優れていた理由の１つは何でしたか。

選択肢の訳 **1** １年で最も寒い時期に栽培することができた。 **2** 新しい種類の食品や飲み物を作るために使うことができた。 **3** アメリカ南部の暑い夏を生き延びることができた。 **4** 低品質の土のある畑で育つことができた。

解説 第２段落第３文にWhat made purple straw wheat particularly important was its ability to survive winter weather.「パープルストロー小麦をとりわけ重要にしたのは，冬の天候を生き延びる能力であった」とある。survive winter weatherをcould be grown during the coldest part of the yearと言い換えた**1**が正解。

(32) 正解 **2**

質問の訳 人々はなぜ20世紀にパープルストロー小麦の栽培をやめたのですか。

選択肢の訳 **1** 最新の農業技術での使用に適さなかった。 **2** 科学者たちがもっと多くの実をつける種類の小麦を生み出した。 **3** 人々がもっとおいしくて健康に良い小麦粉を買いたかった。 **4** 殺虫剤が多くのパープルストロー小麦を枯らした。

解説 第３段落第１～２文でIn the 1960s, scientists developed new types of wheat by mixing the genes of existing ones. These new types produced more seeds per plant「1960年代に，科学者たちは既存の小麦の遺伝子を掛け合わせることによって新しい種類の小麦を開発した。こうした新しい種類は１株につきより多くの実をつけた」と述べている。さらに，最終文後半にthis type of wheat almost completely went out of use「この種類の小麦はほぼ全く使われなくなった」とあり，this type of wheatとはpurple straw wheatのことなので，正解は**2**。

(33) 正解 **1**

質問の訳 パープルストロー小麦を栽培している研究者たちは，

選択肢の訳 **1** ほんの少量しかパープルストロー小麦の種を手にいれることができなかった。 **2** アメリカ合衆国のいくつか異なる場所でそれを試した。 **3** その小麦から作られた小麦粉を料理人やパン職人，ウイスキーメーカーに提供した。 **4** どれだけ速く販売するのに十分なほど生産することができたかに驚いた。

解説 第４段落第３文にThe researchers finally managed to get a few grams of purple straw wheat seeds「研究者たちはようやく数グラムのパープルストロー小麦の種をなんとか手に入れた」とあるので，managed to get a few gramsをcould only get a small amountと言い換えて表した**1**が正解。

3[C] 一次試験・筆記
(問題編pp.50～51)

Key to Reading 第１段落：導入（中世から高品質の本作りが盛んなベネチア）→第２段

落：本論1（現在も伝統を守り手製本を作り続けるパウロ・オルビ）→第3段落：本論2（15世紀後半以降に安価な本を普及させたアルドゥス・マヌティウス）→第4段落：結論（製本技術を教えることで伝統を守りたいというオルビの願い）という4段落構成の説明文。

訳 ベネチアの本

中世において，イタリアの都市ベネチアは国際貿易で有名であった。その都市の位置が重要だっただけでなく，ほかのヨーロッパの地域よりも人々の行動を制限する法律が少なくもあった。この自由が作家や芸術家，職人をその都市に引きつけた。15世紀の印刷機の発明に続き，こうした人々が技能を組み合わせることでベネチアをヨーロッパにおける印刷製本業の中心地にした。手作業によるこの高品質の本作りの伝統は，今日までベネチアに生き続けている。

パウロ・オルビはこの伝統を存続させるのに貢献している。彼は美しい本や日記帳，写真アルバムなどを作るために何世紀もの間存続してきた技術を利用している。それらの中の紙は手で切りそろえられ，表紙は手刷りの紙や革，木材，さらにはムラノというイタリアンガラスの一種さえも使って作られる。オルビが1962年にその工芸を習い始めたとき，ベネチアには手製本を作る書店がおよそ20軒あった。だが，今ではオルビの店はたった3軒残っているそのような書店のうちの1軒である。

オルビが敬愛する人物の1人がアルドゥス・マヌティウスという男である。マヌティウスは1494年に印刷会社を設立し，それはベネチアで最も有名な印刷会社の1つとなった。15世紀後半まで，本は大きくて重く，非常に高価だった。それらは主に宗教や法律に関してだった。マヌティウスはもっと小さくて軽く，安価な本を生産する技術を開発した。さらに，彼は小説や美術や哲学に関する本を印刷した。こうした開発のおかげで，本はもっと普及し，一般の人々が買いやすくなった。

オルビは自分の店の壁にマヌティウスの絵を飾っている。マヌティウスのように，彼は本が大好きであり，本は美しくあるべきだと考えている。長年に渡って，オルビは多くの人々にその技術を教えてきた。2018年，かつての生徒がオルビの本を手作り品の展覧会で展示するよう招いた。このことは，もっと多くの人々に伝統的な製本に興味を持ってもらう機会をオルビに与えた。オルビは自分の店をカルチャーセンターに拡大して，そこで彼が本を作る様子を観光客が見たり，若者たちが彼の技術を学んだりできるようにしたいと思っている。そうすることによって，彼はベネチアの製本の伝統が失われるのを防ぐよう願っている。

(34) 正解 4

質問の訳 作家や芸術家，職人がベネチアに引きつけられた理由の1つは何ですか。

選択肢の訳 **1** 製本業で非常勤の仕事に就くことができた。 **2** その都市では自分の作品をより高い価格で売ることができた。 **3** その都市の位置が彼らの作品にひらめきを与えた。 **4** その都市では人々がほかの都市よりも自由に暮らすことができた。

解説 第1段落第2文後半にthere were fewer laws controlling people's behavior than in other parts of Europe「ほかのヨーロッパの地域よりも人々の行動を制限する法律が少なくもあった」とあり，続く第3文にThis freedom attracted writers, artists, and craftspeople to the city.「この自由が作家や芸術家，職人をその都市に引きつけた」と書かれている。したがって，**4**が正解。

(35) 正解 1

質問の訳 パウロ・オルビは製本業者であり，

選択肢の訳 **1** 製品を作るために伝統的な方法を使う。 **2** ベネチアの市内に約20軒の書店を所有している。 **3** ガラスに印刷するための新しい技術を開発した。 **4** 本を製作するために再利用された材料を使うようにしている。

解説 第2段落第1～2文にPaolo Olbi is helping to keep this tradition alive. He makes use of techniques that have existed for centuries to produce beautiful books, ...「パウロ・オルビはこの伝統を存続させるのに貢献している。彼は美しい本…を作るために何世紀もの間存続してきた技術を利用している」とあるので，**1**が正解。

(36) 正解 4

質問の訳 アルドゥス・マヌティウスは…によって本の人気を高めるのに貢献した。

選択肢の訳 **1** ベネチアに人々が読み方を習うことのできる学校を開くこと **2** 宗教や法律などの話題に関する本をますます多く印刷すること **3** ベネチアの芸術家や哲学者に関する小説シリーズを書くこと **4** 本の大きさや重さを減らし，価格を下げる方法を見つけること

解説 第3段落第5文にManutius developed techniques to produce smaller, lighter, and cheaper books.「マヌティウスはもっと小さくて軽く，安価な本を生産する技術を開発した」，さらに最終文にThese developments made books more popular「こうした開発のおかげで，本はもっと普及した」とあるので，この内容をまとめた**4**が正解。

(37) 正解 3

質問の訳 オルビがやりたいことの1つは何ですか。

選択肢の訳 **1** 何年も前に失くしたマヌティウスの絵を見つける。 **2** かつての生徒たちに会って，彼らがどうしているか確かめる。 **3** もっと多くの人々が製本について学ぶことのできる場所を作る。 **4** マヌティウスの生涯と功績に関する本を書く。

解説 第4段落第6文にOlbi wants to expand his store into a cultural center where tourists can see how he makes books and young people can learn his techniques.「オルビは自分の店をカルチャーセンターに拡大して，そこで彼が本を作る様子を観光客が見たり，若者たちが彼の技術を学んだりできるようにしたいと思っている」とある。この内容を簡潔にまとめた**3**が正解。

(38) 正解 1

質問の訳 次の記述のうち正しいのはどれですか。

選択肢の訳 **1** ベネチアで最も有名な印刷会社の1つが1494年に設立された。 **2** ベネチアで手製本を作っている店の数は1962年以来，増えている。 **3** オルビは生徒たちの作品を展示するための展覧会を毎年ベネチアで開く。 **4** 国際貿易を止める法律が中世のベネチアで導入された。

解説 順に真偽を確認すると，**1** 第3段落第2文にManutius founded a printing company in 1494 that became one of the most famous printing companies in

Venice.「マヌティウスは1494年に印刷会社を設立し，それはベネチアで最も有名な印刷会社の１つとなった」とあるので一致する。 **2** 第２段落第４～最終文に，When Olbi began learning his craft in 1962, there were about 20 bookstores in Venice that made handmade books. Now, though, Olbi's store is one of only three such places that remain.「オルビが1962年にその工芸を習い始めたとき，ベネチアには手製本を作る書店がおよそ20軒あった。だが，今ではオルビの店はたった３軒残っているそのような書店のうちの１軒である」とあり，手製本を作る店は減っているので一致しない。 **3** 第４段落第４文にa former student invited Olbi to display his books at an exhibition of handmade objects「かつての生徒がオルビの本を手作り品の展覧会で展示するよう招いた」とあるが，オルビが生徒たちの作品を毎年展示しているわけではないので一致しない。 **4** 第１段落第１文にDuring the Middle Ages, the Italian city of Venice was famous for international trade.「中世において，イタリアの都市ベネチアは国際貿易で有名であった」とあるが，国際貿易を止める法律については書かれていない。正解は**1**。

4 一次試験・英作文

(問題編p.52)

TOPICの訳 今日，荷物を直接受け取らずにドアのそばに置くよう運送会社に頼む顧客がいます。あなたは将来このような種類のサービスがもっと普及すると思いますか。

POINTSの訳 ●便利さ ●破損 ●安全

解答例 （賛成意見） I think this kind of service will become more common in the future. First, customers can receive packages without being restricted by time and location. They do not have to be at home or worry about what time their packages arrive. Second, this kind of service can reduce the amount of delivery companies' work. Drivers do not need to visit customers again if they are not at home at the time of delivery. Therefore, I think delivery services that do not require customers and drivers to meet will become more common in the future. (**94**words)

解答例の訳 私は将来このような種類のサービスがもっと普及すると思います。第一に，顧客は時間や場所を限定されずに荷物を受け取ることができます。彼らは家にいたり，何時に荷物が届くかを心配したりする必要がありません。第二に，このような種類のサービスは運送会社の仕事量を減らすことができます。運転手は配達の時間に顧客が家にいなくても再び訪問する必要がありません。したがって，顧客と運転手が会うことを必要としない配送サービスは将来もっと普及すると私は思います。

解説 解答例では，まず質問のthinkに続く内容をそのまま述べ，賛成意見であることを示している。その後で理由を２つ書く。解答例では，①customers can receive packages without being restricted by time and location「顧客は時間や場所を限定されずに荷物を受け取ることができる」と述べ，家にいたり，配達時間を心配したりしなくて良いという利点を具体的に示している。次に，②this kind of service can reduce the

※2024年度第１回から，大問４に文章の要約を書く問題が加わります。

amount of delivery companies' work「このような種類のサービスは運送会社の仕事量を減らすことができる」と述べ，「再配達の必要がない」という別の利点を示すことで，荷物を直接受け取らないサービスがもっと普及すると考える理由としている。
反対意見の理由としては，①「盗難の心配」が挙げられるだろう。If packages are put by the doors, it is very easy for anyone to steal them.「荷物がドアのそばに置かれていれば，だれでもとても簡単に盗むことができる」のように表せる。さらに，So I don't think it's safe to put packages outside houses.「だから，荷物を家の外に置くのは安全だと思わない」のように意見を示す。また，②「誤配の可能性」も考えられる。Drivers might deliver packages to the wrong houses and leave them there.「運転手が間違った家に荷物を配達して，そこに置いたままにするかもしれない」のように表せる。Neither drivers nor customers can notice the mistake immediately.「運転手も顧客もすぐ間違いに気づくことができない」のように補足すると良いだろう。

第1部 一次試験・リスニング

(問題編pp.53～55)

No.1 正解 3

放送文 ***A:*** Excuse me. Is this the way to the University Science Center? ***B:*** Not really. I mean, you could go in this direction, but it will take longer. You should go back about 50 meters and turn right at the corner. ***A:*** OK—and after I turn? Then where do I go? ***B:*** Go past the History Department building, and then you'll see the Science Center on the left.
Question: What does the woman suggest the man do?

訳 A：すみません。大学科学センターはこちらの方向でいいですか。 B：ちょっと違いますね。つまりその，この方向でも行けるんですが，時間がかかります。50メートルぐらい戻って角で右に曲がった方がいいですよ。 A：わかりました ― それで曲がった後は？ それからどこに行くのですか。 B：史学部の校舎を通り越すと，その後で科学センターが左側に見えます。

質問の訳 女性は男性にどうするように提案していますか。

選択肢の訳 **1** 大学構内の地図を見る。 **2** 角まで一緒に歩く。 **3** 科学センターまで別の道順を行く。 **4** 史学部の校舎で職員に尋ねる。

解説 B（＝女性）が1回目の発言でYou should go back about 50 meters and turn right at the corner.「50メートルぐらい戻って角で右に曲がった方がいいですよ」と言っているので，この内容をTake a different routeと表した**3**が正解。

No.2 正解 4

放送文 ***A:*** Ms. Gomez, a firefighter is going to give a talk to the students at our school tomorrow. ***B:*** I heard that, too. He works at the airport. He'll talk about his work helping people there. He'll also tell us what we should do to be safe when we travel. ***A:*** That sounds really interesting. ***B:*** Yes, I think it will be.
Question: What is one thing the firefighter will talk about at the school?

訳 A：ゴメス先生，明日我が校では消防士が生徒たちに講演をする予定です。　B：私もそのことは聞きましたよ。彼は空港で働いているんです。そこでの人々を助ける仕事について話すんです。それに，安全に旅行するためには何をすべきかも話してくれる予定です。　A：それはとても興味深そうですね。　B：ええ，そうだと思います。

質問の訳 消防士が学校で話す予定にしていることの１つは何ですか。

選択肢の訳 **1**　空港での職を見つけること。　**2**　消防士になること。　**3**　外国に旅行すること。　**4**　安全に旅行すること。

解説 B(＝Ms. Gomez)が１回目の発言でHe'll also tell us what we should do to be safe when we travel.「それに，安全に旅行するためには何をすべきかも話してくれる予定です」と言っているので，what以下をTraveling safely.と簡潔に言い換えた**4**が正解。

No.3　正解　1

放送文 ***A:*** John, I really liked the presentation you gave in class today. ***B:*** Thanks. I spent a long time doing research on waterfalls. There was a lot of information to review. ***A:*** Yes, I saw you studying in the library last week on three different days. ***B:*** Yes, I found a lot of information there. I hope I'll get a good grade.

Question: Why was the boy going to the library last week?

訳 A：ジョン，あなたが今日授業でした発表はとても良かったわ。　B：ありがとう。長い時間をかけて滝について調べたんだ。吟味しないといけない情報がたくさんあったよ。A：ええ，先週３日別々の日に図書館であなたが勉強しているところを見たわ。　B：うん，そこでたくさんの情報を見つけたんだ。良い成績が取れるといいな。

質問の訳 男の子はなぜ先週，図書館に通っていたのですか。

選択肢の訳 **1**　発表のための調べものをするため。　**2**　女の子の成績が上がるよう手助けするため。　**3**　そこにあるコンピュータを使うため。　**4**　勉強会に参加するため。

解説 B（＝John）が１回目の発言でI spent a long time doing research「長い時間をかけて調べたんだ」と言い，A（＝女の子）の１回目の発言から，それは発表のためだとわかる。Aの２回目の発言I saw you studying in the library last week「先週，図書館であなたが勉強しているところを見たわ」，Bの２回目の発言I found a lot of information「そこでたくさんの情報を見つけたんだ」から，Bは図書館で発表のために調べものをしていたと考えられるので，**1**が正解。

No.4　正解　3

放送文 ***A:*** Budget Bill's Computer Store. ***B:*** Hello. I need some new equipment for the computer in my office. Can you tell me which is the best web camera to buy? ***A:*** Well, I think that the NetFlash 5.0 is very good. ***B:*** Is the camera easy to install? I'm not very good with computers. ***A:*** Yes, it's very simple to set it up. I can show you how to do it if you come to the store.

Question: What is the customer worried about?

訳 A：バジェット・ビルのコンピュータ店です。　B：もしもし。会社のコンピュータのために新しい機器が必要なんです。どのウェブカメラを買ったら一番良いか教えてくれませんか。　A：そうですね，NetFlash 5.0がとてもいいと思いますよ。　B：そのカメラは簡単にインストールできますか。コンピュータはあまり得意じゃないんです。A：はい，設定はとても簡単です。お店にいらっしゃれば，やり方をお教えできますよ。

質問の訳 客は何について心配していますか。

選択肢の訳 **1** 適したコンピュータを持っていない。 **2** ウェブカメラが何なのか知らない。 **3** ウェブカメラを設定するのに苦労するかもしれない。 **4** 機器を運ぶのに手伝いが必要かもしれない。

解説 客のB（＝男性）が２回目の発言でIs the camera easy to install?「そのカメラは簡単にインストールできますか」と尋ね，店員のA（＝女性）がYes, it's very simple to set it up.「はい，設定はとても簡単です」と答えているので，**3**が正解。

No.5 正解 3

放送文 ***A:*** Hello. ***B:*** Honey, could you stop by the supermarket on your way home from work? I need you to pick up something. ***A:*** Sure, no problem. What do you want me to get? ***B:*** Can you get a pack of tomatoes? I need them to make a pasta sauce for dinner, but I can't leave the apartment right now because I'm waiting for a delivery. ***A:*** OK. If you think of anything else you need, just give me a call.

Question: What does the woman ask the man to do?

訳 A：もしもし。 B：あなた，仕事の帰りにスーパーマーケットに寄ってくれないかしら。買ってきて欲しいものがあるの。 A：うん, いいよ。何を買ってきて欲しいの？ B：トマトを１パック買ってくれる？ 夕食にパスタソースを作るために必要なんだけど，今配達を待っているからアパートを出られないの。A：わかった。ほかに何かいるものを思いついたら電話して。

質問の訳 女性は男性に何をするよう頼んでいますか。

選択肢の訳 **1** スーパーマーケットまで迎えにくる。 **2** できるだけ急いで帰宅する。 **3** スーパーマーケットからあるものを買ってくる。 **4** 家で配達を待つ。

解説 B(＝女性)が１回目の発言でcould you stop by the supermarket ...?「スーパーマーケットに寄ってくれないかしら」と言い，さらに２回目の発言でCan you get a pack of tomatoes?「トマトを１パック買ってくれる？」と頼んでいるので，**3**が正解。

No.6 正解 3

放送文 ***A:*** Dave, are you free for lunch today? Some of us are going to Larry's Café. ***B:*** Oh, that new place by City Hall? I'd like to go, Brenda, but I have lots of work to do. ***A:*** Well, would you like me to bring you back something? ***B:*** A tuna sandwich on wheat bread would be great. Thanks for asking.

Question: What does the woman offer to do for the man?

訳 A：デイブ，今日のお昼は空いてる？ 私たち何人かでラリーズ・カフェに行くつもりなの。 B：ああ，市役所の近くのあの新しい店？ 行きたいんだけどね，ブレンダ，やらないといけない仕事がたくさんあるんだ。 A：じゃあ, 何か持ち帰ってあげようか？ B：全粒粉入りパンのツナサンドイッチがいいな。誘ってくれてありがとう。

質問の訳 女性は男性のために何をすることを申し出ていますか。

選択肢の訳 **1** ラリーズ・カフェへの行き方を教える。 **2** 彼にツナサンドイッチを作る。　**3**　彼に食べ物を買ってくる。　**4**　仕事を終えるのを手伝う。

解説 忙しくてお昼は外に出られないと言うB(＝Dave)に対して，A(＝Brenda)が2回目の発言でwould you like me to bring you back something?「何か持ち帰ってあげようか？」と提案している。それに対しBは欲しい食べ物を答えているので，**3**が正解。

No.7　正解　**1**

放送文 ***A:*** John, you said that you had to take some pictures on the weekend for your photography-class assignment. Did they turn out well? ***B:*** Actually, almost all of them were too dark. I must have done something wrong. ***A:*** Oh, that's too bad. ***B:*** Yeah, but my class isn't until Thursday. I'm going to try to take some more before then.

Question: What does John say about the pictures he took?

訳 A：ジョン，週末に写真講座の課題で写真を撮らないといけないって言ってたわよね。うまくいったの？　B：実は，ほとんど全部が暗すぎたんだ。きっと何か間違ったことをしたんだね。　A：まあ，それは残念ね。　B：うん，でも木曜日まで講座はないんだ。その前にまた何枚か撮ってみるつもりだよ。

質問の訳 ジョンは自分の撮った写真について何と言っていますか。

選択肢の訳 **1**　そのほとんどがうまくいかなかった。　**2**　木曜日に印刷した。
3　時間通りに提出できなかった。　**4**　今年初めて撮ったものだった。

解説 B（＝John）が1回目の発言でActually, almost all of them were too dark. I must have done something wrong.「実は，ほとんど全部が暗すぎたんだ。きっと何か間違ったことをしたんだね」と言っているので，写真はうまく撮れなかったとわかる。したがって，**1**が正解。

No.8　正解　**2**

放送文 ***A:*** I can't believe we can't find our gate. This airport is so confusing. ***B:*** I know. I wish there were more signs. We'd better ask someone for help. ***A:*** Wait, is that it by the escalator? Yes, it's Gate 62. Finally! Now we have time to find some souvenirs. ***B:*** Yeah. I think I'll look for some postcards.

Question: What will the man and woman probably do next?

訳 A：私たちのゲートが見つからないなんて信じられない。この空港はとてもわかりにくいわね。　B：そうだね。もっと標識があればいいのに。だれかに助けてもらった方がいいな。　A：待って，エスカレーターのそばのあれがそうかしら？　ええ，ゲート62だわ。ようやくね！　これでおみやげを見つける時間ができたわ。　B：うん。僕は絵葉書を探そうかな。

質問の訳 男性と女性は次に恐らく何をするでしょうか。

選択肢の訳 **1**　自分たちのゲートを探す。　**2**　店に立ち寄る。　**3**　だれかに道順を聞く。　**4**　飛行機の搭乗を始める。

解説 A(＝女性)が2回目の発言で自分たちの乗るゲートを何とか見つけた後，Now we have time to find some souvenirs.「これでおみやげを見つける時間ができたわ」と言っている。B(＝男性)もI think I'll look for some postcards.「僕は絵葉書を探そうかな」と言っているので，2人とも店で買い物をすると思われる。したがって，**2**が正解。

No.9 正解 **4**

放送文 ***A:*** Here's your menu, sir. Would you like a drink while you decide? ***B:*** Sure. I'd like a glass of red wine. Are there any wines that you recommend? ***A:*** I recommend a wine called Vino Hill, because it's not too sweet, and it tastes good with many of the dishes on our menu. It's made in the southern part of Spain. ***B:*** Great. I'll try that, then. I've always liked the taste of Spanish wines.
Question: What does the woman say about the wine called Vino Hill?

訳 A：お客様，こちらがメニューでございます。お決めになる間にお飲み物はいかがですか。 B：お願いします。赤ワインを１杯ください。何かお勧めのワインはありますか。 A：ビノ・ヒルというワインをお勧めします。というのも，甘すぎず，当店のメニューにある多くの料理とよく合うんです。スペインの南部で作られています。 B：いいですね。では，それを試してみます。スペイン産ワインの味はもともと好きなんですよ。

質問の訳 女性はビノ・ヒルというワインについて何と言っていますか。

選択肢の訳 **1** とても高価だ。 **2** とても甘い味がする。 **3** スペインのレストランだけで売られている。 **4** レストランの料理とよく合う。

解説 A（＝女性）が２回目の発言でit (＝a wine called Vino Hill) tastes good with many of the dishes on our menu「当店のメニューにある多くの料理とよく合うんです」と言っている。tastes good with many of the dishes on our menuをgoes well with the restaurant's foodと言い換えて表した**4**が正解。

No.10 正解 **2**

放送文 ***A:*** Honey, you're finally home. I was worried about you. ***B:*** Sorry I'm so late. The train stopped at Jefferson Station because of an accident. It was already too late to get the bus, and there weren't any taxis, so I walked. ***A:*** From Jefferson Station! That's so far. Why didn't you call me to pick you up? ***B:*** I would have, but I forgot my phone at the office.
Question: How did the man go home from Jefferson Station?

訳 A：あなた，やっと帰ってきたのね。心配してたのよ。 B：こんなに遅くなってごめん。事故のせいで電車がジェファーソン駅で止まったんだ。バスに乗るにはもう遅すぎたし，タクシーも全然なかったから歩いたんだ。 A：ジェファーソン駅から！ とても遠いわよ。どうして迎えに来るように電話しなかったの？ B：そうしたいところだったけど，会社に電話を忘れてきたんだ。

質問の訳 男性はジェファーソン駅からどうやって家に帰りましたか。

選択肢の訳 **1** バスに乗った。 **2** 歩いて行った。 **3** タクシーを呼んだ。 **4** 妻が車で送った。

解説 B（＝男性）が１回目の発言でThe train stopped at Jefferson Station「電車がジェファーソン駅で止まったんだ」と言った後で，バスにもタクシーにも乗れなかったことを説明し，so I walked「だから歩いたんだ」と言っている。したがって，walkedをwent on footと言い換えた**2**が正解。

No.11　正解　**4**

放送文 ***A:*** Honey, this plant is dying. What do you think is wrong? ***B:*** I'm not sure. It seems to be getting enough sunlight. ***A:*** Yeah. And I think we're giving it enough water and plant food, too. ***B:*** Wait. Look! There are small white insects eating the leaves. I bet they're the problem.

Question: Why does the woman think the plant is dying?

訳 A：ねえ，この植物は枯れかけてるよ。何がいけないんだと思う？　B：わからないわ。日光は十分に当たっているようだけど。　A：うん。水も肥料も十分にあげていると思うし。　B：待って。見て！　葉っぱを食べている小さな白い虫がいるわ。きっとそのせいよ。

質問の訳 女性は植物がなぜ枯れかけていると思っていますか。

選択肢の訳 **1**　水をやりすぎている。　**2**　間違った肥料をあげた。　**3**　日光が十分に当たっていない。　**4**　害虫に襲われている。

解説 B（＝女性）が2回目の発言でThere are small white insects eating the leaves. I bet they're the problem.「葉っぱを食べている小さな白い虫がいるわ。きっとそのせいよ」と言っているので，**4**が正解。

No.12　正解　**4**

放送文 ***A:*** Excuse me. Could you tell me which floor the exhibition of Spanish artists is on? I just read a review about it in today's paper. ***B:*** It's on the fourth floor. Just follow the signs. You can take the stairs or use the elevator. ***A:*** It seems very crowded today. Perhaps many people read that review, too. ***B:*** Well, maybe, but our special exhibitions are always very popular.

Question: What does the woman want to do?

訳 A：すみません。スペインの芸術家の展覧会は何階で開かれているか教えていただけますか。今日の新聞でそれについての批評を読んだばかりなんです。　B：４階ですよ。標示にしたがってください。階段で行けますし，エレベーターを使うこともできますよ。　A：今日はとても混んでいるようですね。恐らくたくさんの人があの批評を読んだのかもしれませんね。　B：ええ，そうかもしれませんね，でもこちらの特別展はいつもとても人気がありますよ。

質問の訳 女性は何をしたいと思っていますか。

選択肢の訳 **1**　批評を読む。　**2**　エレベーターを修理する。　**3**　何人かの芸術家と話す。　**4**　美術展を見る。

解説 A（＝女性）が1回目の発言でCould you tell me which floor the exhibition of Spanish artists is on?「スペインの芸術家の展覧会は何階で開かれているか教えていただけますか」と尋ね，これから美術展を見るつもりだと考えられるので，**4**が正解。

No.13　正解　**2**

放送文 ***A:*** You look tired, Jeff. Are you feeling OK? ***B:*** I just got back from my vacation in Africa. I haven't adjusted to the time difference yet. ***A:*** Oh, I know the feeling. I was tired for three days after I came back from my trip to

Indonesia. ***B:*** Yeah. I love traveling, but sometimes it really makes you tired.
Question: What do we learn about the man?
訳 A：疲れているみたいね，ジェフ。大丈夫？ B：アフリカでの休暇から帰ってきたばかりなんだ。まだ時差に慣れていないんだよ。 A：ああ，その感覚わかるわ。私はインドネシア旅行から帰ってきた後で３日間疲れていたわ。 B：うん。旅行は大好きだけど，そのせいでとても疲れるときがあるよね。
質問の訳 男性についてわかることは何ですか。
選択肢の訳 **1** 旅行が嫌いだ。 **2** 旅行したばかりだ。 **3** もうすぐインドネシアに行く予定だ。 **4** 仕事の休みを３日取った。
解説 B（＝Jeff）が１回目の発言でI just got back from my vacation in Africa.「アフリカでの休暇から帰ってきたばかりなんだ」と言っているので，**2**が正解。

No.14 正解 1

放送文 ***A:*** Let me show you around so you can feel more at home, Kentaro. ***B:*** Thanks, Mrs. James. I was surprised by how big your garden is. ***A:*** Really? Don't people have big gardens in Tokyo, too? ***B:*** No, actually. Gardens are usually small, and many people have no garden at all.
Question: What is the boy doing now?
訳 A：もっとくつろげるように案内して回ってあげますね，ケンタロウ。 B：ありがとうございます，ジェームズさん。お庭が広くて驚きました。 A：そう？ 東京の人たちも広いお庭があるんじゃないの？ B：いいえ，実際にはそうではありません。庭はたいてい狭くて，庭が全くない人もたくさんいます。
質問の訳 男の子は今，何をしているところですか。
選択肢の訳 **1** 女性の家を歩いて回っている。 **2** 女性の庭に水をまいている。
3 自分の庭を女性に見せている。 **4** 女性の家の写真を見ている。
解説 A（＝Mrs. James）が１回目の発言でLet me show you around so you can feel more at home「もっとくつろげるように案内して回ってあげますね」とB（＝Kentaro）に対して言っており，女性が自宅を男の子に案内している場面と考えられるので，**1**が正解。

No.15 正解 2

放送文 ***A:*** How may I help you? ***B:*** Hi. I'd like to send this package to Germany. ***A:*** OK. Could you please fill out this form while I weigh the package? ***B:*** Oh, and I'd like to send it by express mail. I want it to arrive there within a week.
Question: What does the woman want to do?
訳 A：ご用件をおうかがいしましょうか。 B：こんにちは。この小包をドイツに送りたいんです。 A：かしこまりました。小包の重さを測りますので，その間にこちらの用紙に記入していただけますか。 B：そうそう，速達で送りたいんです。１週間以内にドイツに着くようにしたいんです。
質問の訳 女性は何をしたいと思っていますか。
選択肢の訳 **1** ドイツ語で用紙に記入する。 **2** ドイツに小包を送る。 **3** 小包の重さを後で測る。 **4** １週間以内にドイツに向けて出発する。

解説 B（＝女性）が１回目の発言でI'd like to send this package to Germany.「この小包をドイツに送りたいんです」と言っているので，**2**が正解。

第2部 一次試験・リスニング
(問題編pp.55～57)

No.16 正解 4

放送文 It was Mother's Day yesterday, but Stuart had forgotten to get his mom a card. So he decided to make breakfast for her instead. He woke up early to prepare a traditional English breakfast of bacon, sausages, fried eggs, mushrooms, and toast. Stuart's mom was very pleased when she saw what he had made for her. The sausages were a little burned, but she said that everything tasted delicious.

Question: Why was Stuart's mother pleased?

訳 昨日は母の日だったが，スチュワートはお母さんにカードを買うのを忘れていた。それで代わりに朝食を作ってあげることにした。彼は早起きしてベーコンとソーセージ，目玉焼き，マッシュルーム，そしてトーストの伝統的な英国式朝食を用意した。スチュワートが作ってくれたものを見ると，お母さんはとても喜んだ。ソーセージは少し焦げていたが，彼女は全部とてもおいしいと言った。

質問の訳 スチュワートの母親はなぜ喜びましたか。

選択肢の訳 **1** スチュワートが美しいカードをくれた。 **2** スチュワートが朝食に連れていってくれた。 **3** スチュワートが自分で起きた。 **4** スチュワートが朝食を料理してくれた。

解説 第２文でhe(＝Stuart) decided to make breakfast for her(＝Stuart's mother) instead「代わりに朝食を作ってあげることにした」，第４文でStuart's mom was very pleased when she saw what he had made for her.「スチュワートが作ってくれたものを見ると，お母さんはとても喜んだ」と言っているので，**4**が正解。

No.17 正解 1

放送文 Good afternoon, students. Welcome to Introduction to Psychology. I'm Professor Roberta Williams. I hope you've all bought your textbooks. Every week, we will discuss a new topic from the textbook. Notes for each class will be put on the class website, where you can look at them if you like. The website address is written on the blackboard.

Question: What does the professor say students can do online?

訳 こんにちは，生徒の皆さん。「心理学入門」へようこそ。私は教授のロバータ・ウィリアムズです。皆さん教科書を持って来たことと思います。毎週，教科書から新しい話題について話し合う予定です。それぞれの授業の記録は，授業のウェブサイトに載せますので，よろしければ見ることができます。ウェブサイトのアドレスは黒板に書かれています。

質問の訳 教授は生徒たちがオンラインで何ができると言っていますか。

選択肢の訳 **1** 授業の記録を見る。 **2** 教科書を買う。 **3** 授業からの話題について話し合う。 **4** クラスメートにメッセージを送る。

解説 第6文でNotes for each class will be put on the class website, where you can look at them if you like.「それぞれの授業の記録は，授業のウェブサイトに載せますので，よろしければ見ることができます」と言っているので，**1**が正解。

No.18 正解 2

放送文 Last year, Sylvia and her family moved to a new town. At first, Sylvia was lonely and often wrote messages to friends from her old high school. Her brother encouraged her to try to make new friends, so Sylvia decided to join her school's drama club. She made many new friends there. Now, even though she still misses her old friends, she enjoys life at her new school.

Question: How did Sylvia make new friends?

訳 昨年，シルビアとその家族は新しい町に引っ越した。最初，シルビアは独りぼっちで，前の高校の友達にたびたびメッセージを書いていた。彼女の兄が新しい友達を作ってみるよう勧めたので，シルビアは学校の演劇部に入ることにした。彼女はそこでたくさんの新しい友達ができた。今では，古い友達がまだ恋しいものの，新しい学校での生活を楽しんでいる。

質問の訳 シルビアはどのようにして新しい友達を作りましたか。

選択肢の訳 **1** 新しい文通相手を見つけた。 **2** 学校のクラブに参加した。 **3** アルバイトを始めた。 **4** 兄の友達に会った。

解説 第3～4文でSylvia decided to join her school's drama club. She made many new friends there.「シルビアは学校の演劇部に入ることにした。彼女はそこでたくさんの新しい友達ができた」と言っているので，**2**が正解。

No.19 正解 4

放送文 Last weekend, there was a big storm in the city where Patricia lives, so she could not play outside with her friends. Next weekend will be a long weekend because Friday is a national holiday, and the weather will be sunny. However, Patricia has so much homework to do that she will not be able to meet her friends. As a result, she is not looking forward to the long weekend.

Question: Why is Patricia not looking forward to the long weekend?

訳 先週末，パトリシアの住む市では大きな嵐があったので，友達と外で遊ぶことができなかった。今度の週末は，金曜日が国民の祝日なので週末が長くなり，天気も晴れる予定だ。ところが，パトリシアはしなければならない宿題がたくさんあるので，友達と会うことができないだろう。そのため，彼女は長い週末を楽しみにしていない。

質問の訳 パトリシアはなぜ長い週末を楽しみにしていないのですか。

選択肢の訳 **1** 大きな嵐が来る。 **2** 父親が部屋を掃除するように言った。 **3** 友達が別の市に引っ越す。 **4** しなければならない宿題がたくさんある。

解説 第3文でPatricia has so much homework to do「パトリシアはしなければならない宿題がたくさんある」，さらに最終文でAs a result, she is not looking forward to the long weekend.「そのため，彼女は長い週末を楽しみにしていない」と言っている。so muchをa lot ofと言い換えた**4**が正解。

No.20 正解 2

放送文 Robert's uncle taught Robert how to make videos on his laptop computer. Robert uses the computer's camera. On Wednesday, he put the computer on a wall outside his school to make a video of himself. A strong wind blew the computer off the wall, and it fell to the ground and broke. Now, Robert has to use his smartphone to make videos until he can buy a new computer.

Question: What happened to Robert on Wednesday?

訳 ロバートの叔父はロバートにノートパソコンでの動画撮影の仕方を教えた。ロバートはそのコンピュータのカメラを使う。水曜日に，彼は学校の外の壁にコンピュータを掛けて自分の動画を撮った。強い風がコンピュータを壁から吹き飛ばし，地面に落ちて壊れた。今，ロバートは新しいコンピュータが買えるまでスマートフォンを使って動画撮影をしなければならない。

質問の訳 水曜日にロバートに何が起こりましたか。

選択肢の訳 **1** 学校の外でカメラが盗まれた。 **2** コンピュータが落ちて壊れた。 **3** 叔父が新しいおもちゃを買ってくれた。 **4** 先生がスマートフォンを取り上げた。

解説 第4文でA strong wind blew the computer off the wall, and it fell to the ground and broke.「強い風がコンピュータを壁から吹き飛ばし，地面に落ちて壊れた」と言っているので，**2**が正解。

No.21 正解 1

放送文 Steven got a call from his sister this afternoon. She said that she had not seen her cat, Spotty, all day. Spotty usually comes into the kitchen for breakfast. Steven's sister asked Steven if he could help her to look for Spotty this evening after work. Steven said that he would be happy to do so.

Question: How will Steven spend this evening?

訳 スティーブンは今日の午後，妹から電話をもらった。彼女は飼い猫のスポッティを1日中見ていないと言った。スポッティは普段，朝食のために台所に入ってくる。スティーブンの妹は，スティーブンに今晩仕事の後にスポッティを探すのを手伝ってもらえないかと尋ねた。スティーブンは喜んでそうすると言った。

質問の訳 スティーブンは今晩どのように過ごすつもりですか。

選択肢の訳 **1** 妹を手伝って。 **2** 猫を買って。 **3** 新しい家を探して。 **4** 朝食を準備して。

解説 第4文でSteven's sister asked Steven if he could help her to look for Spotty this evening after work.「スティーブンの妹は，スティーブンに今晩仕事の後にスポッティを探すのを手伝ってもらえないかと尋ねた」と言い，最終文でSteven said that he would be happy to do so.「スティーブンは喜んでそうすると言った」と言っているので，**1**が正解。

No.22 正解 3

放送文 In the 19th century, there was a writer from the United States known as Nathaniel Hawthorne. His short stories and novels were works of fiction,

but he often included real historical events in them. He was also friends with U.S. President Franklin Pierce. Today, Hawthorne's books are read and enjoyed all over the world.

Question: What is one thing we learn about Nathaniel Hawthorne?

訳 19世紀に，ナサニエル・ホーソーンとして知られるアメリカ出身の作家がいた。彼の短編小説や長編小説はフィクション作品だったが，彼はその中に実際の歴史的な出来事を取り入れることがよくあった。彼はまた，アメリカ大統領のフランクリン・ピアースと友達だった。今日，ホーソーンの本は世界中で読まれ，楽しまれている。

質問の訳 ナサニエル・ホーソーンについてわかることの１つは何ですか。

選択肢の訳 **1** アメリカ合衆国で生まれなかった。 **2** 本を印刷する新しい方法を発明した。 **3** 歴史的な出来事を含むフィクションをよく書いた。 **4** 自分の国の大統領が好きではなかった。

解説 第２文でHis short stories and novels were works of fiction, but he often included real historical events in them.「彼の短編小説や長編小説はフィクション作品だったが，彼はその中に実際の歴史的な出来事を取り入れることがよくあった」と言っているので，この内容を簡潔に言い換えた**3**が正解。

No.23 正解 4

放送文 Yumi's son and daughter have grown up and left home. Yumi still has her old family car, but she no longer needs such a big one. She will exchange it for a smaller car that will be delivered to her in July. It is a red sports car, and Yumi plans to drive it to the beach on the day that it arrives. She is really looking forward to the trip.

Question: What is Yumi going to do in July?

訳 ユミの息子と娘は成人して家を出ている。ユミはまだ家族向けの古い車を持っているが，もうそんなに大きな車は必要ない。彼女は７月に届けられるもっと小さな車と取り替えるつもりだ。それは赤いスポーツカーで，ユミはそれが到着した日に浜辺までドライブする予定だ。彼女はその旅行をとても楽しみにしている。

質問の訳 ユミは７月に何をするつもりですか。

選択肢の訳 **1** 自分の古い車を娘にあげる。 **2** 品物を配達するために自分の車を使う。 **3** 息子がスポーツカーを探すのを手伝う。 **4** 新しい車でドライブに出かける。

解説 第３文のa smaller car that will be delivered to her in July「７月に届けられるもっと小さな車」から，７月には新しい車が届くとわかる。さらに第４文でYumi plans to drive it to the beach on the day that it arrives「ユミはそれが到着した日に浜辺までドライブする予定だ」と言っており，itは２つともユミの新しい車を指すので，**4**が正解。

No.24 正解 1

放送文 Elvis Presley, who is widely known as the king of rock 'n' roll, bought a tour bus in 1976 for his band. The band was called The TCB Band, so Elvis named the bus TCB. Nine people could sleep comfortably inside it. The band's members used the bus to go to concerts around the United States. However,

Elvis had difficulty turning the big bus around.
Question: What is one thing we learn about the bus that Elvis Presley bought?
訳 エルビス・プレスリーは，ロックンロールの王様として広く知られており，1976年に自分のバンドのためにツアーバスを買った。そのバンドはTCBバンドといったので，エルビスはそのバスをTCBと名付けた。その中では９人が快適に眠ることができた。バンドのメンバーはアメリカを回るコンサートに行くためにそのバスを使った。けれども，エルビスはその大きなバスを方向転換するのに苦労した。
質問の訳 エルビス・プレスリーの買ったバスについてわかることの１つは何ですか。
選択肢の訳 **1** それを方向転換するのは彼には難しかった。 **2** 両側に９つずつ窓があった。 **3** 彼とバンドがそれを作るのに６年かかった。 **4** 車内にコンサートに十分なスペースがあった。
解説 最終文でElvis had difficulty turning the big bus around「エルビスはその大きなバスを方向転換するのに苦労した」と言っているので，**1**が正解。

No.25 正解 1

放送文 Welcome to Price Shavers Supermarket. We would like to remind customers about our special offer. Simply show staff our store's discount code on the screen of your smartphone or tablet computer when you pay for your shopping. You can get 10 percent off all items. To receive the code, sign up on our store's website today.
Question: How can customers get a discount?
訳 プライスシェーバーズ・スーパーマーケットへいらっしゃいませ。お客様に特別奉仕のお知らせをいたします。お買い物のお支払いの際に，スマートフォンかタブレットコンピュータの画面で当店の割引コードを従業員にお見せいただくだけです。全ての商品が10パーセント割引となります。コードを受け取るには，当店のウェブサイトに今日ご登録ください。
質問の訳 顧客はどのようにして割引を受けられますか。
選択肢の訳 **1** 画面でコードを見せることによって。 **2** 10個の質問に答えることによって。 **3** ５個を超える商品を買うことによって。 **4** 従業員に話すことによって。
解説 第３文でSimply show staff our store's discount code on the screen of your smartphone or tablet computer「スマートフォンかタブレットコンピュータの画面で当店の割引コードを従業員にお見せいただくだけです」と言っているので，**1**が正解。

No.26 正解 4

放送文 Victoria loves sandwiches. Yesterday, she watched an online video by a professional chef. He used roast beef and grilled vegetables to make a sandwich. Victoria used the chef's recipe to make one, too. She showed a picture of her sandwich to a friend at work, and he was very impressed. Her friend recommended using brown bread instead of white bread. That way, Victoria could make healthier sandwiches.
Question: What advice did one of Victoria's friends at work give her?
訳 ビクトリアはサンドイッチが大好きだ。昨日，彼女はプロの料理人によるオンラ

イン動画を見た。彼はローストビーフと網焼き野菜を使ってサンドイッチを作った。ビクトリアもその料理人のレシピを使ってサンドイッチを作った。彼女が職場の友達にサンドイッチの写真を見せると，彼はとても感動した。友達は白パンの代わりに全粒粉パンを使うよう勧めた。そうすれば，ビクトリアはもっと健康に良いサンドイッチを作れるだろう。

質問の訳 ビクトリアの職場の友達の１人は彼女にどのような助言をしましたか。

選択肢の訳 **1** 料理の仕方を人々に見せる動画を作ること。 **2** そんなにたくさんのローストビーフを食べないようにすること。 **3** プロの料理人になることを考えること。 **4** サンドイッチを作るときに全粒粉パンを使うこと。

解説 第６文でHer friend recommended using brown bread instead of white bread.「友達は白パンの代わりに全粒粉パンを使うことを勧めた」と言っている。第５文の内容からサンドイッチについての助言だとわかるので，**4**が正解。

No.27 正解 2

放送文 Scientists in Southeast Asia found a small animal called a pygmy tarsier. The scientists were surprised because they believed that there were no pygmy tarsiers left. At first, the scientists thought it was a big mouse, but later, they confirmed that it was actually one of Indonesia's rarest wild animals.

Question: Why were scientists in Southeast Asia surprised?

訳 東南アジアの科学者たちがピグミーメガネザルという小さな動物を見つけた。科学者たちは，ピグミーメガネザルは生き残っていないと思っていたので驚いた。最初，科学者たちはそれは大きなネズミだと思ったが，後に実はそれはインドネシアで最も珍しい野生動物の１つだということを確認した。

質問の訳 東南アジアの科学者たちはなぜ驚いたのですか。

選択肢の訳 **1** 非常に大きな植物を見た。 **2** とても珍しい動物を見つけた。 **3** 奇妙な動物の音を聞いた。 **4** 地球上で最も大きなネズミを見つけた。

解説 まず第１文でScientists in Southeast Asia found a small animal called a pygmy tarsier.「東南アジアの科学者たちがピグミーメガネザルという小さな動物を見つけた」と言っている。さらに第２文The scientists were surprised because they believed that there were no pygmy tarsiers left.「科学者たちはピグミーメガネザルは生き残っていないと思っていたので驚いた」，最終文のone of Indonesia's rarest wild animals「インドネシアで最も珍しい野生動物の１つ」から，見つけた動物は珍しいものなので，**2**が正解。

No.28 正解 3

放送文 We hope you are enjoying this year's town festival. The final show is about to begin, so please come to the stage at the north end of the park. Three flute players will perform some popular pieces of music. Please feel free to dance if you want to. We have also prepared some chairs for visitors who would prefer to sit down while they enjoy the performance.

Question: Why is this announcement being made?

訳 今年の町のお祭りを楽しんでいらっしゃることと思います。最後のショーが間もなく始まりますので，公園の北の端にあるステージまでお越しください。３人のフルート奏者が人気の高い音楽を演奏します。よろしければ，どうぞご自由に踊ってください。座って演奏をお楽しみになりたいお客様には，椅子もご用意しております。

質問の訳 このアナウンスはなぜ行われていますか。

選択肢の訳 **1** 公園のルールについての情報を人々に伝えるため。 **2** お祭りが終わったことを人々に知らせるため。 **3** お祭りの最後のショーについて伝えるため。
4 何人かの出演者にステージに来るよう頼むため。

解説 第２文でThe final show is about to begin「最後のショーが間もなく始まります」と言い，行われる場所や内容について説明しているので，**3**が正解。

No.29 正解 1

放送文 In the mountains of Bulgaria in Europe, there are some famous lakes known as the Seven Rila Lakes. Each lake has a name, and some of the names were chosen because of the shapes of the lakes. For example, one lake is sometimes called Eye Lake because its shape is similar to an eye. Every year, hikers from all over the world visit these mountains to see the Seven Rila Lakes.
Question: What is one thing we learn about some of the Seven Rila Lakes in Bulgaria?

訳 ヨーロッパのブルガリアの山々に，リラの七つの湖として知られる有名な湖がある。それぞれの湖には名前があり，そのいくつかの名前は湖の形が理由で選ばれた。例えば，ある湖は形が目に似ているので「目の湖」と呼ばれることがある。毎年，世界中からハイカーたちがリラの七つの湖を見るためにこの山々を訪れる。

質問の訳 ブルガリアのリラの七つの湖のいくつかについてわかることの１つは何ですか。

選択肢の訳 **1** 名前がその形に合わせて選ばれた。 **2** その形は有名なデザイナーによって作られた。 **3** 外国人のハイカーたちによって最近発見された。 **4** その良質な水で有名だ。

解説 第２文でEach lake has a name, and some of the names were chosen because of the shapes of the lakes.「それぞれの湖には名前があり，そのいくつかの名前は湖の形が理由で選ばれた」と言い，第３文で例を挙げている。したがって，**1**が正解。

No.30 正解 4

放送文 Rachel's cousin will be five years old soon, and Rachel has been thinking about what to do for his birthday. He likes animals, but he already has many toy animals, and he has been to the zoo many times. Rachel has decided to teach him how to play an easy song on the piano. If he likes doing it, she will buy him a music book and give him lessons.
Question: What is Rachel going to do for her cousin?

訳 レイチェルのいとこはもうすぐ５歳になるので，レイチェルは彼の誕生日に何をしようかと考えている。彼は動物が好きだが，すでにたくさんおもちゃの動物を持っていて，何回も動物園に行ったことがある。レイチェルはピアノで簡単な歌の弾き方を教えることにした。もし彼がそれを気に入れば，楽譜を買ってレッスンをしてあげるつもりだ。

質問の訳 レイチェルはいとこのために何をするつもりですか。

選択肢の訳 **1** 動物の描き方を教える。 **2** 新しい漫画本を買ってあげる。 **3** 誕生日に動物園に連れていく。 **4** 歌の弾き方を教える。
解説 第3文でRachel has decided to teach him (= Rachel's cousin) how to play an easy song on the piano.「レイチェルはピアノで簡単な歌の弾き方を教えることにした」と言っているので，**4**が正解。

カードA 二次試験・面接
(問題編pp.58～59)

訳 より良いコミュニケーション
今日，日本人は外国人とビジネスをする機会がよくある。この理由のため，日本人が考え方の違いを理解することは重要である。一部の会社は従業員にこのような違いについて学ばせ，このようにして従業員が誤解を避けられるよう手助けしている。将来，世界がもっとつながるにつれて，恐らくますます多くの日本人が外国人と働くだろう。
話は次の文で始めてください：ある午後，ジュンとお母さんはフランスに関するテレビ番組を見ていました。
質問の訳 No. 1　この文によると，一部の会社はどのように従業員が誤解を避けられるよう手助けしていますか。
No. 2　では，絵を見てその状況を説明してください。20秒間，準備する時間があります。話はカードに書いてある文で始めてください。<20秒>始めてください。
では，～さん（受験者の氏名），カードを裏返して置いてください。
No. 3　もっと多くの会社が従業員がオンライン会議をするのを認めるべきだと言う人がいます。あなたはそのことについてどう思いますか。
No. 4　今日，多くの人々が公共の場所でスマートフォンを使います。あなたは人々がスマートフォンを使うとき，マナーに十分気をつけていると思いますか。

No.1 **解答例** By letting their employees learn about differences in ways of thinking.

解答例の訳 従業員に考え方の違いについて学ばせることによってです。
解説 第3文に関する質問。方法を問われているので，**by doing（動名詞）**の形を用いる。まずBy letting their employees learn about such differences.と考え，第2文からsuch differencesを具体的にdifferences in ways of thinkingと表す。

No.2 **解答例** One afternoon, Jun and his mother were watching a television program about France. Jun said to his mother, "I want to learn more about France before my trip there." The next day at a bookstore, Jun found a book on the shelf. His mother was asking a clerk to get the book for him. On the morning before leaving, Jun was surprised to see there was a storm. His mother was worried that the flight would be canceled.

解答例の訳 ある午後，ジュンとお母さんはフランスに関するテレビ番組を見ていました。ジュンはお母さんに「フランス旅行の前にフランスについてもっと学びたいな」と言いま

した。次の日に本屋で，ジュンはある本を棚の上に見つけました。お母さんはジュンのためにその本を取ってくれるよう店員に頼んでいました。出発する前の朝，ジュンは嵐になったのを見て驚きました。お母さんはフライトがキャンセルされるのではないかと心配していました。

解説 1コマ目のジュンの言葉は，直接話法のJun said to his mother, "～." の形で表す。2コマ目は，本屋でジュンがある本を棚の上に見つけ（found a book on the shelf），お母さんがジュンのためにその本を取ってくれるよう店員に頼んでいる（asking a clerk to get the book for him）ところ。3コマ目は，ジュンが窓から嵐になったのを見て驚いている（was surprised to see there was a storm）様子が描かれている。吹き出しは，お母さんがフライトがキャンセルされるのではないかと心配している（was worried that the flight would be canceled）ことを表している。「～するのではないかと心配する」は〈be worried that＋S＋will＋V ～〉で表し，この文ではwasに時制を一致させwouldを使っている。

No.3 **解答例** （I agree. の場合） I agree. People can take part in the meetings from anywhere. Also, it's easy for employees to share information with each other.
（I disagree. の場合） I disagree. It's difficult to understand each other in online meetings. For example, it can be hard to hear everybody's voice.

解答例の訳 私もそう思います。人々はどこからでも会議に参加することができます。また，従業員がお互いに情報を共有しやすいです。／私はそうは思いません。オンライン会議ではお互いを理解するのが難しいです。例えば，皆の声を聞きづらいことがあります。

解説 賛成意見では，どこからでも会議に参加できる（can take part in the meetings from anywhere）という利点を述べ，さらに情報を共有しやすい（easy for employees to share information）と付け加えている。反対意見では，もっと多くの会社がオンライン会議を認めるべきだと思わない理由として，お互いを理解するのが難しい（difficult to understand each other）ことを示し，その具体例として皆の声が聞きづらいことがある（hard to hear everybody's voice）ことを挙げている。

No.4 **解答例** （Yes. の場合） Yes. → Why? ―― Most people don't talk loudly on their smartphones in public places. They try not to bother other people.
（No. の場合） No. → Why not? ―― Some people use their smartphones in crowded places. They can cause accidents when looking at their smartphones.

解答例の訳 はい。→それはなぜですか。―― たいていの人々は公共の場所ではスマートフォンで大きな声で話しません。彼らはほかの人々に迷惑をかけないようにしています。／いいえ。→それはなぜですか。―― 中にはスマートフォンを混雑した場所で使う人々もいます。彼らはスマートフォンを見ているときに事故を引き起こす可能性があります。

解説 賛成意見では，たいていの人々はスマートフォンを使うときに大きな声で話さない（don't talk loudly）という例を示し，ほかの人々に迷惑をかけないようにしている（try not to bother other people）という意見を述べて，人々はマナーに十分気をつけていると考える理由としている。反対意見では，スマートフォンを混雑した場所で使う（use their smartphones in crowded places）人もいることを挙げ，歩きながらスマートフォンを見ると事故を引き起こす可能性がある（can cause accidents）ということを，マナーが十分ではないと考える理由としている。

カードB 二次試験・面接
（問題編pp.60〜61）

訳 働く両親を助ける

幼い子供たちのいる両親は常勤で働くことが容易ではない。その結果として，両親が働いている間に子供たちを預けられる場所の重要性が増している。今では，一部の会社がこのような場所を提供し，このようにして彼らは幼い子供を持つ従業員がもっと容易に働けるよう手助けしている。このような会社は将来，恐らくますます一般的になるだろう。

話は次の文で始めてください：ある日，コウジとお母さんは居間で話していました。

質問の訳 No. 1　この文によると，一部の会社はどのように幼い子供を持つ従業員がもっと容易に働けるよう手助けしていますか。

No. 2　では，絵を見てその状況を説明してください。20秒間，準備する時間があります。話はカードに書いてある文で始めてください。＜20秒＞始めてください。

では，〜さん（受験者の氏名），カードを裏返して置いてください。

No. 3　今日の子供たちは，ほかの子供たちと十分に遊んで過ごさないと言う人がいます。あなたはそのことについてどう思いますか。

No. 4　今日，たいていの町や市には図書館があります。あなたは将来，図書館を利用する人々は増えると思いますか。

No.1 **解答例**　By offering places where parents can leave their children while working.

解答例の訳 両親が働いている間に子供たちを預けられる場所を提供することによってです。

解説 第３文に関する質問。方法を問われているので，**by doing（動名詞）**の形を用いる。まずBy offering such places. と考え，第２文からsuch placesを具体的にplaces where parents can leave their children while workingと表す。

No.2 **解答例**　One day, Koji and his mother were talking in their living room. Koji said to his mother, “Let’s go hiking this weekend.” Later at a shop, Koji was choosing a hat. His mother suggested that he try on one of them. That weekend, Koji was stretching. His mother was looking forward to having lunch with Koji.

解答例の訳 ある日，コウジとお母さんは居間で話していました。コウジはお母さんに「今週末，ハイキングに行こう」と言いました。後から店で，コウジは帽子を選んでいました。お母さんはコウジにその１つをかぶってみるよう提案しました。その週末，コウジはストレッチをしていました。お母さんはコウジとお弁当を食べることを楽しみにしていました。

解説 1コマ目のコウジの言葉は，直接話法のKoji said to his mother, "～." の形で表す。2コマ目は，コウジが帽子を選び（was choosing a hat），お母さんがコウジに帽子をかぶってみるよう提案している（suggested that he try on one of them）場面。「～するよう提案する」は〈suggest that＋S（＋should）＋V ～〉で表す。3コマ目は，コウジがストレッチをしている（was stretching）様子が描かれている。吹き出しは，お母さんがコウジとお弁当を食べることを楽しみにしている（was looking forward to having lunch with Koji）ことを表している。

No.3 **解答例** （I agree. の場合） I agree. Many children are too busy to play with other children. For example, they have a lot of homework to do.
（I disagree. の場合） I disagree. Children like to play together outside after school. Also, many children visit friends' homes.

解答例の訳 私もそう思います。多くの子供たちは忙しすぎてほかの子供たちと遊べません。例えば，彼らにはすべき宿題がたくさんあります。／私はそうは思いません。子供たちは放課後に外で一緒に遊ぶことが好きです。また，多くの子供たちが友達の家を訪れます。

解説 賛成意見では，忙しすぎてほかの子供たちと遊べない（too busy to play with other children）ことを理由とし，その例としてすべき宿題がたくさんある（have a lot of homework to do）ことを挙げている。反対意見では，子供たちは十分に遊んでいると考える理由として，放課後に外で一緒に遊ぶことが好き（like to play together outside after school）という考えを示し，さらに友達の家を訪れる子供たちも多い（many children visit friends' homes）と付け加えている。

No.4 **解答例** （Yes. の場合） Yes. → Why? —— Most libraries offer a variety of services. For example, many libraries have free Internet access.
（No. の場合） No. → Why not? —— People think it's more convenient to download books on their smartphones. Going to the library takes a lot of time.

解答例の訳 はい。→それはなぜですか。—— たいていの図書館はさまざまなサービスを提供しています。例えば，多くの図書館は無料でインターネットに接続できます。／いいえ。→それはなぜですか。—— 人々は本をスマートフォンでダウンロードするほうが便利だと考えています。図書館に行くには多くの時間がかかります。

解説 賛成意見では，図書館はさまざまなサービスを提供している（offer a variety of services）という利点を示し，その具体例として無料でインターネットに接続できる（have free Internet access）ことを挙げている。反対意見では，本をスマートフォンでダウンロードするほうが便利（more convenient to download books on their smartphones）と考える人がいることや，図書館に行くには時間がかかる（takes a lot of time）ことを，図書館を利用する人が増えるとは思わない理由としている。

2023年度 第1回

解答欄					
問題番号		1	2	3	4
1	(1)	①	②	❸	④
	(2)	①	②	③	❹
	(3)	①	②	③	❹
	(4)	①	②	❸	④
	(5)	❶	②	③	④
	(6)	①	②	③	❹
	(7)	①	②	③	❹
	(8)	❶	②	③	④
	(9)	①	②	❸	④
	(10)	①	②	❸	④
	(11)	①	②	③	❹
	(12)	①	②	③	❹
	(13)	①	②	❸	④
	(14)	❶	②	③	④
	(15)	❶	②	③	④
	(16)	①	②	❸	④
	(17)	①	❷	③	④
	(18)	①	❷	③	④
	(19)	①	❷	③	④
	(20)	①	②	③	❹

解答欄					
問題番号		1	2	3	4
2	(21)	❶	②	③	④
	(22)	①	②	③	❹
	(23)	❶	②	③	④
	(24)	❶	②	③	④
	(25)	①	②	③	❹
	(26)	①	②	❸	④

解答欄					
問題番号		1	2	3	4
3	(27)	①	②	③	❹
	(28)	❶	②	③	④
	(29)	❶	②	③	④
	(30)	①	②	③	❹
	(31)	❶	②	③	④
	(32)	①	②	③	❹
	(33)	❶	②	③	④
	(34)	①	❷	③	④
	(35)	①	②	③	❹
	(36)	①	❷	③	④
	(37)	❶	②	③	④
	(38)	❶	②	③	④

4 の解答例はp.48をご覧ください。

リスニング解答欄					
問題番号		1	2	3	4
第1部	No. 1	①	②	❸	④
	No. 2	①	❷	③	④
	No. 3	①	②	③	❹
	No. 4	❶	②	③	④
	No. 5	①	❷	③	④
	No. 6	①	❷	③	④
	No. 7	❶	②	③	④
	No. 8	❶	②	③	④
	No. 9	①	②	❸	④
	No. 10	①	②	❸	④
	No. 11	①	②	③	❹
	No. 12	①	②	❸	④
	No. 13	①	❷	③	④
	No. 14	❶	②	③	④
	No. 15	①	②	③	❹
第2部	No. 16	❶	②	③	④
	No. 17	①	②	❸	④
	No. 18	❶	②	③	④
	No. 19	①	②	❸	④
	No. 20	❶	②	③	④
	No. 21	❶	②	③	④
	No. 22	①	❷	③	④
	No. 23	❶	②	③	④
	No. 24	①	❷	③	④
	No. 25	①	❷	③	④
	No. 26	❶	②	③	④
	No. 27	①	②	❸	④
	No. 28	①	②	③	❹
	No. 29	①	②	❸	④
	No. 30	❶	②	③	④

1 一次試験・筆記
（問題編pp.64〜67）

(1) 正解 3

訳 A：デイブに結婚してほしいと言われたの。はいと言うべきだと思う？ B：自分で判断して決めないとだめだよ。ほかにだれもあなたの代わりに判断できないよ。

解説 空所直後にto decideとあるので，空所には決心するために必要とされる事柄が入る。したがって，**3のjudgment**「判断」が正解。income「収入，所得」，convention「大会，しきたり」，geography「地理」。

(2) 正解 4

訳 A：私の小論文をどう思った，ジル？ B：そうね，あなたの述べた説明には少しあいまいなところがあるわ。そういう部分をもっと明快にするといいかもしれないわね。

解説 Bが第2文でMaybe you should make those parts clearer.「そういう部分をもっと明快にするといいかもしれないわね」と言っているので，Aの説明は明快ではないことになる。これを表す語としては，**4のvague**「あいまいな」が適切。harmful「有害な」，previous「前の」，certain「確信している」。

(3) 正解 4

訳 コリンは長い間，数学の成績が悪かったが，それに関して何もしなかった。ようやく，彼はその問題に立ち向かい，先生に助けを求めることに決めた。

解説 第1文にhe did not do anything about it「それに関して何もしなかった」とあり，itは「数学の成績が悪いこと」を指す。空所直後のthe problemもその言い換えであり，ask his teacher for help「先生に助けを求める」とあることから，問題を解決することに決めたとわかる。**4のconfront**「〜に立ち向かう」を入れると文脈に合う。alter「〜を変更する」，impress「〜に感銘を与える」，honor「〜に栄誉を授ける，〜を尊敬する」。

(4) 正解 3

訳 聖パトリックの日のパレードは10番街から始まり，ゆっくりと街の中心へと進んだ。

解説 主語がThe St. Patrick's Day parade「聖パトリックの日のパレード」であり，空所直後にslowly「ゆっくりと」とあるので，**3のproceeded**「進んだ」が適切。illustrate「〜を説明する」，remind「〜に思い出させる」，defend「〜を防御する」。

(5) 正解 1

訳 自動車ができる前，人々は長旅をするために馬の引く馬車を利用することが多かった。

解説 Before there were motor vehicles「自動車ができる前」や，空所直後のthat were pulled by horses「馬の引く」から，馬車について述べていることがわかるので，**1のcarriages**「馬車」が正解。fantasy「空想」，puzzle「謎，パズル」，luxury「ぜいたく品」。

※2024年度第1回から，試験形式の変更に伴い大問1の問題数は17問になります。

(6)　正解　4

訳 ジェーンは絹のハンカチを5枚買った。1枚ずつ別々の友達にあげるつもりだったので，彼女は店員にそれらを個別に包むよう頼んだ。

解説 第2文にshe was going to give each one (＝handkerchief) to a different friend「1枚ずつ別々の友達にあげるつもりだった」とあるので，プレゼント用に買ったハンカチを1枚ずつ包んでもらったと考えられる。したがって，**4のindividually**「個別に」が正解。legally「法律上，合法的に」，financially「財政的に」，accidentally「偶然に，誤って」。

(7)　正解　4

訳 最初の講義で，スミス教授はノートをきちんと取ることがどれだけ大切かを強調した。彼はそのことに3回か4回言及した。

解説 第2文にHe mentioned it three or four times.「彼はそのことに3回か4回言及した」とあり，itはto take good notes「ノートをきちんと取ること」を指す。つまり，何度も強く言ったということなので，**4のstressed**「～を強調した」が適切。engage「～を雇う」，divide「～を分割する」，bury「～を埋葬する」。

(8)　正解　1

訳 昨日，ベンの住む通りにある家でぼやがあった。消防士たちが火に水をまき，間もなく火を消した。

解説 文の主語がFirefightersであり，空所の直後にwater onto the fire「火に水を」と続いているので，**1のsprayed**「～を散布した」が適切。demand「～を要求する」，award「～を授与する」，punish「～を罰する」。

(9)　正解　3

訳 「インベージョン！」というゲームでは，各プレーヤーがほかの国々を奪い取って帝国を築こうとする。

解説 take over other countries「ほかの国々を奪い取る」とあり，andで並列された空所の前の動詞がbuildなので，**3のempire**「帝国」を入れると文脈に合う。urgency「緊急（性）」，offspring「子孫，成果」，impulse「衝動」。

(10)　正解　3

訳 理科の授業で，ディクソン先生はろうそくに火をつけ，生徒たちに炎を見るように言った。彼女は彼らに最も熱い部分は青いところだと言った。

解説 第1文前半にlit a candle「ろうそくに火をつけた」とあるので，**3のflame**「炎」を入れると状況に合う。triumph「勝利」，religion「宗教」，luggage「荷物」。

(11)　正解　4

訳 マーガレットの両親は，マーガレットが毎日練習すると約束してからようやくピアノを買ってあげたが，彼女はたったの2か月で弾くのをやめてしまった。彼らは彼女にとてもがっかりした。

解説 毎日練習することを条件に両親はピアノを買ってあげたのに，she quit playing after just two months「彼女はたったの２か月で弾くのをやめてしまった」とある。このときの両親の気持ちを表すには，**4のdisappointed in**「～にがっかりした」が適切。be capable of ～「～する能力がある」，be inspired by ～「～から着想を得る」，be attracted to ～「～に引きつけられる」。

(12) 正解 4

訳 A：帰りが遅くなってごめんなさい。夕食は私抜きで食べたの？ B：うん。ぼくたち，とてもお腹がすいていたから，でも食べ物を少し取っておいたよ。今，それを温め直してあげるね。

解説 Bの発言の前半から，A以外は先に食事を終えたことがわかる。さらに「食べ物を～した」という空所を含む部分が続き，最後に「それ（＝食べ物）を温め直してあげるね」と言っていることから，**4のset aside**「～を取っておく」が適切。cut down ～「～を切り倒す」，hang up ～「～を掛ける」，take after ～「～に似ている」。

(13) 正解 3

訳 ベイサイド通りの建設工事のため，その通りにある家への送電を２時間止めなければならなかった。

解説 工事のために行ったのは，the electricity to the houses on the street「その通りにある家への送電」を止めることだと考えられる。**be shut off**で「止められる」という意味を表すので，**3のshut off**が正解。hear of ～「～のことを聞く」，turn over ～「～をひっくり返す」，rule out ～「～を除外する」。

(14) 正解 1

訳 タウ・エレクトロニクスは，来月新しいスマートフォンを発売することを確定した。技術的な問題のため，発売は数か月間延期されていた。

解説 第２文にThe release has been delayed for several months「発売は数か月間延期されていた」とあるが，第１文のwill be, next monthなどから，来月には発売されると予想できる。**bring out ～**で「～を発売する」という意味を表すので，**1のbringing out**が正解。fall for ～「～にだまされる，～に夢中になる」，pick on ～「～をいじめる」，give off ～「～を発する」。

(15) 正解 1

訳 アンデス山脈に雪や雨として降る水はアマゾン川を数千キロ下って流れ，やがて大西洋に流れ込む。

解説 この文の主語はWater that falls as snow and rain in the Andes Mountains「アンデス山脈に雪や雨として降る水」であり，それがアマゾン川を流れた後，the Atlantic Ocean「大西洋」でどうなるかを表す動詞が空所に入る。**flow into ～**で「～に流れ込む」という意味を表すので，**1のflows into**が正解。run across ～「～に偶然出会う」，hand over ～「～を手渡す」，dig up ～「～を掘り出す」。

(16) 正解 3

訳 スワンドン食品への就職希望者は直接応募しなければならない。彼らは申込書を郵送することは認められていない。その代わりに，店長か副店長まで申込書を持っていかなければならない。

解説 第3文のthey(＝applicants for jobs) must take them(＝their application forms) to the store manager or his assistant「店長か副店長まで申込書を持っていかなければならない」から，応募書類を直接手渡さなければならないとわかる。**in person**で「本人が直接，じかに」という意味を表すので，**3**を入れると文脈に合う。at ease「気楽に」，at length「ついに，長々と」，in detail「詳しく」。

(17) 正解 2

訳 ジェイソンのクラスの生徒は教室にあるものの管理を交代でする。今週，ジェイソンは毎日の終わりに床にごみがないかの確認をする担当である。

解説 第1文にtake turns to look after things「ものの管理を交代でする」とあり，第2文でジェイソンが今週担当していることを具体的に述べている。**in charge of 〜**で「〜を担当して」という意味なので，**2のin charge**が正解。for fear of 〜「〜を恐れて，〜しないように」，on behalf of 〜「〜の代わりに，〜のために」，by way of 〜「〜を経由して」。

(18) 正解 2

訳 ジェニーは料理が上手だ。彼女のスープやシチューはレストランで出されるどんなものにも引けを取らずおいしい。

解説 第1文のJenny is an excellent cook.「ジェニーは料理が上手だ」から，彼女のスープやシチューもおいしいと考えられる。**as 〜 as any**で「どれにも引けを取らず〜」という意味を表し，流れに合うので，**any**を入れるのが適切。したがって，正解は**2**。

(19) 正解 2

訳 A：お母さん，後で公園に行ってジミーと遊んでもいい？ B：いいわよ，ただし先に宿題を済ませるならね。

解説 母親であるBはYesと答えてから，遊びに行くための条件を付け加えている。**provided (that) 〜**で「ただし〜ならば，〜という条件で」という意味を表すので，**2のprovided**が正解。

(20) 正解 4

訳 ミサワさんは非常に裕福でとても大きな家に住んでいる。彼女の台所はほかの人の台所の4倍の大きさがある。

解説 第1文にMs. Misawa ... lives in a huge house.「ミサワさんは…とても大きな家に住んでいる」とあるので，第2文も台所が大きいことを述べていると考えられる。**… times the size of 〜**で「〜の…倍の大きさ」という意味を表すので，**4のthe size of**が正解。

2[A] 一次試験・筆記
(問題編pp.68〜69)

Key to Reading 支払い方法の歴史について述べた説明文。段落ごとのポイントを押さえながら，空所の前後の文の関係，文と文の接続関係を表す語（句）などに着目しよう。

訳 小銭はありませんか？

遠い昔，人類はお金を使っていなかった。必要なものすべてを作れないことも多かったので，自分たちの品物をほかの人々の作った品物と交換した。徐々に，交換する品物は現金に取って代わられるようになった。数百年もの間，品物やサービスと交換できる金属の硬貨と紙幣が作られてきた。現金は運びやすいので，多くの人々にとって便利である。だが，それと同時に，落としたり盗まれたりすることがある。もう1つの短所は犯罪者たちが偽の硬貨や紙幣を作れることである。

20世紀半ばに，プラスチックのクレジットカードが導入された。それは持ち主以外の人が使うのを防ぐための安全対策が施されていた。最初は，その利用は裕福な人々に限られていた。けれども時が経つにつれ，それはもっと幅広く利用できるようになった。ここ数年で，クレジットカードと同じように使うことのできるスマートフォンのアプリも普及した。このため，中には近いうちに現金の終わりを目にするのではないかと言う人もいる。

すべての支払いが電子的に行われる「キャッシュレス」社会の支持者たちは，そうなればいくつかの恩恵があるだろうと主張する。例えば，人々は財布を安全に保管しておくよう心配しなくて良いだろう。とはいえ，ソフトウェアのエラーやスマートフォンの故障のため，必要なものの支払いができなくなるかもしれないと心配する人もいる。さらに，銀行口座やクレジットカードを持っていない人もいるので，そういう人たちは硬貨や紙幣を使うしか選択肢はない。今のところ，社会は現金を利用し続けるようである。

(21) 正解 1

選択肢の訳 **1** 落としたり盗まれたりすることがある **2** オンラインでの買い物に使われる **3** リサイクルすることができる **4** ほとんどの人に理解される

解説 第1段落第5文ではCash is convenient for many people because it is easy to carry.「現金は運びやすいので，多くの人々にとって便利である」と現金の利点について述べている。それに対し，直後の空所を含む文はAt the same time, though「だが，それと同時に」で始まっていること，さらに空所直後の文にAnother disadvantage is ...「もう1つの短所は…」とあることから，空所には現金の1つ目の短所が入ると考えられる。したがって，**1**が正解。

(22) 正解 4

選択肢の訳 **1** もっと薄くて軽く **2** もっと色鮮やかで刺激的に **3** もっと使いにくく **4** もっと幅広く利用できるように

解説 第2段落第3文にAt first, their use was limited to wealthy people.「最初は，その利用は裕福な人々に限られていた」とあり，クレジットカードはあまり普及していなかったことがわかる。直後の空所を含む文がOver time, however「けれども時が経つにつれ，」で始まっているので，徐々に普及していったという内容であれば，自然な流れとなる。この内容を表している**4**が正解。

(23) 正解 1

選択肢の訳 **1** 今のところ　**2** それまでは　**3** 運が良ければ　**4** 対照的に

解説 第3段落ではキャッシュレス社会の恩恵，想定される問題，硬貨や紙幣以外に支払い方法を持たない人もいることなどについて述べている。空所を含む最終文では，it seems as though societies will continue to use cash「社会は現金を利用し続けるようである」と述べ，今現在はまだ現金を利用しているので，**1**を入れると前後の内容が自然につながる。

2[B] 一次試験・筆記
（問題編pp.70～71）

Key to Reading ①最近話題のフェイクニュースは古くから存在していたという事実（→第1段落），②ライバル紙による盗用を暴くため，新聞社がフェイクニュースを利用した例（→第2段落），③様々な重圧のかかる現代の報道機関は同じ過ちに気をつける必要があるという結論（→第3段落）などがポイント。

訳 Mejk Swenekafewの記事

最近，多くの人々が「フェイクニュース」，つまり真実ではないニュース報道について話している。とはいえ，このような報道は長い間存在してきた。それらはもっと多くの人々に新聞を読んだり，テレビ番組を見たり，あるいはオンラインのニュースサイトを訪れたりしてもらうために時々使われる。また，人々は自分の政治的，あるいは宗教的な信念を広めるためにフェイクニュースを利用する。だが，フェイクニュースを掲載するのはこれらだけが理由ではない。1903年，ウエストバージニア州のクラークスバーグ市で，新聞が本当に独自の記事を書いているかを調べるためにフェイクニュースが使われた。

その市には2つのライバル紙，クラークスバーグ・デイリーテレグラムとクラークスバーグ・デイリーニュースがあった。デイリーテレグラムの社員は，デイリーニュースの記者が記事を盗んでいると思った。デイリーテレグラムはこれが行われているかどうか調べることにした。デイリーテレグラムは，犬に関する口論の後で撃たれた男性についてのフェイクニュース記事を載せた。その男性の名前は，Mejk Swenekafewといった。その後すぐに，全く同じ記事がデイリーニュースに掲載された。だが，デイリーニュースの記者はSwenekafewという名前が実は “we fake news”（我々はニュースを捏造する）を逆さに書いたものだということに気づいていなかった。彼らはデイリーテレグラムの記事を書き写していたことを認めざるを得なかった。

近頃は，新聞やニュース番組，ニュースサイトには，より多くの読者や視聴者，閲覧者を獲得するようかつてないほどの重圧がかかっている。そうするために，彼らは大きなニュース記事をできるだけ早く報道する必要がある。その結果，彼らは最新の記事を掲載していることを確かめるため常に互いを注視している。けれども，クラークスバーグ・デイリーニュースと同じことをしないように気をつける必要がある。

(24) 正解 1

選択肢の訳 **1** ～するのはこれらだけが理由ではない **2** ～するのを人々にやめさせる規則がある **3** ～することを多くの人気ウェブサイトがしている **4** ～することにより始まったテレビ局もある

解説 空所直前のHoweverに注目。空所の前の第1段落第3文にThey(＝fake news) are sometimes used in order to ....「それらは…ために，時々使われる」，第4文にPeople also use fake news to ....「また，人々は…ためにフェイクニュースを利用する」とあり，フェイクニュースを利用する理由を述べている。空所を含む文をはさみ，最終文でもfake news was used to check if a newspaper was really writing its own articles「新聞が本当に独自の記事を書いているかを調べるためにフェイクニュースが使われた」とさらに別の理由を述べているので，**1**を入れると流れに合う。

(25) 正解 4

選択肢の訳 **1** 行事に出席している **2** やめる予定である **3** もっとたくさん給料をもらっている **4** 記事を盗んでいる

解説 空所直後の第2段落第3文にThe *Daily Telegram* decided to check whether this was happening.「デイリーテレグラムはこれが行われているかどうか調べることにした」とあり，thisは空所に入る内容を指す。第4～7文でどのようにして調べたかが具体的に説明された後，最終文でThey(＝the *Daily News*) were forced to admit that they had copied the *Daily Telegram*'s article.「彼らはデイリーテレグラムの記事を書き写していたことを認めざるを得なかった」と述べている。つまり，デイリーニュースがデイリーテレグラムの記事を盗用しているかどうかを調べたということなので，**4**が正解。

(26) 正解 3

選択肢の訳 **1** これにもかかわらず **2** 偶然に **3** その結果 **4** 他方では

解説 空所前の第3段落第2文にthey need to report big news stories as quickly as possible「彼らは大きなニュース記事をできるだけ早く報道する必要がある」とある。空所直後にはthey are constantly watching each other to make sure they have the latest stories「彼らは最新の記事を掲載していることを確かめるため常に互いを注視している」とあり，直前の文の結果となっているので，**3**が適切。

3[A] 一次試験・筆記
(問題編pp.72～73)

Key to Reading 語学学校のスペイン語講座について知らせるメール。①目的にあったスペイン語講座の提供について。(→第1段落)，②講座を選ぶためのテストと体験講座について。(→第2段落)，③各講座やチャットセッションについて。(→第3段落) などがポイント。

訳 差出人：カレン・テイラー<taylor-k@speakezls.com>
宛先：トレイシー・ミッチェル<tracym_0617@ugotmail.com>

日付：6月4日
件名：スピークEZ語学学校
拝啓　ミッチェル様
スピークEZ語学学校でのスペイン語講座についてお問い合わせいただき，ありがとうございます。スピークEZ語学学校は質の高い講座を30年以上行っており，当校の講師は何千人もの生徒たちが目標を達成するのをお手伝いしてきました。スペイン語を学びたい理由がお仕事のためでも，お友達と話すためや試験のため，あるいは単に学ぶ楽しみのためでも，当校はあなたにぴったりのプログラムをご提供することができます。
高校でスペイン語を勉強したけれども，数年間使ったことがないので，どの講座を受けたら良いかわからないとおっしゃっていましたね。ご心配はいりません。無料の語学力テストを行っております。テストはスピークEZ語学学校への入学が決まり次第，受けていただくことができます。講師の1人がその結果をもとに，能力と目的に適切なプログラムを選ぶ手助けをいたします。また，20分間の無料個人講座を受けて，EZ語学学校で採用している教授法を体験していただくこともできます。
当校では個人講座とグループ講座のどちらも行っております。グループ講座は新しいお友達を作るすばらしい方法となり得ます。しかしながら，各グループ講座には8人しかご参加いただけませんので，お席には限りがあります。また，スピークEZチャットセッションもお試しいただけます。これは講師の1人が中心となり，あらゆるレベルの生徒たちが自由におしゃべりする機会を設けるものです。スピークEZチャットセッションは平日に毎晩開かれます。
近いうちにご連絡いただけますようお待ちしております！
カレン・テイラー
スピークEZ語学学校

(27)　正解　4

質問の訳 カレン・テイラーがスピークEZ語学学校について言っていることの1つは何ですか。

選択肢の訳 **1**　30を超える種類の言語の講座を行っている。　**2**　新しいスペイン語講師を雇う予定である。　**3**　世界中から来た教師がいる。　**4**　様々な種類のコースを提供している。

解説 本文第1段落第3文にWhether you want to learn Spanish for business situations, to chat with friends, to pass exams, or just for the fun of learning, we can offer a suitable program for you.「スペイン語を学びたい理由がお仕事のためでも，お友達と話すためや試験のため，あるいは単に学ぶ楽しみのためでも，当校はあなたにぴったりのプログラムをご提供することができます」とある。つまり，目的に合わせて様々な種類のコースがあるということなので，**4**が正解。

(28)　正解　1

質問の訳 ミッチェルさんは，…と言った。

選択肢の訳 **1**　どのクラスに申し込んだら良いかわからない　**2**　スペイン語を勉強したことがない　**3**　教授法についてもっと情報が欲しい　**4**　講師の1人と一緒に高校に通った

解説 本文第２段落第１文にYou(＝Ms. Mitchell) mentioned that ... you were not sure which lesson to take「どの講座を受けたら良いかわからないとおっしゃっていましたね」とある。which lesson to takeをwhich class to sign up forと言い換えた**1**が正解。

(29) 正解 1

質問の訳 スピークEZチャットセッションは，

選択肢の訳 **1** 毎週月曜日から金曜日に行われる。 **2** セッションごとにスペースの数が限られている。 **3** 上級の生徒だけが参加できる。 **4** 友達を作るために外国語を使うことに重点を置いている。

解説 Speak-EZ Chat Sessionsについては第３段落で説明している。第６文にSpeak-EZ Chat Sessions are available every weekday evening.「スピークEZチャットセッションは平日に毎晩開かれます」とある。 every weekdayをon Monday through Friday every weekと言い換えた**1**が正解。

3[B] 一次試験・筆記

（問題編pp.74～75）

Key to Reading 第１段落：導入（社会に最も影響を与えた発明品は洗濯機であるという意見）→第２段落：本論１（重労働だった手洗いの手順）→第３段落：本論２（20世紀前半の電動洗濯機の発明）→第４段落：結論（洗濯機がもたらす生活の質の向上）の４段落構成の説明文。

訳 並外れた機械

先進国の人々が使う機械のほとんどは，この200年の間に発明された。それらのおかげで人々は作業がしやすくなり，ほかの作業や余暇にもっと時間が割けるようになる。だが，こうした機械のうち，社会を最も変えたのはどれだろうか。人々はテレビやコンピュータ，スマートフォンなどと共に時間を過ごすことの方が多いものの，歴史学者の中にはこうした発明品の影響は洗濯機の影響と比べると小さいと言う人もいる。

洗濯機の前は，衣服やシーツは手洗いしていた。歴史の大半で，これには洗濯物を川や湖に運んでそれを濡らし，汚れを落とすために石や砂，あるいは石鹸でこすることを必要とした。それから，洗濯物は再び水につけられなければならず，乾きやすくするために普通は余分な水が取り除かれた。たとえ家に水があったとしても，洗濯物をきれいにするために特別な板でこすったり，木片でたたいたりしなければならなかっただろう。それは長い時間のかかる重労働だった。

最初の洗濯機は手動であり，まだ多くの労力を必要とした。水と電気の組み合わせは大変危険なので，こうした機械を動かすための電気の使い方を発見することは難題であった。けれども20世紀の前半に，発明家たちは洗濯に関わるほとんどの工程を自動的に行うことのできる電気機械を発明した。まもなく，こうした機械は世界の比較的裕福な地域の家庭に普及した。

自動洗濯機はほかのどんな新しい科学技術よりも，人々が別の活動にかける時間とエネルギーを増やした。彼らはこの余分な時間とエネルギーの一部を勉強したり，子供たちに

※2024年度第１回から，試験形式の変更に伴い大問３の[B](30)～(33)が削除されます。

教えたりするために使った。これが結果として，洗濯機の普及した場所ですべての人々の生活の質の向上につながった。今日でも，世界では多くの人々がまだ衣服を手洗いしている。これはつまり，これからの数十年に渡って，洗濯機が恐らく何十億という人間の生活に大きな影響を与え続けるだろうということを意味する。

(30) 正解 4

質問の訳 洗濯機の発明について，一部の歴史学者は何と言っていますか。

選択肢の訳 **1** 社会における重要な変化のおかげで起こった。 **2** テレビやコンピュータ，スマートフォンの発展につながった。 **3** 自然環境に大きな影響を及ぼしてきた。 **4** ほかの現代の発明品よりも大きな影響を社会に与えてきた。

解説 第1段落最終文後半に，some historians argue that the impact of these inventions has been small compared with that of washing machines「歴史学者の中にはこうした発明品の影響は洗濯機の影響と比べると小さいと言う人もいる」とあり，these inventionsとは文前半のTVs, computers, and smartphonesを指す。つまり，洗濯機の発明はこれらの発明よりも影響が大きかったということなので，**4**が正解。

(31) 正解 1

質問の訳 洗濯機を使わずに衣服やシーツをきれいにすることが重労働だったのは，

選択肢の訳 **1** 洗濯をする手順にはいくつかの異なる段階を必要としたからだ。 **2** 洗濯物を洗うために使う石鹸を手作業で準備しなければならなかったからだ。 **3** 人々は洗濯物を乾かすために長距離を移動しなければならなかったからだ。 **4** それを行う人々が十分なお金を稼ぐためにたくさんのものを洗わなければならなかったからだ。

解説 第2段落最終文にIt was hard work that took a long time.「それは長い時間のかかる重労働だった」とある。Itの内容については，第2～4文に手洗いの方法が詳しく説明されており，いくつもの手順が必要だったことがわかる。したがって，**1**が正解。

(32) 正解 4

質問の訳 電動洗濯機を発明しようとした人々が直面した難題の1つは何でしたか。

選択肢の訳 **1** 多くの人々が，洗濯物を手洗いするほど効果がないだろうと考えていた。 **2** 電気の利用が世界の比較的裕福な地域の少数の家庭に限られていた。 **3** 洗濯に関わるすべての段階を行う機械を作る方法を発見することができなかった。 **4** 電気と水の両方を伴う機械は，作動するのに非常に危険になる可能性がある。

解説 第3段落第2文にDiscovering how to use electricity to power these machines was a challenge because the combination of water and electricity is very dangerous.「水と電気の組み合わせは大変危険なので，こうした機械を動かすための電気の使い方を発見することは難題であった」とある。つまり，漏電の危険があるため，安全な機械を作るのに苦労したということである。この内容を言い換えた**4**が正解。

(33) 正解 1

質問の訳 洗濯機のおかげで人々は，

選択肢の訳 **1** 自分で勉強したり，子供たちを教えたりすることに費やす時間が増えた。 **2** 地域社会でのボランティア活動にエネルギーを使うようになった。 **3** 家庭で作業を行うためのほかの機械を発明することができた。　**4**　たくさんの川や湖のある世界の地域に住めるようになった。

解説 第4段落第1文にAutomatic washing machines gave people more time and energy for other activities「自動洗濯機は…人々が別の活動にかける時間とエネルギーを増やした」とある。活動の具体的な内容については，第2文にThey used some of this extra time and energy to study and teach their children.「彼らはこの余分な時間とエネルギーの一部を勉強したり，子供たちに教えたりするために使った」とあるので，**1**が正解。

3[C] 一次試験・筆記

（問題編pp.76～77）

Key to Reading 第1段落：導入（まだわからないことも多い夢）→第2段落：本論1（古代から現代までの夢の役割の説明）→第3段落：本論2（夢と記憶との関連を裏付ける研究）→第4段落：結論（未来の出来事を夢に見る理由）という4段落構成の説明文。

訳 夢を生きる

平均すると，人は人生のほぼ3分の1を眠って過ごし，眠っている時間のほぼ4分の1は夢を見ている。夢を見ることに関係する人間の脳の部位について，科学者たちは多くのことを理解しているが，夢の目的についてはまだはっきりとわからない。この理由の1つは，人間の見る夢が多様なためだ ― つまり，心地良かったり，怖かったり，変わっていたり，あるいはごく普通だったりする。これに加えて，夢は意味をなさないことがよくあり，たいていは目が覚めるとすぐに忘れられてしまう。

何千年もの間，人々はなぜ夢を見るのか説明しようとしてきた。古代の人々は，夢が神々からのメッセージだと考えた。もっと最近になると，夢は私たちの人格の隠れた部分について教えてくれるのではないかと言われた。現在は，たいていの心理学者は夢を見ることの主な役割の1つが，記憶を振り返り強化することだと考えている。よく学ぶためには，新しい考えや技能を見つけるだけではなく，それらを定期的に思い出す必要があるので，このことは重要である。

最近の研究で，アメリカのファーマン大学のエリン・ワムズリーが48人の参加者を招き，大学の特別研究室で一晩過ごしてもらった。参加者たちは夜の間に数回起こされ，何についての夢を見ていたかを報告するよう求められた。翌朝，参加者たちは自分の夢の内容と人生の中での出来事とを結びつけようとしてみた。ワムズリーは，夢の半分以上が体験の記憶と結びつけられることに気づいた。このことは，夢は学習において役割を果たすという考えを裏付けている。

ところがワムズリーは，夢の約25パーセントが参加者の人生における特定の未来の出来事，例えば近々あるテストや旅行などと結び付けられることも発見した。このことは，もう1つの重要な夢の役割が，人々にそうした出来事に備える機会を与えることだという証拠であると彼女は考えている。さらに，ワムズリーはこうした夢は夜の遅い時間の方が多く見られることに気づいた。彼女の示す説明の1つは，私たちの脳は眠っている間も時刻を認識しているというものである。新しい1日の始まりに近づくにつれて，私たちの関心は過去の出来事を振り返ることから，未来の出来事について考えることに切り替わるのだ。

(34) 正解 2

質問の訳 人はなぜ夢を見るのかについて，科学者たちがはっきりとわからない理由の1つは何ですか。

選択肢の訳 **1** 人の脳のいくつかの部位が夢を見ることに関連している。 **2** 夢はたいていはっきりとした意味がないように見える。 **3** 人は自分の夢を正直に説明したがらないことが多い。 **4** 異なる人が全く同じ夢を見ることが時々ある。

解説 第1段落第2文後半にthey(＝scientists) are still uncertain about the purpose of dreams「夢の目的についてはまだはっきりとわからない」とあり，その後で理由を挙げている。最終文にthey(＝dreams) often do not make sense「夢は意味をなさないことがよくある」とあるので，**2**が正解。

(35) 正解 4

質問の訳 現代の心理学者たちは，…と考えている。

選択肢の訳 **1** 人々は何千年も前に夢を見る理由を発見した **2** 人の脳は夢を見ることによって運動し，大きくなることができる **3** 夢のおかげで人々は自分の性格の好きではない部分を隠すことができる **4** 夢は人々に記憶を強化する機会を与える

解説 第2段落第4文にThese days, most psychologists believe that one of the principal functions of dreaming is to review memories and strengthen them(＝memories).「現在は，たいていの心理学者は夢を見ることの主な役割の1つが，記憶を振り返り強化することだと考えている」とあるので，strengthenをmake ～ strongerと言い換えた**4**が正解。

(36) 正解 2

質問の訳 エリン・ワムズリーの研究の参加者がするように求められたことの1つは何でしたか。

選択肢の訳 **1** 研究で自分の夢の内容についてほかの参加者たちと話し合う。 **2** 夢の中で起こったことと自分の人生で起こっていたことを関連づける。 **3** 夢を見ているとわかったら，すぐに目を覚まそうとする。 **4** 自分自身の夢を人々がよく見る夢のリストと比較する。

解説 ワムズリーの研究については第3段落を参照。第3文にthe participants tried to connect the content of their dreams with events in their lives「参加者たちは自分の夢の内容と人生の中での出来事とを結びつけようとしてみた」とあるので，**2**が正解。

(37) 正解 1

質問の訳 ワムズリーは未来の出来事についての夢は，…のではないかと言っている。

選択肢の訳 **1** 脳がもうすぐ目覚めることをわかっているから生じる **2** テストやほかのストレスの多い出来事の後に起こることが多い **3** 過去についての夢と同じくらいよく経験される **4** 恐らくほかの夢よりも長い間記憶にとどまる

解説 第4段落第3文にWamsley observed that these dreams were more common later in the night「ワムズリーはこうした夢は夜の遅い時間の方が多く見られることに気づいた」とあり，these dreamsとは未来についての夢を指す。その理由は最終文に

As we get closer to the start of a new day, our attention switches from reviewing past events to thinking about future ones.「新しい1日の始まりに近づくにつれて，私たちの関心は過去の出来事を振り返ることから，未来の出来事について考えることに切り替わるのだ」とあり，目覚める時間が近いことを脳が認識しているためだとわかるので，**1**が正解。

(38) 正解 1

質問の訳 次の記述のうち正しいのはどれですか。

選択肢の訳 **1** 昔の人々は夢を通して神々が語りかけると信じていた。 **2** 人は眠っている時間の半分以上は夢を見ている。 **3** ワムズリーの研究の参加者は主に未来の出来事について夢を見た。 **4** ワムズリーの研究の参加者は自宅で観察された。

解説 順に真偽を確認すると，**1** 第2段落第2文にAncient people believed that dreams were messages from gods.「古代の人々は，夢が神々からのメッセージだと考えた」とあるので一致する。 **2** 第1段落第1文後半に，for about one-quarter of the time that they are asleep, they dream「眠っている時間のほぼ4分の1は夢を見ている」とあり，半分以上ではないので一致しない。 **3** 第4段落第1文にabout 25 percent of dreams were connected to specific future events in participants' lives「夢の約25パーセントが参加者の人生における特定の未来の出来事と結び付けられる」とあり，未来の夢は少ないので一致しない。 **4** 第3段落第1文にErin Wamsley ... invited 48 participants to spend the night at a special laboratory at the university「エリン・ワムズリーが48人の参加者を招き，大学の特別研究室で一晩過ごしてもらった」とあるので一致しない。正解は**1**。

4 一次試験・英作文

(問題編p.78)

TOPICの訳 今日，多くのビルが雨水を貯めて，植物の水やりなど様々な方法で利用します。あなたは将来，このようなビルがもっと普及すると思いますか。

POINTSの訳 ●費用 ●緊急事態 ●科学技術

解答例（賛成意見） I think such buildings will become more common in the future. First, by making use of rainwater, a building owner can reduce the cost of water used from the water supply. For example, rainwater can be used for washing cars and for growing plants in gardens. Second, collecting rainwater can be useful in times of disaster. Due to damage to water pipes, supplies of water are sometimes limited. In such cases, rainwater will help until normal conditions return. Therefore, I think buildings that collect rainwater will become more common in the future. (**92**words)

解答例の訳 私は将来，このようなビルがもっと普及すると思います。第一に，雨水を利用することで，ビルの所有者は水道から使う水の費用を減らすことができます。例えば，雨水は車を洗ったり，庭の植物を育てたりするために使うことができます。第二に，雨水

※2024年度第1回から，大問4に文章の要約を書く問題が加わります。

を貯めることは災害のときに役立つ可能性があります。水道管の破損のせいで，時には水の供給が制限されることがあります。このような場合，通常の状態が戻るまで雨水が役に立つでしょう。したがって，雨水を貯めるビルは将来もっと普及すると私は思います。

解説 解答例では，質問のthink以下の内容をまず述べ，賛成意見であることを示している。その後で理由を2つ書く。解答例では，①can reduce the cost of water used from the water supply「水道から使う水の費用を減らすことができる」と述べてから，雨水の利用例を示している。次に，②useful in times of disaster「災害のときに役立つ」ことを理由に挙げ，起こりうる状況について説明している。
反対意見の理由としては，①「設備を設置するスペースが十分にない」ことが考えられる。To collect rainwater and make use of it, you will need a large water tank and other facilities.「雨水を貯めて利用するためには，大きな貯水タンクやその他の設備が必要だろう」のように表し，その上で，Some buildings may not have enough space for them.「そのための場所が十分にないビルもある」のように説明できる。また，②「衛生の問題」という理由もあるだろう。It can be difficult to keep rainwater in the tank clean.「タンクの中の雨水を清潔に保つのは難しい可能性がある」のように表せる。Unclean water may cause health problems for the people who use it.「清潔でない水は利用する人に健康問題を引き起こすかもしれない」のように補足すると良いだろう。

第1部 一次試験・リスニング

CD 赤-33 ～ CD 赤-48

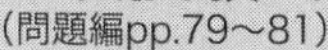

(問題編pp.79～81)

No.1 正解 3

放送文 ***A:*** What's the best way to get to Silver City from here, Amanda? I'm going there this weekend. ***B:*** Well, it's too far to drive your car, and the bus takes too long. You could fly there, but that's so expensive. I recommend an express train. They go there every morning. ***A:*** In the morning? That would probably work well with my schedule. ***B:*** Yeah, check the station's website for the departure time.

Question: How will the man probably get to Silver City?

訳 A：ここからシルバー市に行く一番いい方法は何かな，アマンダ？ 今週末，そこに行く予定なんだ。 B：そうね，車を運転して行くのには遠すぎるし，バスは時間がかかりすぎるわね。飛行機でも行けるけど，とても高くつくわ。急行列車がお薦めね。毎朝そこに行ってるわよ。 A：午前中に？ それならたぶん僕のスケジュールとも合うな。 B：ええ，駅のウェブサイトで出発時刻を調べてみたら。

質問の訳 男性は恐らくどのようにしてシルバー市に行くでしょうか。

選択肢の訳 **1** バスに乗って。 **2** 自分の車を運転して。 **3** 電車に乗って。 **4** 飛行機に乗って。

解説 B（＝Amanda）が1回目の発言でI recommend an express train. They go there every morning.「急行列車がお薦めね。毎朝そこに行ってるわよ」と言い，A（＝男性）がThat would probably work well with my schedule.「それならたぶん僕のスケジュールとも合うな」と答えているので，電車に乗るつもりだとわかる。**3**が正解。

No.2　正解　**2**

放送文 ***A:*** Welcome to Bayview Furniture. How may I help you? ***B:*** My wife and I are looking for a new sofa for our living room. ***A:*** OK. Would you like a large one or a small one? And do you want one that can pull out into a bed? ***B:*** We want a large sofa that is big enough for three people to sit on comfortably. We don't need one that can change into a bed.

Question: What kind of sofa do the man and his wife want?

訳 A：ベイビュー家具店へいらっしゃいませ。何かお探しですか。　B：妻と私は居間に置く新しいソファを探しているんです。　A：かしこまりました。大きなものですか，それとも小さなものがよろしいでしょうか。それから，引き出してベッドにできるものがよろしいですか。　B：大きなソファで，３人がゆったりと座れるくらい大きなものが欲しいんです。ベッドに変えられるものは必要ありません。

質問の訳 男性とその妻はどのような種類のソファが欲しいですか。

選択肢の訳 **1**　寝室に置くもの。　**2**　３人掛けのもの。　**3**　ベッドとして使えるもの。　**4**　居間にあるのに似ているもの。

解説 B（＝男性）が２回目の発言でWe want a large sofa that is big enough for three people to sit on comfortably.「大きなソファで，３人がゆったりと座れるくらい大きなものが欲しいんです」と言っているので，**2**が正解。

No.3　正解　**4**

放送文 ***A:*** Excuse me, ma'am, is this seat taken? There aren't any other seats available on the train tonight. ***B:*** No, it's not. You're welcome to sit here. I noticed the train was very crowded, too. I guess a lot of people are traveling for the holiday weekend. ***A:*** That's what I'm doing, actually. I'm going to visit my parents in London this weekend. ***B:*** Really? I'm going there to see my family, too.

Question: What is one thing we learn about the man?

訳 A：すみませんが，この席は空いていますか。今夜は電車の中でほかに座れる席がないんです。　B：ええ，空いてますよ。どうぞここにおかけください。私も電車がとても混んでいると気づきました。週末が祝日と重なるので旅行に出かける人が多いんでしょうね。　A：実は，私がまさしくそうなんです。この週末にロンドンの両親を訪ねるところです。　B：そうなんですか？　私もそこに家族に会いに行くところなんです。

質問の訳 男性についてわかることの１つは何ですか。

選択肢の訳 **1**　休暇中に仕事をしている。　**2**　女性の両親に会う予定だ。　**3**　女性に席を譲るつもりだ。　**4**　ロンドンに旅行している。

解説 A（＝男性）が２回目の発言でI'm going to visit my parents in London「ロンドンの両親を訪ねるところです」と言っているので，**4**が正解。

No.4　正解　**1**

放送文 ***A:*** Abby, good job on getting a perfect score on our French test. I wish I could get good grades in French class like you do. ***B:*** Thanks, James. I just

prepare by studying for a few hours each week. ***A:*** Would you be my study partner? I'm having trouble with the lessons we're doing now. ***B:*** Of course. Let's meet at the library after class and review them together.
Question: Why does the boy ask the girl for help?

訳 A：アビー，フランス語のテストで満点を取ってよくがんばったね。僕も君みたいにフランス語の授業でいい成績が取れたらと思うよ。　B：ありがとう，ジェームズ。毎週数時間勉強して準備するだけよ。　A：勉強のパートナーになってくれないかな。今やっている授業で苦労してるんだ。　B：いいわよ。授業の後に図書館で会って，いっしょに復習しましょう。

質問の訳 男の子はなぜ女の子に手助けを頼んでいますか。

選択肢の訳 **1**　フランス語の授業で苦労している。　**2**　プロジェクトのテーマを選ぶ必要がある。　**3**　新しいフランス語講座を始める。　**4**　図書館で本が見つからない。

解説 A（＝James）が２回目の発言でI'm having trouble with the lessons we're doing now.「今やっている授業で苦労してるんだ」と言っており，話題になっているのはフランス語の授業なので，**1**が正解。

No.5　正解　2

放送文 ***A:*** That was a really nice barbecue at the Johnsons' house yesterday, wasn't it? ***B:*** Yeah, there was so much food, and the volleyball game was fun, too. We should thank them for inviting us. ***A:*** I agree. How about sending them a card? ***B:*** Good idea. And we could send them some of the pictures we took.
Question: What is one thing the man and woman will do?

訳 A：昨日はジョンソン一家のお宅でとてもすてきなバーベキューだったわよね。　B：うん，食べ物がすごくたくさんあったし，バレーボールも楽しかったね。誘ってくれたお礼を言うべきだな。　A：その通りね。カードを送ったらどうかしら。　B：いい考えだね。それから，僕たちが撮った写真も送るといいね。

質問の訳 男性と女性がするつもりのことの１つは何ですか。

選択肢の訳 **1**　ジョンソン一家の家の写真を撮る。　**2**　ジョンソン一家にお礼のカードを送る。　**3**　バレーボールの試合をする。　**4**　バーベキューパーティーを開く。

解説 A（＝女性）が２回目の発言でHow about sending them a card?「カードを送ったらどうかしら」と提案し，B（＝男性）がGood idea.と同意しているので，**2**が正解。

No.6　正解　2

放送文 ***A:*** Mom, can you wash my blue jeans? I want to wear them to Bobby's party on Saturday. ***B:*** Why don't you wash them yourself? ***A:*** But I don't know how, Mom. Please! ***B:*** You're going to college next year, Donnie, so you need to learn to do things for yourself. Come on, I'll show you how to use the washing machine.
Question: What does the woman tell her son?

訳 A：お母さん，僕のブルージーンズを洗ってくれる？　土曜日にボビーのパーティーに着て行きたいんだ。　B：自分で洗ったらどうなの？　A：でも，どうやったらいいかわからないよ，お母さん。お願い！　B：あなたは来年大学に行くのよ，ドニー，だから自

分でいろいろできるようにならないといけないわ。さあ，洗濯機の使い方を教えてあげる。

質問の訳 女性は息子に何と言っていますか。

選択肢の訳 **1** もっと近い大学を選ぶべきだ。 **2** 自分のことを自分でする必要がある。 **3** 新しいブルージーンズは買えない。 **4** ボビーのパーティーに行くことはできない。

解説 B（＝女性）が２回目の発言でyou need to learn to do things for yourself「自分でいろいろできるようにならないといけないわ」と言っているので，do things for yourselfをlook after himselfと言い換えた**2**が正解。

No.7 正解 1

放送文 ***A:*** Honey, this store sells so many different kinds of computers. ***B:*** I know. I wonder what the differences are between them. Maybe we should go to a smaller store. There are just too many to choose from. ***A:*** Well, let's see if one of the store clerks can help us. Maybe they can give us some information. ***B:*** That's a good idea. Look, here comes one now.

Question: What did the man and woman decide to do?

訳 A：ねえ，この店はとてもたくさんの種類のコンピュータを売っているね。 B：そうね。それぞれどんな違いがあるのかしら。たぶんもっと小さな店に行った方がいいかもしれないわ。あまりにも選択肢が多すぎるもの。 A：そうだな，店員に手を貸してもらえるか聞いてみよう。たぶん詳しく教えてもらえるよ。 B：それはいい考えね。ほら，１人こちらに来るわ。

質問の訳 男性と女性は何をすることに決めましたか。

選択肢の訳 **1** 店員に手助けを求める。 **2** 別の店に行く。 **3** オンラインで情報を探す。 **4** 古いコンピュータを使い続ける。

解説 A(＝男性)が２回目の発言でlet's see if one of the store clerks can help us「店員に手を貸してもらえるか聞いてみよう」と言い，B（＝女性）がThat's a good idea.「それはいい考えね」と同意しているので，**1**が正解。

No.8 正解 1

放送文 ***A:*** Alex, have you seen the boss today? ***B:*** Yeah, Mr. Bigley is in his office. He's in a really bad mood. ***A:*** Oh no. I was going to ask him about getting a pay raise. ***B:*** Hmm. I don't think that would be a very good idea. He's upset about losing the ABC Computer contract. You should wait until he calms down a little.

Question: What advice does the man give the woman?

訳 A：アレックス，今日部長を見た？ B：ああ，ビグリーさんなら事務室にいるよ。すごく機嫌が悪いよ。 A：あら，困った。昇給について聞こうと思ってたの。 B：うーん。それはあまりいい考えだと思わないな。ABCコンピュータの契約を失って動揺してるんだ。少し落ち着くまで待った方がいいよ。

質問の訳 男性は女性にどんな助言をしていますか。

選択肢の訳 **1** 今，上司と話すべきではない。 **2** 上司に腹を立てるべきではない。 **3** 落ち着くようにすべきだ。 **4** 昇給してもらうようにすべきだ。

解説 B（＝Alex）が２回目の発言でI don't think that would be a very good idea.「それはあまりいい考えだと思わないな」と助言しており，thatはA（＝女性）の２回目の発言「上司に昇給について尋ねる」，つまり会って話すという内容を指すので，**1**が正解。

No.9 正解 3

放送文 ***A:*** Hello. I saw the sign outside your restaurant, and I'm interested in working here. ***B:*** Well, I'm the manager. We are looking for another waiter. Do you have any experience? ***A:*** Yes, actually. My dad owns a restaurant, and I used to work there every summer. I've also been a cook at a hamburger chain. ***B:*** Well, we want to hire someone with your experience. When could you start?
Question: What does the woman say to the man?

訳 A：こんにちは。レストランの外の張り紙を見たのですが，こちらで働かせてもらえないかと思いまして。 B：ええと，私が店長です。接客係をもう１人探しています。経験はおありですか。 A：ええ，あります。父がレストランを持っているので，毎年夏にそこで働いていたんです。ハンバーガー・チェーン店で調理をしていたこともありますよ。 B：そうですね，あなたのような経験のある方を雇いたいんです。いつ始められますか。

質問の訳 女性は男性に何と言っていますか。

選択肢の訳 **1** 調理師を雇う必要がある。 **2** 接客係はすでに十分にいる。 **3** 彼を雇うことに興味がある。 **4** 彼にはもっと経験が必要だと思っている。

解説 B（＝女性）は２回目の発言でwe want to hire someone with your experience「あなたのような経験のある方を雇いたいんです」と言った上で，When could you start?「いつ始められますか」と尋ねており，男性を雇いたいことがわかる。したがって，**3**が正解。

No.10 正解 3

放送文 ***A:*** John, are you going to eat lunch in the college cafeteria today? ***B:*** I don't know. It's always so crowded. I went there yesterday, and I couldn't find a place to sit. ***A:*** Well, the weather is really nice today. Do you want to buy some sandwiches and eat outside? ***B:*** Sure. I know a park with some picnic tables that's not too far from here.
Question: Why doesn't the man want to eat in the cafeteria?

訳 A：ジョン，今日は学食でお昼を食べるつもりなの？ B：どうしようかな。いつもすごく混んでるから。昨日そこに行ったんだけど，座る場所が見つからなかったんだ。 A：そうねえ，今日は天気がとてもいいわ。サンドイッチを買って，外で食べない？ B：いいよ。ここからあまり遠くないところにピクニックテーブルのある公園を知ってるよ。

質問の訳 男性はなぜ学食で食べたくないのですか。

選択肢の訳 **1** 遠すぎる。 **2** そこのテーブルは汚い。 **3** そこには人がたくさんいすぎるかもしれない。 **4** 家からサンドイッチを持って来た。

解説 B（＝John）の１回目の発言It's always so crowded. I went there yesterday, and I couldn't find a place to sit.「いつもすごく混んでるから。昨日そこに行ったんだけど，座る場所が見つからなかったんだ」から，Bが学食で食べたくない理由はそこが混んでいて座れない可能性があるためと考えられる。学食が混んでいることを表している**3**が正解。

No.11 正解 **4**

放送文 ***A:*** Welcome to Fran's Flowers. Can I help you? ***B:*** I hope so. I'd like to get my girlfriend some flowers, but I don't know what kind to get. I've never bought flowers for anyone before. Her favorite color is red, though. ***A:*** Well, why don't you get her some roses? They're red, and they're also really popular. ***B:*** Great. I'll take 12 roses, then.

Question: What is one thing the man says?

訳 A：フラン生花店へいらっしゃいませ。ご希望をおうかがいしましょうか。
B：お願いします。ガールフレンドに花をあげたいんですが，どんな種類にしたらいいかわからないんです。これまでだれかに花を買ってあげたことがなくて。彼女の好きな色は赤なんですけど。　A：そうですね，バラを贈られてはいかがですか。赤いですし，とても人気がありますよ。　B：いいですね。では，バラを12本いただきます。

質問の訳 男性が言っていることの１つは何ですか。

選択肢の訳 **1** いつもバラしか買わない。 **2** 花についてよく知っている。 **3** 母親に花を買ってあげるつもりだ。 **4** これまでにだれかに花をあげたことがない。

解説 B(＝男性)が１回目の発言でI've never bought flowers for anyone before.「これまでだれかに花を買ってあげたことがなくて」と言っているので，bought flowers forをgiven flowers toと言い換えた**4**が正解。

No.12 正解 **3**

放送文 ***A:*** Honey, did you see Alex's score on his math test? He did really well. ***B:*** He's been reviewing his notes every night for the last several weeks, and he has spent a lot of time practicing different problems. ***A:*** Yes, he's been studying in the library after school instead of playing with friends. ***B:*** I'm very proud of him. He has been trying really hard.

Question: What did Alex do to get a good score on his math test?

訳 A：あなた，アレックスの数学のテストの点数を見た？　すごくがんばったのよ。
B：ここ数週間，毎晩ノートを復習していたし，時間をかけていろいろな練習問題をやっていたからね。　A：ええ，放課後も友達と遊ばずに図書館で勉強していたしね。
B：彼のことをとても誇りに思うよ。本当に一生懸命努力しているよ。

質問の訳 アレックスは数学のテストで良い点数を取るために何をしましたか。

選択肢の訳 **1** 友達の宿題を借りた。 **2** 学校の前に図書館に行った。 **3** 数週間，一生懸命に勉強した。 **4** 両親に手助けを頼んだ。

解説 B(＝男性)が１回目の発言でHe's been reviewing his notes every night for the last several weeks「ここ数週間，毎晩ノートを復習していた」と言い，A（＝女性）と２人でアレックスの様々な努力について話している。この内容を簡潔に表した**3**が正解。

No.13 正解 **2**

放送文 ***A:*** Amy, my cell phone is somewhere in the house, but the battery is dead, so I can't call it. Please help me find it! ***B:*** Think about the last time you used it. Did you have it with you when you were doing your homework? ***A:*** Yeah.

I was using the calculator for my math assignment. Oh! Here it is—it was under my notebook the whole time. Thanks for your help! ***B:*** No problem.
Question: What was the boy's problem?

訳 A：エイミー，僕の携帯電話が家の中のどこかにあるんだけど，電池が切れてるから電話がかからないんだ。見つけるのを手伝って！ B：最後に使ったときのことを思い出して。宿題をしていたときはあったの？ A：うん。数学の課題のために計算機を使っていたよ。ああ！ あったよ ― ノートの下にずっとあったんだ。手伝ってくれてありがとう！ B：どういたしまして。

質問の訳 男の子の問題は何でしたか。

選択肢の訳 **1** 宿題を済ませなかった。 **2** 携帯電話が見つからなかった。 **3** 学校に課題を忘れてきた。 **4** 姉［妹］の電話番号を忘れた。

解説 A（＝男の子）が1回目の発言でmy cell phone is somewhere in the house「僕の携帯電話が家の中のどこかにある」と言い，Please help me find it!「見つけるのを手伝って！」とエイミーに頼んでいるので，**2**が正解。

No.14 正解 **1**

放送文 ***A:*** Hello. ***B:*** Sarah, this is Keith Carter from work. Why aren't you at the office? ***A:*** What do you mean, Mr. Carter? It's Saturday. ***B:*** Don't you remember what I said at the meeting? I asked everyone to be here at 10 a.m. today. We need to finish preparing for the presentation on Monday. ***A:*** Oh, you're right! I'm so sorry. I'll be there right away!
Question: What is the woman's problem?

訳 A：もしもし。 B：サラ，勤務先のキース・カーターです。どうして会社に来ないのですか。 A：どういう意味ですか，カーターさん。土曜日ですよ。 B：会議で言ったことを覚えていないのですか。今日は全員午前10時に来るようお願いしました。月曜日のプレゼンテーションの準備を終える必要があります。 A：ああ，その通りです！ 申し訳ありません。すぐにそちらに向かいます！

質問の訳 女性の問題は何ですか。

選択肢の訳 **1** 仕事に行かなければならないことを忘れた。 **2** 土曜日だということを忘れた。 **3** プレゼンテーションを行わなかった。 **4** カーターさんに電話しなかった。

解説 B（＝Mr. Carter）が1回目の発言でWhy aren't you at the office?「どうして会社に来ないのですか」と尋ね，A（＝Sarah）は意味がわからず聞き返している。Bが2回目の発言でI asked everyone to be here at 10 a.m. today.「今日は全員午前10時に来るようお願いしました」と説明し，Aはそのことを忘れていたとわかるので，**1**が正解。

No.15 正解 **4**

放送文 ***A:*** Hello. Angel Lake Ranger Station. ***B:*** Hello. We're thinking of hiking around the lake today. How are the trail conditions? ***A:*** Actually, ma'am, most of the trails and campsites around Angel Lake are closed today. We've had three days of heavy rain and many trails have become dangerous. ***B:*** Oh, I see. Well, I'm glad I called first, then.
Question: Why did the woman call the ranger station?

訳 A：もしもし。エンジェル湖管理事務所です。　B：もしもし。今日，湖の周りをハイキングしようと思っているんです。遊歩道の状況はどんな感じですか。　A：実はですね，今日はエンジェル湖周辺の遊歩道とキャンプ場はほとんど閉鎖されているんです。３日間大雨が降り続いたので，多くの遊歩道は危険になっています。　B：ああ，そうですか。でも，それなら先にお電話してよかったです。

質問の訳 女性はなぜ管理事務所に電話しましたか。

選択肢の訳 **1** 雨の中をハイキングしていて怪我をした。　**2** そこのボランティアになりたい。　**3** キャンプ場の予約をするため。　**4** ハイキングの状況について知るため。

解説 B（＝女性）が1回目の発言でWe're thinking of hiking around the lake today. How are the trail conditions?「今日，湖の周りをハイキングしようと思っているんです。遊歩道の状況はどんな感じですか」と言っているので，**4**が正解。

第2部 一次試験・リスニング

（問題編pp.81～83）

No.16 正解 1

放送文 Pete has worked at the same company for three years. When he first started, he worked as a sales assistant. Now, he is in charge of hiring new employees. He works with new people every week. Sometimes, he misses working in sales, but he really enjoys helping new employees get used to the company.

Question: What is true about Pete?

訳 ピートは同じ会社で３年間働いている。最初に始めたときは，販売員として働いた。今は，新入社員の採用を担当している。彼は毎週，新人と一緒に仕事をする。時々，販売の仕事を懐かしく思うこともあるが，新入社員が会社に慣れる手助けをするのをとても楽しんでいる。

質問の訳 ピートについて正しいのは何ですか。

選択肢の訳 **1** もう販売の仕事はしていない。　**2** 仕事を楽しんでいない。　**3** 新しい会社で働く予定だ。　**4** 助手を雇いたい。

解説 第３文でNow, he(＝Pete) is in charge of hiring new employees.「今は，新入社員の採用を担当している」と，今は販売とは別の仕事をしていることを述べているので，**1**が正解。

No.17 正解 3

放送文 Jenna's class has been learning about recycling. Her teacher split the class into groups and asked each group to prepare a presentation. The members of Jenna's group will make a short movie about how paper is recycled. They visited a recycling company to find out more about the way that newspapers, pamphlets, and other paper products are recycled.

Question: What will Jenna's group do in their presentation?

訳 ジェナのクラスはリサイクルについて学んでいる。先生はクラスをグループに分け，各グループに発表の準備をするよう求めた。ジェナのグループのメンバーは，紙がどのようにリサイクルされるかについて短い映画を作る予定だ。彼らは新聞やパンフレット，その他の紙製品がリサイクルされる方法をもっと知るために，リサイクル会社を訪れた。

質問の訳 ジェナのグループは発表で何をする予定ですか。

選択肢の訳 **1** ゲストを招いて話してもらう。 **2** パンフレットを読み上げる。 **3** 短い映画を見せる。 **4** 再生紙を配る。

解説 第3文でThe members of Jenna's group will make a short movie「ジェナのグループのメンバーは，短い映画を作る予定だ」と言っているので，これを発表で見せるつもりだと考えられる。したがって，**3**が正解。

No.18 正解 1

放送文 Radio waves are vital for communication. For example, televisions and smartphones use radio waves to send and receive information. In 1917, radio waves were extremely important to the government of the United States. It wanted to use them to send important signals during World War I, so it stopped people from talking freely over radios.

Question: Why did the U.S. government stop people from talking freely over radios?

訳 電波は通信に不可欠である。例えば，テレビやスマートフォンは情報を送受信するのに電波を使う。1917年，電波は米国の政府にとって極めて重要であった。米国の政府は第一次世界大戦中に重要な信号を送るために電波を使いたかったので，人々が無線で自由に話すことを禁じた。

質問の訳 米国政府はなぜ人々が無線で自由に話すことを禁じたのですか。

選択肢の訳 **1** 戦争中に信号を送りたかった。 **2** 一部の人々は言われたことを信用しなかった。 **3** 子供たちが情報を理解できなかった。 **4** アナウンサーがリスナーをあまりにも長い時間眠らせなかった。

解説 最終文でIt(＝the government of the United States) wanted to use them(＝radio waves) to send important signals during World War I, so it stopped people from talking freely over radios.「米国の政府は第一次世界大戦中に重要な信号を送るために電波を使いたかったので，人々が無線で自由に話すことを禁じた」と言っている。したがって，**1**が正解。

No.19 正解 3

放送文 Tara won four tickets to an amusement park. The amusement park has many exciting rides and shows, as well as places selling delicious things to eat and drink. She was not sure if she should go there next weekend or wait until her birthday in July. She found out that it might rain next weekend, so she has decided to ask her best friend to go with her in July.

Question: Why has Tara decided to go to the amusement park in July?

訳 タラは遊園地の入場券が4枚当たった。その遊園地はおいしい食べ物や飲み物を売っている場所だけでなく，おもしろい乗り物やショーもたくさんある。彼女は次の週末にそこに行くべきか，7月の自分の誕生日まで待つべきか迷っていた。次の週末は雨が降るかもしれないとわかったので，親友に7月に一緒に行ってくれるよう頼むことにした。

質問の訳 タラはなぜその遊園地に7月に行くことにしましたか。

選択肢の訳 **1** 入場券を買うためにお金を貯める必要がある。 **2** 親友の誕生日が7月だ。 **3** 次の週末は天気が悪いかもしれない。 **4** そのときに遊園地で特別なイベントがある。

解説 最終文でShe found out that it might rain next weekend, so she has decided to ask her best friend to go with her in July.「次の週末は雨が降るかもしれないとわかったので，親友に7月に一緒に行ってくれるよう頼むことにした」と言っている。it might rainをThe weather may be badと言い換えた**3**が正解。

No.20 正解 1

放送文 This is an announcement for the owner of a red car with license plate number 4050. The car is parked on the first floor of the parking garage. The alarm started sounding five minutes ago. Could the owner please return to the car and turn the alarm off? If the alarm is not turned off soon, the vehicle will be removed.
Question: What is the owner of the car asked to do?

訳 ナンバープレートの番号が4050の赤いお車の持ち主の方にお知らせします。そのお車は立体駐車場の1階に停められています。5分前に警報器がなり始めました。持ち主の方はお車までお戻りになり，警報器を止めていただけますでしょうか。直ちに警報が止められない場合は，車両を移動させることになります。

質問の訳 車の持ち主は何をするよう求められていますか。

選択肢の訳 **1** 車の警報器が鳴るのを止める。 **2** 駐車場の別の場所に駐車する。 **3** 時間制限を超えた駐車に追加料金を払う。 **4** 車に戻り，ライトを消す。

解説 第4文でCould the owner please return to the car and turn the alarm off?「持ち主の方はお車までお戻りになり，警報器を止めていただけますでしょうか」と言っている。turn the alarm offをStop the car's alarm from making a noise.と言い換えた**1**が正解。

No.21 正解 1

放送文 Kai likes to write poems. Recently, he decided to enter a poetry contest at his local library. There was a cash prize for the best poem. Kai wrote a poem about the beauty of wildlife. His poem won, and Kai was invited to read it in front of an audience at the library. When he had finished, everyone clapped. The congratulations Kai received meant more to him than the prize money.
Question: What was most important to Kai?

訳 カイは詩を書くのが好きだ。最近，彼は地元の図書館で詩のコンテストに参加することに決めた。最優秀の詩には賞金があった。カイは野生生物の美について詩を書いた。彼の詩が優勝し，カイは図書館で観客の前でそれを朗読するよう招かれた。彼が読み終えると，皆が拍手した。カイの受けたお祝いの言葉は，彼にとって賞金よりも意味があった。

質問の訳 カイにとって何が最も大切でしたか。

選択肢の訳 **1** 自分の詩に対してお祝いの言葉を受けること。 **2** コンテストで賞金を獲得すること。 **3** 地元の図書館で野生生物について学ぶこと。 **4** 野生生物についての詩集を見つけること。

解説 最終文でThe congratulations Kai received meant more to him than the prize money.「カイの受けたお祝いの言葉は，彼にとって賞金よりも意味があった」と言っている。お祝いの言葉は彼の書いた詩に対するものなので，**1**が正解。

No.22 正解 2

放送文 Sir Francis Drake was a famous pirate who lived in the 16th century. The Queen of England gave him permission to attack Spanish ships and take any treasure he could find. He was the first English captain to sail around the world. Although he set out on this journey with five ships, only one succeeded, but it was full of gold, silver, jewels, and spices.

Question: What is one thing we learn about Sir Francis Drake?

訳 フランシス・ドレーク卿は16世紀に生きた有名な海賊であった。イングランド女王は彼にスペインの船を襲い，見つけられるどんな宝でも奪ってよいという許可を与えた。彼は世界中を航海した最初のイングランド人船長であった。彼は船５隻でこの旅に出発し，成功したのは１隻だけであったが，その船は金，銀，宝石や香辛料でいっぱいだった。

質問の訳 フランシス・ドレーク卿についてわかることの１つは何ですか。

選択肢の訳 **1** 何隻かのイングランドの船に襲われた。 **2** 世界中を旅することに成功した。 **3** イングランド女王から宝石を盗んだ。 **4** 旅の後，５隻の船で戻った。

解説 第３文でHe(＝Sir Francis Drake) was the first English captain to sail around the world.「彼は世界中を航海した最初のイングランド人船長であった」と言っているので，**2**が正解。

No.23 正解 1

放送文 When Kate went to meet her friend Yumi at a restaurant, she was surprised because there was a man with Yumi who Kate did not know. His name was John. At first, Kate was unhappy because Yumi had not told her about John. However, after talking to him, she started to feel comfortable because they were interested in some of the same things.

Question: Why was Kate unhappy at first?

訳 ケイトはレストランで友達のユミに会いに出かけたとき，ユミと一緒にケイトの知らない男性がいたので驚いた。彼の名前はジョンといった。ユミがジョンについて話していなかったので，ケイトは最初，不満だった。だが，彼と話をすると，いくつか同じことに関心があったので，気楽に感じ始めた。

質問の訳 ケイトは最初，なぜ不満でしたか。

選択肢の訳 **1** 友達が知らない人を連れて来た。 **2** ジョンが自分と同じことに関心がなかった。 **3** ユミがまずケイトに聞かずに食べ物を選んだ。 **4** レストランの椅子が心地よくなかった。

解説 第３文でAt first, Kate was unhappy because Yumi had not told her about John.「ユミがジョンについて話していなかったので，ケイトは最初，不満だった」と言っている。ユミはケイトの友達であり，ジョンはケイトの知らない人なので，**1**が正解。

No.24 正解 2

放送文 Thanks to everyone in the audience for joining us at TV Best One

today for the *Pamela Talk Show*. We will be recording this show, and it will be shown on TV next Wednesday. We would like to remind you to turn off your cell phones and to be quiet until you see the signs asking you to laugh or clap. Now, let's all enjoy the show!
Question: What does the woman ask the audience to do?

訳 ご観覧の皆様，本日は「パメラ・トークショー」のため，テレビ・ベストワンにお集まりいただき，ありがとうございます。このショーは録画され，次の水曜日にテレビで放送される予定です。携帯電話の電源はお切りいただき，笑ったり，拍手したりする合図が出るまではお静かにお願いいたします。では皆様，ショーをお楽しみください！

質問の訳 女性は観客に何をするよう求めていますか。

選択肢の訳 **1** 次の水曜日にスタジオに戻ってくる。 **2** 合図が示されるまで静かにしておく。 **3** パメラにどんな質問をするか決める。 **4** 携帯電話でショーを録画する。

解説 第3文でWe would like to remind you ... to be quiet until you see the signs asking you to laugh or clap.「笑ったり，拍手したりする合図が出るまではお静かになさるようお願いいたします」と言っている。the signs asking you to laugh or clapをsome signsと言い換えた**2**が正解。

No.25 正解 **2**

放送文 Leo is a science student at a local college. He recently started babysitting his nine-year-old nephew to make some extra cash. He thought it would be boring, but he was wrong. His nephew was curious about the things Leo was learning, and they started doing experiments together with things they found in the kitchen. They have become good friends.
Question: What did Leo expect babysitting to be like?

訳 レオは地元の大学の理系の学生である。彼は最近，小遣いを稼ぐために9歳の甥の子守を始めた。退屈なのではないかと思っていたが，それは間違いだった。彼の甥はレオの学んでいることに興味があり，台所で見つけたもので一緒に実験をし始めた。彼らは良い友達になった。

質問の訳 レオは子守がどのようなものだと予想していましたか。

選択肢の訳 **1** 勉強する時間がもっとできるだろう。 **2** お金を稼ぐには退屈な方法だろう。 **3** 子供たちについて学ぶには良い方法だろう。 **4** 新しい友達を作る機会をくれるだろう。

解説 第2文でHe (=Leo) recently started babysitting ... to make some extra cash.「彼は最近，小遣いを稼ぐために…子守を始めた」，第3文でHe thought it(=babysitting) would be boring「退屈なのではないかと思っていた」と言っているので，**2**が正解。

No.26 正解 **1**

放送文 Most people hate mosquitoes because mosquito bites can be painful and can even make people sick. However, it is female mosquitoes that bite people and drink their blood. Male mosquitoes drink nectar from flowers and other plants, and they help some types of plants to grow. As a result, male mosquitoes are good for the environment.

Question: What is one thing we learn about male mosquitoes?

訳 蚊に刺されるのは苦痛で病気になることさえあるため，ほとんどの人は蚊が嫌いである。だが，人を刺して血を吸うのはメスの蚊である。オスの蚊は花など植物の蜜を吸い，一部の種類の植物が育つのに役立つ。その結果，オスの蚊は環境にとって良いのである。

質問の訳 オスの蚊についてわかることの１つは何ですか。

選択肢の訳 **1** ある種類の植物が育つのに役立つ。 **2** ほかの動物の血を吸うだけである。 **3** その体は薬を作るのに利用することができる。 **4** オスに刺される方が，メスに刺されるよりも苦痛である。

解説 第３文でMale mosquitoes drink nectar from flowers and other plants, and they help some types of plants to grow.「オスの蚊は花など植物の蜜を吸い，一部の種類の植物が育つのに役立つ」と言っている。typesをkindsと言い換えた**1**が正解。

No.27 正解 **3**

放送文 Good morning, everyone. We hope you have a great time at this year's conference. All speakers, please go to the rooms where you will be speaking at least 10 minutes early. When you get there, please first make sure that the projectors, microphones, and speakers can be used. If there are any problems, please call our technical support team.

Question: Why does the man ask speakers to arrive early?

訳 皆様，おはようございます。今年の会議で，有意義な時間をお過ごしください。講演者の皆様は，少なくとも10分前には講演をする部屋にお越しください。到着されましたら，まずプロジェクターとマイク，それからスピーカーが使えることをご確認ください。もし何か問題がある場合には，技術サポートチームをお呼びください。

質問の訳 男性はなぜ講演者に早めに着くよう頼んでいますか。

選択肢の訳 **1** 出口の場所を確認するため。 **2** 聴衆に文書を配るため。 **3** 機器が作動していることを確認するため。 **4** 発表に関する用紙に記入するため。

解説 第４文でplease first make sure that the projectors, microphones, and speakers can be used「まずプロジェクターとマイク，それからスピーカーが使えることをご確認ください」と，早めの到着を呼びかけているので，**3**が正解。

No.28 正解 **4**

放送文 Petra is studying to become a hairdresser. She has to give 10 successful haircuts to get a certificate from the beauty college. She put an advertisement for free haircuts on a social networking site, and many people signed up right away. Petra cut their hair and asked them to complete a questionnaire about her skills. Everyone thought she was very good.

Question: Why did Petra give free haircuts?

訳 ペトラは美容師になるために勉強している。美容専門学校から修了証書をもらうために彼女は10人のヘアカットをし，合格しなければならない。彼女がSNSで無料ヘアカットの広告を載せると，すぐに多くの人々が申し込んだ。ペトラは彼らの髪を切り，彼女の技術についてアンケートに記入するよう頼んだ。誰もが彼女はとても上手だと思った。

質問の訳 ペトラはなぜ無料のヘアカットをしたのですか。

選択肢の訳 **1** コンテストの準備をするため。 **2** 新しい店の宣伝をするため。 **3** 人々が助けてくれたお礼をするため。 **4** 専門学校の修了証書をもらうため。

解説 第２文でShe has to give 10 successful haircuts to get a certificate from the beauty college.「美容専門学校から修了証書をもらうために彼女は10人のヘアカットをし，合格しなければならない」と言っているので，**4**が正解。

No.29 正解 3

放送文 When humans find something funny, they laugh. Interestingly, babies often laugh in their sleep. However, the laughter of a baby does not only show the baby is happy. Laughing while sleeping can also show that the baby is thinking about information and trying to remember it. This is important because babies need to process information to learn.

Question: What is one reason babies laugh while they are sleeping?

訳 人間は何かをおもしろいと思うと笑う。興味深いことに，赤ちゃんは眠っているときによく笑う。けれども，赤ちゃんの笑いは赤ちゃんが楽しいと思っていることを示しているだけではない。眠っている間に笑うことはまた，その赤ちゃんがある情報について考えていて，それを思い出そうとしていることも示している可能性がある。赤ちゃんは学ぶために情報を処理する必要があるので，このことは重要である。

質問の訳 赤ちゃんが眠っている間に笑う理由の１つは何ですか。

選択肢の訳 **1** 呼吸を楽にするのに役立つから。 **2** とてもくつろいでいるから。 **3** 物事を思い出そうとしている。 **4** 遊ぶために目を覚まそうとしている。

解説 第４文でLaughing while sleeping can also show that the baby is thinking about information and trying to remember it.「眠っている間に笑うことはまた，その赤ちゃんがある情報について考えていて，それを思い出そうとしていることも示している可能性がある」と言っている。したがって，**3**が正解。

No.30 正解 1

放送文 Zoe's favorite album is called *Shores of Paradiso*. It was recorded live at a big music festival last year. The music is peaceful, and it makes Zoe feel like she is in a dream. When she was younger, she did not like this kind of music, but she has recently started to enjoy it. She could listen to it all day long.

Question: What is one thing we learn about Zoe?

訳 ゾーイの大好きなアルバムは「パラディソの海岸」という。それは昨年，大きな音楽祭でライブ録音された。その音楽は穏やかで，それを聞くとゾーイは夢の中にいるように感じる。彼女は若い頃，こういう種類の音楽は好きではなかったが，最近になって楽しむようになった。彼女はそれを１日中でも聞いていられる。

質問の訳 ゾーイについてわかることの１つは何ですか。

選択肢の訳 **1** 違う種類の音楽を楽しみ始めた。 **2** ２年前に大きな音楽コンサートに行った。 **3** 音楽が録音されるスタジオで働いている。 **4** 人々が音楽について話すのをよく聞く。

解説 第４文When she was younger, she did not like this kind of music, but she has recently started to enjoy it.「彼女は若い頃，こういう種類の音楽は好きではなかっ

たが，最近になって楽しむようになった」の内容を簡潔に言い換えた**1**が正解。

カードA　二次試験・面接
（問題編pp.84～85）

訳　中古コンピュータ
　最近，中古コンピュータを売る店の数が増えている。これらのコンピュータは新しいコンピュータよりもずっと安いので，魅力的に思える。けれども，中古コンピュータは正常に機能しない危険性がある。一部の消費者はこの危険性について心配し，その結果として中古コンピュータを買わないようにする。人々は中古製品を購入する前に，注意深く考えるべきである。
　話は次の文で始めてください：ある日，タケダ夫妻は買い物に行こうと話していました。
質問の訳　No.1　この文によると，一部の消費者はなぜ中古コンピュータを買わないようにしていますか。
No.2　では，絵を見てその状況を説明してください。20秒間，準備する時間があります。話はカードに書いてある文で始めてください。＜20秒＞始めてください。
では，～さん（受験者の氏名），カードを裏返して置いてください。
No.3　コンピュータのせいで，人々があまりにも長時間1人きりで過ごすと言う人がいます。あなたはそのことについてどう思いますか。
No.4　今日，ビタミンやミネラルなど多くの種類のサプリメントが店で売られています。あなたは人々がこのようなサプリメントを飲むのは良い考えだと思いますか。

No.1　**解答例**　Because they are concerned about the danger that used computers will not work properly.

解答例の訳　中古コンピュータが正常に機能しない危険性について心配しているからです。
解説　第4文に関する質問。理由を問われているので，**Because ～.** で答える。まず Because they are concerned about this danger. と考え，第3文から this danger を具体的に the danger that used computers will not work properly と表す。

No.2　**解答例**　One day, Mr. and Mrs. Takeda were talking about going shopping.　Mr. Takeda said to his wife, “Let’s go to the secondhand clothing store.” The next day at the store, Mr. Takeda was putting a hat into a shopping basket.　Mrs. Takeda was trying on a coat.　A few weeks later, Mrs. Takeda was surprised to see that there was a hole in the coat.　Mr. Takeda told her that he would repair it for her.

解答例の訳　ある日，タケダ夫妻は買い物に行こうと話していました。タケダさんは奥さんに「古着屋に行こう」と言いました。次の日その店で，タケダさんは買い物かごに帽子を入れていました。タケダさんの奥さんはコートを試着していました。数週間後，タケダさんの奥さんはコートに穴があいているのを見て驚きました。タケダさんは彼女にそれを修理してあげようと言いました。
解説　1コマ目のタケダさんの言葉は，直接話法の Mr. Takeda said to his wife, “～.” の形で表す。2コマ目は，タケダさんが買い物かごに帽子を入れ（was putting a hat

into a shopping basket), タケダさんの奥さんがコートを試着している (was trying on a coat) ところ。3コマ目は, タケダさんの奥さんがコートの穴を見つけ驚いている (was surprised to see that there was a hole in the coat) 場面である。吹き出しは, タケダさんがそれを修理してあげようと言っている (told her that he would repair it for her) ことを表している。「〜を試着する」はtry on 〜で表せる。

No.3 **解答例** (I agree. の場合) I agree. People usually don't talk to others while using computers. They need more face-to-face communication.
(I disagree. の場合) I disagree. Computers help us connect with more people. Most people use online chats and social media.

解答例の訳 私もそう思います。人々は普通コンピュータを使っている間はほかの人と話しません。彼らにはもっと対面のコミュニケーションが必要です。／私はそうは思いません。コンピュータは私たちがより多くの人々とつながるのに役立ちます。たいていの人がオンラインチャットやソーシャルメディアを使います。

解説 賛成意見では, コンピュータ使用中はほかの人と話さない (don't talk to others while using computers) ことを理由に挙げ, もっと対面のコミュニケーションが必要 (need more face-to-face communication) という考えを述べている。反対意見では, コンピュータがより多くの人々とつながるのに役立つ (help us connect with more people) ことを理由とし, オンラインチャットやソーシャルメディアを使う人が多いことから, コンピュータ利用中は必ずしも1人きりではないということを説明している。

No.4 **解答例** (Yes. の場合) Yes. → Why? —— We can use supplements to have a healthier diet. Many people are too busy to cook a balanced meal every day.
(No. の場合) No. → Why not? —— It costs a lot of money to buy supplements. Also, some people think it's better to eat a variety of foods.

解答例の訳 はい。→それはなぜですか。—— 私たちはより健康的な食生活を送るためにサプリメントを利用することができます。多くの人々は忙しすぎて毎日バランスの良い食事を料理することができません。／いいえ。→それはなぜですか。—— サプリメントを買うにはたくさんのお金がかかります。また, いろいろな食べ物を食べた方が良いと考える人もいます。

解説 賛成意見では, より健康的な食生活を送る (have a healthier diet) ためにサプリメントを利用できるという利点を挙げ, 忙しすぎて毎日バランスの良い食事を料理できない (too busy to cook a balanced meal every day) 人が多いことを理由としている。反対意見では, サプリメントの購入にお金がかかる (costs a lot of money to buy supplements) ことや, いろいろな食べ物を食べた方が良い (it's better to eat a variety of foods) と考える人もいることを, サプリメントを飲むことが良い考えだとは思わない理由としている。

カードB 二次試験・面接
（問題編pp.86〜87）

訳 災害とペット

ペットはたいてい大切な家族の一員とみなされている。けれども，自然災害が起こると人間とペットが一緒にいられる場所を見つけるのが難しいことがある。一部の地方自治体はこのような場所を提供し，この方法で人々が非常時にペットの面倒を見ることができるようにしている。このような場所は将来ますます普及しそうである。

話は次の文で始めてください：ある日，モリ夫妻は浜辺の近くで休暇を過ごしていました。

質問の訳 No.1　この文によると，一部の地方自治体はどのように人々が非常時にペットの面倒を見ることができるようにしていますか。

No.2　では，絵を見てその状況を説明してください。20秒間，準備する時間があります。話はカードに書いてある文で始めてください。＜20秒＞始めてください。

では，〜さん（受験者の氏名），カードを裏返して置いてください。

No.3　将来，人々が動物と遊べるペットカフェの数が増えるだろうと言う人がいます。あなたはそのことについてどう思いますか。

No.4　最近，多くの人々が日常生活についての情報をオンラインで共有します。あなたは人々がインターネットに個人情報を載せることについて十分に注意していると思いますか。

No.1 **解答例**　By providing places where people and pets can stay together.

解答例の訳　人間とペットが一緒にいられる場所を提供することによってです。

解説　第3文に関する質問。方法を問われているので，by *do*ing（動名詞）の形を用いる。まずBy providing these places. と考え，第2文からthese placesを具体的にplaces where people and pets can stay togetherと表す。

No.2 **解答例**　One day, Mr. and Mrs. Mori were on vacation near the beach. Mr. Mori said to his wife, "Let's take a boat tour tomorrow." The next morning on the boat, Mr. Mori was taking pictures of seabirds. Mrs. Mori was worried that he would drop the camera into the sea. That night at home, Mrs. Mori was sleeping in the bedroom. Mr. Mori was thinking of turning off the light.

解答例の訳　ある日，モリ夫妻は浜辺の近くで休暇を過ごしていました。モリさんは奥さんに「明日，遊覧船に乗ろう」と言いました。次の朝，船の上で，モリさんは海鳥の写真を撮っていました。モリさんの奥さんは彼がカメラを海の中に落としてしまうのではないかと心配していました。その夜家で，モリさんの奥さんは寝室で眠っていました。モリさんは明かりを消そうと考えていました。

解説　1コマ目のモリさんの言葉は，直接話法のMr. Mori said to his wife, "〜." の形で表す。2コマ目は，モリさんが海鳥の写真を撮り（was taking pictures of seabirds），モリさんの奥さんが夫がカメラを海の中に落としてしまうのではないかと心配している（was worried that he would drop the camera into the sea）様子が描かれている。3コマ目は，帰宅後にモリさんの奥さんが寝室で眠っている（was sleeping in the bedroom）という状況。吹き出しの中で，モリさんが明かりを消そうと考えている（was thinking of turning off the light）ことを表している。

No.3 **解答例** （I agree. の場合） I agree. More people want to relax with animals at these cafés. Also, some people can't keep pets in their homes.
（I disagree. の場合） I disagree. Many animals at these cafés often feel stress. Also, it's very expensive for pet cafés to keep those pets.

解答例の訳 私もそう思います。このようなカフェで動物と一緒にくつろぎたいと思う人々は増えています。また，自宅でペットを飼えない人々もいます。／私はそうは思いません。このようなカフェでは多くの動物がストレスを感じることがよくあります。また，ペットカフェでそのようなペットを飼うには非常に費用がかかります。

解説 賛成意見では，カフェで動物と一緒にくつろぎたい人々は増えている（more people want to relax with animals）ことを理由とし，さらに自宅でペットを飼えない（can't keep pets in their homes）人々もいることを付け加えている。反対意見では，ペットカフェの数が増えないと考える理由として，ストレスを感じる動物が多い（often feel stress）ことや，ペットを飼うには非常に費用がかかる（very expensive for pet cafés to keep those pets）ことを挙げている。

No.4 **解答例** （Yes. の場合） Yes. → Why? ── Most people already know that sharing information is dangerous. They have learned this through newspapers and TV programs.
（No. の場合） No. → Why not? ── Many people put their pictures on social media. This can cause problems for them later.

解答例の訳 はい。→それはなぜですか。── たいていの人々は情報の共有が危険だとすでにわかっています。彼らは新聞やテレビ番組を通してこのことを学んでいます。／いいえ。→それはなぜですか。── 多くの人々が自分の写真をソーシャルメディアに載せています。これは後で問題を引き起こす可能性があります。

解説 賛成意見では，情報の共有が危険だとすでにわかっている（already know that sharing information is dangerous）人が多いことを挙げ，危険性について新聞やテレビ番組を通して学んでいる（have learned this through newspapers and TV programs）という事実を述べ，個人情報の扱いには十分に注意していると考える理由としている。反対意見では，自分の写真をソーシャルメディアに載せる（put their pictures on social media）人が多いことを理由とし，このことが問題を引き起こす可能性がある（can cause problems）という考えを述べている。

2022年度 第3回

解答欄					
問題番号		1	2	3	4
1	(1)	①	②	❸	④
	(2)	❶	②	③	④
	(3)	①	②	❸	④
	(4)	❶	②	③	④
	(5)	❶	②	③	④
	(6)	①	②	③	❹
	(7)	①	②	③	❹
	(8)	①	②	❸	④
	(9)	①	❷	③	④
	(10)	①	❷	③	④
	(11)	❶	②	③	④
	(12)	①	❷	③	④
	(13)	①	②	❸	④
	(14)	❶	②	③	④
	(15)	❶	②	③	④
	(16)	①	②	③	❹
	(17)	①	②	❸	④
	(18)	❶	②	③	④
	(19)	①	②	❸	④
	(20)	①	②	❸	④

解答欄					
問題番号		1	2	3	4
2	(21)	①	②	❸	④
	(22)	①	②	③	❹
	(23)	①	❷	③	④
	(24)	①	②	❸	④
	(25)	❶	②	③	④
	(26)	①	②	❸	④

解答欄					
問題番号		1	2	3	4
3	(27)	❶	②	③	④
	(28)	❶	②	③	④
	(29)	①	②	❸	④
	(30)	①	②	③	❹
	(31)	❶	②	③	④
	(32)	①	❷	③	④
	(33)	①	②	③	❹
	(34)	❶	②	③	④
	(35)	①	②	❸	④
	(36)	❶	②	③	④
	(37)	①	②	❸	④
	(38)	①	❷	③	④

4の解答例は p.80をご覧ください。

リスニング解答欄					
問題番号		1	2	3	4
第1部	No. 1	①	❷	③	④
	No. 2	①	②	③	❹
	No. 3	①	❷	③	④
	No. 4	①	❷	③	④
	No. 5	①	②	❸	④
	No. 6	❶	②	③	④
	No. 7	①	❷	③	④
	No. 8	❶	②	③	④
	No. 9	①	❷	③	④
	No. 10	❶	②	③	④
	No. 11	①	②	③	❹
	No. 12	①	②	❸	④
	No. 13	①	❷	③	④
	No. 14	①	②	❸	④
	No. 15	①	②	③	❹
第2部	No. 16	①	②	③	❹
	No. 17	❶	②	③	④
	No. 18	①	❷	③	④
	No. 19	①	②	❸	④
	No. 20	①	②	③	❹
	No. 21	❶	②	③	④
	No. 22	①	②	③	❹
	No. 23	❶	②	③	④
	No. 24	①	❷	③	④
	No. 25	❶	②	③	④
	No. 26	①	②	❸	④
	No. 27	❶	②	③	④
	No. 28	①	②	③	❹
	No. 29	①	❷	③	④
	No. 30	①	❷	③	④

1 一次試験・筆記
(問題編pp.90〜93)

(1) 正解 3

訳 ジュンは娘に，牛乳とクリームと砂糖とメープルシロップを使ってアイスクリームを家で簡単に作る方法を教えた。

解説 本問のwithは「〜を使って」と手段を表し，milk, cream, sugar, and maple syrupはアイスクリームの材料である。教えたのはその作り方と考えられるので，**3のmethod**「方法」が正解。cure「治療(法)」，register「記録」，slice「1切れ」。

(2) 正解 1

訳 最近の会社は信じられないほど小さなカメラを作っている。中にはシャツのボタンよりも小さいものさえある。

解説 第2文にSome are even smaller than a shirt button.「中にはシャツのボタンよりも小さいものさえある」とあり，someはsome camerasということ。小さなカメラの極端な例を挙げているので，**1のincredibly**「信じられないほど」を入れると2つの文のつながりが自然になる。partially「部分的に」, eagerly「熱心に」, consequently「その結果」。

(3) 正解 3

訳 シルバー市の北部には住宅がほとんどない。そこは工場や倉庫の立て込む工業地域だ。

解説 第1文のThere are very few houses「住宅がほとんどない」，さらに第2文のfilled with factories and warehouses「工場や倉庫の立て込む」から，この地域について表す形容詞は，**3のindustrial**「工業の」が適切。emergency「緊急事態」，instant「即座の」，environmental「環境の」。

(4) 正解 1

訳 A：明日は雨が降ると思う，テツヤ？　B：降らないと思うよ。梅雨は終わったし，この1週間ずっと天気がいいから。

解説 空所直後のitはAの発言のit's going to rain tomorrowを指し，「明日雨が降ること」を表す。Bの発言第2文から，雨は降らないと思っていることがわかる。**doubt 〜**で「〜ではないと思う」という意味を表し，流れに合うので，**1**が正解。blame「〜を非難する」，pardon「〜を許す」，affect「〜に影響する」。

(5) 正解 1

訳 A：最近，会社はどうしてこんなに静かなの？　B：エイミーとベンが口論をしてから，2人の間の緊張が高まっているんだ。

解説 BがAmy and Ben had an argument「エイミーとベンが口論をした」と言っているので，2人の関係が良くないと考えられる。したがって，**1のtension**「緊張（状態）」

※2024年度第1回から，試験形式の変更に伴い大問1の問題数は17問になります。

を入れると状況に合う。survival「生存」，privacy「私生活」，justice「正義」。

(6) 正解 4

訳 ジュリーの先生は，生徒全員に新しい教科書を配るようジュリーに頼んだ。彼女は教室の各机の上に1冊ずつ置かなければならなかった。

解説 第2文にhad to place one (＝the new textbook) on each desk「各机の上に1冊ずつ置かなければならなかった」とあるので，**4のdistribute**「～を配る」が適切。respond「～に反応する」，negotiate「～を取り決める」，collapse「倒れる」。

(7) 正解 4

訳 A：先生は君の理科の研究課題案を承認したの？ B：いいや。彼は危険な化学薬品を扱うことをするのは認められないと言うんだ。何か別のことを考えないといけないよ。

解説 BがNoと答え，I'm not allowed to do anything that involves dangerous chemicals「危険な化学薬品を扱うことをするのは認められない」と言っているので，先生はBの案を承認しなかったとわかる。したがって，**4のapprove**「～を承認する，～に賛成する」が正解。confine「～を限定する」，compare「～を比較する」，abandon「～を捨てる」。

(8) 正解 3

訳 A：あれは，さっきあなたが探していた文書じゃない？ B：そうだよ。机の上の書類の山の下に埋もれていたんだ。本当にもっときちんとしないといけないね。

解説 Bの発言under a pile of papers「書類の山の下に」から，探していた文書はそこにあったことがわかる。**3のburied**を入れると**be buried under ～**「～の下に埋もれている」となり，文脈に合う。dye「～を染める」，peel「～をむく」，honor「～に栄誉を授ける」。

(9) 正解 2

訳 多くのSF作家が光の速度で移動するという概念について書いている。未来の科学技術の進歩により，この考えが現実になるかもしれない。

解説 第2文のthis idea「この考え」は，第1文のthe (　　) of traveling at the speed of light「光の速度で移動するという(　　)」を指している。したがって，ideaの同義語である**2のnotion**「概念」が適切。edition「版」，contact「連絡，接触」，instinct「本能」。

(10) 正解 2

訳 ヘイリーが先祖のことを調べたとき，曽祖父の1人がロンドンの有名な劇場で働いていたことが判明した。

解説 one of her great-grandfathers「曽祖父の1人」から，ヘイリーが調べたのは自分の先祖についてだとわかるので，**2のancestors**「先祖」が正解。angel「天使」，employee「従業員」，enemy「敵」。

(11) 正解　1

訳 大きな嵐がその都市の多くの住宅に多大な被害をもたらした。すべての損傷を修理するための費用は7000万ドルを超える額に達した。

解説 第2文の主語がThe cost「費用」であり，空所直後にover $70 million「7000万ドルを超える」とあるので，**1のamounted to**「～に達した」を入れると「費用は7000万ドルを超える額に達した」となり状況に合う。aim at ～「～を目指す，～を狙う」，calm down「落ち着く」，check with ～「～に問い合わせる，～と一致する」。

(12) 正解　2

訳 A：ティナ，ヘレンの結婚式に何を着るか選んだの？　B：ええ。すてきなドレスをかなりたくさん持っているんだけど，新年のセールで買ったピンクのドレスを着るつもりよ。

解説 BがYes.と答えた後で，着るつもりのドレスについて話していることから，AがBに尋ねたのは何を着るか決めたかどうかだとわかる。したがって，**2のpicked out**「選び出した」が適切。call up ～「～に電話をかける，～を呼び出す」，occur to ～「(考えなどが) ～に思い浮かぶ」，dispose of ～「～を処分する」。

(13) 正解　3

訳 バクスターズ・ボックシズ社の現社長はマイク・バクスターである。彼の事業は，15年前に引退した父のピーターから受け継がれた。

解説 第2文にhis father, Peter, who retired ...「引退した父のピーター」とあるので，マイクは父の会社を継いだとわかる。**inherit ～ from ...**で「…から～を受け継ぐ」という意味を表すので，**3のinherited from**が正解。balance on ～「～の上でバランスをとる」，be opposed to ～「～に反対している」，be prohibited by ～「～によって禁止されている」。

(14) 正解　1

訳 ニールは仕事を私生活から切り離しておくようにしている。彼はそれらを混同するのが好きではないので，仕事を家に持ち帰ることはないし，同僚と自分の家族について話すこともない。

解説 第2文の内容から，ニールは仕事と私生活を混同せず，はっきりと区別していることがわかる。**keep ～ separate from ...**で「～を…から切り離しておく」という意味を表すので，**1のseparate from**が正解。familiar with ～「～を熟知している」，anxious for ～「～を切望している」，equal to ～「～に等しい」。

(15) 正解　1

訳 激しい雨の中，その船の乗組員は天気に翻弄されていた。エンジンを安全に始動させるには，嵐が過ぎ去るのを待つしかなかった。

解説 空所直後のof the weatherに注目。第2文にThey had to wait for the storm to pass「嵐が過ぎ去るのを待つしかなかった」とあるので，乗組員は悪天候の影響を受けているとわかる。**at the mercy of ～**で「～のなすがままになって，～に翻弄されて」という意味を表し状況に合うので，**1のat the mercy**が正解。on the point of ～「まさに～しようとして」，in the hope of ～「～を望んで」，off the record「非公式に」。

(16) 正解 4

訳 英国のテレビドラマ「コロネーション・ストリート」は1960年に初めて放送された。それ以来変わらず人気があり，2020年には第1万話が放送された。

解説 第2文のits 10,000th episode was broadcast「第1万話が放送された」から，このドラマは2020年の時点で放送中とわかる。空所前にfirst「初めて」とあり，go on the airで「放送される」という意味を表すので，**4**の**on the air**を入れると文脈に合う。in a bit「すぐに」，for a change「気晴らしに，趣向を変えて」，at the rate「その速度［割合］で」。

(17) 正解 3

訳 A：すみません。台所用の電気ヒーターを探しています。　B：こちらをお勧めします，お客様。小さいですが，十分な熱を発します。ほんの数分で台所を暖められるはずですよ。

解説 客のAがI'm looking for an electric heater「電気ヒーターを探しています」と言い，店員のBがお勧めの商品について説明している。ヒーターは熱を発する器具なので，**3**の**gives off**「～を発する」が適切。drop out「脱落する」，run out「尽きる」，keep off ～「～から離れている，～を避ける」。

(18) 正解 1

訳 A：このピーナッツは食べずにいられない。とってもおいしいよ！　B：そうだね。いったん食べ始めたら，やめるのはとても，とても難しいよ。

解説 Aの発言They're (＝These peanuts are) so delicious!「とってもおいしいよ！」や，Bの発言から，Aはピーナッツを食べ出したら，おいしくてとまらなくなっているとわかる。**can't help *doing***で「～せずにはいられない」という意味を表すので，空所には動名詞**eating**を入れるのが適切。したがって，正解は**1**。

(19) 正解 3

訳 A：動物の形をしたこれらのカップをどう思う？　B：とてもかわいいわ！　妹の誕生日にプレゼントを買わないといけないから，このうちの1つがぴったりね。

解説 BはThey're so cute!「とてもかわいいわ！」と言っていることから，動物の形をしたカップが気に入り，プレゼント用に買いたいと思っているとわかる。**〈the very＋名詞〉**で「まさにその～，ぴったりの～」という意味を表すので，**3**の**very**が正解。

(20) 正解 3

訳 ロックハンマーというバンドのメンバーたちは，新ギタリストと演奏することを楽しみにしていた。ところが，彼女はコンサートが終わるまで到着しなかった。

解説 第2文がHowever「ところが」で始まっていることから，第1文とは対照的な内容となり，演奏できなかったという主旨になると考えられる。**〈not ～ until S＋V〉**で「…するまで～しない」という意味を表し状況に合うので，**3**の**until**が正解。unless「～でない限り」，whether「～かどうか」，yet「まだ」。

2[A] 一次試験・筆記
(問題編pp.94〜95)

Key to Reading アメリカの伝説の人物ジョニー・アップルシードについて述べた説明文。段落ごとのポイントを押さえながら，空所の前後の文の関係，文と文の接続関係を表す語(句）などに着目しよう。

訳 ジョニー・アップルシード

ジョニー・アップルシードの物語はアメリカの伝説である。この話によると，アップルシードの夢はだれもがたくさん食べられるように十分なリンゴを栽培することだった。彼は米国中を旅しながら，その途中でリンゴの木を植えた。この話の大半はフィクションである。だが, ジョニー・アップルシードは実在の人物に基づいていた。それはジョン・チャップマンという男性であり，彼は1774年に北東部のマサチューセッツ州に生まれた。

当時，米国東部の多くの人々は安い土地を見つけるために西に移動していた。チャップマンはこれをお金をもうけるチャンスだと考えた。彼は，リンゴから作られるお酒であるリンゴ酒の生産者からリンゴの種の袋を無料でもらった。旅をしながら，彼は土地を買い，町になりそうな場所にリンゴの木を植えた。後に彼はこうした場所に戻ってリンゴの木を確認したり，売ったりしたのだ。時には，そこに定住したい人々に自分の土地を売ることもあった。

チャップマンは旅の途中に訪ねた人々の間で人気者となった。彼は彼らに遠くからのニュースをもたらし，自分のおもしろい人生の物語を聞かせた。また，彼は親切な人でもあったようだ。だれかがリンゴの木に衣服で支払えば，こうした衣服を自分よりも必要としている人々にあげたのだ。彼は古い布袋から作った上着を喜んで着ていて，冬でもめったに靴は履かなかった。ジョニー・アップルシードの物語は大部分が伝説である。だが，少なくとも，チャップマンの人生から取られた多少の真実の種が含まれているのである。

(21) 正解 3

選択肢の訳 **1** いくつかの映画に登場している **2** 新しいイメージが与えられている **3** 実在の人物に基づいていた **4** リンゴ農園によって生み出された

解説 空所を含む第1段落第5文がHoweverで始まっているので，逆接の内容が続くとわかる。直前の第4文Much of this story is fiction.「この話の大半はフィクションである」に対し，対照的な内容を述べている**3**が正解。

(22) 正解 4

選択肢の訳 **1** 祝う理由 **2** 正常な反応 **3** 重大な過失 **4** お金をもうけるチャンス

解説 空所を含む文のsaw this as a 〜「これを〜とみなした」に注目。thisは，第2段落第1文の「当時多くの人々は西に移動していた」という内容を指し，空所にはその行動を何とみなしていたかを表す語句が入る。第3文から最終文までの「リンゴの種を無料でもらい,土地を買って植え,後にリンゴの木や土地を売った」という一連の行動から,チャップマンはこれを商売としてお金を得る機会とみなしていたと考えられるので，**4**が正解。

(23) 正解 2

選択肢の訳 **1** 返事として **2** 少なくとも **3** 平均して **4** 運が良ければ

解説 空所を含む第3段落最終文の主語itは，直前の第6文のThe story of Johnny Appleseedを指し，この2つの文の主語は同じである。第6文ではis mainly a legend「大部分が伝説である」と述べているが，最終文にはcontains a few seeds of truth「多少の真実の種が含まれている」とあり，対照的な内容のため，空所にはmainlyとは反対の意味を表す副詞句が入る。したがって，**2**が正解。

2[B] 一次試験・筆記

(問題編pp.96〜97)

Key to Reading ①帆船上での厳しい生活を乗り切るため船乗りは歌を歌ったという事実（→第1段落），②2つのシー・シャンティーと歌い方の説明（→第2段落），③歌詞のおもしろいシー・シャンティーは今も人気だという結論（→第3段落）などがポイント。

訳 シー・シャンティー

大きな帆船の上での生活は厳しかった。船乗りたちは何か月も，あるいは何年も自宅や家族から離れることがあった。彼らの食べなければならない食べ物は乾燥保存され，傷んでいることもよくあった。船上で船乗りたちのしなければならない仕事は，たいてい退屈で肉体的に疲れるものであった。さらに悪いことには，海そのものが，特に嵐のときには非常に危険な場所であり，事故はよくあることだった。船乗りたちが陽気でいるために，自分たちの歌を作って歌い始めたのも驚きではない。

こうした歌は，「シー・シャンティー」と呼ばれ，2つの種類がある。「キャプスタン・シャンティー」は一定の速度で止まらずにする必要のある仕事，例えば船の錨を上げるときなどに使われた。「プリング・シャンティー」は船乗りたちが帆を上げるためにロープを引っ張るときに使われた。彼らは数秒間協力して働くときにこうしたシャンティーを歌い，手を止めて息を継いでから，また始めるのだった。こうしたシャンティーの間に，「シャンティー・マン」として知られる船乗りの1人が大声で一節を歌ったものだ。ほかの船乗りたちは次の一節を皆で一緒に歌うのだ。これは彼らが一定のリズムを保つのに役立った。

蒸気船が発明されると，船乗りたちはもう一団となって働く必要がなくなった。船のエンジンがすべての重労働を行った。それでも，シー・シャンティーは人気を保っている。理由の1つは，その歌詞がおもしろい話に基づいていることが多いためだ。集まってこうしたおもしろい歌を歌うグループが世界中にある。中には新しい歌を書く人たちさえいる。昔のシー・シャンティーのように，新しいものもまた，たいていユーモアにあふれている。

(24) 正解 3

選択肢の訳 **1** しばらくすると **2** 引き換えに **3** さらに悪いことには **4** この理由で

解説 第1段落第1文でLife on large sailing ships was hard.「大きな帆船の上での生活は厳しかった」と述べ，空所前の第2～4文でその具体的な例を挙げている。空所の後もthe sea itself was a very dangerous place, especially during storms, and accidents were common「海そのものが，特に嵐のときには非常に危険な場所であり，事故はよくあることだった」と続き，さらに厳しい状況を追加している。この内容をつなぐには，**3**が適切。

(25) 正解 1

選択肢の訳 **1** 一定のリズムを保つ **2** 造船の仕方を学ぶ **3** 互いに知り合う **4** サメを追い払う

解説 空所を含む第2段落最終文のThisは，第4〜6文で説明されている，シャンティーの歌い方を指している。「数秒間…歌い，手を止めて息を継いでから，また始める」「シャンティー・マンが1人で一節を歌う」「ほかの船乗りたちが次の一節を一緒に歌う」などの方法をとるのは，力仕事の際に皆でタイミングを合わせるのが目的と考えられる。したがって，このことを簡潔に表した**1**が正解。

(26) 正解 3

選択肢の訳 **1** 男性と女性両方のパートがある **2** 人々に航海の仕方を教える **3** たいていユーモアにあふれている **4** 1分を超えて続くことはめったにない

解説 空所を含む第3段落最終文のonesはsea shantiesを指し，空所には「新しいシー・シャンティー」がどのようなものかを表す語句が入る。昔のシー・シャンティーについては，第4文に今も人気がある理由として，their words are often based on funny stories「その歌詞がおもしろい話に基づいていることが多い」とある。最終文がLike the sea shanties of the past「昔のシー・シャンティーのように」で始まるので，新しいシー・シャンティーも同様におもしろいとわかる。したがって，この内容を言い換えた**3**が正解。

3[A] 一次試験・筆記

(問題編pp.98〜99)

Key to Reading コミックショーへの参加申し込みを受け，詳細を知らせるメール。①今年のコミックショーの日にちと場所，内容について。(→第1段落)，②コスチュームコンテストへの参加方法について。(→第2段落)，③会場での注意点と飲食店について。(→第3段落) などがポイント。

訳 差出人：グラベルトン・コミックショー＜info@gravletoncomicshow.com＞
宛先：アリス・サリバン＜alisulli321@friendlymail.com＞
日付：1月22日
件名：お申し込みありがとうございます
拝啓 アリス様
毎年恒例の第8回グラベルトン・コミックショーにオンラインでお申し込みいただき，ありがとうございます。今年のショーは2月18日土曜日にグラベルトンの会議場で開かれ，これまでで最大の規模になる予定です。数千冊の漫画本が販売される予定で，お気に入りの漫画本のTシャツ，ポスター，その他のグッズはもちろん，希少品や地元の制作者による漫画本もあります。また，それらを制作した何人かの漫画家や作家に会ってお話しする機会もあります。
いつものように，来場者のためのコスチュームコンテストも行います。コンテストの1つは12歳以下のお子様向けで，もう1つはそれ以外の人たち全員が対象です。参加なさりたい場合は，正午までに受付にてお申し込みください。衣装は自分で手作りしたものでなければなりませんのでご注意ください。店で購入した衣装を着ている方々はコンテストへの参加は認められません。創造性を発揮すれば，すてきな賞がもらえるかもしれませんよ。
すべての来場者はお互いを尊重し合うようお願いいたします。先に許可を得ずにほかの人の衣装に触れたり，写真を撮ったりしないでください。また，会議場のメインホールでは飲食禁止ということも覚えておいてください。会議場の食堂に加えて，外の広場には軽食や飲み物を売る屋台も出ます。
ショーでお会いすることを楽しみにしております！
グラベルトン・コミックショー・スタッフ

(27) 正解 **1**

質問の訳 グラベルトン・コミックショーでアリスができるのは，
選択肢の訳 **1** グラベルトン地区の人々によって作られた漫画本を購入することだ。 **2** 彼女の大好きな漫画本に基づいた映画を見ることだ。 **3** 自分の漫画本の作り方の講座を受けることだ。 **4** 彼女の描いた有名な漫画本のキャラクターの絵を展示することだ。
解説 本文第1段落第3文にThere will be thousands of comic books on sale, including rare items and comic books by local creators, ...「数千冊の漫画本が販売される予定で，…希少品や地元の制作者による漫画本もあります」とあり，local creators「地元の制作者」とはグラベルトン地区の人々ということなので，**1**が正解。

(28) 正解 **1**

質問の訳 コスチュームコンテストの参加者がする必要のあることの1つは何ですか。
選択肢の訳 **1** 自分たちで衣装を作る。 **2** ショーに来る前に申し込む。 **3** 受付で参加費を支払う。 **4** 自分の衣装をなぜ選んだのかを説明する。
解説 本文第2段落第4～5文にPlease note that your costume must have been made by you. People wearing costumes bought from a store will not be allowed to enter the contest.「衣装は自分で手作りしたものでなければなりませんのでご注意ください。店で購入した衣装を着ている方々はコンテストへの参加は認められません」とあり，衣装は手作りしなければならないことがわかるので，**1**が正解。

(29) 正解 **3**

質問の訳 グラベルトン・コミックショーへの来場者が許可を得なければならないのは，
選択肢の訳 **1** 会議場のメインホールで食べることだ。 **2** 会議場の外の広場にある駐車場を利用することだ。 **3** ほかの来場者の衣装の写真を撮ることだ。 **4** ショーに自分たちの軽食や飲み物を持ち込むことだ。
解説 第3段落第2文にPlease do not touch other people's costumes or take photos of them(＝other people's costumes) without getting permission first.「先に許可を得ずにほかの人の衣装に触れたり，写真を撮ったりしないでください」とある。take photosをtake a pictureと言い換えた**3**が正解。

3[B] 一次試験・筆記
(問題編pp.100～101)

Key to Reading 第1段落：導入(南スペインの渓谷に作られた小さな通路)→第2段落：本論1（観光客用に改善され，国王によって開通された「王の小道」）→第3段落：本論2（古くなり，死亡事故が起きたことによる通路の閉鎖）→第4段落：結論（再建後，利用人数の制限で保たれる「王の小道」）の4段落構成の説明文。

訳 王の小道

数千年の間，グアダロルセ川は南スペインの山々を抜けて流れている。時とともに，それは見事な細い渓谷を生み出し，場所によっては川の上に300メートルもの高い岩の壁がそびえる。20世紀初頭，技師たちは，その流れの速い川は発電に使えるダムに適した場所だと判断した。近くの町から人々がダムに行くために，幅1メートルのコンクリート製の通路が渓谷の壁高くに作られた。

最初，その通路は発電所の作業員たちと，山の反対側に行きたい地元の人々だけに使われていた。まもなく，その通路のすばらしい景色のうわさが広まり，ハイキングをする人たちの間で人気となった。技師たちは観光客の興味をもっと引くように通路を改善することに決め，1921年にスペインのアルフォンソ13世国王によって正式に開通された。式典の後で，国王は8キロの経路を歩き，「王の小道」という意味のエル・カミニート・デル・レイとして知られるようになった。

人気があったにもかかわらず，その通路はあまり手入れされていなかった。コンクリートの傷んだ箇所のあちこちに穴が空いた。もともとは，人々が落ちないように通路の片側に金属製の柵があったが，これが壊れて渓谷の底に落ちた。エル・カミニート・デル・レイは世界で最も危険なハイキング道として有名になり，そこを歩くという刺激を求めて多くの国々から人々がやって来た。けれども2年間で4人の死者が出た後で，政府は2001年に通路を閉鎖することを決めた。

エル・カミニート・デル・レイへの関心は変わらないままで，木材と鋼鉄による通路の再建に220万ユーロが費やされた。新しい通路が2015年に開通し，古いものよりは安全とはいえ，それでも恐ろしいと思う人たちもいる。それにもかかわらず，感動的な景色は多くの観光客を引きつけている。エル・カミニート・デル・レイをできるだけ長い間良い状態に保つため，現在はハイキングをする人たちがそこを利用するためにはチケットを買わなければならず，チケットは毎年30万枚だけ買うことができる。

(30) 正解 4

質問の訳 グアダロルセ川渓谷の壁高くに通路が作られた理由は，

選択肢の訳 **1** 舟で旅するにはその川は危険すぎたからである。 **2** もっと低い通路が突然の洪水で壊されたからである。 **3** 渓谷に岩があったせいで歩くのが困難だったからである。 **4** 新しく建設されたダムに人々が行くために必要だったからである。

解説 第1段落最終文に，A one-meter-wide concrete walkway was built high up on the walls of the valley for people to reach the dam from a nearby town.「近くの町から人々がダムに行くために，幅1メートルのコンクリート製の通路が渓谷の壁高くに作られた」とある。したがって，**4**が正解。

※2024年度第1回から，試験形式の変更に伴い大問3の[B](30)～(33)が削除されます。

(31) 正解 1

質問の訳 通路はなぜエル・カミニート・デル・レイと呼ばれましたか。

選択肢の訳 **1** スペイン国王がそれを開通させた後で，そこを歩いたから。 **2** それを作った技師たちの着ていた制服のため。 **3** そこから見えたすばらしい景色のため。 **4** 地元の人々がそこに観光客を引きつけたかったから。

解説 第2段落第3文後半にit(＝the walkway) was officially opened by King Alfonso XIII of Spain「スペインのアルフォンソ13世国王によって正式に開通された」とある。さらに，最終文にAfter the ceremony, the king walked the eight-kilometer route, and it became known as El Caminito del Rey, meaning "the king's little path."「式典の後で，国王は8キロの経路を歩き，『王の小道』という意味のエル・カミニート・デル・レイとして知られるようになった」と続いているので，この内容を簡潔にまとめた**1**が正解。

(32) 正解 2

質問の訳 通路を閉鎖する決定がなされたのは，

選択肢の訳 **1** コンクリートの穴が発見されたことに続いてである。 **2** 人々が亡くなった事故に続いてである。 **3** 金属製の柵がその上に落ちた後である。 **4** それを手入れする費用がかさんだ後である。

解説 第3段落最終文にafter four deaths in two years, the government decided to close the walkway in 2001「2年間で4人の死者が出た後で，政府は2001年に通路を閉鎖することを決めた」とある。したがって，正解は**2**。

(33) 正解 4

質問の訳 新しい通路を守っている方法の1つは何ですか。

選択肢の訳 **1** そこを利用するときには，特別なハイキング用ブーツをはかなければならない。 **2** 雨が原因で起こる被害を防ぐために屋根が付けられた。 **3** 通路の表面が新しい素材でできている。 **4** そこをハイキングできる人々の数が制限されている。

解説 第4段落最終文にTo keep El Caminito del Rey in good condition for as long as possible, hikers must now buy tickets to use it, and only 300,000 tickets are available each year.「エル・カミニート・デル・レイをできるだけ長い間良い状態に保つため，現在はハイキングをする人たちがそこを利用するためにはチケットを買わなければならず，チケットは毎年30万枚だけ買うことができる」とある。つまり，利用できる人数を制限しているという意味なので，**4**が正解。

3[C] 一次試験・筆記

(問題編pp.102～103)

Key to Reading 第1段落：導入（健康に良い笑いの進化に関する研究）→第2段落：本論1（人間とは異なるチンパンジーが笑うときの音）→第3段落：本論2（チンパンジーが遊ぶときに笑う理由）→第4段落：結論（ほかの動物の例と笑いが進化した理由，および今後の課題）という４段落構成の説明文。

訳 笑いの進化

笑いは何かがおかしいという私たちの感情を表す方法というだけでなく，私たちの健康に良いことでもある。短期的には，筋肉をほぐして血流を促進するのに役立ち，長期的には，私たちの体が病気とより良く闘えるようにする。研究者たちは，笑いが人間の間でどのように進化してきたかを，ほかの動物の似たような行動を探すことによって調べている。カリフォルニア大学ロサンゼルス校で行われた研究では，60を超える種における笑いのような行動の証拠を明らかにしている。

チンパンジーが笑うことは長い間知られているが，その音は人間の笑い声とは少し違っている。人間が笑うときはたいてい息を吐くときだけに音を出すが，チンパンジーが笑うときは，息を吐くときも吸うときも音を出す。チンパンジーは人間に近い種なので，彼らやゴリラ，オランウータンが笑ってもそれほど不思議ではない。だが，これらの動物は冗談を言うために必要な複雑な言語を持っていないので，研究者たちは何が彼らを笑わせるのかを突き止めることに関心があった。

研究者たちは，チンパンジーが互いに荒っぽい遊びをしているときに，こうした笑い声を出すことに気づいた。研究者たちは，笑いは本気で傷つけようとしているわけではないことをほかの個体に知らせる，チンパンジーなりの方法だと考えている。遊びのおかげで，チンパンジーやほかの動物は群れのほかの仲間たちとより強い関係を築くことができるだけでなく，戦いや狩りの技術を身に付けられる。

遊びの行動の間にほかの動物が出す音に耳を傾けることによって，研究者たちは様々な動物の「笑い」を特定することができた。例えば，犬は遊ぶときに大きな音をたてて息をし，イルカは独特のカチッという音を出す。ネズミの場合，優しくなでられたときに出す笑いのような音は高すぎて人間には聞こえない。だが，その音は特別な機器によって検知できる。研究者たちは，笑いはリラックスして楽しむことができるというほかの個体に対する合図として進化を始めたと結論づけた。もちろん，人間は様々な理由で笑うので，研究者たちはこの行動がどのように進化したかについて学ぶべきことがまだたくさんある。

(34) 正解 1

質問の訳 研究者たちは，どのようにして人間の笑いの発達について突き止めようとしていますか。

選択肢の訳 **1** ほかの種で笑いのように見える行動を探すことによって。 **2** 人間がおもしろいと思う種類の事柄を分析することによって。 **3** 人間の赤ちゃんの反応を生まれたときから研究することによって。 **4** 人間が笑うときに使われる筋肉を調べることによって。

解説 第１段落第３文にResearchers have been investigating how laughter evolved in humans by looking for similar behavior in other animals.「研究者たちは，笑いが人間の間でどのように進化してきたかを，ほかの動物の似たような行動を探すことによって調べている」とある。looking forをsearching forと，similar behaviorをbehavior that seems like laughterと，さらにanimalsをspeciesと言い換えた**1**が正解。

(35) 正解 3

質問の訳 チンパンジーの笑いは，たいていの人間の笑いとどのように違いますか。

選択肢の訳 **1** チンパンジーは驚いたときに人間と同じ音を出す。 **2** チンパンジーは鼻で息をすることによって音を出す。 **3** チンパンジーは息を吐くときだけに音を出すのではない。 **4** チンパンジーは笑うときに人間ほどゆっくり息をしない。

解説 第2段落第2文にWhen most humans laugh, they only make a noise when they breathe out, but when chimpanzees laugh, they make a noise both when they breathe out and when they breathe in.「人間が笑うときはたいてい息を吐くときだけに音を出すが，チンパンジーが笑うときは，息を吐くときも吸うときも音を出す」とある。この文後半の内容をdo not only make sounds when they breathe outと言い換えた**3**が正解。

(36) 正解 1

質問の訳 研究者たちはチンパンジーが笑いを使うのは，…ためだと考えている。

選択肢の訳 **1** 自分たちの行動が本気ではないことを示す **2** 自分たちの群れに新しい仲間を歓迎する **3** 狩りに行く前に筋肉を暖める **4** ほかのチンパンジーを追い払うことで戦いを避ける

解説 まずチンパンジーがいつ笑うかについて，第3段落第1文にThe researchers found that chimpanzees made these laughing noises when they were playing roughly with each other.「研究者たちは，チンパンジーが互いに荒っぽい遊びをしているときに，こうした笑い声を出すことに気づいた」とある。その理由は第2文にThey believe that laughter is a chimpanzee's way of letting others know that it is not really trying to harm them.「研究者たちは，笑いは本気で傷つけようとしているわけではないことをほかの個体に知らせる，チンパンジーなりの方法だと考えている」とあるので，**1**が正解。

(37) 正解 3

質問の訳 …ためには，特別な機器を使う必要がある。

選択肢の訳 **1** 人間が笑うときの脳内の信号を計測する **2** イルカの出す異なる音を識別する **3** ある種類の動物の笑いに似た音を観測する **4** 1人の人間が笑っている正確な理由を特定する

解説 「特別な機器」については第4段落第4文にthe sounds can be detected with special equipment「その音は特別な機器によって検知できる」とある。その機器を使う目的については，直前の第3文にIn the case of rats, the laughter-like sounds they make when they are touched gently are too high for humans to hear.「ネズミの場合，優しくなでられたときに出す笑いのような音は高すぎて人間には聞こえない」とあり，人間の耳には聞こえない周波数の音を検知するためとわかる。ratsをa kind of animalと，soundsをnoisesと，さらにdetectをobserveと言い換えた**3**が正解。

(38) 正解 2

質問の訳 次の記述のうち正しいのはどれですか。

選択肢の訳 **1** 動物が遊ぶ目的は，群れのほかの仲間を笑わせるためである。
2 専門家たちは，人間の笑いがどのように発達したかについてまだ学ぶべきことがある。
3 笑いの恩恵の1つは，人間がたくましい筋肉をつけるのに役立つことである。

4 研究者たちは，チンパンジーが実際に互いに冗談を言い合う証拠を見つけた。

解説 順に真偽を確認すると，**1** 第3段落最終文にPlaying allows chimpanzees and other animals ... to build stronger relationships with the other members of their groups.「遊びのおかげで，チンパンジーやほかの動物は群れのほかの仲間たちとより強い関係を築くことができる…」とあるが，仲間を笑わせるためとは書かれていないので一致しない。 **2** 第4段落最終文に，humans laugh for a variety of reasons, so researchers still have much to learn about how this behavior evolved「人間は様々な理由で笑うので，研究者たちはこの行動がどのように進化したかについて学ぶべきことがまだたくさんある」とあるので一致する。 **3** 第1段落第2文にit(＝laughter) can help to relax muscles and improve blood flow「筋肉をほぐして血流を促進するのに役立つ」とあるが，筋肉をつけるのに役立つとは書かれていないので一致しない。
4 第2段落最終文にthese animals do not have the complicated languages needed to tell jokes「これらの動物は冗談を言うために必要な複雑な言語を持っていない」とあり，チンパンジーも含まれるので一致しない。正解は**2**。

4 一次試験・英作文

(問題編p.104)

TOPICの訳 日本は選挙で投票する人々のためにインターネットを使うべきだと言う人々がいます。あなたはこの意見に賛成しますか。

POINTSの訳 ●便利さ ●費用 ●安全

解答例 (賛成意見) I think Japan should use the Internet for people to vote in elections. First, people who find it difficult to go to voting places will be able to vote from almost anywhere. For example, Japanese people who are working or traveling in foreign countries can easily participate in elections. Second, the results will be known more quickly. Now, it takes time to count all the votes, but by using the Internet, accurate results can be shown to the public immediately. Therefore, I think it would be good for Japan to use the Internet for people to vote in elections. (**99**words)

解答例の訳 私は，日本は選挙で投票する人々のためにインターネットを使うべきだと思います。第一に，投票所に行くのが難しいと思う人々が，ほとんどどこからでも投票できるようになるでしょう。例えば，外国で働いたり旅行したりしている日本人が簡単に選挙に参加できます。第二に，結果がもっと速くわかるようになるでしょう。現在は，全ての票を数えるのに時間がかかりますが，インターネットを使うことによって，正確な結果を直ちに公表することができます。したがって，日本が選挙で投票する人々のためにインターネットを使うのは良いことだろうと私は思います。

解説 Do you agree ...?「…賛成しますか」という質問に答えて，賛成か反対かを最初に必ず述べる。解答例では，I thinkの後にトピックのthatの後の内容をそのまま続け，賛成意見ということを示している。その後で理由を2つ書く。解答例では，①be able to vote from almost anywhere「ほとんどどこからでも投票できる」という利点を述べ，

※2024年度第1回から，大問4に文章の要約を書く問題が加わります。

その具体例を挙げている。次に，②the results will be known more quickly「結果がもっと速くわかるようになる」ということをもう1つの理由としている。その上で，現状とインターネットを使う場合を対比させ，説明を補足している。
反対意見の理由としては，①「安全性の問題」が挙げられるだろう。It is not easy to make sure that the voting system through the Internet is safe.「インターネットを介した投票制度を確実に安全にするのは容易ではない」のように表せる。さらに，For example, someone who does not have the right to vote may be able to vote.「例えば，投票権を持たない人が投票できるかもしれない」のように，例を示すと良いだろう。また，②「機器の故障」も想定できる。There is a risk that the computer devices may break down during a vote using the Internet.「インターネットを使った投票中にコンピュータ機器が故障する恐れがある」のように表せる。In that case, some people cannot vote at all, or some may vote more than once by mistake.「その場合，全く投票できない人や間違って2回以上投票する人もいるかもしれない」のように補足できるだろう。

第1部 一次試験・リスニング

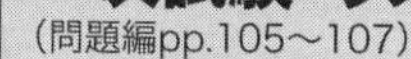

No.1 正解 **2**

放送文 ***A:*** Excuse me. I wanted to order the salmon pasta, but I didn't see it anywhere on the menu. ***B:*** Sorry, but we only serve salmon pasta on Wednesdays. Today's special is clam chowder. ***A:*** That's too bad. My friend recommended that I order the salmon pasta here. I was really hoping to try it. ***B:*** My apologies, sir.
Question: Why is the man disappointed?

訳 A：すみません。サーモンパスタを注文したかったのですが，メニューにはどこにも見あたりませんでした。　B：申し訳ありませんが，サーモンパスタは水曜日だけ提供しております。本日のお薦めはクラムチャウダーです。　A：それは残念ですね。友達にこちらでサーモンパスタを注文するよう薦められたんです。ぜひ試してみたかったのですが。　B：申し訳ありません，お客様。

質問の訳 男性はなぜがっかりしているのですか。

選択肢の訳 **1** 彼の友人が昼食に彼と会うことができない。　**2** 欲しかったものが注文できない。　**3** クラムチャウダーがもう残っていない。　**4** サーモンパスタがあまりおいしくない。

解説 客であるA(＝男性)の1回目の発言I wanted to order the salmon pasta「サーモンパスタを注文したかった」に対し，店員のB(＝女性)がwe only serve salmon pasta on Wednesdays「サーモンパスタは水曜日だけ提供しております」と答え，今日はサーモンパスタを注文できないとわかる。salmon pastaをwhat he wantedと言い換えた**2**が正解。

No.2 正解 **4**

放送文 ***A:*** Dillon, now that your parents are retired, what are they going to do?
B: They want to travel around the world. Actually, they're going to Kenya soon

to see African wild animals on safari. ***A:*** That sounds like fun. I'd love to see elephants and zebras in the wild. I hope your parents take lots of photographs. ***B:*** I'm sure they will. I'll ask them to show you some when they get back.
Question: What is one thing we learn about the man's parents?

訳 A：ディロン，ご両親は退職された今，何をするつもりなの？　B：世界中を旅行したがってるよ。実はもうすぐケニアに行ってサファリでアフリカの野生動物を見る予定なんだ。　A：それは楽しそう。野生のゾウやシマウマを見てみたいな。ご両親がたくさん写真を撮るといいわね。　B：きっとそうするよ。戻ってきたら，君に見せるように頼むね。

質問の訳 男性の両親についてわかることの１つは何ですか。

選択肢の訳 **1**　よくアフリカを旅行する。　**2**　ケニアで生まれた。　**3**　写真を見て楽しむ。　**4**　もう働いていない。

解説 A（＝女性）が１回目の発言でnow that your parents are retired「ご両親は退職された今」と言っているので，B（＝Dillon）の両親はもう働いていないことがわかる。retiredをno longer workingと言い換えた**4**が正解。

No.3　正解　2

放送文 ***A:*** Hello. ***B:*** Hi, Betty! It's Martin. I'm calling to ask if you've decided what you want to do for your birthday. ***A:*** Actually, I haven't really thought about it. Hmm. What about eating at that fancy new Thai restaurant that opened downtown? ***B:*** Great! Can you tell me the name of the place? I'll make a reservation. ***A:*** It's called Diva's Dish. It's on Beach Avenue.
Question: Why did the man call the woman?

訳 A：もしもし。　B：もしもし，ベティ！　マーティンだよ。誕生日に何をしたいか決めたか聞こうと思って電話してるんだ。　A：実は，まだあまり考えていなかったの。うーん。繁華街に開店したあのおしゃれな新しいタイ料理店で食事をするのはどう？
B：いいね！　その場所の名前を教えてくれる？　僕が予約するよ。　A：ディーバズ・ディッシュっていうのよ。ビーチ通りにあるわ。

質問の訳 男性はなぜ女性に電話しましたか。

選択肢の訳 **1**　新しいレストランについて教えるため。　**2**　彼女の誕生日に何をするか尋ねるため。　**3**　彼女が予約をするよう提案するため。　**4**　彼女がどこで夕食を食べたか尋ねるため。

解説 B（＝Martin）が１回目の発言でI'm calling to ask if you've decided what you want to do for your birthday.「誕生日に何をしたいか決めたか聞こうと思って電話してるんだ」と言っているので，**2**が正解。

No.4　正解　2

放送文 ***A:*** Welcome to the Ababa Café. We have a variety of coffee drinks, both hot and cold. Can I take your order? ***B:*** Oh, an iced coffee would be fantastic in this weather. It's too hot for a warm drink. ***A:*** Well, we have regular, vanilla, or chocolate iced coffees. Which would you like? ***B:*** Hmm. I'll take a vanilla iced coffee, please.
Question: Why does the woman order iced coffee?

訳 A：アババ・カフェへいらっしゃいませ。様々なコーヒーのお飲物を，温かいものも冷たいものもご用意しております。ご注文をおうかがいしてもよろしいでしょうか。 B：ああ，この天気ではアイスコーヒーがおいしいでしょうね。温かい飲み物には暑すぎますから。 A：では，レギュラーとバニラ，チョコレート風味のアイスコーヒーがございます。どれになさいますか？ B：うーん。バニラ・アイスコーヒーをお願いします。

質問の訳 女性はなぜアイスコーヒーを注文しますか。

選択肢の訳 **1** そのカフェはそれで有名だ。 **2** 今日は外が暑い。 **3** 友達がそれを薦めた。 **4** あまりお腹が空いていない。

解説 B(＝女性)が1回目の発言でan iced coffee would be fantastic in this weather. It's too hot for a warm drink.「この天気ではアイスコーヒーがおいしいでしょうね。温かい飲み物には暑すぎますから」と言っているので，**2**が正解。hotは主語がitなので気温が「暑い」ことを表し，warmは直後にdrinkが続くため飲み物が「温かい」ことを表す。

No.5 正解 3

放送文 ***A:*** Dave, um, I have something to tell you. Do you remember that book that you let me borrow? ***B:*** Sure. *The Young Ones*, by Bryce Chambers. How do you like it? ***A:*** Well, it seemed pretty good. The problem is I can't find it. I must have left it on the train yesterday. Should I buy you a new one? ***B:*** No, don't worry about it. I've read it twice already.

Question: What is one thing the girl says to the boy?

訳 A：デイブ，えーと，ちょっと話したいことがあるの。あなたが貸してくれたあの本を覚えている？ B：もちろん。ブライス・チェインバーズの「子供たち」だよね。どうだった？ A：そうね，かなりおもしろそうだったわ。問題はそれが見つからないことなの。昨日電車に置き忘れたに違いないわ。新しいのを買いましょうか？ B：いや，気にしなくていいよ。もう2回読んだから。

質問の訳 女の子が男の子に言っていることの1つは何ですか。

選択肢の訳 **1** 「子供たち」という本を書いている。 **2** 昨日電車を乗り間違えた。 **3** 彼の本をなくしたと思っている。 **4** 彼に電車の乗車券を買ってあげた。

解説 A(＝女の子)が2回目の発言でThe problem is I can't find it. I must have left it on the train yesterday.「問題はそれが見つからないことなの。昨日電車に置き忘れたに違いないわ」と言っている。itは両方ともAの1回目の発言のthat book that you(＝Dave) let me borrow「あなたが貸してくれたあの本」，つまりデイブの本を指すので，**3**が正解。

No.6 正解 1

放送文 ***A:*** Thanks for taking me to the Statue of Liberty, Jim. I wish my camera hadn't broken, though. ***B:*** Well, I'll send you the photos I took. Oh, don't you feel tired? We had to stand and wait for a long time to get in. ***A:*** No, not at all. I feel fine, and the view from the top was great. ***B:*** That's good. Well, let's think about what to do next.

Question: What happened to the man and woman at the Statue of Liberty?

訳 A：自由の女神像に連れていってくれてありがとう，ジム。私のカメラが故障していなかったらよかったんだけど。 B：じゃあ，僕が撮った写真を送るよ。ああ，疲れて

ない？　中に入るために長時間立って待たないといけなかったから。　A：いいえ，全然。私は元気だし，頂上からの眺めはすばらしかったわ。　B：それはよかった。じゃあ，次に何をするか考えよう。

質問の訳 自由の女神像で男性と女性に何が起こりましたか。

選択肢の訳 **1** 長時間待たなければならなかった。　**2** とても疲れ始めた。　**3** 出口を間違えた。　**4** 中に入れなかった。

解説 B（＝Jim）が1回目の発言でWe had to stand and wait for a long time to get in.「中に入るために長時間立って待たないといけなかった」と言っているので，**1**が正解。

No.7　正解　2

放送文 ***A:*** Dad, can we go to the mountains this weekend? I want to collect some leaves for a school art project. ***B:*** Why do you need to go to the mountains for that? ***A:*** Most of my classmates are going to get some around town, but I want to find different ones. ***B:*** You're right—there are more kinds of trees in the mountains. OK, let's go on Saturday.
Question: Why does the girl want to go to the mountains?

訳 A：お父さん，今週末山に行けるかな？　学校の美術の課題のために葉っぱを集めたいの。　B：どうしてそのために山に行かないといけないんだい？　A：クラスメートのほとんどは町の中で手に入れるつもりなんだけど，私は違うものを見つけたいの。　B：その通りだね — 山にはもっとたくさんの種類の木があるからね。いいよ，土曜日に行こう。

質問の訳 女の子はなぜ山に行きたいのですか。

選択肢の訳 **1** 何人かのクラスメートに会うため。　**2** 美術の課題のために葉っぱを手に入れるため。　**3** 木を植えるため。　**4** 学校用に写真を撮るため。

解説 A（＝女の子）が1回目の発言でI want to collect some leaves for a school art project.「学校の美術の課題のために葉っぱを集めたいの」と言っている。collect some leavesをget leavesと言い換えた**2**が正解。

No.8　正解　1

放送文 ***A:*** Ann, have you finished writing the presentation for our business trip next week? I'd like to check it before we go. ***B:*** I'm still waiting on some research data from the sales department. I can't finish the presentation without it. ***A:*** I see. Well, I'll go ask them to hurry up. Once you have the data, how long will it take? ***B:*** Probably only an hour or two.
Question: What is the problem with the woman's presentation?

訳 A：アン，来週の出張のためのプレゼンテーションは書き終えたかな？　行く前に確認したいんだ。　B：まだ販売部からの調査データを待っているところなの。それがないと完成できないわ。　A：わかった。それじゃ，僕が急ぐように頼みに行ってくるよ。データがそろったら，どれくらいかかる予定なの？　B：たぶん，ほんの1時間か2時間ね。

質問の訳 女性のプレゼンテーションは何が問題ですか。

選択肢の訳 **1** もっと情報が必要である。　**2** 販売部に電話をし忘れた。　**3** その書き方がわからない。　**4** それをするための時間がない。

解説 B（＝Ann）が1回目の発言でI'm still waiting on some research data from the sales department.「まだ販売部からの調査データを待っているところなの」と言っているので，some research dataをsome more informationと言い換えた**1**が正解。

No.9 正解 2

放送文 ***A:*** Hello, sir. I'm with the *Silverton Daily News*. Would you mind answering a few questions about the Fox Theater? ***B:*** I'd love to. It's my favorite theater in the city. ***A:*** Then you must be upset by the news that it will be shut down next year. ***B:*** Yeah. I think it's a shame. It's one of the most famous buildings in Silverton.
Question: What is one thing we learn about the Fox Theater?

訳 A：こんにちは。私は「シルバートン・デイリーニュース」の者です。フォックス劇場について，2，3の質問にお答えいただけますか。 B：よろこんで。市内で一番好きな劇場です。 A：では，来年閉鎖されるというニュースを聞いて，動揺なさっているでしょう。 B：ええ。残念だと思います。シルバートンで一番有名なビルの1つですから。

質問の訳 フォックス劇場についてわかることの1つは何ですか。

選択肢の訳 **1** 最近建てられた。 **2** 閉鎖する予定だ。 **3** 修理中である。 **4** 大きな利益をあげている。

解説 A(＝女性)が2回目の発言でyou must be upset by the news that it(＝the Fox Theater) will be shut down next year「来年閉鎖されるというニュースを聞いて，動揺なさっているでしょう」と言っているので，shut downをclosingと言い換えた**2**が正解。

No.10 正解 1

放送文 ***A:*** Ms. Carter, do you think it might be possible for me to transfer to another department? ***B:*** Why, Albert? Don't you like working here in the Sales Department? ***A:*** Of course I do. But I can't work such long hours anymore. I need to get home earlier for my kids. ***B:*** I see. In that case, let's discuss reducing your responsibilities. I'd really like to keep you here.
Question: What does the man want to do?

訳 A：カーターさん，私がほかの部署に移動することは可能だと思いますか。 B：どうして，アルバート？ ここの販売部で働くのが好きじゃないの？ A：もちろん好きですよ。でも，もうこんなに長時間働けません。子供たちのためにもっと早く帰宅する必要があるんです。 B：わかりました。そういうことなら，負担を減らすことについて話し合いましょう。あなたにはぜひここに留まって欲しいわ。

質問の訳 男性は何がしたいですか。

選択肢の訳 **1** 家で過ごす時間を増やす。 **2** 会社をやめる。 **3** 職場の近くに引っ越す。 **4** 新しいベビーシッターを見つける。

解説 A（＝Albert）が2回目の発言でI need to get home earlier for my kids.「子供たちのためにもっと早く帰宅する必要があるんです」と言っているので，**1**が正解。

No.11 正解 4

放送文 ***A:*** Bob, can I ask a favor? My son will be in a play at school next week, and I need to make a costume for him. Could I use your family's sewing

machine? ***B:*** Sure, Anna. No problem. ***A:*** Great. Can I pick it up later today? ***B:*** That would be fine. I'll be home in the evening. I have a meeting this afternoon, but I should be home by six.
Question: What does the woman want to do?
訳 A：ボブ，お願いしてもいい？　息子が来週，学校で劇に出る予定で，彼に衣装を作る必要があるの。あなたのご家族のミシンをお借りできないかしら？　B：もちろん，アナ。かまわないよ。　A：よかった。今日，後で取りに行ってもいい？　B：いいよ。夜は家にいる予定だよ。今日の午後は会議があるけど，６時までには家に帰るはずだよ。
質問の訳 女性は何がしたいですか。
選択肢の訳 **1**　今夜，劇を見に行く。　**2**　息子の学校に連絡する。　**3**　男性の衣装をデザインする。　**4**　ミシンを借りる。
解説 A（＝Anna）が１回目の発言でCould I use your family's sewing machine?「あなたのご家族のミシンをお借りできないかしら？」とB（＝Bob）に頼んでいるので，useをborrowと言い換えた**4**が正解。

No.12　正解　3

放送文 ***A:*** Hello. Orange Computers. How can I help you? ***B:*** My name is Mitch Sibley. May I speak to Ms. Fouts, please? ***A:*** I'm afraid Ms. Fouts is in Boston on business. She won't be back until Thursday. ***B:*** Oh, I see. I'll try again after she gets back.
Question: Why wasn't Ms. Fouts able to take the call?
訳 A：はい。オレンジ・コンピュータズです。ご用件を承ります。　B：私，ミッチ・シブリーと申します。ファウツさんをお願いできますか。　A：あいにく，ファウツはボストンに出張中です。木曜日まで戻らない予定です。　B：ああ，わかりました。お戻りになってから，またかけ直します。
質問の訳 ファウツさんはなぜ電話に出ることができなかったのですか。
選択肢の訳 **1**　忙しすぎて電話口まで来ることができなかった。　**2**　今は別の会社で働いている。　**3**　会社に不在だった。　**4**　昼食に出かけていた。
解説 ファウツさんの同僚のA（＝女性）が，２回目の発言でI'm afraid Ms. Fouts is in Boston on business.「あいにく，ファウツはボストンに出張中です」と言っている。in Boston on businessをaway from the officeと言い換えた**3**が正解。

No.13　正解　2

放送文 ***A:*** Have you read any good science-fiction books lately, Hannah? I can't find any that I like. ***B:*** Yes. I just finished reading one about space travel and a plan to go to Mars. It was so exciting that I stayed up all night reading it. ***A:*** That sounds really interesting. Would you let me borrow it for a few days? ***B:*** Sure. I have it in my bag right here.
Question: What is the boy asking Hannah?
訳 A：最近，何かいいSFの本を読んだ，ハンナ？　好きなものを見つけられないんだ。B：ええ。宇宙旅行と火星へ行く計画についての本をちょうど読み終えたところよ。徹夜して読んだくらいわくわくしたわ。　A：それはとてもおもしろそうだね。何日か借りて

もいいかな？　B：いいわよ。ちょうどこのかばんの中にあるの。
質問の訳 男の子はハンナに何を尋ねていますか。
選択肢の訳 **1** 火星がどこにあるか知っているか。　**2** 良い本を知っているか。
3 宇宙旅行をしたいか。　**4** 一緒に図書館に行けるか。
解説 A（＝男の子）が1回目の発言でHave you read any good science-fiction books lately, Hannah?「最近，何かいいSFの本を読んだ，ハンナ？」と尋ねているので，**2**が正解。

No.14 正解 **3**

放送文 ***A:*** Do you want to go to a rock concert with me on Saturday? A new rock band is playing. They're called the Battle Hawks, and they're really, really good. ***B:*** That sounds like fun. Have you seen them play before? ***A:*** No. I've only heard them on the radio. I think they'll be famous soon, though. ***B:*** Well, I can't wait to hear them play.
Question: What did the woman hear on the radio?
訳 A：土曜日に私とロックコンサートに行かない？　新しいロックバンドが演奏するの。バトルホークスという名前で，すごく，すごくいいのよ。　B：それは楽しそうだね。今までに彼らの演奏を見たことはあるの？　A：いいえ。ラジオで聞いたことがあるだけ。でも，すぐに有名になると思うわ。　B：それじゃ，彼らの演奏を聞くのが待ち遠しいな。
質問の訳 女性はラジオで何を聞きましたか。
選択肢の訳 **1** ある有名人に関するニュース。　**2** あるバンドのインタビュー。
3 新しいロックバンドの音楽。　**4** ある楽器店の宣伝。
解説 A（＝女性）が2回目の発言でI've only heard them(＝a new rock band) on the radio.「ラジオで聞いたことがあるだけ」と言っているので，**3**が正解。

No.15 正解 **4**

放送文 ***A:*** It feels like winter. This weather is really cold for April. ***B:*** Yeah. I heard the temperature might drop below zero tonight. ***A:*** Really? I hope not. I've just put some new plants in my garden. If it gets too cold, they'll freeze and die. ***B:*** Well, let's hope it doesn't get that cold.
Question: What is the woman worried about?
訳 A：まるで冬みたいね。4月にしては，この天気は寒すぎるわ。　B：そうだね。今夜気温が0度以下まで下がるかもしれないって聞いたよ。　A：本当？　そうならないといいけど。庭に新しい植物を植えたばかりなの。寒くなりすぎたら，凍って枯れてしまうわ。　B：じゃあ，そんなに寒くならないことを願おう。
質問の訳 女性は何を心配していますか。
選択肢の訳 **1** 大雪が降るかもしれない。　**2** 庭に植物を植えるには遅すぎるかもしれない。　**3** 男性のガーデンパーティーが中止されるかもしれない。　**4** 彼女の植物が凍るかもしれない。
解説 A(＝女性)が2回目の発言でI've just put some new plants in my garden. If it gets too cold, they'll freeze and die.「庭に新しい植物を植えたばかりなの。寒くなりすぎたら，凍って枯れてしまうわ」と言い，theyはsome new plantsを指すので，**4**が正解。

一次試験・リスニング

(問題編pp.107～109)

No.16 正解 4

放送文 Tommy is going on a trip to Ireland. It is his first time, and he is excited about visiting some of the famous buildings there. He will have to travel on an airplane for a long time, and he is worried about not having enough to do on the plane. Tommy's aunt often flies long distances for work, so he will ask for her advice.

Question: What is Tommy worried about?

訳 トミーはアイルランドに旅行する予定である。これが初めてであり，そこでいくつかの有名な建築物を訪れるのを楽しみにしている。彼は長時間飛行機で移動しなければならず，機内であまりすることがないのを心配している。トミーのおばは仕事でよく長距離を飛行するので，彼女に助言を求めるつもりだ。

質問の訳 トミーは何を心配していますか。

選択肢の訳 **1** 有名な建築物を訪れることができるかどうか。 **2** 外国で働くこと。 **3** おばの慌ただしい旅行日程。 **4** 長時間の飛行での時間の過ごし方。

解説 第3文でHe will have to travel on an airplane for a long time, and he is worried about not having enough to do on the plane.「彼は長時間飛行機で移動しなければならず，機内であまりすることがないのを心配している」と言っているので，**4**が正解。

No.17 正解 1

放送文 Walking is a good way to exercise, and it can also improve a person's mood and reduce stress. There is also a popular Olympic sport called race walking. Some say the sport began long ago in England, when competitions were held to see which servants could walk the fastest. These competitions were very exciting and soon began to attract large crowds.

Question: What is one thing we learn about servants in England long ago?

訳 ウォーキングは運動するのに良い方法であり，気分を良くしたり，ストレスを軽減したりすることもできる。また，競歩という，オリンピックで人気のスポーツもある。このスポーツは昔イングランドで，どの使用人が一番速く歩けるか見るために競争が行われたときに始まったと言う人もいる。こうした競争はとてもおもしろかったので，すぐに大勢の観衆を引きつけるようになった。

質問の訳 昔のイングランドの使用人について，わかることの1つは何ですか。

選択肢の訳 **1** 特別な競争で速く歩いた。 **2** オリンピックを見ることができなかった。 **3** 競歩は彼らの子供たちに大きなストレスを感じさせた。 **4** 彼らが参加できるスポーツクラブは全くなかった。

解説 第3文でSome say the sport began long ago in England, when competitions were held to see which servants could walk the fastest.「このスポーツは昔イングランドで，どの使用人が一番速く歩けるか見るために競争が行われたときに

始まったと言う人もいる」と競歩の起源を説明している。この内容を簡潔にまとめた**1**が正解。

No.18 正解 **2**

放送文 Sam's mother loves to go hiking, and she often takes Sam with her. However, Sam prefers to stay home and play video games with his friends. To make exercising more fun for Sam, his mother started asking him about games while they were hiking. She asked Sam to describe his favorite game. Sam had so much fun talking about it that he did not realize he was exercising.
Question: What did Sam's mother do to make exercising more fun for him?
訳 サムの母親はハイキングに行くのが大好きで，よくサムを一緒に連れて行く。けれども，サムは家にいて友達とテレビゲームをするほうが好きである。サムがもっと楽しんで運動できるように，母親はハイキングをしながら彼にゲームについて尋ね始めた。彼女はサムにお気に入りのゲームについて説明するように頼んだ。サムはそれについて話してとても楽しんだので，自分が運動していることを意識しなかった。
質問の訳 サムの母親は，彼にとって運動がもっと楽しくなるように何をしましたか。
選択肢の訳 **1** ハイキングに関するテレビゲームを買ってあげた。 **2** 彼のお気に入りのゲームについて尋ねた。 **3** 彼とその友達をジムに連れて行った。 **4** ハイキングしながら行うゲームを作った。
解説 第3～4文でTo make exercising more fun for Sam, his mother started asking him about games .... She asked Sam to describe his favorite game.「サムがもっと楽しんで運動できるように，母親は…彼にゲームについて尋ね始めた。彼女はサムにお気に入りのゲームについて説明するように頼んだ」と言っているので，**2**が正解。

No.19 正解 **3**

放送文 Michael works at a bank. He really enjoys helping his customers, but recently, he realized that many of them do not know how to manage their money. He wants to offer classes to teach customers basic financial planning. Michael thinks the classes will be useful, but he must first get permission from his boss.
Question: Why does Michael want to offer classes to customers?
訳 マイケルは銀行で働いている。彼は顧客の手助けをするのをとても楽しんでいるが，最近，彼らの多くは自分のお金を管理する方法を知らないことに気づいた。彼は顧客に初歩的な財務計画を教える講座を提供したいと思っている。マイケルは講座は役に立つと考えているが，まずは上司から許可を得なければならない。
質問の訳 マイケルはなぜ顧客に講座を提供したいのですか。
選択肢の訳 **1** 上司に不平を言わせないため。 **2** 自分が副収入を得るため。
3 彼らがお金の管理を学ぶのを手助けするため。 **4** 彼らに銀行で働くよう勧めるため。
解説 第2文でmany of them(＝his customers) do not know how to manage their money「彼らの多くは自分のお金を管理する方法を知らない」，さらに第3文でHe wants to offer classes to teach customers basic financial planning.「彼は顧客に初歩的な財務計画を教える講座を提供したいと思っている」と言っている。この内容を簡潔に表した**3**が正解。

No.20　正解　4

放送文 Spinach is a dark green vegetable that was first grown in Persia. It is very healthy, so it is often called a superfood. Spinach became a popular vegetable in the United States because of a cartoon character named Popeye. This character eats spinach to become strong. Thanks to this superfood, Popeye can save his girlfriend when she is in dangerous situations.

Question: Why did spinach become a popular vegetable in the United States?

訳 ほうれん草は，最初はペルシャで栽培された深緑の野菜である。とても健康に良いので，スーパーフードと呼ばれることが多い。ほうれん草は，ポパイという名前の漫画のキャラクターのおかげで米国で人気の野菜になった。このキャラクターは強くなるためにほうれん草を食べる。このスーパーフードのおかげで，ポパイはガールフレンドが危険な状況にあるときに助けることができるのだ。

質問の訳 ほうれん草はなぜ米国で人気の野菜になりましたか。

選択肢の訳 **1** ペルシャ出身の男性たちがそこを旅し始めたから。 **2** 船乗りたちがそこで安く買うことができたから。 **3** そこの若い女の子たちに健康的な食品が必要だったから。 **4** 漫画のキャラクターがそれを食べるのを人々が見たから。

解説 第3～4文でSpinach became a popular vegetable in the United States because of a cartoon character named Popeye. This character eats spinach to become strong.「ほうれん草は，ポパイという名前の漫画のキャラクターのおかげで米国で人気の野菜になった。このキャラクターは強くなるためにほうれん草を食べる」と言っているので，**4**が正解。

No.21　正解　1

放送文 Kyle loves playing sports. He plays soccer, basketball, tennis, and baseball. This year, however, he must study for his high school entrance exams, so he only has time to play one sport. He is not sure which one to choose. He asked his mother, and she suggested that he make a list of the things he loves about each sport to help him decide.

Question: What does Kyle need to do?

訳 カイルはスポーツをするのが大好きだ。彼はサッカー，バスケットボール，テニス，野球をする。だが，今年は高校入試のために勉強しなければならないので，１つのスポーツをする時間しかない。彼はどのスポーツを選ぶべきかわからない。母親に尋ねると，決めるのに役立つよう，各スポーツについて大好きなことをリストにするよう提案した。

質問の訳 カイルは何をする必要がありますか。

選択肢の訳 **1** 行うスポーツを１つ選ぶ。 **2** もう一度入試を受ける。 **3** 先生にクラスの時間割をくれるように頼む。 **4** 母親の家事を手伝う。

解説 第3～4文でhe (＝Kyle) only has time to play one sport. He is not sure which one (＝sport) to choose.「１つのスポーツをする時間しかない。彼はどのスポーツを選ぶべきかわからない」と言っている。したがって，カイルがすべきことは**1**が適切。

No.22　正解　4

放送文 You are listening to Radio Blastline FM. It's time for a message from our sponsors. Are you searching for an exciting adventure for the whole family? Come to Amazing Animals Petting Zoo and touch some of the cutest animals around. Admission for children is half-price on Sundays. You can also watch our new tiger cubs play with their mother, and you can join in our penguin parade. See you at Amazing Animals Petting Zoo.

Question: What is one thing families with children can do at Amazing Animals Petting Zoo on Sundays?

訳 お聞きになっているのは，ラジオ・ブラストラインFMです。スポンサーからのお知らせの時間です。ご家族みんなで楽しめるわくわくする冒険をお探しですか？ アメージングアニマルズふれあい動物園へお越しいただき，最高にかわいい動物たちにさわってください。日曜日はお子様の入園料が半額になります。また，新しく生まれたトラの赤ちゃんが母親と遊ぶ様子もご覧いただけますし，ペンギン・パレードにもご参加いただけます。アメージングアニマルズふれあい動物園でお会いしましょう。

質問の訳 子供のいる家族が，日曜日にアメージングアニマルズふれあい動物園でできることの１つは何ですか。

選択肢の訳 **1** ペットを半額で買う。 **2** 有名なラジオパーソナリティーに会う。 **3** トラのえさやりを手伝う。 **4** 入園料が安くなる。

解説 第５文でAdmission for children is half-price on Sundays.「日曜日はお子様の入園料が半額になります」と言っている。half-priceをcheaperと言い換えた**4**が正解。

No.23 正解 1

放送文 Madison was very excited when Josh, a boy in her class, asked her to go ice-skating with him. Madison had never been ice-skating before, so she went to an ice rink to practice a week before her date with Josh. She enjoyed it so much that she decided to buy a pair of ice skates. They cost a lot of money, but she plans to go ice-skating often in the future.

Question: What did Madison do before she went ice-skating with Josh?

訳 マディソンは，同じクラスの男子のジョシュから一緒にアイススケートに行こうと誘われたとき，とてもわくわくした。マディソンはそれまでアイススケートに行ったことがなかったので，ジョシュとのデートの１週間前にアイススケート場に練習しに行った。彼女はとても楽しかったので，スケート靴を買うことに決めた。それにはとてもお金がかかったが，これからは頻繁にアイススケートに行くつもりである。

質問の訳 マディソンはジョシュとアイススケートに行く前に何をしましたか。

選択肢の訳 **1** １人でスケートを練習した。 **2** 新しいイヤリングを買った。 **3** 彼の趣味について尋ねた。 **4** アイススケートのレッスンを２週間受けた。

解説 第２文後半でshe(＝Madison) went to an ice rink to practice a week before her date with Josh「ジョシュとのデートの１週間前にアイススケート場に練習しに行った」と言っているので，**1**が正解。

No.24 正解 2

放送文 Melinda could not sleep well last night. She woke up several times because she heard some strange noises. She opened her window and looked

outside to find out what was making them. She saw that a branch of a tree was being blown against the wall of her house. Melinda decided to go and sleep in her living room and take a look at the tree branch in the morning.
Question: Why did Melinda have trouble sleeping?

訳 メリンダは昨夜，よく眠れなかった。おかしな音が聞こえたため，彼女は何度か目が覚めた。窓を開けて外を見て，何が音をたてているのか突き止めようとした。木の枝が風に吹かれて彼女の家の壁に当たっているのが見えた。メリンダは居間に行って眠り，朝になってから木の枝を見てみることにした。

質問の訳 メリンダはなぜ眠れなくて困ったのですか。

選択肢の訳 **1** 部屋が暖かすぎた。 **2** 外で音が聞こえた。 **3** 壁の穴を通して風が吹いていた。 **4** 窓を通して光が入ってきた。

解説 第２文でShe woke up several times because she heard some strange noises.「おかしな音が聞こえたため，彼女は何度か目が覚めた」と言っている。第３文のlooked outside to find out what was making them(＝some strange noises)「外を見て，何が音をたてているのか突き止めようとした」より，音は外から聞こえていたので，**2**が正解。

No.25 正解 1

放送文 Too many things in a space are called clutter. By removing clutter from their homes, people can live more relaxed lives. However, it is often hard to decide which things to throw away. There are professionals who can help people to do this. One such professional, Vicky Silverthorn, made a lot of money by telling people how to remove clutter from their homes on the Internet.
Question: How did Vicky Silverthorn make a lot of money?

訳 ある場所にあふれかえるものをがらくたという。家からがらくたを取り除くことで，人々はもっとくつろいだ生活を送ることができる。とはいえ，どんなものを捨てるかを決めるのは難しいことが多い。人々がこれをするのを手助けできる専門家がいる。このような専門家の１人であるビッキー・シルバーソーンは，がらくたを家から取り除く方法を人々にインターネットで伝えることによって，お金をたくさん稼いだ。

質問の訳 ビッキー・シルバーソーンはどのようにしてお金をたくさん稼ぎましたか。

選択肢の訳 **1** 人々にものを処分する方法を伝えた。 **2** 人々が家を売る手助けをした。 **3** 専門家のためにインターネットの問題を解決した。 **4** より頑丈な家を建てる方法を教えた。

解説 最終文でVicky Silverthorn, made a lot of money by telling people how to remove clutter from their homes on the Internet「ビッキー・シルバーソーンは，がらくたを家から取り除く方法を人々にインターネットで伝えることによって，お金をたくさん稼いだ」と言っている。remove clutterをget rid of thingsと言い換えた**1**が正解。

No.26 正解 3

放送文 Today is Serena's first day at a new high school. She is nervous because she is shy and has difficulty making new friends. Serena's father told her to introduce herself to the students sitting next to her in her class. After that, he told her she should get to know them by asking them about their interests.

Question: Why is Serena nervous?

訳 今日はセリーナの新しい高校での初日である。彼女は人見知りで新しい友達を作るのが苦手なので緊張している。セリーナの父親は，クラスで隣に座っている生徒たちに自己紹介をするように言った。その後で，趣味について尋ねることで彼らと親しくなるといいと父親は彼女に言った。

質問の訳 セリーナはなぜ緊張しているのですか。

選択肢の訳 **1** 学校にどうやって歩いて行くかを知らない。 **2** 父親の助言を思い出せない。 **3** 新しい友達を作るのが得意ではない。 **4** 自分の教室を見つけることができないかもしれない。

解説 第２文でShe(＝Serena) is nervous because she is shy and has difficulty making new friends.「彼女は人見知りで新しい友達を作るのが苦手なので緊張している」と言っている。has difficultyをis not good atと言い換えた**3**が正解。

No.27 正解 1

放送文 Most brides and grooms wear special clothing on their wedding day. The things a bride and groom wear depend on where in the world they live. In Scotland, brides and grooms traditionally gave each other pieces of cloth. These pieces of cloth had their families' historical colors on them. In this way, people could see that the bride was joining her husband's family.

Question: What is one thing we learn about traditional weddings in Scotland?

訳 たいていの新婦と新郎は結婚式の日に特別な服を着る。新婦と新郎の着るものは世界のどこに住んでいるかによって異なる。スコットランドでは，新婦と新郎がお互いに布地を贈り合うのが伝統であった。この布地には一家の歴史的な色彩が使われていた。このようにして，人々には新婦が夫の一家に加わることがわかったのだ。

質問の訳 スコットランドの伝統的な結婚式についてわかることの１つは何ですか。

選択肢の訳 **1** 新婦と新郎がお互いに布地を贈り合った。 **2** 新婦が新郎のかぶる色鮮やかな帽子を作らなければならなかった。 **3** そこでの結婚式の踊りは世界中で有名だった。 **4** ほかの国々よりも結婚式の費用がかかった。

解説 第３文でIn Scotland, brides and grooms traditionally gave each other pieces of cloth.「スコットランドでは，新婦と新郎がお互いに布地を贈り合うのが伝統であった」と言っているので，**1**が正解。

No.28 正解 4

放送文 Good evening, ladies and gentlemen. Thank you for choosing Speedy Airlines. The pilot has just turned off the seatbelt sign. Feel free to use the restrooms at the front or at the back of the airplane. During the flight, please keep your seatbelt on while you are in your seat. We will be serving some coffee, tea, and cookies shortly.

Question: What will probably happen next?

訳 こんばんは，皆様。スピーディー航空をお選びいただきありがとうございます。ただ今パイロットがシートベルト着用のサインを消しました。飛行機の前方と後方にありますお手洗いをご自由にお使いください。飛行中，ご着席の際はシートベルトを締めたま

まになさってください。まもなく，コーヒー，紅茶，そしてクッキーをお配りいたします。
質問の訳 次におそらく何が起こるでしょうか。
選択肢の訳 **1** 皆が飛行機に搭乗し始める。 **2** 飛行機が離陸する。 **3** 特別な食品が販売される。 **4** 乗客が飲み物とおやつを楽しむ。
解説 飛行機の乗務員によるアナウンス。最終文でWe will be serving some coffee, tea, and cookies shortly.「まもなく，コーヒー，紅茶，そしてクッキーをお配りいたします」と言っている。coffee, teaをa drinkと，cookiesをa snackと言い換えた**4**が正解。

No.29 正解 2

放送文 Misaki often gets headaches when she works on her computer. She got a brighter light bulb for her desk lamp. She also bought a new chair to support her back better. However, neither of these changes helped. When she told her father about her headaches, he suggested she get her eyes tested. She went to an eye doctor, and he told her that she needed glasses.
Question: Why was Misaki often getting headaches?
訳 ミサキはコンピュータで作業するときに頭痛がすることがよくある。彼女は卓上ライトの電球をもっと明るいものにした。また，背中をもっと良く支える新しい椅子も買った。ところが，この変更のどちらも効果がなかった。父親に頭痛について話すと，彼は目を検査してもらうよう勧めた。眼科医に行くと，医師は彼女には眼鏡が必要だと言った。
質問の訳 ミサキはなぜよく頭痛がしていたのですか。
選択肢の訳 **1** 薬を飲むのを忘れてばかりいた。 **2** 目に問題があった。 **3** 椅子のサイズが彼女に合っていなかった。 **4** 卓上ライトが明るすぎた。
解説 最終文でShe went to an eye doctor, and he told her that she needed glasses.「眼科医に行くと，医師は彼女には眼鏡が必要だと言った」と言っている。つまり，頭痛の原因は目が悪かったからだとわかる。したがって，**2**が正解。

No.30 正解 2

放送文 Welcome to Beautiful Bay Beach! Come and watch the surfing contest at noon. Many famous surfers will take part. We would like to ask all visitors not to play loud music and to watch children carefully while they are playing in the waves. Please listen to the lifeguards. They will tell you where it is safe to swim. Also, please do not forget to take your trash home with you. Thank you!
Question: What will happen at noon today?
訳 ビューティフル・ベイ・ビーチへようこそ！ 正午にサーフィンコンテストを見に来てください。たくさんの有名サーファーが参加します。ご来場の皆様には大きな音で音楽を流さないよう，またお子様が波間で遊んでいるときには注意して見守るようお願いいたします。監視員の言うことをお聞きください。どこで泳いだら安全かを教えてくれます。また，ごみは忘れずにお持ち帰りください。ありがとうございます！
質問の訳 今日の正午に何が起こりますか。
選択肢の訳 **1** 子供用サーフボードが販売される。 **2** サーフィン大会がある。 **3** 大音量の音楽のダンスパーティーが始まる。 **4** トラックがどんなごみでも回収しに来る。
解説 第2文でCome and watch the surfing contest at noon.「正午にサーフィンコン

テストを見に来てください」と言っている。contestをcompetitionと言い換えた**2**が正解。

カードA　二次試験・面接
（問題編pp.110～111）

訳　フェイクニュース

写真は人々がニュース記事をより良く理解するのに役立つので，メディアによって使われる。ところが，最近では，偽の情報を含む写真を最新の科学技術によって簡単に生み出すことができる。一部の人々はこのような写真をインターネットに載せ，そうすることによって彼らは真実ではない記事をほかの人々に信じ込ませようとする。人々は科学技術は良い使い方も悪い使い方もできることを知っておくべきである。

話は次の文で始めてください：ある日，ケンとサクラは大好きな海洋生物について話していました。

質問の訳　No.1　この文によると，一部の人々はどのように真実ではない記事をほかの人々に信じ込ませようとしていますか。

No.2　では，絵を見てその状況を説明してください。20秒間，準備する時間があります。話はカードに書いてある文で始めてください。<20秒>始めてください。

では，～さん（受験者の氏名），カードを裏返して置いてください。

No.3　ロボットのせいで将来多くの人々が仕事を失うだろうと言う人がいます。あなたはそのことについてどう思いますか。

No.4　最近，日本では多くの家庭がペットを飼っています。あなたはペットを飼うのは子供たちにとって良いことだと思いますか。

No.1　**解答例**　By putting photographs that contain false information on the Internet.

解答例の訳　偽の情報を含む写真をインターネットに載せることによってです。

解説　第3文に関する質問。方法を問われているので，**by *do*ing（動名詞）**の形を用いる。まずBy putting such photographs on the Internet.と考え，第2文からsuch photographsを具体的にphotographs that contain false informationと表す。

No.2　**解答例**　One day, Ken and Sakura were talking about their favorite sea animals. Ken said to her, “Let’s go to the aquarium to see the dolphins.” That weekend at the aquarium, Ken saw a sign that said taking pictures was not allowed. Sakura suggested that he put the camera into his backpack. Later that day, Sakura was enjoying watching a dolphin show. Ken was worried that they would get wet.

解答例の訳　**ある日，ケンとサクラは大好きな海洋生物について話していました。**ケンはサクラに「水族館にイルカを見に行こう」と言いました。その週末に水族館で，ケンは写真撮影は許可されていないと書いてある掲示を見ました。サクラはカメラをリュックサックに入れるよう提案しました。その日の後になって，サクラはイルカショーを見て楽しんでいました。ケンはぬれてしまうのではないかと心配していました。

解説 1コマ目のケンの言葉は，直接話法のKen said to her (＝Sakura), "〜." の形で表す。2コマ目は，ケンが写真撮影禁止の掲示を見て（saw a sign that said taking pictures was not allowed），サクラがカメラをリュックサックに入れるよう提案した（suggested that he put the camera into his backpack）様子が描かれている。3コマ目は，サクラがイルカショーを見て楽しんでいる（was enjoying watching a dolphin show）ところ。吹き出しは，ケンがぬれてしまうのではないかと心配している（was worried that they would get wet）ことを表している。

No.3 **解答例** （I agree. の場合） I agree. Robots can do more and more types of jobs. Also, they can work more efficiently than people.
（I disagree. の場合） I disagree. There are many jobs that only humans can do. For example, taking care of children needs to be done by humans.

解答例の訳 私もそう思います。ロボットはますます多くの種類の仕事ができるようになっています。また，それらは人間よりも効率よく働くことができます。／私はそうは思いません。人間にしかできない仕事が多くあります。例えば，子供たちの世話は人間がする必要があります。
解説 賛成意見では，ロボットにできる仕事の種類が増えている（can do more and more types of jobs）ことを理由に挙げ，人間よりも効率よく働くことができる（can work more efficiently than people）と付け加えている。反対意見では，人間にしかできない仕事（jobs that only humans can do）が多くあることを，ロボットのせいで多くの人々が仕事を失うとは思わない理由としている。その具体例として，子供たちの世話は人間がする必要がある（taking care of children needs to be done by humans）と述べている。

No.4 **解答例** （Yes. の場合） Yes. → Why? —— Taking care of pets teaches children to be responsible. They have to give food to their pets every day.
（No. の場合） No. → Why not? —— It's difficult for children to look after pets. Also, I've heard that some pets suddenly attack children.

解答例の訳 はい。→それはなぜですか。—— ペットを世話することは子供たちに責任を持つことを教えます。彼らは毎日ペットに餌をあげなければなりません。／いいえ。→それはなぜですか。—— 子供たちにとって，ペットの世話をすることは難しいです。また，中には突然子供たちを襲うペットもいると聞いたことがあります。
解説 賛成意見では，ペットの世話は子供たちに責任を持つことを教える（teaches children to be responsible）という利点を示し，その例として毎日ペットに餌をあげなければならない（have to give food to their pets every day）ことを挙げて，ペットを飼うのは子供たちにとって良いことだと思う理由としている。反対意見では，子供たちにはペットの世話をすることは難しい（difficult for children to look after pets）ことや，突然子供たちを襲うペットもいる（some pets suddenly attack children）ということを，ペットを飼うのは子供たちにとって良いことだと思わない理由としている。

カードB 二次試験・面接
(問題編pp.112～113)

訳 動物保護施設

最近は，捨てられたペットを世話する動物保護施設がたくさんある。このような動物たちは人間を恐れることがよくある。そこで，ペットが人間と仲良くやっていけるよう助ける訓練が注目を集めている。一部の動物保護施設はこのような訓練を提供し，この方法で捨てられたペットが新しい飼い主を見つけやすくしている。動物保護施設は恐らく，社会において重要な役割を果たし続けるだろう。

話は次の文で始めてください：ある日，サノ夫妻はタイのホテルで話していました。

質問の訳 No.1 この文によると，一部の動物保護施設はどのように捨てられたペットが新しい飼い主を見つけやすくしていますか。

No.2 では，絵を見てその状況を説明してください。20秒間，準備する時間があります。話はカードに書いてある文で始めてください。<20秒>始めてください。

では，～さん（受験者の氏名），カードを裏返して置いてください。

No.3 動物は動物園で飼育されるべきではないと言う人がいます。あなたはそのことについてどう思いますか。

No.4 今日，多くの人々が現金ではなくクレジットカードで買い物をします。あなたはこれは良い考えだと思いますか。

No.1 **解答例** By offering training that helps pets get along with people.

解答例の訳 ペットが人間と仲良くやっていけるよう助ける訓練を提供することによってです。

解説 第4文に関する質問。方法を問われているので，**by *doing*（動名詞）**の形を用いる。まずBy offering such training. と考え，第3文からsuch trainingを具体的にtraining that helps pets get along with peopleと表す。

No.2 **解答例** One day, Mr. and Mrs. Sano were talking at a hotel in Thailand. Mrs. Sano said to her husband, "I want to go to the zoo tomorrow." The next day at the zoo entrance, Mr. Sano was buying tickets. Mrs. Sano was asking a man to take a picture of her and her husband. An hour later, Mrs. Sano was feeding an elephant. Mr. Sano was looking forward to having dinner at a restaurant with her.

解答例の訳 **ある日，サノ夫妻はタイのホテルで話していました。**サノさんの奥さんは夫に「明日，動物園に行きたいな」と言いました。次の日動物園の入り口で，サノさんは入場券を買っていました。サノさんの奥さんは男性に彼女と夫の写真を撮ってくれるよう頼んでいました。1時間後，サノさんの奥さんは象に餌をあげていました。サノさんは彼女とレストランで夕食を食べることを楽しみにしていました。

解説 1コマ目のサノさんの奥さんの言葉は，直接話法のMrs. Sano said to her husband, "～." の形で表す。2コマ目は，サノさんが入場券を買い（was buying tickets)，サノさんの奥さんが男性に写真を撮ってくれるよう頼んでいる（was asking a man to take a picture）場面。「～に…するよう頼む」は〈ask＋人＋to do〉で表す。3コマ目では，サノさんの奥さんが象に餌をあげている（was feeding an elephant）。吹き出しには，サノさんがレストランで夕食を食べることを楽しみにしている（was looking forward to having dinner at a restaurant）ことが描かれている。

No.3 **解答例** （I agree. の場合） I agree. Animals should be free to live in nature. People need to protect the natural areas where animals live.
（I disagree. の場合） I disagree. Zoos can teach children a lot about animals. For example, children can see how animals eat and sleep.

解答例の訳 私もそう思います。動物は自然の中で自由に暮らすべきです。人間は動物の暮らす自然の地域を保護する必要があります。／私はそうは思いません。動物園は子供たちに動物について多くのことを教えることができます。例えば，子供たちは動物がどのように食べたり眠ったりするかを見ることができます。

解説 賛成意見では，動物は自然の中で自由に暮らすべきだ（should be free to live in nature）ということを理由とし，その上で人間は動物の暮らす自然の地域を保護する必要がある（need to protect the natural areas where animals live）という考えを述べている。反対意見では，動物園で動物を飼育してもかまわないと考える理由として，子供たちに動物について多くのことを教えることができる（can teach children a lot about animals）と述べている。その一例として，動物がどのように食べたり眠ったりするかを見ることができる（can see how animals eat and sleep）ということを挙げている。

No.4 **解答例** （Yes. の場合） Yes. → Why? —— A lot of people don't like carrying cash with them. Also, most people don't want to go to the bank before shopping.
（No. の場合） No. → Why not? —— It's easy to spend a lot of money with a credit card. People forget how much money they have spent.

解答例の訳 はい。→それはなぜですか。—— 多くの人々は現金を持ち歩くことが好きではありません。また，たいていの人は買い物の前に銀行に行きたくありません。／いいえ。→それはなぜですか。—— クレジットカードではたくさんのお金を使うことが簡単です。人々はお金をいくら使ったか忘れます。

解説 賛成意見では，現金を使う場合の不便さに着目し，多くの人々は現金を持ち歩くことが好きではない（don't like carrying cash with them），買い物の前に銀行に行きたくない（don't want to go to the bank before shopping）ということを理由として挙げている。反対意見では，クレジットカードの利用が良いとは思わない理由として，たくさんのお金を使うことが簡単である（easy to spend a lot of money）ことや，お金をいくら使ったか忘れる（forget how much money they have spent）という短所を述べている。

2022年度 第2回

解　答　欄

問題番号		1	2	3	4
1	(1)	**1**	2	3	4
	(2)	**1**	2	3	4
	(3)	1	2	**3**	4
	(4)	1	2	**3**	4
	(5)	**1**	2	3	4
	(6)	1	**2**	3	4
	(7)	1	2	**3**	4
	(8)	1	2	3	**4**
	(9)	1	**2**	3	4
	(10)	1	2	**3**	4
	(11)	1	**2**	3	4
	(12)	1	2	**3**	4
	(13)	1	2	**3**	4
	(14)	1	2	3	**4**
	(15)	**1**	2	3	4
	(16)	**1**	2	3	4
	(17)	1	**2**	3	4
	(18)	**1**	2	3	4
	(19)	1	**2**	3	4
	(20)	1	**2**	3	4

解　答　欄

問題番号		1	2	3	4
2	(21)	1	**2**	3	4
	(22)	1	2	**3**	4
	(23)	**1**	2	3	4
	(24)	1	**2**	3	4
	(25)	1	2	**3**	4
	(26)	1	2	3	**4**

解　答　欄

問題番号		1	2	3	4
3	(27)	1	**2**	3	4
	(28)	**1**	2	3	4
	(29)	1	**2**	3	4
	(30)	1	2	3	**4**
	(31)	1	2	3	**4**
	(32)	**1**	2	3	4
	(33)	**1**	2	3	4
	(34)	1	**2**	3	4
	(35)	1	**2**	3	4
	(36)	**1**	2	3	4
	(37)	**1**	2	3	4
	(38)	1	2	3	**4**

4 の解答例はp.112をご覧ください。

リスニング解答欄

問題番号		1	2	3	4
第1部	No. 1	1	2	**3**	4
	No. 2	1	2	3	**4**
	No. 3	1	2	3	**4**
	No. 4	**1**	2	3	4
	No. 5	1	**2**	3	4
	No. 6	1	2	3	**4**
	No. 7	1	2	**3**	4
	No. 8	1	2	3	**4**
	No. 9	**1**	2	3	4
	No. 10	1	2	**3**	4
	No. 11	**1**	2	3	4
	No. 12	**1**	2	3	4
	No. 13	1	2	**3**	4
	No. 14	**1**	2	3	4
	No. 15	1	2	**3**	4
第2部	No. 16	1	2	3	**4**
	No. 17	**1**	2	3	4
	No. 18	1	2	3	**4**
	No. 19	1	**2**	3	4
	No. 20	1	2	**3**	4
	No. 21	**1**	2	3	4
	No. 22	**1**	2	3	4
	No. 23	**1**	2	3	4
	No. 24	1	**2**	3	4
	No. 25	1	**2**	3	4
	No. 26	1	**2**	3	4
	No. 27	1	2	3	**4**
	No. 28	1	**2**	3	4
	No. 29	1	**2**	3	4
	No. 30	1	**2**	3	4

1 一次試験・筆記
(問題編pp.116～119)

(1) 正解 1

訳 ケイコが6か月間しか英語を勉強していないことを考慮すると，昨日のコンテストでは並はずれて優れた英語の発表を行った。彼女は2位を獲得した。

解説 第2文のShe got second prize.「彼女は2位を獲得した」から，非常に優れた発表だったとわかる。空所にはgoodの意味を強調する副詞が入るので，**1のremarkably**「並はずれて」が正解。nervously「神経質に」，suddenly「突然」，carefully「注意深く」。

(2) 正解 1

訳 ***A:*** 休暇はどうだった，デイル？ ***B:*** すばらしかったよ！ 7日間，純粋に楽しんでくつろいだよ。

解説 Aに休暇について尋ねられたBが第2文でWe had seven days of pure fun and relaxation.「7日間，純粋に楽しんでくつろいだよ」と言っているので，休暇は楽しかったことがわかる。したがって，**1のmarvelous**「すばらしい」が適切。industrial「工業の」，humble「謙虚な」，compact「小型の，ぎっしり詰まった」。

(3) 正解 3

訳 世界中の人々が，その2か国間の対立が戦争を引き起こすのではないかと恐れている。

解説 空所の語はthat以下の節の主語にあたるので，「戦争を引き起こす」可能性のあるものが入る。したがって，**3のconflict**「対立，衝突」が正解。patient「患者」，phrase「成句」，courage「勇気」。

(4) 正解 3

訳 野球選手のオオムラ・シュウタは2019年に右膝の手術を受けなければならなかったが，完全に回復し，2020年に再びプレーする準備ができた。

解説 文後半にhe made a full recovery「完全に回復し」とあるので，この野球選手は怪我をしたと考えられる。**have surgery on ～**で「～の手術を受ける」という意味を表し文脈に合うので，**3のsurgery**「手術」が正解。recognition「認識」，innocence「無罪，無邪気」，inquiry「問い合わせ」。

(5) 正解 1

訳 そのレストランは何回か食中毒を起こした後で評判を落とし，結局は閉店せざるを得なかった。

解説 文後半のeventually it(＝the restaurant) had to close「結局は閉店せざるを得なかった」から，レストランは食中毒の後で信用を回復することができなかったと考えられる。**lose one's reputation**で「評判を落とす」という意味を表すので，**1の**

※2024年度第1回から，試験形式の変更に伴い大問1の問題数は17問になります。

reputation「評判」が正解。anticipation「予想，期待」，observation「観察」，examination「検査，試験」。

(6)　正解　2

訳　日光は人々が健康でいるために重要である。けれども，肌を日光にさらしすぎるのは良くない。

解説　空所直前にit is not good to「～するのは良くない」，直後にskinとあるので，空所には肌にとって良くない行為を表す動詞が入る。選択肢の中で，空所に入れてこの内容に合うのは，**2のexpose**「～にさらす」。protest「～に抗議する」，conduct「～を行う」，represent「～を代表する」。

(7)　正解　3

訳　カイは腕を骨折した後で，完全に治るまでに約３か月かかった。今，彼は何の問題もなく再びテニスをすることができる。

解説　第１文にKai broke his arm「カイは腕を骨折した」，第２文にhe can play tennis again「再びテニスをすることができる」とあり，骨折した腕は治ったとわかるので，**3のheal**「治る」が適切。fulfill「～を果たす」，cheat「～をだます」，retire「引退する」。

(8)　正解　4

訳　最近は多くの会社が従業員にたくさんの柔軟性を提供している。例えば，社員は時々在宅勤務をすることができたり，何時に始めて終わるかを選べたりする。

解説　第２文で第１文の例を挙げているが，これは融通の効く働き方の例だとわかる。したがって，**4のflexibility**「柔軟性」を入れると文脈に合う。majority「大多数」，similarity「類似」，quantity「量」。

(9)　正解　2

訳　ケビンは車を運転して家に帰るとき，吹雪で立ち往生した。大変な悪天気のため，車を乗り捨てて残りの道のりを歩かなければならなかった。

解説　空所直前のhad toに続く形で，walk the rest of the way「残りの道のりを歩かなければならなかった」とあるので，車は置いたまま歩いて家に帰ったと考えられる。したがって，**2のabandon**「～を放置する，～をあきらめる」が正解。maintain「～を維持する」，prevent「～を防ぐ」，supply「～を供給する」。

(10)　正解　3

訳　ローラはバドミントン大会でとても早く敗退して残念だったが，今は友達の試合中に応援している。

解説　文前半のbeing ～ so earlyまでの部分は，ローラが残念に思ったことが入る。空所の直後にfromとあり，**be eliminated from ～**で「～から敗退する」という意味を表すので，**3のeliminated**を入れると，文後半のnow she supports her friends during their matches「今は友達の試合中に応援している」とも自然なつながりになる。commit「～を犯す」，defend「～を守る」，import「～を輸入する」。

(11) 正解 2

訳 サラは足が良くなるまで走るのを控えるように言われている。そうしなければ，怪我を悪化させてしまうかもしれない。

解説 第2文が，Otherwise「そうしなければ」で始まり，she might make her injury worse「怪我を悪化させてしまうかもしれない」と続くので，サラが言われているのは怪我を悪化させない方法だと考えられる。**2のrefrain from 〜**「〜を控える」を入れると「走るのを控える」となり状況に合う。read through 〜「〜を読み通す」，reflect on 〜「〜を熟考する」，refer to 〜「〜に言及する，〜を参照する」。

(12) 正解 3

訳 *A:* 映画はどうだった？ *B:* 全体としては楽しんだよ。何人かの俳優は最高ではなかったけど，ストーリーはすばらしかったし，音楽も美しかったよ。

解説 Bの発言第2文から，多少気になる点はあるものの，映画全体としては楽しめるものだったことがわかる。この状況を表すのに適切なのは，**3のAs a whole**「全体として」。on the move「活動的で」，in respect (of 〜)「(〜に) ついて」，by then「それまでに」。

(13) 正解 3

訳 *A:* どうしたの，エミリー？ *B:* ジムが友達の前で私のことを笑いものにしたの。私の靴が醜いって言ったのよ。

解説 B（＝Emily）の発言の第2文He said my shoes were ugly.「私の靴が醜いって言ったのよ」から，ジムはエミリーが不快に思うことをしたとわかる。**make a fool of 〜**で「〜を笑いものにする」という意味を表すので，**3のfool**が正解。make a difference「重要である」，make a point of 〜「〜を重視する，努めて〜する」，make a start「始める」。

(14) 正解 4

訳 ジェイソンは私生活に干渉するのはやめるよう何度も母親に頼んだ。自分は大人なのに母親が自分を管理しようとしたがっていることにいらいらしている。

解説 第2文He is upset that she wants to try to control him「母親が自分を管理しようとしたがっていることにいらいらしている」から，ジェイソンは母親に干渉されたくないとわかる。**interfere with 〜**で「〜に干渉する」という意味なので，**4**が正解。count on 〜「〜を頼りにする」，insist on 〜「〜と強く主張する」，compare with 〜「〜と比較する」。

(15) 正解 1

訳 *A:* バーベキューを中止しないといけなくて残念だね。 *B:* うん，でも雨の中，外でバーベキューはできないからね。天気が良くなれば，代わりに来週できるよ。

解説 Bの発言から，雨でバーベキューは中止になり，来週に延期されたとわかる。**call off 〜**で「〜を中止する」という意味を表すので，**1**が正解。pick on 〜「〜をいじめる」，fall for 〜「〜にだまされる」，bring out 〜「〜を持ち出す」。

(16) 正解 1

訳 その泥棒ははしごを使ってビルに侵入したに違いない。入る方法は2階の窓を通るしかなかった。

解説 空所前にThe thief must have gotten into the building「泥棒は…ビルに侵入したに違いない」，空所後にa ladder「はしご」とあるので，はしごを使って侵入したと考えられる。by means of ～で「～によって」という意味を表すので，**1**を入れると文脈に合う。in charge of ～「～を担当して」，at times「時々」，for all ～「～にもかかわらず」。

(17) 正解 2

訳 バーニーは飼い猫に簡単な命令に従うよう教えようとしたが，努力は無駄だった。伏せと言うたびに，猫はただ歩き去るだけだった。

解説 第2文のEvery time he told it(＝his cat) to lie down, it just walked away.「伏せと言うたびに，猫はただ歩き去るだけだった」から，猫はバーニーの命令に従わなかったとわかる。in vainで「無駄に」という意味を表すので，**2**が適切。of late「最近」，for sure「確かに」，by chance「偶然に」。

(18) 正解 1

訳 東京に3年間住んでいたので，カサンドラは自分のアパートから東京スカイツリーまでの行き方を正確に知っていた。

解説 空所を含む節は，文後半に対する理由を表し，「～なので」という意味になる。Because she(＝Cassandra) had lived in Tokyo for three yearsとなるはずだが，選択肢は動詞の活用形のみであり，主語が文後半と同じで省略されているので，分詞構文とわかる。したがって，空所には現在分詞Havingを入れるのが適切。正解は**1**。

(19) 正解 2

訳 だれかがミシェルの教室の窓を1枚割った。ミシェルがやったのではなかったが，ほかの生徒の何人かはまるで彼女がやったかのように彼女を見た。

解説 第2文前半から，ミシェルは窓を割っていないことがはっきりしている。また，空所直後のshe hadの後には，broken one of the windows in Michelle's classroomが省略されている。as if ～で「まるで～であるかのように」という意味を表し文脈に合うので，**2**が正解。as to ～「～に関しては」，if only ～「～でありさえすれば」，if not ～「もし～でないなら，～とは言わないまでも」。

(20) 正解 2

訳 *A:* ご実家までは車でどれくらいかかりますか。 *B:* 休暇中の交通量があるので何とも言えません。30分かかるかもしれないし，あるいは2時間かかる可能性もあります。

解説 Bの発言第2文It could take thirty minutes, or it could take two hours.「30分かかるかもしれないし，あるいは2時間かかる可能性もあります」から，休暇中は渋滞で普段よりも時間がかかるかもしれず，明確には答えられないと考えられる。There's no tellingで「わからない」という意味を表すので，**2**のtellingが正解。

2[A] 一次試験・筆記
(問題編pp.120～121)

Key to Reading 海洋プラスチック問題について述べた説明文。段落ごとのポイントを押さえながら，空所の前後の文の関係，文と文の接続関係を表す語（句）などに着目しよう。

訳 海の困り事

プラスチックは多種多様な製品に使われている。実際，世界中で毎年約4億トンのプラスチックが生産されていると見積もられている。その多くは1回だけ使った後で捨てられるように作られている。この廃棄物のほとんどはごみ埋め立て場の地中に埋められる。だが，最終的にほかの場所に行き着くものが大量にある。国際自然保護連合によると，毎年1400万トンを超えるプラスチックごみが海に流れ込む。プラスチックは丈夫で分解されるのに長時間かかる。このため，世界の海は急速にプラスチックで埋め尽くされつつある。

プラスチックごみは海の中やそばで暮らす野生生物に2つの大きな問題を引き起こす。まず，動物たちは大きめのプラスチック片にひっかかり，自由に泳ぐことができないために死ぬことが時々ある。だが，もう1つの問題は小さめのプラスチック片によって引き起こされる。動物たちはこれらを餌とみなすことがよくあるのだ。最近の調査で，魚類の約3分の2とすべての海鳥の90パーセントが海を漂う小さなプラスチック片を誤って食べたことがあると判明した。

これに応じて，多くの環境保護団体が海のプラスチックについて政府に何とかしてもらおうと奮闘している。例えば，生物多様性センターはアメリカ政府にプラスチック汚染を規制するための法律を作るよう要請した。また，こうした団体はこの問題について一般の人々に教えようと努めてもいる。これにもかかわらず，人々はプラスチックを捨て続け，海のプラスチックの量は増え続けている。

(21) 正解 **2**

選択肢の訳 **1** 完全に消える **2** 最終的にほかの場所に行き着く **3** 慈善団体に寄付される **4** 再び利用できるかもしれない

解説 第1段落第4文にMost of this waste is buried in the ground in landfill sites.「この廃棄物のほとんどはごみ埋め立て場の地中に埋められる」とある。その直後の空所を含む文はHoweverで始まっているので対照的な内容になり，空所には大量のプラスチックごみがどうなるかを表す語句が入る。続く第6文にmore than 14 million tons of plastic waste goes into the ocean each year「毎年1400万トンを超えるプラスチックごみが海に流れ込む」とあり，空所を含む文に説明を加えている。大量のプラスチックごみが行き着く「海」は「ごみ埋め立て場」とは別の場所なので，**2**が適切。

(22) 正解 **3**

選択肢の訳 **1** 大家族で暮らす **2** 長距離を旅しなければならない **3** これらを餌とみなす **4** 海を離れる

解説 第2段落第3文以降は小さめのプラスチック片が引き起こす問題について述べている。最終文about two-thirds of fish species and 90 percent of all seabirds have accidentally eaten tiny pieces of plastic floating in the ocean「魚類の約3分の2

とすべての海鳥の90パーセントが海を漂う小さなプラスチック片を誤って食べたことがある」から，プラスチック片を餌と間違えてしまう生物が多いとわかるので，**3**が正解。

(23) 正解 **1**

選択肢の訳 **1** これにもかかわらず **2** したがって **3** 同様に **4** 特に

解説 第3段落第1～3文は，環境保護団体が海洋プラスチック問題を解決するためにどんな努力をしているかについて述べている。これに対し，空所の後ではpeople continue to throw away plastic, and the amount of plastic in the ocean continues to increase「人々はプラスチックを捨て続け，海のプラスチックの量は増え続けている」と，期待通りの結果が得られていないことを示しているので，逆接を表す**1**が適切。

2[B] 一次試験・筆記
(問題編pp.122～123)

Key to Reading ①なじみある物語をもとに数多くのミュージカルを書いたウェバー（→第1段落），②「キャッツ」を生むきっかけとなったT・S・エリオットの詩集（→第2段落），③世界中で人気を博し，長年上演される「キャッツ」（→第3段落）などがポイント。

訳 演じる猫たち

アンドリュー・ロイド・ウェバーはミュージカルを書くことで有名であり，彼の書いた歌の多くは有名になっている。この50年にわたり，ウェバーは「オペラ座の怪人」や「ヨセフと不思議なテクニカラー・ドリームコート」を含む数多くの人気あるミュージカルを生み出してきた。これらに登場するキャラクターは長年親しまれてきた良く知られている物語から取られた。ウェバーの最も成功したミュージカルの1つが「キャッツ」である。これは「メモリー」という，彼が書いた中で最も人気の高い歌を目玉としている。だが，ウェバーのほかの多くのミュージカルと同様に，「キャッツ」に登場するキャラクターは彼の創作ではなかった。

子供の頃，ウェバーの大好きな本の1つがT・S・エリオット作「ポッサムおじさんの猫とつき合う法」であった。これは，数匹の猫の性格を描写している詩集である。例えば，あるキャラクターは皆の注目の的になるのが好きだ。別のキャラクターは昼間は怠け者のように見えるが，夜になると彼女はネズミや虫が問題を起こさないようにするため密かに懸命に働く。ウェバーは自分のミュージカルの歌にこれらの詩の言葉を使い，これらの猫たちが一緒に暮らす世界を作り上げたのだ。

ウェバーは1977年に「キャッツ」に取りかかり，1981年にロンドンで最初の公演を行った。それは大変な人気となり，21年後にもまだそこで上演されていたほどであった。同様に，1982年のニューヨーク市ブロードウェイでの初演以後，そこでは18年間上演された。「キャッツ」は世界中で人気となっている。実際，そのショーは15言語に翻訳され，30を超える国々で上演され，7300万人を超える人々に鑑賞された。

(24) 正解 **2**

選択肢の訳 **1** あまり重要ではなかった **2** 彼の創作ではなかった **3** 好きになりにくかった **4** 彼の友人をもとにしていた

解説 第1段落第3文に，The characters in these were taken from well-known stories that had been around for many years.「これらに登場するキャラクターは長年親しまれてきた良く知られている物語から取られた」とあり，theseは第2文のa number of popular musicals「数多くの人気あるミュージカル」を指す。つまり，ウェバーのミュージカルに登場するキャラクターは彼が一から考え出したのではなく，すでにある物語を参考にして作られたので，この内容を簡潔に表した**2**が正解。

(25) 正解 3

選択肢の訳 **1** ペットとしての猫の歴史 **2** 猫の世話の仕方 **3** 数匹の猫の性格 **4** 猫の体がどのように働くか

解説 空所直後の第2段落第3文にone of the characters likes to be the focus of everyone's attention「あるキャラクターは皆の注目の的になるのが好きだ」，さらに第4文にAnother seems to be lazy during the daytime, but ....「別のキャラクターは昼間は怠け者のように見えるが，…」とある。これらはT・S・エリオットの詩集に登場するキャラクターの性格を説明しており，第1文にある本のタイトルからそのキャラクターは猫だと考えられるので，**3**が正解。

(26) 正解 4

選択肢の訳 **1** いずれにせよ **2** 残念ながら **3** 誤って **4** 同様に

解説 空所の前の2文では，「キャッツ」がロンドンでの初演以降，21年間続くほど人気を博したことが述べられている。空所の後でも，after its first performance on Broadway in New York City in 1982, it ran for 18 years there「1982年のニューヨーク市ブロードウェイでの初演以後，そこでは18年間上演された」と，ロンドン公演と同じようにブロードウェイ公演でも人気を博し，長年続いたことが述べられている。したがって，この2つの内容をつなぐには**4**が適切。

3[A] 一次試験・筆記

（問題編pp.124～125）

Key to Reading 購入したテレビの不具合解決方法を問い合わせるメール。①オンラインストアでテレビを購入したこと。(→第1段落)，②リモコンで音量調節ができないこと。(→第2段落)，③返送に関する確認と問題解決の期限。(→第3段落）などがポイント。

訳 差出人: マイケル・グリーン＜mikeyg4000@friendlymail.com＞
宛先: テレビジョンデポ顧客サービス＜service@televisiondepot.com＞
日付: 10月9日
件名: ZX950液晶テレビ
拝啓 顧客サービス担当者様
インターネットでZX950液晶テレビについてすばらしいレビューをいくつか読んだ後で，こちらのテレビジョンデポ・オンラインストアでそのテレビを購入しました。商品が届いたときは申し分ない状態に見え，テレビの取扱説明書に従って無事に設置することができました。ところがいったん使い始めると，問題があることに気づきました。

リモコンでテレビの音量を調節することができなかったのです。リモコンの電池を交換してみましたが，これでは問題は解決しませんでした。取扱説明書で調べてみましたが，解決方法は見つかりませんでした。テレビ本体のボタンで音量を調節することはできますが，このようにすることがどれだけ不便かわかっていただけると思います。
リモコンを交換していただくことは可能でしょうか，それともテレビ本体もお返しする必要がありますか。これだけ大きなテレビを箱に戻すのは大変ですので，送り返さなくてもよろしければ助かります。今後数日以内にこの問題を解決してくださることを願います。ぜひ新しいテレビを使って，来週末に始まるヨーロッパサッカー大会を見たいと思っております。お返事をいただくことを心待ちにしております。
敬具
マイケル・グリーン

(27) 正解 2

質問の訳 マイケル・グリーンが買ったテレビについて言っていることの1つは何ですか。
選択肢の訳 **1** 取扱説明書なしで送られてきた。 **2** 肯定的なオンラインレビューを得ている。 **3** 地元のテレビジョンデポ店で買った。 **4** 最近特売に出ていたので選んだ。
解説 本文第1段落第1文After reading several excellent reviews of the ZX950 LCD TV on the Internet, I purchased one from your Television Depot online store.「インターネットでZX950液晶テレビについてすばらしいレビューをいくつか読んだ後で，こちらのテレビジョンデポ・オンラインストアでそのテレビを購入しました」から，肯定的なオンラインレビューを読んで購入するテレビを選んだとわかるので，**2**が正解。

(28) 正解 1

質問の訳 マイケル・グリーンはテレビにどのような問題があると言っていますか。
選択肢の訳 **1** 音の大きさをリモコンを使って変えることができない。 **2** リモコンの電池がほんの数時間で切れてしまう。 **3** テレビのボタンが機能していないようだ。 **4** 時々テレビが突然消える。
解説 本文第2段落第1文にI was unable to adjust the volume of the TV with the remote control.「リモコンでテレビの音量を調節することができなかったのです」とある。the volumeをthe sound levelと言い換え，受け身の文で表した**1**が正解。

(29) 正解 2

質問の訳 マイケル・グリーンが願っているのは，顧客サービス担当者が
選択肢の訳 **1** テレビを箱に戻すのを手伝う人を派遣してくれることである。 **2** スポーツイベントを見るのに間に合うように問題を解決してくれることである。 **3** テレビジョンデポの後援による競技大会について話してくれることである。 **4** 自分で問題を解決できるように指示を与えてくれることである。
解説 本文第3段落第3文で，I hope you are able to solve this problem in the next few days.「今後数日以内にこの問題を解決してくださることを願います」と言っている。期限を示した理由は第4文I would very much like to use my new TV to

watch the European soccer tournament that begins next weekend.「ぜひ新しいテレビを使って，来週末に始まるヨーロッパサッカー大会を見たいと思っております」。したがって，the European soccer tournamentをa sports eventと言い換えた**2**が正解。

3[B] 一次試験・筆記
(問題編pp.126～127)

Key to Reading 第1段落：導入（バングラデシュで作られていたダッカモスリンという高級な布）→第2段落：本論1（英国貿易業者の無理な要求のため途絶えたダッカモスリンの生産）→第3段落：本論2（ダッカモスリンに使われた植物とほぼ同じ品種の発見）→第4段落：結論（バングラデシュ政府の支援を受けた世界で最も上質な布の生産）の4段落構成の説明文。

訳 皇后のお気に入りの服

アジアの国バングラデシュは世界最大の衣料品輸出国の１つである。低賃金と最新技術のおかげでバングラデシュの衣料品工場は安い服を生産することができる。だが，19世紀までこの国ではダッカモスリンという高級な布を生産していた。多くの人々がこの布はこれまで作られた中で最も上質とみなし，最高級の絹の20倍以上の値段であった。それはプティカーパスという植物から採れる綿から作られた。この種類の綿は非常に細い糸を作ることができ，それを使って信じられないくらい柔らかくて軽い布を作ることができる。

ダッカモスリンは作るのが難しかったが，裕福な人々は生産者から要求される高い金額を喜んで支払った。この布の名声はヨーロッパに広まり，フランスのナポレオン皇帝の妻はダッカモスリンで作られたドレスを着るのが大好きであった。だが，バングラデシュを含む地域が大英帝国の一部となったとき，英国の貿易業者はダッカモスリンの生産者たちにもっと低価格でもっとたくさんの布を生産するよう圧力をかけた。結局は，全ての生産者たちが品質の低い種類の布を生産するか，あるいは辞めてしまうことに決めた。

2013年，サイフル・イスラムというロンドンに住むバングラデシュ人男性がダッカモスリンに関する展示会を催すよう頼まれた。イスラムはこの生地の品質の高さに驚いた。彼はダッカモスリンを再び生産できないかと考えた。残念ながら，彼はバングラデシュでプティカーパスという植物を見つけることができなかった。けれども，博物館にあるプティカーパスの乾燥した葉から採ったDNAを使って，ほぼ同じ品種を見つけることができた。

イスラムはこの品種の植物から綿を収穫したが，彼の作った糸は細すぎて簡単に切れてしまった。彼はその綿とほかの植物から採ったものとを混ぜなければならなかった。だが，この混合綿から作られた糸はそれでも普通の糸よりもはるかに細かった。懸命な努力を重ねた後に，イスラムとそのチームはダッカモスリンとほぼ同じ品質の布を産み出した。彼は生産技術を改善し続けたいと考えている。バングラデシュ政府は世界で最も上質な布の生産国として知られて欲しいため，彼を支援している。

(30) 正解 4

質問の訳 ダッカモスリンとして知られる布について正しいのはどれですか。

選択肢の訳 **1** その細い糸は絹の糸よりも20倍以上強い。 **2** それはバングラデシュが衣料品の主要輸出国になるのを妨げた。 **3** 最新の技術のおかげで，それを工場で安

※2024年度第１回から，試験形式の変更に伴い大問３の[B](30)～(33)が削除されます。

く生産することが可能になった。 **4** 多くの人々がこれまでに存在した中で最高級品だと言っている。

解説 第1段落第4文に，Many regard this cloth(＝Dhaka muslin) as the finest ever made「多くの人がこの布はこれまで作られた中で最も上質とみなし」とあり，ダッカモスリンは最高級の布とみなされていたことがわかる。the finest ever madeをthe best kind that there has ever beenと言い換えてこの内容を表した**4**が正解。

(31) 正解 4

質問の訳 英国の貿易業者によってなされた要求の結果，何が起こりましたか。

選択肢の訳 **1** ヨーロッパの顧客の興味を引くために様々な色を取り入れた。 **2** ヨーロッパにおけるダッカモスリンの値段は急激に上がった。 **3** 生産者たちはより良い布を作るために英国の技術を使い始めた。 **4** 品質の高いダッカモスリンの生産は完全に途絶えてしまった。

解説 第2段落第3文後半にBritish traders put pressure on the makers of Dhaka muslin to produce more cloth at lower prices「英国の貿易業者はダッカモスリンの生産者たちにもっと低価格でもっとたくさんの布を生産するよう圧力をかけた」とある。その結果については，最終文にEventually, all the makers decided to either produce lower-quality types of cloth or quit.「結局は，全ての生産者たちが品質の低い種類の布を生産するか，あるいは辞めてしまうことに決めた」とあるので，**4**が正解。

(32) 正解 1

質問の訳 サイフル・イスラムはプティカーパスの葉から採ったDNAを使って

選択肢の訳 **1** ダッカモスリンを作るために使われていた植物に似た植物を見つけた。 **2** ダッカモスリンの見本が本物か偽物かを確認した。 **3** 展示会でダッカモスリンの進化を説明した。 **4** ロンドンの研究室で人工ダッカモスリンを作り出した。

解説 第3段落最終文にusing the DNA from some dried leaves of *phuti karpas* from a museum, he(＝Saiful Islam) was able to find a species that was almost the same「博物館にあるプティカーパスの乾燥した葉から採ったDNAを使って，ほぼ同じ品種を見つけることができた」とある。*phuti karpas*はダッカモスリンを作るために使われた植物なので，正解は**1**。

(33) 正解 1

質問の訳 バングラデシュ政府はなぜイスラムの活動を支援しているのですか。

選択肢の訳 **1** 国を品質の高い布を生産することで有名にしたい。 **2** 彼の事業がバングラデシュ人のために新しい仕事を生み出すと考えている。 **3** 追加の財政支援が得られなければ彼が辞めてしまうから。 **4** 彼が安い服をもっと簡単に生産する方法を発見するかもしれないから。

解説 第4段落最終文にThe government of Bangladesh is supporting him because it wants the country to be known as the producer of the finest cloth in the world.「バングラデシュ政府は世界で最も上質な布の生産国として知られて欲しいため，彼を支援している」とある。the finest cloth in the worldをhigh-quality clothと言い換えた**1**が正解。

3[C] 一次試験・筆記
(問題編pp.128〜129)

Key to Reading 第1段落: 導入（ソノラ砂漠に住むトホノ・オオーダム族の暮らし）→第2段落: 本論1（ソノラ砂漠で多くの植物が育つ理由）→第3段落: 本論2（トホノ・オオーダム族の好物であるベンケイチュウの実）→第4段落: 結論（途絶えかけたトホノ・オオーダム族の伝統を取り戻そうとする動き）という4段落構成の説明文。

訳 砂漠の楽しみ

トホノ・オオーダム族はソノラ砂漠出身のアメリカ先住民である。実際，この部族の名前は彼ら自身の言語で「砂漠の民」を意味している。ソノラ砂漠はアメリカ合衆国とメキシコの国境周辺に広がっている。古くからトホノ・オオーダム族は村に住み，豆やトウモロコシ，メロンなどの作物を栽培していた。彼らはまた，砂漠で手に入る野生の植物や動物も食べていた。

ソノラ砂漠は暑くて乾燥しているが，2000種類以上の様々な植物が育っている。これらの植物のうち数百種類は人間が食べても安全である。ソノラ砂漠にそれほど多くの種類の植物があるのには2つの理由がある。1つはそこには様々な種類の土が含まれ，それらが多くの種類の植物が育つよう促しているからである。もう1つは砂漠はたいてい乾燥しているが，毎年2回，冬に1回と夏に1回雨が降るからである。この雨はいくつかの種類の植物が生き延びるのに十分なのである。

ベンケイチュウという砂漠の植物は，トホノ・オオーダム族の人々にとって特に大切である。ベンケイチュウは200年以上生きることができ，高さ15メートル以上に生長する。年に1回，6月ごろに赤い実をつける。この実（ベンケイチュウの実）は長年，トホノ・オオーダム族の人々の好物である。実が食べられるくらい熟すと，家族で協力してサボテンから実をたたき落として集める。その実は生でも甘くておいしいが，長期間保存できるようにソースにしたり果実酒にしたりすることもできる。

トホノ・オオーダム族の人々は非常に独立心が強く，長い間伝統的な生活様式を守るために戦った。けれども，20世紀初頭にアメリカ政府は彼らに生活様式を変えるよう強制した。トホノ・オオーダムの子供たちを学校に行かせ，英語を学ばせて彼ら独自の文化を忘れさせた。多くが彼らの伝統的な生活様式に従うことをやめた。だが最近，一部のトホノ・オオーダムの人々が，ベンケイチュウの実を集めて食べることを含めて，存続の危機にある部族の伝統を取り戻そうとし始めている。

(34) 正解 **2**

質問の訳 北アメリカのトホノ・オオーダム族について正しいのはどれですか。

選択肢の訳 **1** 彼らはメキシコとアメリカ合衆国の国境を守っていた。 **2** 乾燥地帯で小さな地域社会に住み，農業を行っていた。 **3** 自分たちで食物を育てるのではなく，野生の植物や動物を食べていた。 **4** 自分たちの故郷から追い出され，ソノラ砂漠に住むことを余儀なくされた。

解説 第1段落第1文The Tohono O'odham people are Native Americans who come from the Sonoran Desert.「トホノ・オオーダム族はソノラ砂漠出身のアメリカ先住民である」から，彼らが乾燥地帯に住んでいたことがわかる。さらに，第4文にthe

Tohono O'odham people lived in villages and grew crops such as beans, corn, and melons「トホノ・オオーダム族は村に住み，豆やトウモロコシ，メロンなどの作物を栽培していた」とある。したがって，villagesをsmall communities，またgrew cropsをkept farmsと言い換えて簡潔にまとめた**2**が正解。

(35) 正解 2

質問の訳 2000種類以上の様々な植物がソノラ砂漠で生き延びられる理由の1つは何ですか。

選択肢の訳 **1** その地域の日光のおかげでいくつかの植物が実際にそこでほかよりも良く育つことができる。 **2** ソノラ砂漠には年に2回，植物が育つために十分な雨が降る。 **3** 植物を食べる人間や野生動物がその地域にはほとんど住んでいない。 **4** その砂漠にはほとんどどんな植物でも育つことができる土が1種類ある。

解説 ソノラ砂漠で様々な植物が育つ理由は2つ書かれている。まず，第2段落第4文にit contains a variety of types of soil, and these support the growth of many kinds of plants「そこには様々な種類の土が含まれ，それらが多くの種類の植物が育つよう促している」とあるが，これは選択肢にない。もう1つの理由は第5文にit rains a couple of times each year—once in the winter and once in the summer「毎年2回，冬に1回と夏に1回雨が降る」，さらに最終文にThis rain is enough for some kinds of plants to survive.「この雨はいくつかの種類の植物が生き延びるのに十分なのである」とあるので，**2**が正解。

(36) 正解 1

質問の訳 ベンケイチュウは

選択肢の訳 **1** 地元の人々が長い間味わってきた実をつける。 **2** 約200年前にトホノ・オオーダム族に発見された。 **3** 水に届くよう地下15メートルに伸びる根を持つ。 **4** 伝統的なワインから作られた特別なソースをつけて食べるのが一番おいしい。

解説 ベンケイチュウについては第3段落を参照。第4文にThis fruit—the saguaro fruit—has long been a favorite food of the Tohono O'odham people.「この実（ベンケイチュウの実）は長年，トホノ・オオーダム族の人々の好物である」とある。したがって，the Tohono O'odham peopleをthe local peopleと言い換えた**1**が正解。

(37) 正解 1

質問の訳 多くのトホノ・オオーダム族の人々が伝統に従うのをやめたのはなぜですか。

選択肢の訳 **1** アメリカ政府が彼らにもっとほかのアメリカ国民と同じようにふるまって欲しかった。 **2** アメリカ政府が留学のため海外に渡航する機会を提供した。 **3** 良い学校に入れるよう，子供たちに英語を勉強して欲しかった。 **4** 20世紀初頭に起きた戦争の後で独立性を失った。

解説 第4段落第4文Many stopped following their traditional way of life.「多くが彼らの伝統的な生活様式に従うことをやめた」のmanyはmany Tohono O'odham peopleのこと。その理由については，第2文にthe U.S. government forced them to change their lifestyle「アメリカ政府は彼らに生活様式を変えるよう強制した」とある。ほかのアメリカ国民と同じ生活様式に変えさせたということなので，**1**が正解。

(38) 正解 4

質問の訳 次の記述のうち正しいのはどれですか。

選択肢の訳 **1** ベンケイチュウの実を集める方法は，その実のなる植物を危険にさらしている。 **2** トホノ・オオーダム族という名前はその人々の好物に由来する。
3 ソノラ砂漠にある土は冬と夏では異なる。 **4** トホノ・オオーダム族には家族で集まって実を集めるという伝統がある。

解説 順に真偽を確認すると，**1** 第４段落最終文にsome Tohono O'odham people have begun bringing back their tribe's endangered traditions, including collecting and eating saguaro fruit「一部のトホノ・オオーダムの人々が，ベンケイチュウの実を集めて食べることを含めて，存続の危機にある部族の伝統を取り戻そうとし始めている」とあるが，危機にさらされているのは部族の伝統であって，植物ではない。
2 第１段落第２文に，the name of this tribe means "desert people" in their own language「この部族の名前は彼ら自身の言語で『砂漠の民』を意味している」とあり，食べ物が名前の由来ではない。 **3** 第２段落第５文にit rains a couple of times each year—once in the winter and once in the summer「毎年２回，冬に１回と夏に１回雨が降る」とあるが，季節によって土の種類が異なるわけではない。 **4** 第３段落第５文にWhen the fruit is ready to eat, families work together to knock it down from the cactuses and collect it.「実が食べられるくらい熟すと，家族で協力してサボテンから実をたたき落として集める」とあるので一致する。正解は**4**。

4 一次試験・英作文
(問題編p.130)

TOPICの訳 日本はほかの国から来て日本で働く人々をもっと受け入れるべきだと言う人々がいます。あなたはこの意見に賛成しますか。

POINTSの訳 ●高齢化社会 ●文化 ●言語

解答例 **(賛成意見)** I agree that Japan should accept more people from other countries to work in Japan. First, in this aging society, it is necessary to increase the working-age population. This is especially important for workplaces that need many workers, such as construction sites and nursing homes. Second, accepting people from abroad will bring new ideas to Japanese society. By exchanging opinions with people who have different cultures and customs, people will be able to make something new and creative. Therefore, I think accepting more foreign workers would be a good idea for Japan. **(92words)**

解答例の訳 私は日本はほかの国々から来て日本で働く人々をもっと受け入れるべきだということに賛成します。第一に，この高齢化社会では労働年齢人口を増やす必要があります。これは建設現場や介護施設のような，多くの労働者が必要な職場にとって特に重要です。第二に，海外から人々を受け入れれば日本の社会に新しい考えをもたらします。異

※2024年度第1回から，大問4に文章の要約を書く問題が加わります。

なる文化や習慣を持つ人々と意見を交換することによって，人々は新しくて創造的なものを作ることができるでしょう。したがって，外国人労働者をもっと受け入れることは日本にとって良い考えだろうと私は思います。

解説 まず質問に答えて，賛成か反対かを必ず述べる。解答例では，I agreeの後にトピックのthat以下をそのまま引用し，賛成することを示している。その後で理由を2つ書く。解答例では，①it is necessary to increase the working-age population「労働年齢人口を増やす必要がある」と述べ，具体的に職場を挙げて，高齢化による人手不足を補うために必要だとしている。次に，②bring new ideas to Japanese society「日本の社会に新しい考えをもたらす」という利点を示し，文化交流の結果be able to make something new and creative「新しくて創造的なものを作ることができる」という意見を述べている。

反対意見の理由としては，①「言葉の壁」が挙げられるだろう。There might be a language barrier between people from other countries and Japanese workers.「ほかの国々から来た人々と日本人労働者との間に言葉の壁があるかもしれない」のように表せる。It can be difficult for them to communicate with each other at work.「職場で互いに意思を伝え合うのが難しい場合があり得る」のように補足できる。また，②「求職中の日本人も多い」という理由も考えられる。There are a lot of Japanese people who are out of work and looking for a job.「失業中で仕事を探している日本人はたくさんいる」のように表せる。I think Japanese companies should employ these people instead of accepting workers from other countries.「日本の会社はほかの国々からの労働者を受け入れるのではなく，こうした人々を雇うべきだと私は思う」のように意見を述べると良いだろう。

第1部 一次試験・リスニング

CD 青-1 〜 CD 青-16

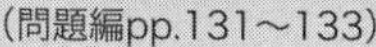
(問題編pp.131〜133)

No.1 正解 3

放送文 *A:* Excuse me. I'm looking for Cherry Avenue. Is it near here?
B: Actually, it's pretty far away. Is that a map you're looking at? *A:* Yes. My friend drew me a map to his new house, but I'm having trouble following it.
B: I can tell he doesn't know this part of town very well. His map is all wrong.
Question: What is the woman's problem?

訳 *A:* すみません。チェリー通りを探しています。この近くですか。 *B:* 実は，かなり遠いですよ。見ていらっしゃるのは地図ですか。 *A:* はい。友達が新居までの地図を描いてくれたのですが，それをたどるのに苦労してるんです。 *B:* 彼は町のこのあたりをよくご存知ないようですね。彼の地図は間違いだらけですよ。

質問の訳 女性の問題は何ですか。

選択肢の訳 **1** 地図をなくした。 **2** 疲れすぎてこれ以上歩けない。 **3** 友達の家を見つけることができない。 **4** 近所の人々が好きではない。

解説 A（＝女性）が2回目の発言でMy friend drew me a map to his new house, but I'm having trouble following it.「友達が新居までの地図を描いてくれたのですが，

それをたどるのに苦労してるんです」と言っているので，**3**が正解。

No.2 正解 4

放送文 ***A:*** Excuse me, sir. I'd like to buy a bottle of red wine for my friend's birthday, but I don't know much about wine. Red is her favorite, though. ***B:*** Well, these over here are red wines from France. They're quite popular with our customers. ***A:*** Hmm. Those are a little too expensive for me. Do you have anything cheaper? ***B:*** Sure. Let me show you some wines that are on sale.
Question: What is one thing the woman says?

訳 ***A:*** すみません。友達の誕生日に赤ワインを１本買いたいのですが，ワインについてあまり詳しくないんです。でも，赤が友達の好みなんです。 ***B:*** そうですね，こちらにあるのはフランス産の赤ワインです。お客様にけっこう人気がありますよ。 ***A:*** うーん。私には少し高すぎますね。もっと安いのはありませんか。 ***B:*** ありますよ。特売中のワインをいくつかお見せしましょう。

質問の訳 女性が言っていることの１つは何ですか。

選択肢の訳 **1** 赤ワインは自分の好みである。 **2** 友達はフランス産ワインが好きではない。 **3** 彼女はフランスでたくさんワインを飲んだ。 **4** あまりたくさんお金をかけたくない。

解説 A（＝女性）が2回目の発言でThose are a little too expensive for me. Do you have anything cheaper?「私には少し高すぎますね。もっと安いのはありませんか」と言っているので，あまりお金をかけたくないとわかる。したがって，**4**が正解。

No.3 正解 4

放送文 ***A:*** Thank you for calling the Sandwich Company. What can I do for you? ***B:*** Hi. I'd like to order a large tomato sandwich with extra bacon and light mayonnaise on white bread. ***A:*** All right, ma'am. I can have that ready in about 10 minutes. Can I have your name, please? ***B:*** It's Andrea. Thanks! I'll be there soon.
Question: What will the woman do next?

訳 ***A:*** サンドイッチ・カンパニーにお電話いただきありがとうございます。何にいたしましょうか。 ***B:*** こんにちは。大きいサイズのトマトサンドイッチにベーコンを追加して低カロリーマヨネーズをかけて白パンでお願いします。 ***A:*** かしこまりました。10分ほどでご用意できます。お名前をおうかがいしてもよろしいでしょうか。 ***B:*** アンドリアです。ありがとう！ すぐそちらに行きますね。

質問の訳 女性は次に何をするでしょうか。

選択肢の訳 **1** 別のレストランに電話する。 **2** スーパーマーケットに車を運転して行く。 **3** 昼食にサンドイッチを作る。 **4** 食べ物を受け取りに行く。

解説 B（＝女性）が，サンドイッチ屋の店員であるA（＝男性）に電話で注文をしている場面。Bが2回目の発言でI'll be there soon.「すぐそちらに行きますね」と言い，注文したサンドイッチを受け取りにこれから店に行くと考えられる。したがって，**4**が正解。

No.4 正解 1

放送文 ***A:*** Hi, Casey. How's your sister doing? I heard she's sick. ***B:*** Yeah, Eddie. She's at home in bed with a bad cold. ***A:*** That doesn't sound good. Has she seen a doctor? ***B:*** No, but my mom gave her some medicine this morning. Hopefully, she'll be all right in a few days.

Question: What do we learn about Casey's sister?

訳 ***A:*** こんにちは，ケイシー。妹さんの調子はどう？ 具合が悪いって聞いたけど。 ***B:*** そうなのよ，エディー。ひどい風邪をひいて家で寝てるわ。 ***A:*** それは良くないね。医者には診てもらったの？ ***B:*** いいえ，でも今朝，母が薬をあげたわ。うまくいけば，2，3日で良くなると思うわ。

質問の訳 ケイシーの妹についてわかることは何ですか。

選択肢の訳 **1** 具合が悪くて家で寝ている。 **2** エディーに風邪をうつした。
3 2，3日で退院する。 **4** 医者から薬をもらった。

解説 B（＝Casey）が1回目の発言でShe's at home in bed with a bad cold.「ひどい風邪をひいて家で寝てるわ」と言っており，Sheはケイシーの妹を指すので，**1**が正解。

No.5 正解 2

放送文 ***A:*** Hey, John. Are you going to Lucy's party this weekend? All of our friends will be there. ***B:*** I really want to, but I'm scheduled to work Saturday night. ***A:*** That's too bad. Lucy really wanted you to come. ***B:*** I know. I'll be sure to go to the next party she invites me to.

Question: Why will John not go to the party?

訳 ***A:*** ねえ，ジョン。今週末，ルーシーのパーティーには行くの？ 友達はみんな行くわよ。 ***B:*** 本当は行きたいんだけど，土曜の夜は仕事の予定なんだ。 ***A:*** それは残念ね。ルーシーは本当にあなたに来て欲しがってたのよ。 ***B:*** 知ってるよ。彼女が誘ってくれる次のパーティーには必ず行くよ。

質問の訳 ジョンはなぜパーティーに行かないのですか。

選択肢の訳 **1** 別の友達を訪ねる。 **2** 土曜の夜に仕事をしなければならない。
3 体調が良くない。 **4** 招待されていない。

解説 B（＝John）が1回目の発言でI'm scheduled to work Saturday night「土曜の夜は仕事の予定なんだ」と言っているので，**2**が正解。

No.6 正解 4

放送文 ***A:*** Hey, Laura, do you have plans for Sunday? We're going to go bowling at three, and you should come, too! ***B:*** Oh, bowling is so much fun. But I'm busy on Sunday afternoons. ***A:*** That's too bad. What do you do then? ***B:*** I go horseback riding. My cousin and I have been taking lessons together.

Question: What does the girl do on Sunday afternoons?

訳 ***A:*** ねえ，ローラ，日曜日の予定はあるの？ 僕たち3時にボウリングに行くから，君もぜひ来てよ！ ***B:*** あら，ボウリングはとても楽しいわよね。でも，毎週日曜日の午後はふさがってるの。 ***A:*** それは残念だな。その時間に何をするの？ ***B:*** 乗馬をしに行

くのよ。いとこと私で一緒にレッスンを受けているの。

質問の訳 女の子は毎週日曜日の午後に何をしますか。

選択肢の訳 **1** 音楽のレッスンを受ける。 **2** 友達とボウリングに行く。 **3** いとこの宿題を手伝う。 **4** 乗馬を習う。

解説 B（＝Laura）は1回目の発言でI'm busy on Sunday afternoons「毎週日曜日の午後はふさがってるの」と言っている。A（＝男性）が何をするのか尋ねると，BはI go horseback riding. My cousin and I have been taking lessons together.「乗馬をしに行くのよ。いとこと私で一緒にレッスンを受けているの」と答えているので，この内容を簡潔にまとめた**4**が正解。

No.7 正解 3

放送文 ***A:*** I'm looking for a gift for my four-year-old son. He really likes teddy bears. ***B:*** Well, we have many different colors and sizes. What are you looking for? ***A:*** Actually, a really big one would be great. He likes to hug one while he sleeps. ***B:*** We should have some that are as big as large pillows. Let me check if we have what you're looking for.

Question: What does the woman want to buy?

訳 ***A:*** ４歳の息子にプレゼントを探しています。テディベアがとても好きなんです。 ***B:*** そうですね，いろいろな色や大きさのものを多数取り揃えております。どんなものをお探しですか。 ***A:*** 実を言うと，すごく大きいのがいいんですが。息子は抱きかかえて眠るのが好きなんです。 ***B:*** 大きな枕ぐらいの大きさのがいくつかあるはずですよ。お探しのものがあるかどうか確認してみましょう。

質問の訳 女性は何を買いたいですか。

選択肢の訳 **1** クマの絵の付いたシャツ。 **2** 柔らかい枕。 **3** 大きなテディベア。 **4** 息子用のベッド。

解説 A（＝女性）が1回目の発言でI'm looking for a gift for my four-year-old son. He really likes teddy bears.「４歳の息子にプレゼントを探しています。テディベアがとても好きなんです」と言い，さらに2回目の発言でa really big one(＝teddy bear) would be great「すごく大きいのがいいんですが」と言っているので，**3**が正解。

No.8 正解 4

放送文 ***A:*** My plant looks a little yellow. Do you think I used the wrong kind of soil? ***B:*** The soil looks too wet to me. How often have you been watering it? ***A:*** Every two days. I recently put it in a bigger pot and moved it closer to the window, too. ***B:*** Don't water it too much. Leaves can turn yellow when a plant gets too much water.

Question: What does the woman suggest doing about the plant?

訳 ***A:*** 私の植物は少し黄色っぽく見えます。使う土の種類を間違えたと思いますか。 ***B:*** 私には土が湿りすぎているように見えますね。どれくらいの頻度で水やりをしていますか。 ***A:*** ２日おきです。最近大きめの鉢に植え替えて，窓の近くに移動もしました。 ***B:*** 水をやりすぎないでください。水分が多すぎると葉が黄色くなることがあります。

質問の訳 女性は植物について何をするよう提案していますか。

選択肢の訳 **1** 土を変える。 **2** もっと大きな鉢に植える。 **3** もっと光に当てる。 **4** 水やりを少なくする。

解説 葉の黄色くなった植物の改善方法を相談されたB（＝女性）が，2回目の発言でDon't water it too much.「水をやりすぎないでください」と言っているので，**4**が正解。

No.9 正解 1

放送文 ***A:*** James, did you buy the meat for the barbecue? ***B:*** Oh, no. I forgot! I'll get it tomorrow on my way home from work. ***A:*** OK. Please don't forget. Everybody is coming at six. ***B:*** Can you call me at work tomorrow to remind me? You know how bad my memory is.

Question: What did James forget to do?

訳 ***A:*** ジェームズ，バーベキュー用の肉は買ったの？ ***B:*** ああ，しまった。忘れた！明日仕事の帰りに買うよ。 ***A:*** わかった。忘れないでね。みんな6時に来る予定よ。 ***B:*** 明日職場に電話して念を押してくれる？ ほら，僕って忘れっぽいからさ。

質問の訳 ジェームズは何をするのを忘れましたか。

選択肢の訳 **1** 肉を買う。 **2** 友達に電話する。 **3** パーティーに行く。 **4** 早く帰宅する。

解説 A（＝女性）にdid you buy the meat for the barbecue?「バーベキュー用の肉は買ったの？」と尋ねられたB（＝James）が，Oh, no. I forgot!「ああ，しまった。忘れた！」と言っているので，**1**が正解。

No.10 正解 3

放送文 ***A:*** Welcome to Jessie's Comic Books. How can I help you? ***B:*** I'd like to buy some old copies of a comic I used to read when I was a kid. It's called *Wild Cowboys*. ***A:*** Oh, I used to read that comic book when I was young, too. Unfortunately, you'll have trouble finding it at most stores. You should look for used copies online. ***B:*** OK. I'll try that.

Question: How will the man try to find a copy of the comic book *Wild Cowboys*?

訳 ***A:*** ジェシー漫画店へようこそ。何かお探しですか。 ***B:*** 子供の頃読んでいた古い漫画を何冊か買いたいんです。「ワイルド・カウボーイズ」というのです。 ***A:*** ああ，私も若い頃にその漫画を読んでいましたよ。あいにく，ほとんどの店で入手困難でしょう。オンラインで古本を探した方がいいですよ。 ***B:*** わかりました。やってみます。

質問の訳 男性は「ワイルド・カウボーイズ」という漫画本をどのように探してみるつもりですか。

選択肢の訳 **1** 出版社に手紙を書く。 **2** 別の店に行く。 **3** インターネットを使う。 **4** 自宅の地下室で探す。

解説 店員のA（＝女性）が2回目の発言でYou should look for used copies online.「オンラインで古本を探した方がいいですよ」と提案し，B（＝男性）はOK. I'll try that.「わかりました。やってみます」と答えているので，**3**が正解。

No.11 正解 1

放送文 ***A:*** Honey, you were running for longer than usual. What took you so

long? ***B:*** Well, I was running on Forest Avenue when I saw a big, brown dog. It didn't look very friendly. ***A:*** Did it try to bite you? ***B:*** No, but it was scary. I turned around and went the other way for a while. I ended up taking a longer way home, just in case.

Question: What do we learn about the woman?

訳 ***A:*** ねえ，いつもより長く走っていたよね。どうしてそんなに長くかかったの？ ***B:*** ええと，フォレスト通りを走っていたら，大きな茶色の犬を見かけたの。あまり人に懐いているように見えなかったわ。 ***A:*** 君のことを噛もうとしたの？ ***B:*** いいえ，でも怖かったの。向きを変えて，しばらく反対の方向に走ったわ。結局，念のため家に帰るのに遠回りをすることになったのよ。

質問の訳 女性についてわかることは何ですか。

選択肢の訳 **1** 犬が怖かった。 **2** 走っている間に脚を怪我した。 **3** 長時間飼い犬を散歩させていた。 **4** 頻繁には走りに行かない。

解説 B（＝女性）が1回目の発言でI saw a big, brown dog.「大きな茶色の犬を見かけたの」，2回目の発言でit(＝the dog) was scary「（犬が）怖かったの」と言った後で，犬を避けて遠回りしたことを説明しているので，**1**が正解。

No.12 正解 1

放送文 ***A:*** Hello? ***B:*** Hi, Liz. It's John. Can I talk to you about your boyfriend? ***A:*** Sure. What is it? ***B:*** You know I'm doing a history report with him, right? Well, I feel like I'm doing all the work. ***A:*** I see. Well, he's not lazy, but he's the kind of person that waits to be told what to do. I'll try talking to him for you.

Question: What is one thing the girl says about her boyfriend?

訳 ***A:*** もしもし？ ***B:*** もしもし，リズ。ジョンだよ。君の彼氏のことなんだけど話してもいいかな。 ***A:*** いいわよ。どんなこと？ ***B:*** 彼と僕が一緒に歴史のレポートを書いてることは知ってるよね？ ええと，僕ばかりが何もかもやってるような気がするんだ。 ***A:*** わかったわ。そうね，彼は怠け者ではないんだけど，何をしたらいいか指示されるのを待つタイプの人なの。あなたの代わりに私から彼に話してみるわ。

質問の訳 女の子が彼氏について言っていることの１つは何ですか。

選択肢の訳 **1** 彼は何をしたらいいか指示されるのを待つ。 **2** 彼は優れた史学科の学生である。 **3** 彼は１人でレポートを書きたい。 **4** 彼は怠け者になることがある。

解説 A（＝Liz）の3回目の発言he's the kind of person that waits to be told what to do「彼は何をしたらいいか指示されるのを待つタイプの人なの」から，**1**が正解。

No.13 正解 3

放送文 ***A:*** No! The other team scored again. That's the second time this inning. ***B:*** Yeah. The Gray Sox aren't playing very well. Their defense is so bad. ***A:*** They've been bad all season. I can't believe the newspapers were picking them to win the championship at the beginning of the season! ***B:*** I know. Well, I hope they fire the manager soon. The team needs someone who can show these players how to win.

Question: Why are the man and woman upset with the Gray Sox?

訳 *A:* まさか！　相手チームがまた得点した。この回，２回目だよ。　*B:* そうね。グレーソックスはあまり良いプレーをしていないわね。守備がすごく悪いわ。　*A:* シーズン中ずっと悪いよ。シーズン初めに新聞で優勝候補に選ばれてたなんて信じられないよ！　*B:* そうね。まあ，監督を近々クビにしてくれることを願うわ。チームにはこの選手たちに勝ち方を教えてくれる人が必要よ。

質問の訳 男性と女性はなぜグレーソックスに腹を立てているのですか。

選択肢の訳 **1**　優勝パレードが中止になった。　**2**　監督がチームを移る予定だ。　**3**　良いプレーをしていない。　**4**　良い野球場を持っていない。

解説 野球の試合を見ている場面。B（＝女性）が1回目の発言でThe Gray Sox aren't playing very well.「グレーソックスはあまり良いプレーをしていないわね」と言い，その後も負けているチームに対する不満を2人で言い合っているので，**3**が正解。

No.14　正解　1

放送文 *A:* Ken, are you going anywhere for vacation?　*B:* Maybe.　I'm still planning.　I'd like to go somewhere quiet—maybe camping in the mountains ... or an Alaskan fishing trip, something like that.　*A:* Wow.　I didn't know you liked that kind of thing.　*B:* Well, I went to a crowded resort in Mexico last year, and before that I went to Europe.　I'd like to try something different.

Question: Where does the man want to go on his vacation?

訳 *A:* ケン，休暇はどこかに行くつもりなの？　*B:* たぶんね。まだ計画中だよ。どこか静かな所に行きたいな，山でキャンプとか…またはアラスカに釣り旅行とか，そんなようなことだよ。　*A:* わあ。そういうことが好きだなんて知らなかったわ。　*B:* いや，去年メキシコの混雑したリゾートに行って，その前はヨーロッパに行ったんだよ。何か違うことを試してみたいんだ。

質問の訳 男性は休暇にどこに行きたいですか。

選択肢の訳 **1**　人の少ない場所。　**2**　家に近い場所。　**3**　いくつかのヨーロッパの都市。　**4**　メキシコのビーチリゾート。

解説 B（＝Ken）が1回目の発言でI'd like to go somewhere quiet「どこか静かな所に行きたいな」と言っている。quietをwith few peopleと言い換えた**1**が正解。

No.15　正解　3

放送文 *A:* Dan, the town hall meeting is tonight.　*B:* Oh no.　Tonight?　The baseball game's on TV, and those meetings are always so boring.　I don't think I'm going.　*A:* But honey, I think you should come with me.　We're voting on whether to build a new park for the kids.　I think we should go.　*B:* Oh, well, maybe you are right.　The neighborhood kids do need somewhere to play.

Question: What does the woman tell her husband?

訳 *A:* ダン，町民集会が今夜あるわよ。　*B:* ええ，まさか。今夜？　テレビで野球の試合があるし，ああいう集会はいつもすごく退屈だよね。僕は行かないと思うよ。
A: でも，あなた，私と一緒に来た方がいいと思うわ。子供たちのために新しい公園を作るかどうか投票するのよ。行くべきだと思うわ。　*B:* ああ，そうだな，君が正しいかもね。近所の子供たちには確かに遊ぶ場所が必要だ。

質問の訳 女性は夫に何と言っていますか。

選択肢の訳 **1** 今夜，テレビで野球の試合がある。 **2** 町が新しい町役場を建てる予定だ。 **3** 自分と一緒に集会に行くべきだ。 **4** 子供たちを公園に連れて行くべきだ。

解説 A（＝女性）が1回目の発言でthe town hall meeting is tonight「町民集会が今夜あるわよ」と言い，行く気のない夫に対して2回目の発言でI think you should come with me.「私と一緒に来た方がいいと思うわ」と言っているので，**3**が正解。

第2部 一次試験・リスニング

（問題編pp.133〜135）

No.16 正解 4

放送文 Vivian is thinking of selling her old car. It still works well and does not use a lot of gasoline, but it only has two doors. Vivian wants a bigger car with four doors so that her three children can get in and out more easily.

Question: Why is Vivian thinking of selling her old car?

訳 ビビアンは古い車を売ろうと考えている。まだちゃんと動くし，ガソリンもたくさん使わないが，ドアが２つしかないのだ。ビビアンは３人の子供たちがもっと簡単に乗り降りできるように，もっと大きな４ドアの車が欲しい。

質問の訳 ビビアンはなぜ古い車を売ろうと考えていますか。

選択肢の訳 **1** 自分には大きすぎる。 **2** ガソリンをたくさん使いすぎる。 **3** もっと運転しやすい車が必要だ。 **4** もっとドアの多い車が欲しい。

解説 最終文前半でVivian wants a bigger car with four doors「ビビアンは…もっと大きな４ドアの車が欲しい」と言っている。第２文のit only has two doorsから，ビビアンの車にはドアが２つしかないことがわかるので，**4**が正解。

No.17 正解 1

放送文 For many years, women have been wearing special clothes called corsets to make their bodies look thinner. Many people think that corsets were only worn by women. However, in the 18th century in England, men also wore corsets to look thin. In addition, today corsets are used to help men and women who have pain in their backs.

Question: What is one thing we learn about corsets?

訳 長年の間，女性は体がやせて見えるようにコルセットという特別な衣服を身に着けてきた。多くの人々は，コルセットは女性だけが着けていたと思っている。だが18世紀のイングランドでは，男性もやせて見えるようにコルセットを着けていた。さらに，現代ではコルセットは男性も女性も腰痛のある人を助けるために使われる。

質問の訳 コルセットについてわかることの１つは何ですか。

選択肢の訳 **1** 男性の中にはやせて見えるように着けていた人もいる。 **2** イングランドでは着けることができなかった。 **3** 女性は人前で着けることができなかった。 **4** それを着けることで腰痛を引き起こした。

解説 第３文でin the 18th century in England, men also wore corsets to look thin「18世紀のイングランドでは，男性もやせて見えるようにコルセットを着けていた」と言っているので，**1**が正解。

No.18 正解 4

放送文 Kana is a part-time waitress, and she usually works until late at night. This weekend, however, the café where she works will be closed because the kitchen is being cleaned. She thinks it is a good chance to get some rest, so she plans to stay home, read comic books, and eat snacks all day.
Question: What does Kana plan to do this weekend?
訳 カナはパートタイムのウェイトレスで，たいてい夜遅くまで働く。だが，今週末は彼女の働いているカフェは厨房の清掃のために休業する。彼女は少し休むのに良い機会だと思うので，一日中家にいて漫画本を読み，お菓子を食べるつもりである。
質問の訳 カナは今週末何をするつもりですか。
選択肢の訳 **1** カフェで漫画本を読む。 **2** 自宅の台所を掃除する。 **3** パートタイムで働く。 **4** 家でくつろぐ。
解説 第2文のThis weekend, however, the café where she works will be closed「だが，今週末は彼女の働いているカフェは休業する」から，カナは今週末仕事が休みになるとわかる。さらに最終文でshe plans to stay home, read comic books, and eat snacks all day「一日中家にいて漫画本を読み，お菓子を食べるつもりである」と言っている。この内容を簡潔に言い換えた**4**が正解。

No.19 正解 2

放送文 Yumi bought a new video game yesterday after her friend had recommended it to her several times. At first, it was difficult, and the story was hard to understand. However, after a while, Yumi started to enjoy it because there were flying horses in it. She loves animals, and in the game, she had to catch horses and care for them.
Question: Why did Yumi start to like her new video game?
訳 ユミは昨日，友達から何度か勧められていた新しいビデオゲームを買った。最初，それは難しくて，ストーリーを理解するのが大変だった。けれども，しばらくするとその中に空飛ぶ馬がいたので，ユミはそれを楽しみ始めた。彼女は動物が大好きで，そのゲームの中では馬を捕まえて世話をする必要があったのだ。
質問の訳 ユミはなぜ新しいビデオゲームが好きになり始めましたか。
選択肢の訳 **1** 最初はプレーするのが簡単だった。 **2** 飛ぶことのできる馬がいた。 **3** 友達と一緒にプレーすることができた。 **4** 何回かプレーすることができた。
解説 第3文でYumi started to enjoy it because there were flying horses in it「その中に空飛ぶ馬がいたので，ユミはそれを楽しみ始めた」と言っている。このitはa new video gameを指すので，flying horsesをhorses that could flyと言い換えた**2**が正解。

No.20 正解 3

放送文 Michael usually rides his bicycle to work. This morning, he came across a car accident on the way. Luckily, no one had been hurt, but Michael

ran over some broken glass from one of the cars. All the air went out of his tire, so he took his bicycle to a parking space near a station. After that, Michael had to run to his office with his backpack to be in time for work.
Question: Why did Michael have to run to his office this morning?

訳 マイケルは普段，自転車に乗って仕事に行く。今朝，彼は途中で自動車事故に出くわした。幸いだれも怪我はしなかったが，マイケルは車の1つから割れて落ちたガラスを踏んだ。彼のタイヤの空気はすべて抜けてしまったので，自転車をある駅の近くの駐輪場に持っていった。その後で，マイケルは仕事に間に合うようにリュックを背負って会社まで走らなければならなかった。

質問の訳 今朝，マイケルはなぜ会社まで走らなければなりませんでしたか。

選択肢の訳 **1** 事故に関する情報を伝えなければならなかった。 **2** 起きるのが遅すぎて電車に間に合わなかった。 **3** 自転車に問題が起きた。 **4** 駐輪場で自分の自転車が見つからなかった。

解説 第4文でAll the air went out of his tire「彼のタイヤの空気はすべて抜けてしまった」と言っており，走ったのは自転車がパンクしたためとわかる。したがって，**3**が正解。

No.21 正解 1

放送文 Many people decorate their homes with carpets. Some Persian carpets are very expensive and are given as gifts from parents to children. As a result, these carpets stay in one family for many years. In Siberia, a carpet has been found that is more than 2,500 years old. It is special because it was put into the ground with a prince after he died. Experts still do not know where it was made.
Question: Why was the carpet found in Siberia special?

訳 多くの人々が家をじゅうたんで飾る。ペルシャじゅうたんの中にはとても高価なものがあり，親から子へと贈られる。その結果，こうしたじゅうたんは1つの家族に長年受け継がれる。シベリアで，2500年以上前のじゅうたんが見つかったことがある。それが特別なのは，ある王子が亡くなった後で一緒に地中に埋められたからである。専門家たちにはそれがどこで作られたのか，今でもわからない。

質問の訳 シベリアで見つかったじゅうたんはなぜ特別でしたか。

選択肢の訳 **1** 王子と一緒に埋葬されていた。 **2** シベリアの花の飾りが付いていた。 **3** ペルシャの家族によって作られた。 **4** 長年1つの家族に受け継がれていた。

解説 第5文でIt is special because it was put into the ground with a prince after he died.「それが特別なのは，ある王子が亡くなった後で一緒に地中に埋められたからである」と言っており，このitは第4文の「シベリアで見つかった2500年以上前のじゅうたん」を指す。この内容をburied together with a princeと簡潔に言い換えた**1**が正解。

No.22 正解 1

放送文 On Sunday morning, Robert went to his grandmother's house. She wanted to put some things, such as her old computer, dishes, and cooking tools, into boxes and move them from her kitchen to a closet. However, the boxes were too heavy for her to lift, so she wanted Robert to carry them for

her.
Question: Why did Robert go to his grandmother's house?
訳 日曜日の朝，ロバートは祖母の家に行った。彼女は古いコンピュータや皿，料理道具などいくつかのものを箱に入れ，台所から物置に移動させたかった。だが，箱が重すぎて彼女には持ち上げられなかったため，代わりにロバートに運んで欲しかったのだ。
質問の訳 ロバートはなぜ祖母の家に行きましたか。
選択肢の訳 **1** いくつかの古いものを移動させるため。 **2** 台所の窓を掃除するため。 **3** コンピュータの使い方を教えるため。 **4** 料理の手伝いをするため。
解説 第2文でShe wanted to put some things, such as her old computer, dishes, and cooking tools, into boxes and move them from her kitchen to a closet.「彼女は古いコンピュータや皿，料理道具などいくつかのものを箱に入れ，台所から物置に移動させたかった」，さらに最終文でshe wanted Robert to carry them(＝the boxes) for her「代わりにロバートに運んで欲しかったのだ」と言っているので，**1**が正解。

No.23 正解 1

放送文 Takeshi is a computer programmer. He spends all day sitting down, so sometimes his back hurts. The other day, he and his boss took a train to go to a meeting with a client. When he arrived at the client's office, he was surprised to see people working at high desks and standing instead of sitting. Takeshi was interested in the desks because he thought they would be good for his back.
Question: How did Takeshi become interested in high desks?
訳 タケシはコンピュータプログラマーである。彼は1日中座って過ごすので，時々腰が痛くなる。先日，彼と上司は取引先との打ち合わせに行くために電車に乗った。取引先の会社に着くと，彼は従業員が高い机に向かって座るのではなく立って仕事をしているのを見て驚いた。タケシは腰に良さそうだと思ったので，その机に興味を持った。
質問の訳 タケシはどのようにして高い机に興味を持ちましたか。
選択肢の訳 **1** ある会社で使われているのを見た。 **2** 電車の中で広告を見た。 **3** 雑誌で読んだ。 **4** 上司から話を聞いた。
解説 第4文When he(＝Takeshi) arrived at the client's office, he was surprised to see people working at high desks「取引先の会社に着くと，彼は従業員が高い机に向かって…仕事をしているのを見て驚いた」，最終文Takeshi was interested in the desks「タケシは…その机に興味を持った」から，**1**が正解。

No.24 正解 2

放送文 In recent years, the terms "cookies" and "biscuits" have sometimes been used to mean the same baked snacks. However, they were originally very different. Bakers used to make cookies to test the temperatures of ovens before baking cakes, and biscuits were originally eaten as food by sailors on very long trips.
Question: In what way were the first cookies and biscuits different?
訳 最近は，「クッキー」と「ビスケット」という言葉は同じ焼き菓子を意味するのに

使われることがある。だが，元々それらは全く異なっていた。パン職人がクッキーを作っていたのはケーキを焼く前にオーブンの温度を確かめるためであり，ビスケットは元々船乗りたちに非常に長い航海中に食料として食べられていたのだ。

質問の訳 どのような点で，最初のクッキーとビスケットは異なっていましたか。

選択肢の訳 **1** 異なる色で飾られていた。 **2** 異なる目的のために作られた。
3 異なる行事で売られていた。 **4** 異なる食事で出された。

解説 最終文でクッキーについてはto test the temperatures of ovens before baking cakes「ケーキを焼く前にオーブンの温度を確かめるため」，ビスケットについてはeaten as food by sailors on very long trips「船乗りたちに非常に長い航海中に食料として食べられていた」と言っている。つまり，それぞれ作られた目的が違っていたので，**2**が正解。

No.25 正解 2

放送文 Welcome to Bobby's Electronics Store. We sell everything from cameras and computers to washing machines. Need a new vacuum cleaner? Then, try out the new Super Max. Staff by the stairs on the second floor are demonstrating this incredible new device now. Also, be sure to pick up our free magazine with new special deals at the exit when you are ready to leave.

Question: Where can customers see the new vacuum cleaner?

訳 ボビーズ電器店へいらっしゃいませ。当店ではカメラやコンピュータから洗濯機まで，何でも販売しております。新しい掃除機がご入用ですか？ それなら，新スーパーマックスをお試しください。ただ今，２階の階段のそばでスタッフがこのすばらしく新しい装置の実演を行っております。また，お帰りになる際は出口にて新しい特売品を掲載した無料情報誌をぜひお受け取りください。

質問の訳 買い物客はどこで新しい掃除機を見ることができますか。

選択肢の訳 **1** １階の出口のそば。 **2** ２階の階段のそば。 **3** ３階のコンピュータ売り場の隣。 **4** ４階のカメラ売り場の隣。

解説 第５文でStaff by the stairs on the second floor are demonstrating this incredible new device now.「ただ今，２階の階段のそばでスタッフがこのすばらしく新しい装置の実演を行っております」と言っている。this incredible new deviceは第４文のthe new Super Maxを指し，これは第３文のa new vacuum cleaner「新しい掃除機」の商品名なので，**2**が正解。

No.26 正解 2

放送文 Long ago, some Roman women believed that taking a bath in the milk of donkeys was good for their skin. However, not all women could take care of their skin in this way. Donkey milk was very expensive, so only the richest women could wash in it. Some very rich women kept many donkeys to get milk every day.

Question: How did some Roman women take care of their skin?

訳 昔，一部のローマ人女性はロバのミルク風呂に入るのは肌に良いと信じていた。とはいえ，すべての女性がこの方法で肌の手入れをすることができたわけではない。ロバのミルクは非常に高価だったので，最も裕福な女性たちだけがそれで洗うことができた。非常に裕福な女性の中には，毎日ミルクを得るために多くのロバを飼っている人もいた。

質問の訳 一部のローマ人女性はどのように肌の手入れをしましたか。

選択肢の訳 **1** ロバのミルクを毎日たくさん飲むことによって。 **2** ロバのミルクで体を洗うことによって。 **3** 若いロバの肉を食べることによって。 **4** ロバの世話をして過ごすことによって。

解説 第1文でsome Roman women believed that taking a bath in the milk of donkeys was good for their skin「一部のローマ人女性はロバのミルク風呂に入るのは肌に良いと信じていた」と言っている。taking a bath inをwashing their bodies withと言い換えた**2**が正解。

No.27 正解 **4**

放送文 Olivia is planning a birthday party for her grandfather. She searched online for restaurants with no stairs because her grandfather will be 90 years old and cannot walk well. She found one in her area, and her mother suggested that Olivia go to see it before the party. That way, she could make sure that the restaurant would be nice for her grandfather.

Question: What did Olivia's mother suggest she do?

訳 オリビアは祖父のために誕生日パーティーを計画している。祖父は90歳になり，うまく歩けないので，彼女は階段のないレストランをオンラインで検索した。彼女は地元のレストランを見つけ，母親がオリビアにパーティーの前に下見に行くよう提案した。そうすることで，彼女はそのレストランが祖父にとって快適だと確かめることができた。

質問の訳 オリビアの母親は彼女に何をするよう提案しましたか。

選択肢の訳 **1** 人々にお気に入りのレストランについて尋ねる。 **2** オンラインでレストランを検索する。 **3** 地元でレストランを開く。 **4** レストランを見に行く。

解説 第3文でher mother suggested that Olivia go to see it(＝the restaurant) before the party「母親がオリビアにパーティーの前に下見に行くよう提案した」と言っている。go to seeをgo and take a look atと言い換えた**4**が正解。

No.28 正解 **2**

放送文 We hope you are enjoying the facilities here at Fitness Life Center, including our new exercise machines. To help you build muscle, we are giving away protein bars for the next hour. Please come to the entrance and help yourself. Each member can take two. We hope you enjoy your day.

Question: Why is this announcement being made?

訳 皆様にはこちらフィットネスライフセンターの設備を，新しいエクササイズマシンを含めてお楽しみいただいていることと思います。筋肉を付けるのを助けるために，これから1時間，プロテインバーを差し上げます。入り口までお越しになり，ご自由にお取りください。会員の方はそれぞれ2つお取りいただけます。1日をお楽しみください。

質問の訳 なぜこのアナウンスが行われていますか。

選択肢の訳 **1** 新会員を出迎えるために従業員が雇われる。 **2** 会員は無料のプロテインバーがもらえる。 **3** 新しいエクササイズマシンがもうすぐやって来る。 **4** フィッ

トネセンターは１時間後に閉まる。

解説 第２文でwe are giving away protein bars for the next hour「これから１時間，プロテインバーを差し上げます」，第４文でEach member can take two.「会員の方はそれぞれ２つお取りいただけます」と言っている。この内容を簡潔にまとめた**2**が正解。

No.29 正解 2

放送文 When Mr. Jenson came home last night, his daughter's pet cat was in the kitchen. It looked hungry, so Mr. Jenson asked his daughter if she had fed it. She said that she had spent all afternoon at the shopping mall with her friends and had forgotten about her cat. Mr. Jenson was very upset with his daughter.

Question: Why was Mr. Jenson upset with his daughter?

訳 昨夜ジェンソンさんが帰宅したとき，娘の飼い猫が台所にいた。お腹がすいているようだったので，ジェンソンさんは猫に餌をあげたかどうか娘に聞いた。彼女は午後ずっと友達とショッピングモールで過ごし，猫のことは忘れていたと言った。ジェンソンさんは娘にとても腹が立った。

質問の訳 ジェンソンさんはなぜ娘に腹が立ったのですか。

選択肢の訳 **1** 約束したよりも遅く帰宅した。 **2** ペットに餌をやるのを忘れていた。 **3** 台所を掃除していなかった。 **4** 宿題をしていなかった。

解説 第２文でMr. Jenson asked his daughter if she had fed it(＝his daughter's pet cat)「ジェンソンさんは猫に餌をあげたかどうか娘に聞いた」と言っている。さらに第３文でshe ... had forgotten about her cat「彼女は…猫のことは忘れていた」と言っており，娘が猫に餌をあげていなかったことに腹が立ったとわかるので，**2**が正解。

No.30 正解 2

放送文 Thank you for shopping at Fresh Best Supermarket. We would like to remind drivers to be careful when driving in the parking lot. Last week, a woman and her dog were injured by a car while crossing the parking lot. Please keep your speed below 5 kilometers per hour to make sure our customers stay safe.

Question: Who is this announcement mainly made for?

訳 フレッシュベスト・スーパーマーケットでお買い物いただきありがとうございます。ドライバーの皆様は駐車場内を運転の際にご注意くださるようお願いいたします。先週，女性と飼い犬が駐車場を横切っていたところ，車とぶつかり怪我をしました。お客様の安全を確保するために，速度を時速5キロ未満に保つようにしてください。

質問の訳 このアナウンスは主にだれに向けて行われていますか。

選択肢の訳 **1** 店にペットを連れて来る人々。 **2** スーパーマーケットに車を運転して来る人。 **3** たくさんの買い物袋を持つ客。 **4** 5キロ未満の距離に住む客。

解説 第２文でWe would like to remind drivers to be careful when driving in the parking lot.「ドライバーの皆様は駐車場内を運転の際にご注意くださるようお願いいたします」と言っているので，driversをpeople who driveと言い換えた**2**が正解。

カードA 二次試験・面接
(問題編pp.136〜137)

訳 医師不足

最近，日本の一部の地域には十分な医師がいない。多くの医師が都市で働く方を好むと言われており，このことが農村地域に住む人々に問題を引き起こす可能性がある。医師が不足するとこうした人々が良い医療を受けられなくなるので，それは深刻な問題である。多くの人々が政府はこの状況についてもっと対処する必要があると言う。

話は次の文で始めてください：ある日，カトウ夫妻は浜辺に行こうと話していました。

質問の訳 No.1 この文によると，なぜ医師不足は深刻な問題なのですか。

No.2 では，絵を見てその状況を説明してください。20秒間，準備する時間があります。話はカードに書いてある文で始めてください。<20秒>始めてください。

では，〜さん（受験者の氏名），カードを裏返して置いてください。

No.3 今日の若者は高齢者に十分な敬意を払わないと言う人がいます。あなたはそのことについてどう思いますか。

No.4 今日，若者の中には一緒に家を借りて住む人たちがいます。あなたは他人と共同で住むことは若者にとって良い考えだと思いますか。

No.1 **解答例** Because it will prevent people living in rural areas from receiving good medical treatment.

解答例の訳 農村地域に住む人々が良い医療を受けられなくなるからです。

解説 第3文に関する質問。理由を問われているので，Because 〜で答える。まずBecause it will prevent these people from receiving good medical treatment.と考え，第2文からthese peopleを具体的にpeople living in rural areasと表す。

No.2 **解答例** One day, Mr. and Mrs. Kato were talking about going to the beach. Mrs. Kato said to her husband, “It's windy today, but I think we can go.” Later at the beach, Mrs. Kato was feeling cold. Mr. Kato suggested that she drink something hot. That night at home, Mrs. Kato had a fever. Mr. Kato was thinking of taking her to the doctor.

解答例の訳 ある日，カトウ夫妻は浜辺に行こうと話していました。カトウさんの奥さんは夫に「今日は風が強いけど，行けると思うわ」と言いました。その後浜辺で，カトウさんの奥さんは寒く感じていました。カトウさんは何か温かいものを飲むよう提案しました。その夜家で，カトウさんの奥さんは熱を出しました。カトウさんは彼女を医者に連れて行こうと考えていました。

解説 1コマ目のカトウさんの奥さんの言葉は，直接話法のMrs. Kato said to her husband, “〜.”の形で表す。2コマ目は，カトウさんの奥さんが寒く感じ（was feeling cold），カトウさんが何か温かいものを飲むよう提案している（suggested that she drink something hot）ところ。3コマ目は，カトウさんの奥さんが熱を出した（had a fever）様子が描かれている。吹き出しは，カトウさんが彼女を医者に連れて行こう（was

thinking of taking her to the doctor）と考えていることを表している。

No.3 **解答例** （I agree. の場合） I agree. Many young people don't listen to what elderly people say. Some young people even say rude things to them.
（I disagree. の場合） I disagree. Young people often give elderly people their seats on buses. Also, some young people help elderly people carry their bags.

解答例の訳 私もそう思います。多くの若者は高齢者の言うことに耳を傾けません。中には彼らに失礼なことさえ言う若者もいます。／私はそうは思いません。若者はバスの中で高齢者によく席を譲ります。また，中には高齢者がかばんを運ぶのを手伝ってあげる若者もいます。

解説 賛成意見では，高齢者の言うことに耳を傾けない（don't listen to what elderly people say）ことを理由に挙げ，さらに失礼なことさえ言う（even say rude things）若者もいると付け加えている。反対意見では，若者は高齢者に十分な敬意を払っていると考える理由として，高齢者によく席を譲る（often give elderly people their seats）ことや，高齢者がかばんを運ぶのを手伝ってあげる（help elderly people carry their bags）という具体例を挙げている。「～が…するのを手伝う」はhelp ～ (to) *do*で表せる。

No.4 **解答例** （Yes. の場合） Yes. → Why? —— Sharing a house is a good way to save money. Also, it's a good opportunity for young people to make a lot of new friends.
（No. の場合） No. → Why not? —— I think it's difficult for people to protect their privacy. They often find it uncomfortable to live with other people in the same house.

解答例の訳 はい。→それはなぜですか。—— 共同で住むことはお金を節約するのに良い方法です。また，若者がたくさんの新しい友達を作るのに良い機会です。／いいえ。→それはなぜですか。—— 人々がプライバシーを守るのが難しいと私は思います。彼らは同じ家に他人と住むのは落ち着かないと感じることがよくあります。

解説 賛成意見では，お金を節約するのに良い方法（a good way to save money）だという利点を挙げ，さらにたくさんの新しい友達を作るのに良い機会（a good opportunity for young people to make a lot of new friends）だと付け加えている。反対意見では，プライバシーを守るのが難しい（difficult for people to protect their privacy）ことや，他人と住むのは落ち着かないと感じる（find it uncomfortable to live with other people）ことを，他人と共同で住むことが若者にとって良い考えだとは思わない理由としている。

カードB 二次試験・面接
（問題編pp.138～139）

訳 新製品の販売促進

最近は一部の高品質の製品が非常に高価なので，多くの人々はそれらを買うべきか買わないべきか悩む。今では人々が毎月様々な製品をレンタルできるようにする制度が注目を集めている。一部の会社はこのような制度を提供し，そうすることによって彼らは人々に商品を買う前に試させている。このような制度によって，会社はより効果的に製品を販売促進することができるのだ。

話は次の文で始めてください：ある夜，キムラ夫妻は車をレンタルして湖畔にキャンプに行こうと話していました。

質問の訳 No.1　この文によると，一部の会社はどのように人々に商品を買う前に試させていますか。

No.2　では，絵を見てその状況を説明してください。20秒間，準備する時間があります。話はカードに書いてある文で始めてください。<20秒>始めてください。

では，～さん（受験者の氏名），カードを裏返して置いてください。

No.3　電子マネーのおかげで，人々は将来現金を持ち歩かなくなるだろうと言う人がいます。あなたはそのことについてどう思いますか。

No.4　発電するために自宅にソーラーパネルを付ける人がいます。あなたはこのような人々の数は将来増えると思いますか。

No.1 **解答例**　By offering systems that allow people to rent a variety of products monthly.

解答例の訳　人々が毎月様々な製品をレンタルできるようにする制度を提供することによってです。

解説　第３文に関する質問。方法を問われているので，**by *doing*（動名詞）**の形を用いる。まずBy offering such systems.と考え，第２文からsuch systemsを具体的にsystems that allow people to rent a variety of products monthlyと表す。

No.2 **解答例**　One evening, Mr. and Mrs. Kimura were talking about renting a car and going camping by a lake.　Mr. Kimura said to his wife, “The weather forecast says it will be sunny tomorrow.” At the campsite, Mr. Kimura was setting up the tent.　Mrs. Kimura was thinking of taking the bags out of the car.　A few hours later, Mr. Kimura was playing with the dog.　Mrs. Kimura was looking forward to going fishing.

解答例の訳　ある夜，キムラ夫妻は車をレンタルして湖畔にキャンプに行こうと話していました。キムラさんは妻に「天気予報では明日は晴れると言っているよ」と言いました。キャンプ場で，キムラさんはテントを張っていました。キムラさんの妻は車からかばんを出そうと考えていました。数時間後，キムラさんは犬と遊んでいました。キムラさんの妻は釣りに行くのを楽しみにしていました。

解説　１コマ目のキムラさんの言葉は，直接話法のMr. Kimura said to his wife, “～.”の形で表す。２コマ目は，キムラさんがテントを張り（was setting up the tent），キムラさんの妻が車からかばんを出そうと考えている（was thinking of taking the bags out of the car）場面。３コマ目では，キムラさんが犬と遊び（was playing with the dog），キムラさんの妻が吹き出しの中で釣りに行くのを楽しみにしている（was looking forward to going fishing）様子が描かれている。

No.3　解答例　（I agree. の場合）　I agree. Electronic money is more convenient than cash. Also, people don't have to worry about losing electronic money.
（I disagree. の場合）　I disagree. People won't be able to use electronic money at small stores. They'll always need to carry some cash.

解答例の訳　私もそう思います。電子マネーは現金よりも便利です。また，電子マネーはなくすことを心配する必要がありません。／私はそうは思いません。小さな店では電子マネーを使うことができないでしょう。常にいくらかは現金を持ち歩く必要があるでしょう。

解説　賛成意見では，電子マネーは現金よりも便利（more convenient than cash）ということを理由に挙げ，なくすことを心配する必要がない（don't have to worry about losing electronic money）という利点を付け加えている。反対意見では，現金を持ち歩かなくなるとは思わない理由として，小さな店では使えない（won't be able to use electronic money at small stores）ことを挙げ，そのため常にいくらかは現金を持ち歩く必要がある（always need to carry some cash）という意見を述べている。

No.4　解答例　（Yes. の場合）　Yes. → Why? —— Using solar power is better for the environment. Many people are becoming interested in clean energy.
（No. の場合）　No. → Why not? —— Solar panels don't produce much electricity on cloudy days. Also, they're very expensive for people to buy.

解答例の訳　はい。→それはなぜですか。—— 太陽光発電の方が環境に良いからです。多くの人々がクリーンエネルギーに関心を持つようになっています。／いいえ。→それはなぜですか。—— ソーラーパネルは曇りの日にあまり発電しません。また，それらは買うにはとても高価です。

解説　賛成意見では，環境に良いという利点を挙げ，クリーンエネルギーに関心を持つようになっている（are becoming interested in clean energy）人が増えていることを理由としている。反対意見では，曇りの日にあまり発電しない（don't produce much electricity on cloudy days）という太陽光発電の欠点を挙げ，さらに買うにはとても高価である（very expensive for people to buy）という事実を述べて，自宅にソーラーパネルを付ける人が増えるとは思わない理由としている。

2022年度 第1回

解　答　欄

問題番号		1	2	3	4
1	(1)	❶	②	③	④
	(2)	①	②	③	❹
	(3)	①	②	③	❹
	(4)	①	②	❸	④
	(5)	①	②	③	❹
	(6)	①	②	③	❹
	(7)	①	②	❸	④
	(8)	①	②	③	❹
	(9)	❶	②	③	④
	(10)	①	②	③	❹
	(11)	❶	②	③	④
	(12)	❶	②	③	④
	(13)	❶	②	③	④
	(14)	①	❷	③	④
	(15)	①	❷	③	④
	(16)	①	②	❸	④
	(17)	①	❷	③	④
	(18)	①	❷	③	④
	(19)	①	②	❸	④
	(20)	❶	②	③	④

解　答　欄

問題番号		1	2	3	4
2	(21)	❶	②	③	④
	(22)	①	②	❸	④
	(23)	❶	②	③	④
	(24)	①	②	❸	④
	(25)	①	❷	③	④
	(26)	①	②	③	❹

解　答　欄

問題番号		1	2	3	4
3	(27)	①	②	③	❹
	(28)	❶	②	③	④
	(29)	①	❷	③	④
	(30)	❶	②	③	④
	(31)	①	②	③	❹
	(32)	①	②	③	❹
	(33)	①	②	❸	④
	(34)	①	❷	③	④
	(35)	①	❷	③	④
	(36)	①	②	③	❹
	(37)	①	②	③	❹
	(38)	①	②	③	❹

4 の解答例はp.144をご覧ください。

リスニング解答欄

問題番号		1	2	3	4
第1部	No. 1	❶	②	③	④
	No. 2	①	②	❸	④
	No. 3	①	②	③	❹
	No. 4	①	②	❸	④
	No. 5	①	②	❸	④
	No. 6	①	❷	③	④
	No. 7	①	②	③	❹
	No. 8	①	❷	③	④
	No. 9	❶	②	③	④
	No. 10	①	②	③	❹
	No. 11	①	❷	③	④
	No. 12	①	❷	③	④
	No. 13	①	❷	③	④
	No. 14	①	②	❸	④
	No. 15	①	②	③	❹
第2部	No. 16	①	②	❸	④
	No. 17	❶	②	③	④
	No. 18	①	②	③	❹
	No. 19	①	❷	③	④
	No. 20	①	②	❸	④
	No. 21	①	②	③	❹
	No. 22	①	❷	③	④
	No. 23	①	❷	③	④
	No. 24	①	②	❸	④
	No. 25	❶	②	③	④
	No. 26	①	②	❸	④
	No. 27	①	❷	③	④
	No. 28	①	②	❸	④
	No. 29	①	❷	③	④
	No. 30	①	②	❸	④

1 一次試験・筆記
(問題編pp.142～145)

(1) 正解 1

訳 先週，シェリーはホラー映画を見に行った。それは半分サメで半分人間の奇妙な生き物についてだった。

解説 空所の直後の関係代名詞thatに注目。that was half shark and half man「半分サメで半分人間の」と，空所の語に説明を加えているので，**1のcreature**「生き物」が適切。mineral「鉱物，無機物」，package「包装」，instrument「器具，楽器」。

(2) 正解 4

訳 高校の後，テッドは国の役に立てるよう軍隊に入った。彼は初めて軍服を着たとき誇らしく感じた。

解説 第2文にhe put on his army uniform for the first time「初めて軍服を着た」とあるので，彼は軍隊に入ったとわかる。**4のmilitary**「軍隊」が正解。affair「事件，業務」，emergency「緊急事態」，container「容器」。

(3) 正解 4

訳 レイカの夢は東京の有名なフレンチレストランで働くことだ。彼女は料理学校に行くことでこれを成し遂げようとしている。

解説 空所の直後のthisは第1文のReika's dreamを指す。**4のaccomplish**「～を成し遂げる」を入れると「夢を成し遂げる」となり文脈に合う。decrease「～を減少させる」，unite「～を結合させる」，overwhelm「～を圧倒する」。

(4) 正解 3

訳 アーサーは自分のカフェを売るつもりだった。けれども，近くに新しい大学ができてから客が増え始めたので，彼は決定を覆した。

解説 第2文のbecause以下にstarted to get more customers「客が増え始めた」とあるので，アーサーはカフェを売るのをやめ，営業を続けることにしたと考えられる。**reverse one's decision**で「決定を覆す」という意味を表すので，**3のreversed**が正解。abuse「～を乱用する，～を虐待する」，secure「～を確保する」，stimulate「～を刺激する」。

(5) 正解 4

訳 フランクはレポートを書く時間が十分になかったので，上司にそれを仕上げるのにあと数日もらえないかどうか尋ねた。

解説 文後半にif he could have a few more days to finish it(＝his report)「それを仕上げるのにあと数日もらえないかどうか」とあるので，レポートを書く時間が足りなかったとわかる。**4のsufficient**「十分な」を入れ，did not have sufficient timeとすると文意が通る。possible「可能な」，delicate「繊細な」，financial「財政上の」。

※2024年度第1回から，試験形式の変更に伴い大問1の問題数は17問になります。

(6) 正解 4

訳 昨日，ブリグストン市のレストランで火事があった。負傷者はいなかったが，建物は激しい損傷を受けた。所有者たちは新しいビルを建てなければならないだろう。

解説 第3文のThe owners will have to build a new one(＝building).「所有者たちは新しいビルを建てなければならないだろう」から，建物の被害は大きかったことがわかる。したがって，**4のseverely**「激しく」が正解。mentally「精神的に」，intelligently「知的に」，annually「年に1度」。

(7) 正解 3

訳 ベスは先週，結婚披露宴に招待された。彼女は1人で行きたくなかったので，友達のジェレミーに一緒に行くよう頼んだ。

解説 第2文前半にShe did not want to go by herself「彼女は1人で行きたくなかった」とあるので，だれかを誘ったと考えられる。したがって，**3のaccompany**「～に同行する」が適切。restrict「～を制限する」，distribute「～を分配する」，promote「～を促進する」。

(8) 正解 4

訳 SOL-5ロケットは明日，地球を出発する。宇宙飛行士たちの任務は，気象衛星を修理することだ。

解説 第2文にto repair a weather satellite「気象衛星を修理すること」とあり，これは宇宙飛行士たちが行う仕事の内容である。この意味を表す語は，**4のmission**「任務」。foundation「基礎，財団」，impression「印象」，definition「定義」。

(9) 正解 1

訳 化学の授業で，生徒たちは水に少量の酸を加えた。それから，この混合物を使って実験を行った。

解説 第1文にadded a small amount of acid to water「水に少量の酸を加えた」とあるので，水と酸を混ぜ合わせたことがわかる。これを表すには，**1のmixture**「混合物」が適切。climate「気候」，entry「入場，参加」，moment「瞬間」。

(10) 正解 4

訳 午前中は雨がとても激しく降っていたので，政府はロケットを宇宙に打ち上げるのを待たなければならなかった。

解説 空所の直後のthe rocket into space「ロケットを宇宙に」から，ロケットを「打ち上げる」という意味を表す動詞が入ると考えられる。**4のlaunch**「～を打ち上げる」が正解。elect「～を選ぶ」，impact「～に衝撃を与える」，sweep「～を掃く」。

(11) 正解 1

訳 歴史の授業の間，エイデンはリサがノート持っていないことに気づいた。彼は自分のノートから紙を少し引きちぎって，彼女がノートを取れるように彼女にそれを渡した。

解説 第2文にgave it(＝some paper) to her so that she could take notes「彼女

がノートを取れるように彼女にそれを渡した」とある。「紙」はノートの一部なので，**1のtore off**「～を引きちぎった」を入れると状況に合う。rely on ～「～を頼りにする」，answer back「口答えする」，break out「発生する」。

(12) 正解　1

訳 デレクは会社のゴルフ大会で優勝しそうになった。だが，最終ホールで打ち損ない，結局2位に終わった。

解説 第2文にhe ended up finishing second「結局2位に終わった」とあるので，デレクは優勝しなかったことがわかる。**1のcame close to ～**「～しそうになった」を入れると流れに合う。make fun of ～「～をからかう」，take pride in ～「～を誇りに思う」，find fault with ～「～のあらを探す」。

(13) 正解　1

訳 グリフィス先生は生徒たちに授業中しゃべり続けたら宿題を余分に出すと警告した。彼らが静かにしようとしなかったので，彼はその脅しの通りにした。

解説 第2文後半のthey（＝his students）would not be quiet「彼らが静かにしようとしなかった」から，先生は警告を実行したと考えられる。**follow through with ～**で「～を遂行する」という意味を表すので，**1**が正解。go over「越える」，get through「切り抜ける，終える」，turn over「ひっくり返る」。

(14) 正解　2

訳 A：さっきだれにばったり会ったと思う？　大学時代のジーナを覚えてる？　B：ああ，うん。私もこの間彼女に会ったよ。私たちと同じビルで働いてるらしいね。

解説 BがI met her（＝Gina）the other day, too.「私もこの間彼女に会ったよ」と言っているので，Aはジーナに会ったことをBに伝えたとわかる。**run into ～**で「～にばったり会う」という意味を表すので，**2**が正解。hope for ～「～を期待する」，look over ～「～に目を通す」，comply with ～「～に従う」。

(15) 正解　2

訳 転職して以来，ニールは仕事と生活のバランスにはるかに満足している。彼は自分の新たな職を楽しんでいるが，家族や友達と過ごせる時間が増えてうれしく思ってもいる。

解説 第2文の内容から，ニールは仕事も日常生活も充実している。したがって，**2のcontent with ～**「～に満足して」を入れると状況に合う。separate from ～「～から離れて」，based on ～「～に基づいて」，equal to ～「～に等しい」。

(16) 正解　3

訳 A：お母さん，土曜日のバーベキューに友達を2，3人呼んでもいい？　B：ぜひどうぞ。みんなが食べたり飲んだりするには十分すぎるほどあるはずだから。

解説 B（＝Mom）の発言の内容から，母親は友達を呼ぶことに賛成だと考えられる。したがって，**3のBy all means**「ぜひどうぞ」が適切。in any case「いずれにせよ」，at any rate「とにかく」，on the whole「全体として」。

(17) 正解 2

訳 アリソンは弟に部屋に入って来られるのが嫌だ。彼はいつも彼女のものを散らかすので，後で彼女が片付けなければならない。

解説 第2文後半のshe has to clean up afterward「後で彼女が片付けなければならない」から，弟に部屋に入って欲しくない理由は，部屋を散らかすからだと考えられる。**make a mess**で「散らかす」という意味を表すので，**2**が正解。make an effort「努力する」，take a chance「やってみる，賭けてみる」，take a rest「休憩する」。

(18) 正解 2

訳 プレゼン大会で優勝した後，ケビンはスピーチで，妻の助けがなければ勝つことはなかっただろうと言った。

解説 空所の直後のforと，文後半でhe never would have won「勝つことはなかっただろう」という過去の事実とは異なる内容を述べていることに注目。**but for 〜**で「〜がなければ」という意味を表し，文脈に合うので，正解は**2**。

(19) 正解 3

訳 ショーンは明日の朝早く重要な会議があるので，今夜は遅くまで起きていない方が良い。

解説 空所の直後のbetter notに注目。**had better not *do***で「〜しない方が良い」という意味を表すので，**3のhad**が正解。

(20) 正解 1

訳 A：ニッキー，お前は来年高校を卒業するんだろう。どの大学に行きたいかを考え始めてもいい頃だな。 B：その通りだよ，お父さん，でもまだ将来何になりたいのかわからないんだ。

解説 **〈it's time(＋that)＋主語＋動詞の過去形〉**で「Sが〜すべき時である」という意味を表すので，**1のstarted**が正解。

2[A] 一次試験・筆記

(問題編pp.146〜147)

Key to Reading インドでのプラスチック廃棄物対策について述べた説明文。段落ごとのポイントを押さえながら，空所の前後の文の関係，文と文の接続関係を表す語（句）などに着目しよう。

訳 ティーカップの中の答え

ほかの多くの国と同じように，インドの人々もプラスチック廃棄物の問題を憂慮している。なにしろ，この国は毎年56億キログラムのプラスチック廃棄物を生み出しているのだ。多くのプラスチックが最終的に陸地やガンジス川などの水路のごみとなるため，プラスチック廃棄物を扱うシステムには改善が必要だ。これに答えて，インド政府は1回しか使えないプラスチック製品を禁止する計画を打ち出した。だが，結局は経済状況と失業の増加に対する懸念のため，政府は計画の変更を余儀なくされた。

それでも，プラスチックの使用が終わりを迎えた場が１種類ある。インドに7000ある鉄道の駅すべてで，プラスチックのティーカップを「クルハド」という茶色い陶器のティーカップに替えたのだ。インドでプラスチックのカップが使われるようになるずっと前に，人々はこれらの伝統的なカップで紅茶を飲むことを楽しんでいた。インドの鉄道大臣は鉄道の駅に紅茶をクルハドだけに入れて売るよう指示した。そうすることによって，国がプラスチック廃棄物をなくすことに向けて重要な一歩を踏み出すよう彼は望んでいる。

クルハドがプラスチックのティーカップよりも優れている理由はいくつかある。第１に，捨てられた後すぐに環境に害を与えない物質に分解される。第２に，クルハドを作る粘土は実際に紅茶の風味を良くする。最後に，クルハドを使うことによって雇用が生まれるだろう。プラスチックカップは機械で作られるが，クルハドは手作りされる。インド政府は数十万人の人々がこの変化のおかげで余分に仕事を得られると見積もっている。

(21) 正解　1

選択肢の訳　**1**　結局は　**2**　その上　**3**　１つには　**4**　全体として

解説　第１段落第４文にthe Indian government planned to introduce a ban on plastic items that could only be used once「インド政府は１回しか使えないプラスチック製品を禁止する計画を打ち出した」とあるのに対し，第５文の空所後ではthe government was forced to change its plans「政府は計画の変更を余儀なくされた」とその結果が述べられている。したがって，**1**を入れると前後がうまくつながる。

(22) 正解　3

選択肢の訳　**1**　～にごみ箱を備える　**2**　～でプラスチックの使用を減らす　**3**　～だけに入れて紅茶を売る　**4**　～の料金を上げる

解説　第２段落最終文By doing so, he hopes the country will take an important step toward ending plastic waste.「そうすることによって，国がプラスチック廃棄物をなくすことに向けて重要な一歩を踏み出すよう彼は望んでいる」のsoは空所の内容を指す。空所には，プラスチック廃棄物をなくすためにすべきことが入る。つまり，紅茶を売る際，プラスチックカップの代わりに陶器製のクルハドを使用すべきなので，**3**が正解。

(23) 正解　1

選択肢の訳　**1**　雇用が生まれるだろう　**2**　お金があまりかからない　**3**　人々の健康により良い　**4**　始まりにすぎない

解説　空所直後の第３段落第５文に*kulhads* are made by hand「クルハドは手作りされる」，最終文にhundreds of thousands of people will get extra work because of this change「数十万人の人々がこの変化のおかげで余分に仕事を得られる」とある。this change「この変化」とはプラスチックの代わりにクルハドを使うことで，クルハドを作るには人手がいるので，この内容をcreate jobs「雇用が生まれる」と表した**1**が正解。

2[B] 一次試験・筆記
（問題編pp.148～149）

Key to Reading ①オウム類には絶滅の危機にある種類もいるという事実（→第1段落），②コンゴウインコの落とした種子が育ち森の回復を助けるという研究結果（→第2段落），③コンゴウインコのヒナを守るための工夫（→第3段落）などがポイント。

訳 ただきれいなだけではない鳥

オウム類は賢くて，時にとても色鮮やかな鳥である。ペットとして人気があり，動物園で見られることも多い。残念ながら，野生のオウム類の約3分の1は絶滅の危機にある。その例には，スミレコンゴウインコやコスミレコンゴウインコが含まれる。毎年，これらの鳥の一部が違法に捕獲され，ペットとして売られる。さらに悪いことには，彼らの棲む森が農地を作ったり木材を得たりするために切り開かれているせいで，多くが死んでいる。このため，彼らが巣を作ったり餌を集めたりできる地域が狭くなっている。

『ダイバーシティ』という専門誌に掲載された研究によると，スミレコンゴウインコやコスミレコンゴウインコは森の中で重要な役割を果たしていることがわかった。これらのオウム類をブラジルとボリビアで研究している研究者たちは，彼らが18種類の木の種子をまき散らすことを発見した。研究者たちは，その鳥たちが木から果物や木の実を取って長距離を運ぶ様子を観察した。鳥たちは果物や木の実を後から食べることができるようにこうするのである。けれども，彼らは時々それらを落とす。人間によって切り開かれた地域でこれが起こると，果物や木の実の中の種子が木に育ち，森が回復するのを助ける。

今日，保護団体がスミレコンゴウインコやコスミレコンゴウインコを守るために懸命に働いている。1つ難しいのは，これらのオウム類は多くのヒナを失うということだ。この重大な理由は，彼らの卵がほかの鳥に食べられることがよくあるからである。これを防ぐために，コンゴウインコの卵が科学者たちによって巣から取り除かれ，ニワトリの卵と取り替えられる場合がある。科学者たちは卵を安全に保つ。コンゴウインコのヒナは卵からかえった後で，両親の元に戻されるのである。

(24) 正解 3

選択肢の訳 **1** それどころか **2** この下で **3** さらに悪いことには **4** 以前のように

解説 空所前の第1段落第5文にはsome of these birds are caught and sold illegally as pets「これらの鳥の一部が違法に捕獲され，ペットとして売られる」とある。さらに空所後でもmany are dying because the forests where they live are being cleared to create farmland and to get wood「彼らの棲む森が農地を作ったり木材を得たりするために切り開かれているせいで，多くが死んでいる」とオウム類にとって厳しい状況が付け加えられているので，この内容をつなぐには**3**が適切。

(25) 正解 2

選択肢の訳 **1** もっと取りに戻ることもよくある **2** 時々それらを落とす **3** 葉や花も食べる **4** それらを巣に持ってくる

解説 空所後の第2段落最終文がWhen this happens in areas cleared by humans「人

間によって切り開かれた地域でこれが起こると」で始まり，thisは空所の内容を指す。その後のthe seeds inside the fruits and nuts grow into trees「果物や木の実の中の種子が木に育ち」は，鳥が落とした種子が発芽した結果と考えられる。空所に**2**を入れると，themが第4文のthe fruits and nutsを指し，さらに最終文のWhen this happensが「鳥たちが果物や木の実を落とすと」という内容になり，流れに合う。**2**が正解。

(26) 正解　4

選択肢の訳　**1**　巣を作らない　**2**　捕まえるのが簡単ではない　**3**　耳が良くない　**4**　多くのヒナを失う

解説　空所後の第3段落第3文にtheir eggs are often eaten by other birds「彼らの卵がほかの鳥に食べられることがよくある」とあるので，コンゴウインコのヒナが育たないことも多いとわかる。したがって，**4**が正解。

3[A]　一次試験・筆記

（問題編pp.150～151）

Key to Reading　注文品の代替案について知らせるメール。①注文の商品と配達希望日の確認。(→第1段落)，②注文品を切らしていることとその理由。(→第2段落)，③代わりの商品の提案。(→第3段落）などがポイント。

訳　差出人：ノエル・ランダー＜noel@coffeeshopsupplies.com＞
宛先：ギャリー・スタイン＜thedaydreamcoffeeshop@goodmail.com＞
日付：6月5日
件名：ご注文
拝啓　スタイン様

今朝は販売部のジェナ・マークスにお電話にてご注文をいただき，ありがとうございました。ご注文は，そちらのカフェの店名とロゴの印刷されたMサイズの黒の紙製カップ500個でした。ご注文についてのジェナのメモによりますと，このカップを土曜日までに配達の必要がおありとのことです。

申し訳ありませんが，ただ今Mサイズの黒の紙製カップを切らしております。その上，当社のコーヒーカップを作る機械が現在稼働しておりません。先日故障した部品を修理に出しましたが，金曜日まで工場に戻ってきません。このため，代わりの商品をご提案させていただきますのでお知らせいたします。

どうしても黒のカップがご入用であれば，SとLサイズなら在庫があります。とはいえ，色よりもサイズの方が重要かとお察しします。代わりに白のMサイズのコーヒーカップがありますので，それにロゴを印刷することは可能です。また，茶色のMサイズのカップもございます。この問題につきましては本当に申し訳ありません。これらの代替案のうち，どれが一番良いかをお知らせいただければ，さらに50カップを無料でお送りします。

配送会社によると，土曜日までにお届けするためには水曜日までにご注文品を発送する必要があるとのことです。できるだけ早く決定事項をお知らせください。

敬具
ノエル・ランダー

顧客サポート
コーヒーショップ用品社

(27) 正解 4

質問の訳 今朝，ジェナ・マークスは

選択肢の訳 **1** スタインさんの注文に間違った名前を書いた。 **2** 顧客に間違った配達日を伝えた。 **3** 電話で販売部に連絡した。 **4** スタインさんのカフェ用の注文を受けた。

解説 本文第1段落第1文にThank you for placing an order by telephone with Jenna Marks of our sales department this morning.「今朝は販売部のジェナ・マークスにお電話にてご注文をいただき，ありがとうございました」とある。このメールはスタインさん宛てなので，注文したのはスタインさん，注文を受けたのがジェナ・マークスである。したがって，**4**が正解。

(28) 正解 1

質問の訳 ノエル・ランダーによると，注文品の何が問題ですか。

選択肢の訳 **1** 彼の会社にはスタインさんの欲しいカップがない。 **2** 彼の会社の機械はスタインさんのロゴを印刷することができない。 **3** カップを金曜日までにスタインさんに配達することができない。 **4** 先日，配送会社がカップを紛失した。

解説 本文第2段落第1文にwe do not have any medium-sized black coffee cups at this time「ただ今Mサイズの黒の紙製カップを切らしております」とある。第1段落第2文のThe order was for 500 medium-sized black paper cups「ご注文は…Mサイズの黒の紙製カップ500個でした」から，黒の紙製カップがスタインさんの欲しいカップなので，**1**が正解。

(29) 正解 2

質問の訳 ノエル・ランダーはスタインさんに何を提案していますか。

選択肢の訳 **1** 次回は50個以上のカップを注文すること。 **2** 白か茶色のカップを使うこと。 **3** 客に無料のコーヒーを提供すること。 **4** 別の会社からカップを買うこと。

解説 本文第3段落第3文にWe have medium-sized coffee cups in white「白のMサイズのコーヒーカップがあります」，第4文にWe also have medium-sized cups in brown.「また，茶色のMサイズのカップもございます」とあるので，**2**が正解。

3[B] 一次試験・筆記

(問題編pp.152～153)

Key to Reading 第1段落：導入（ツイードの起源）→第2段落：本論1（19世紀にツイードが広まったきっかけ）→第3段落：本論2（20世紀までのツイードの流行）→第4段落：結論（環境に優しく丈夫なツイードの人気の復活）の4段落構成の説明文。

※2024年度第1回から，試験形式の変更に伴い大問3の[B](30)～(33)が削除されます。

訳 ツイード

ツイードは，スコットランドやアイルランドの農民によって最初に生み出された，厚い布の一種に与えられた名前である。長い毛糸が様々な色に染められ，それから模様のある布に織り上げられる。スコットランドやアイルランドの天気はしばしば寒くて雨が多いため，この暖かくて水をはじく素材は野原で働く農民の間でとても人気があった。

ツイードは，19世紀までは農村以外にはあまり知られていなかった。当時は裕福なイングランド人がスコットランドの広い区域の土地を買っていた。これらはエステートとして知られ，所有者によって狩りや釣りのために使われていた。狩猟者たちはツイードに興味を持ったが，それはツイードが主に茶色や緑色や灰色のため，野生動物たちにはその素材でできた服を着ている人々が見えにくいからである。裕福なイングランド人の所有者たちは，自分のエステートのためにツイードの模様を作らせるようになった。ビクトリア女王の夫であるアルバート公がスコットランドにある王室の領地の人々のために独自の模様を作らせると，その布は英国中で有名になった。

ツイードで作られた衣服は裕福な人々が田舎で身に着ける定番品となった。男性は町や都市で仕事をするときには青や黒のスーツを身に着け，自分のエステートにくつろぎに行くときにはツイードのスーツを着た。庶民もゴルフをしたり自転車に乗ったりといった野外の趣味のためにツイードを着ることによって，彼らのまねをし始めた。ツイードを着るという流行は米国やヨーロッパのほかの地域でも広まり，20世紀に様々な有名ファッションデザイナーたちが自分の服に使うとツイードはさらに人気が高まった。

ツイードは長年流行が続いたが，21世紀の始めまでには人気が衰えていた。ところが，今再びツイードの人気が高まってきている。この理由の1つは，環境にほとんど害を及ぼさないことである。天然の羊毛から作られていることに加え，丈夫で非常に長持ちするため，人々は新しい服を頻繁に買う必要がない。実際，英国の裕福な人々の中には祖父母のツイードスーツをいまだに着ている人もいるのである。

(30) 正解 1

質問の訳 ツイードがスコットランドとアイルランドの農民の間で人気があった理由は，

選択肢の訳 **1** 外にいるときに暖かく乾いた状態を保つのに役立ったからだ。 **2** 暇なときにお金を稼ぐのに役立ったからだ。 **3** 余分に生産した羊毛を活用できたからだ。 **4** 若者たちに自分たちの文化を教えることができたからだ。

解説 第1段落最終文に，The weather in Scotland and Ireland is often cold and wet, so this warm, waterproof material was very popular with the farmers as they worked in the fields.「スコットランドやアイルランドの天気はしばしば寒くて雨が多いため，この暖かくて水をはじく素材は野原で働く農民の間でとても人気があった」とある。この内容を簡潔にまとめた**1**が正解。

(31) 正解 4

質問の訳 アルバート公はどのようにしてツイードを有名にしましたか。

選択肢の訳 **1** スコットランドの農民が所有していた土地によく狩りに出かけた。 **2** ツイード工場のあるスコットランドのエステートを買った。 **3** スコットランドを旅行中にそれを着ているのを見られた。 **4** スコットランドのエステートのために特別なツイード模様を注文した。

解説 第2段落最終文にAfter Queen Victoria's husband, Prince Albert, had a unique pattern made for the people on a royal estate in Scotland, the cloth became famous throughout the United Kingdom.「ビクトリア女王の夫であるアルバート公がスコットランドにある王室の領地の人々のために独自の模様を作らせると，その布は英国中で有名になった」とある。had a unique pattern madeをordered a special tweed patternと言い換え，この内容を簡潔に表した**4**が正解。

(32) 正解 **4**

質問の訳 庶民がツイードを着たのは，

選択肢の訳 **1** 町や都市で仕事をしているときだった。 **2** 米国やヨーロッパを旅行しているときだった。 **3** 自分たちが農民だということを示そうとしているときだった。 **4** 外でレジャー活動を楽しんでいるときだった。

解説 第3段落第3文にOrdinary people began to imitate them by wearing tweed for outdoor hobbies such as playing golf or cycling.「庶民もゴルフをしたり自転車に乗ったりといった野外の趣味のためにツイードを着ることによって，彼らのまねをし始めた」とある。outdoor hobbies such as playing golf or cyclingをleisure activities outsideと言い換えた**4**が正解。

(33) 正解 **3**

質問の訳 ツイードが環境にほとんど害を及ぼさない理由の1つは何ですか。

選択肢の訳 **1** 燃やされるときに有害な煙を出さない。 **2** 汚れにくく，ほとんど洗濯の必要がない。 **3** 人々が長年着られるくらい丈夫である。 **4** 家族経営の小さな工場で手作りされる。

解説 第4段落第3文にit(＝tweed) does little harm to the environment「環境にほとんど害を及ぼさない」とあり，第4文でit is strong enough to last for a very long time「丈夫で非常に長持ちする」とその理由の1つが述べられている。さらに，最終文でもsome wealthy people in the United Kingdom still wear their grandparents' tweed suits「英国の裕福な人々の中には祖父母のツイードスーツをいまだに着ている人もいるのである」と，ツイードが丈夫で長く着られることが強調されているので，**3**が正解。

3[C] 一次試験・筆記

(問題編pp.154～155)

Key to Reading 第1段落：導入(初期の人類の暮らしを明らかにする石製の物体や壁画)→第2段落：本論1(農業以前の信仰の可能性を示唆するシギルの偶像の発見)→第3段落：本論2(最新の分析で明らかにされたシギルの偶像が作られた年代)→第4段落：結論(初期の人類が優れた技術や宗教を持っていた可能性)という4段落構成の説明文。

訳 遠い過去からの手がかり

農業の発達以前に生きていた人類は多くの石でできた物体を残した。これらの物体はたいてい道具や武器の一部であり，それらはこうした人々がどのように食料を手に入れていたかを明らかにしてくれる。だが，彼らの文化のほかの部分はあまり知られていない。私たちにあるこの時代からのもう１つの情報源は，洞窟の中の壁画である。これらは主に狩猟の場面であるため，初期の人類が集団で暮らしていたことを示してはくれるものの，初期の人類がほかの社会活動，例えば宗教儀式などに参加していたことを示してはくれない。

証拠が不足しているせいで，多くの歴史家たちは人類が農場を作り，村で暮らし始めるまで宗教は発達しなかったと考えていた。だが最近の発見は，この時期より前に信仰が存在していたかもしれないということを示唆している。シギルの偶像は，顔や記号が彫られた背の高い木像である。専門家によると，これらの記号は彼らの崇拝していた神に関する信仰を表している可能性が非常に高い。

シギルの偶像は，実は1890年にロシアで発見されていた。長い間，人々はそれがどのくらい古いかを知らなかったが，ここ数年の木材の分析により１万2500年前頃，つまりその地域の人々が農業を始めるずっと前に作られたということが明らかになった。その彫像はいくつかの部分から作られていたので，その所有者が移動する際にバラバラにして別の場所で再び組み立てることができた。残念ながら，いくつかの部品は20世紀初頭に失われ，その図が残っているだけである。

歴史上のある時点で，シギルの偶像はある種の泥の中に落ち，そのおかげで何千年もの間安全に保たれていた。それが発見された状況は非常に珍しい。実際，同年代の木像で発見されているものはほかにない。シギルの偶像の質から判断して，初期の人類は木でものを作る技術に長けていた。けれども，木製品で残っているものはほとんどない。これにもかかわらず，シギルの偶像は初期の人類は人々が以前考えていたよりももっと進歩した文化を持っていて，おそらく宗教も持っていたということを歴史家たちに示しているのである。

(34) 正解 **2**

質問の訳 初期の人類が残した石でできた物体からわかることは何ですか。

選択肢の訳 **1** 彼らが洞窟に住んでいたかどうか。 **2** 食べ物をどのようにして手に入れることができたか。 **3** 彼らの集団が元々どこからやって来たか。 **4** どんな種類の動物を彼らが狩っていたか。

解説 第１段落第２文にthey（＝stone objects）show us how these people obtained their food「それらはこうした人々がどのように食料を手に入れていたかを明らかにしてくれる」とあり，these peopleとは第１文のHumans who lived before the development of farming「農業の発達以前に生きていた人類」，つまりearly humans「初期の人類」のことである。obtainをget，their foodをthings to eatと言い換えた**2**が正解。

(35) 正解 **2**

質問の訳 シギルの偶像は木像であり，

選択肢の訳 **1** それには有名な歴史上の指導者たちの顔が彫られている。 **2** 初期の人類が神の存在を信じていたことを示しているかもしれない。 **3** 初期の人類にとって農業の重要性の象徴である。 **4** 恐らく人類最初の村の１つの中心にあった。

解説 シギルの偶像については第２段落第３文にa tall wooden statue that has faces and symbols carved into it「顔や記号が彫られた背の高い木像」と説明がある。さらに，最終文にit is very likely that these symbols express religious beliefs about the gods they worshipped「これらの記号は彼らの崇拝していた神に関する信仰を表している可能性が非常に高い」とあるので，**2**が正解。

(36) 正解 4

質問の訳 シギルの偶像について最近発見されたことの１つは何ですか。

選択肢の訳 **1** それを所有していた人間は，それを設置する方法を示した図を描いた。 **2** その彫像を組み立てる部品のいくつかは一度も発見されたことがない。 **3** その彫像は多くの様々な方法で組み立てることができる。 **4** 自分たちの食料をまだ栽培し始めていなかった人々によって作られた。

解説 第３段落第２文後半にanalysis of the wood in the last few years has revealed that it was made around 12,500 years ago—long before humans in the area began farming「ここ数年の木材の分析により１万2500年前頃，つまりその地域の人々が農業を始めるずっと前に作られたということが明らかになった」とあり，the woodとはシギルの偶像を作るために使われている木材のことである。farmingをgrowing their own foodと言い換え，この内容をまとめた**4**が正解。

(37) 正解 4

質問の訳 シギルの偶像の発見が類いまれな出来事である可能性が高いのはなぜですか。

選択肢の訳 **1** それが見つかった地域の泥の種類のせいで発掘が困難になるから。 **2** 初期の人類はほかの集団によって作られた宗教的な彫像を破壊することがよくあったから。 **3** 初期の人類にはシギルの偶像のようなものを作る技術を持っている人がほとんどいなかったから。 **4** 木材は非常に特別な状況でしか数千年間も保存されないから。

解説 第４段落第１～２文にthe Shigir Idol fell into a kind of mud that kept it safe for thousands of years. The conditions in which it was found are very rare.「シギルの偶像はある種の泥の中に落ち，そのおかげで何千年もの間安全に保たれていた。それが発見された状況は非常に珍しい」とある。さらに第５文にfew wooden items have survived「木製品で残っているものはほとんどない」とあるので，何千年間も保存されている木製品が見つかるのは非常にまれだということがわかる。したがって，**4**が正解。

(38) 正解 4

質問の訳 次の記述のうち正しいのはどれですか。

選択肢の訳 **1** シギルの偶像は初期の人類の集団間で文化的交流があったことを示している。 **2** 洞窟の中の絵画は宗教儀式に参加している初期の人類を表している。 **3** 歴史家たちは長い間，人類は常に宗教を持っていたと信じてきた。 **4** シギルの偶像の古さはそれが発見されてから長年の間謎だった。

解説 順に真偽を確認すると，**1** 第４段落最終文に，the Shigir Idol has shown historians that early humans had more advanced cultures than people once thought and that they probably also had religions「シギルの偶像は初期の人類は人々が以前考えていたよりももっと進歩した文化を持っていて，おそらく宗教も持っていたということを歴史家たちに示しているのである」とあるが，集団間で文化的交流があったかどうかについては書かれていない。 **2** 第１段落最終文に，they(＝paintings on the walls inside caves) do not show that early humans participated in other social activities, such as religious ceremonies「(洞窟の壁画は）初期の人類がほかの社会活動，例えば宗教儀式などに参加していたことを示してはくれない」とあるので一致しない。 **3** 第２段落第１文にThe lack of evidence led many historians to believe that religions did not develop until humans started to build farms and live in villages.「証拠が不足しているせいで，多くの歴史家たちは人類が農場を作り，村で暮らし始めるまで宗教は発達しなかったと考えていた」とあり，初期の人類は宗教を持たなかったと信じられていたので一致しない。 **4** 第３段落第１文にThe Shigir Idol was actually found in Russia in 1890. For a long time, people did not know how old it was「シギルの偶像は，実は1890年にロシアで発見されていた。長い間，人々はそれがどのくらい古いかを知らなかった」とあり，最近の分析で判明するまでいつ頃作られたものかわかっていなかったので一致する。正解は**4**。

4 一次試験・英作文

(問題編p.156)

TOPICの訳 歴史をより良く理解するためには，重要な史跡に行く必要があると言う人々がいます。あなたはこの意見に賛成しますか。

POINTSの訳 ●経験 ●動機 ●科学技術

解答例 **(賛成意見)** I agree that it is necessary for people to go to important historical sites to understand history better. First, people can experience the actual scale of historical sites, such as the pyramids in Egypt. They cannot experience this by seeing these sites online, even with today's advanced technology. Second, visitors will have the opportunity to talk to local people. These people have stories about local history which include important information that is not in books. Such stories can make people want to learn more about history. For these reasons, I think people should visit historical sites. (**96**words)

解答例の訳 私は歴史をより良く理解するためには重要な史跡に行く必要があるということに賛成します。第一に，エジプトのピラミッドのような史跡の実際の規模を体験することができます。今日の先端科学技術をもってしても，オンラインでこうした場所を見るだけではこれを体験することはできません。第二に，見学者は地元の人々と話す機会が持てます。こうした人々は，本には書かれていない重要な情報を含む地元の歴史に関する物語を知っています。このような物語は歴史についてもっと学びたい気持ちにさせてくれます。こうした理由から，人々は史跡を訪れるべきだと私は思います。

解説 解答例では，I agreeで始め，その後にトピックのthat以下の内容をほぼそのまま引用することで，賛成意見ということを示している。その後で理由を２つ書く。解答例では，①can experience the actual scale of historical sites「史跡の実際の規模を体験できる」と述べ，画面で見るだけではわからないことを現地では実際に体感できることを理由としている。次に，②have the opportunity to talk to local people「地元の人々と話す機会がある」ことを理由に挙げ，本に書かれていない地元の人々のみ知る物語を直に聞

※2024年度第１回から，大問４に文章の要約を書く問題が加わります。

くことができると述べている。

反対意見の理由としては，①「時間やお金がかかる」ということが挙げられるだろう。It takes a lot of time and money to go to see important historical sites.「重要な史跡を見に行くためにはたくさんの時間やお金がかかる」のように表せる。さらに，Not everyone can take time off from work and visit these places easily.「だれもが簡単に仕事の休みを取って，こうした場所を訪れことができるわけではない」のように補足できる。また，②「本や映画などで学ぶことができる」という理由も考えられる。I think we can understand history quite well through books and movies.「私たちは本や映画を通して歴史をかなり良く理解することができると私は思います」のように表せる。They give us historical details that we cannot learn just by seeing the sites.「それらは史跡を見るだけでは学ぶことのできない歴史に関する詳細を教えてくれる」のように説明を加えると良いだろう。

第1部 一次試験・リスニング

(問題編pp.157～159)

No.1 正解 1

放送文 ***A:*** Livingstone Hotel. ***B:*** This is Ben Bryson in Room 707. I'll be meeting some clients for dinner near City Station, and I'd like to take the train back here afterwards. Do you know what time the last train leaves? ***A:*** I can check for you. Let's see. The last train from City Station is at 12:15. ***B:*** Excellent. Thanks a lot.

Question: What does the man want to know?

訳 A：リビングストン・ホテルです。 B：707号室のベン・ブライソンです。シティ駅の近くで顧客と会食をして，その後でこちらに電車で戻ってきたいんです。最終電車は何時に出るかわかりますか。 A：お調べいたします。ええと。シティ駅からの最終電車は12時15分です。 B：すばらしい。どうもありがとう。

質問の訳 男性は何を知りたいと思っていますか。

選択肢の訳 **1** 最終電車はいつか。 **2** シティ駅への行き方。 **3** 部屋を変えることができるかどうか。 **4** 彼の顧客がどの部屋にいるか。

解説 B(＝男性)が1回目の発言でDo you know what time the last train leaves?「最終電車は何時に出るかわかりますか」と尋ねているので，**1**が正解。

No.2 正解 3

放送文 ***A:*** Bernard, how did you get that scar on your knee? ***B:*** Haven't you noticed it before, Cathy? I've had it for most of my life. I fell off my bicycle when I was a kid. ***A:*** Really? That must have hurt. ***B:*** Yeah, it did. My knee was bleeding a lot, and my mother had to take me to the hospital.

Question: What was Bernard doing when he got hurt?

訳 A：バーナード，その膝の傷跡はどうしたの？ B：これまで気づいたことなかったの，キャシー？ 僕の人生の大半ずっとあるんだよ。子供の頃に自転車で転んだんだ。

A：本当に？　それは痛かったでしょう。　B：うん，痛かった。膝からたくさん血が出ていて，母が僕を病院に連れて行かないといけなかったんだ。

質問の訳 バーナードは怪我をしたときに何をしていましたか。

選択肢の訳 **1** 友達とスポーツをしていた。　**2** 母親とドライブをしていた。
3 自転車に乗っていた。　**4** キャシーと話していた。

解説 A（＝Cathy）に膝の傷跡ができた理由を尋ねられたB（＝Bernard）が1回目の発言で，I fell off my bicycle when I was a kid.「子供の頃に自転車で転んだんだ」と説明しているので，**3**が正解。

No.3 正解　4

放送文 ***A:*** What's the matter, Doris? You look very tired. ***B:*** My cat ran away last night, and I went looking for her. I didn't go to bed until after 3 a.m. ***A:*** I'm sorry to hear that. Did you find her and bring her home? ***B:*** No, but when I woke up this morning, she was waiting outside. I have no idea where she went last night.

Question: Why is the woman tired?

訳 A：どうしたの，ドリス？　とても疲れているみたいだね。　B：昨夜私の猫が逃げ出して，探しに行ったの。寝たのは午前3時を過ぎてからよ。　A：それはお気の毒に。猫を見つけて家に連れて帰ったの？　B：いいえ，でも今朝目が覚めたら，外で待っていたのよ。昨夜どこに行ってたのか，全くわからないわ。

質問の訳 女性はなぜ疲れていますか。

選択肢の訳 **1** 飼い猫を病院に連れて行った。　**2** 今朝ずっと走って出勤した。
3 台所を掃除するために早く起きた。　**4** 昨夜飼い猫を探さなければならなかった。

解説 A（＝男性）に疲れている理由を尋ねられたB（＝Doris）が1回目の発言で，My cat ran away last night, and I went looking for her. I didn't go to bed until after 3 a.m.「昨夜私の猫が逃げ出して，探しに行ったの。寝たのは午前3時を過ぎてからよ」と答えているので，**4**が正解。

No.4 正解　3

放送文 ***A:*** Is that a new pencil case, David? I thought you liked your old one with the shark on it. ***B:*** I still do. My dad bought that one at the aquarium, but I needed to get a bigger one because I need to take a lot of colored pencils to art class. ***A:*** Have you drawn any pictures yet? ***B:*** Yeah, lots. I'll show them to you sometime.

Question: Why did the boy get a new pencil case?

訳 A：それは新しい筆箱かしら，デイビッド？　サメの付いた古いのが気に入ってたと思ってたけど。　B：今もそうだよ。あれはお父さんが水族館で買ってくれたんだけど，大きいのが必要になったんだ。美術の授業に色鉛筆をたくさん持って行かないといけないからね。　A：もう何か絵は描いたの？　B：うん，たくさん。そのうち見せてあげるよ。

質問の訳 男の子はなぜ新しい筆箱を買いましたか。

選択肢の訳 **1** 古いのはクラスの友達にあげた。　**2** 水族館で古いのをなくした。
3 美術の授業のために大きいのが必要だった。　**4** 違う絵の付いたのが欲しかった。

解説 B（＝David）が1回目の発言でI needed to get a bigger one（＝pencil case）because I need to take a lot of colored pencils to art class「大きいのが必要になったんだ。美術の授業に色鉛筆をたくさん持って行かないといけないからね」と言っているので，**3**が正解。

No.5 正解 3

放送文 ***A:*** George, could I have a tissue? ***B:*** Sure, here you go. Do you have a cold? ***A:*** I don't think so. The air conditioners in my apartment are very old, and I think they need to be cleaned. The air in my room makes my nose run. I'm going to call the building manager later today. ***B:*** Good idea. Air conditioners need to be cleaned often.

Question: How does the woman plan to solve her problem?

訳 A：ジョージ，ティッシュをもらえる？ B：うん，どうぞ。風邪をひいてるの？ A：そうじゃないと思うわ。私のアパートのエアコンがとても古くて，掃除が必要だと思うの。私の部屋の空気のせいで，鼻水が出るのよ。今日，後でビルの管理人に電話するつもり。 B：いい考えだね。エアコンは頻繁に掃除する必要があるよ。

質問の訳 女性は問題をどのようにして解決する予定ですか。

選択肢の訳 **1** 自分の部屋を掃除することによって。 **2** もっとティッシュを買うことによって。 **3** ビルの管理人に話すことによって。 **4** 友達に手伝いを頼むことによって。

解説 A（＝女性）が2回目の発言でThe air conditioners in my apartment are very old, and I think they(＝the air conditioners) need to be cleaned.「私のアパートのエアコンがとても古くて，掃除が必要だと思うの」と言っており，これが解決すべき問題である。Aはさらに，I'm going to call the building manager「ビルの管理人に電話するつもり」と言っており，これが解決方法なので，callをtalk toと言い換えた**3**が正解。

No.6 正解 2

放送文 ***A:*** Good morning. I'm looking for a new desk for my room. ***B:*** Would you like a metal one or a wooden one? ***A:*** Well, the rest of the furniture in my room is wooden, so I'd like to find a matching desk. ***B:*** I think we may have just the thing you're looking for. There's a sale on all of our desks, chairs, and shelves today.

Question: What is the customer looking for?

訳 A：おはようございます。自分の部屋に置く新しい机を探しているんです。 B：金属製のものをご希望ですか，それとも木製ですか。 A：そうですね，部屋のほかの家具は木製なので，合う机を見つけたいです。 B：お探しのものにぴったりなのがあると思いますよ。本日は当店の机と椅子と棚がすべてお買い得になっております。

質問の訳 客は何を探していますか。

選択肢の訳 **1** 自分の机に合う椅子。 **2** 自分の部屋に置く新しい机。 **3** 本のための木製の棚。 **4** 自分の部屋に置く金属製の家具。

解説 客であるA（＝女性）が1回目の発言でI'm looking for a new desk for my room.「自分の部屋に置く新しい机を探しているんです」と言っているので，**2**が正解。

No.7 正解 4

放送文 ***A:*** Excuse me. I got this postcard in my mailbox yesterday. It says I have a package to pick up at this post office. ***B:*** Yes, sir. May I see an ID card, please? ***A:*** Of course. Here's my driver's license. ***B:*** Thank you. Now, just sign your name on this line.

Question: What is the man doing at the post office?

訳 A：すみません。昨日，私の郵便受けにこのハガキが入っていました。こちらの郵便局で受け取る小包があると書いてあります。　B：はい，お客様。身分証明書を拝見してもよろしいですか。　A：いいですよ。こちらが免許証です。　B：ありがとうございます。では，この線の上にご署名をお願いします。

質問の訳 男性は郵便局で何をしていますか。

選択肢の訳 **1** 郵便を配達している。　**2** 郵便受けを確認している。　**3** 新しい免許証を受け取っている。　**4** 小包を受け取っている。

解説 A(＝男性)が1回目の発言でI have a package to pick up at this post office「こちらの郵便局で受け取る小包がある」と言い，その手続きをしているので，**4**が正解。

No.8 正解 2

放送文 ***A:*** So, how are the wedding preparations going, Gordon? Have you and your fiancée finished planning everything? ***B:*** We've done a lot, but there's still so much left to do. ***A:*** Well, you still have six weeks left. Have you decided where to go on your honeymoon? ***B:*** Actually, we've both been so busy that we haven't had time to think about it yet.

Question: What is one thing the man says?

訳 A：それで，結婚式の準備はどんな具合なの，ゴードン？　あなたと婚約者は何もかも計画を済ませたの？　B：かなり済んだけど，まだやるべきことはたくさん残っているよ。　A：まあ，まだ6週間あるしね。新婚旅行はどこに行くか決めたの？　B：実は，2人とも忙しくてまだそれについて考える時間がないんだ。

質問の訳 男性が言っていることの1つは何ですか。

選択肢の訳 **1** 結婚式の時間が変更された。　**2** 結婚式の計画はまだ終わっていない。
3 新婚旅行が楽しくなかった。　**4** 新婚旅行の計画は6週間前に立てられた。

解説 A（＝女性）から結婚式の準備について尋ねられたB（＝Gordon）が，1回目の発言でthere's still so much left to do「まだやるべきことはたくさん残っているよ」と言っているので，**2**が正解。

No.9 正解 1

放送文 ***A:*** Honey, we haven't seen Gloria at our town meetings recently. I guess she must be busy. ***B:*** Actually, I forgot to tell you—I ran into her on the street last week. She said she's started going to a business class in the evening. ***A:*** Really? I hope I can get a chance to see her again soon. ***B:*** Well, she said she'd definitely be at the next meeting.

Question: What is one thing the man says about Gloria?

訳 A：あなた，最近町民集会でグロリアを見かけてないわね。彼女は忙しいに違いないと思うわ。　B：実は，君に話すのを忘れていたんだけど，先週町中で彼女にばったり会ったんだ。夜間のビジネス講座に通い始めたって言ってたよ。　A：本当？　近々また彼女に会う機会があるといいけど。　B：ええと，今度の集会には必ず行くって言ってたよ。

質問の訳 男性がグロリアについて言っていることの1つは何ですか。

選択肢の訳 **1**　彼女は講座を受けている。　**2**　自分で事業を始めた。　**3**　女性に電話するつもりだ。　**4**　別の通りに引っ越した。

解説 B(＝男性)が1回目の発言でshe's(＝Gloria has) started going to a business class in the evening「彼女（＝グロリア）は夜間のビジネス講座に通い始めた」と言っているので，**1**が正解。

No.10　正解　4

放送文 ***A:*** Working overtime again tonight, Debbie? ***B:*** I think so, Bob. I'm still working on this presentation for Mr. Donaldson. ***A:*** You've been working on it all week. Let me know if you need help with anything. ***B:*** OK, thanks. I will be done with it soon, though. After that, my work schedule should go back to normal.

Question: What is one thing the woman says?

訳 A：今夜もまた残業するの，デビー？　B：そう思うわ，ボブ。このドナルドソンさんのためのプレゼンにまだ取り組んでいるの。　A：丸1週間それにかかりきりだね。何か手伝って欲しいことがあれば知らせてよ。　B：わかった，ありがとう。でも，もうすぐ終わるわ。その後は，私の仕事の予定は通常に戻るはずよ。

質問の訳 女性が言っていることの1つは何ですか。

選択肢の訳 **1**　来月まで残業するだろう。　**2**　ドナルドソンさんと話すつもりはない。　**3**　これまでにプレゼンをしたことがない。　**4**　プレゼンはほとんど書き終えている。

解説 B(＝Debbie)が2回目の発言でI will be done with it(＝this presentation) soon「もうすぐ終わるわ」と言っているので，この内容をhas almost finishedと言い換えた**4**が正解。

No.11　正解　2

放送文 ***A:*** Hello. ***B:*** Hi, this is Stefan calling. Is Lorie there? ***A:*** She's just gone to the store to get something for dinner. She shouldn't be too long. I'll have her call you when she gets home. ***B:*** That's OK. I'm going out with my parents, so I'll call her when I get back.

Question: What will Stefan do when he gets back?

訳 A：もしもし。　B：もしもし，ステファンです。ローリーはいらっしゃいますか。　A：夕食の買い物にお店に行ったところなの。あまり長くはかからないはずよ。帰ってきたら折り返し電話させるわね。　B：大丈夫です。両親と出かけるので，僕が帰ってきてから電話します。

質問の訳 ステファンは帰ってきてから何をするつもりですか。

選択肢の訳 **1**　ローリーから電話が来るのを待つ。　**2**　もう一度ローリーに電話する。　**3**　家で夕食を食べる。　**4**　両親と出かける。

解説 B(＝Stefan)が2回目の発言でI'll call her(＝Lorie) when I get back「僕が帰ってきてから電話します」と言っており，ステファンがローリーに電話をかけ直すつもりなので，**2**が正解。

No.12 正解 2

放送文 ***A:*** Excuse me. Where can I find the special exhibition of modern art? ***B:*** It's on the third floor, next to the museum shop. But you'd better hurry. The museum is closing in half an hour. ***A:*** All right. Do I have to pay extra to go in? ***B:*** Yes. Special exhibition tickets are five dollars. It's our most popular event this year.

Question: Why does the man say the woman should hurry?

訳 A：すみません。現代美術の特別展はどこで見られますか。 B：3階の館内売店の隣です。でも，急いだ方がいいですよ。美術館はあと30分で閉まります。 A：わかりました。入るには追加料金がかかりますか。 B：はい。特別展のチケットは5ドルです。当館で今年一番人気のイベントですよ。

質問の訳 男性はなぜ女性が急いだ方がいいと言っていますか。

選択肢の訳 **1** 展覧会の最終日である。 **2** まもなく閉館時間だ。 **3** 展覧会のチケットがもうすぐ売り切れる。 **4** 美術館の売店が特売を行っている。

解説 B(＝男性)が1回目の発言でBut you'd better hurry. The museum is closing in half an hour.「でも，急いだ方がいいですよ。美術館はあと30分で閉まります」と言っている。closing in half an hourをnearly closing timeと言い換えた**2**が正解。

No.13 正解 2

放送文 ***A:*** Hey, Anne. I've got two tickets to the Fire Queens concert in Highdale Park this Friday night. Do you want to go? It starts at 6 p.m. ***B:*** Well, I love the Fire Queens, but I promised to look after my sister's baby that night. My sister has to work late. ***A:*** I see. That's too bad. ***B:*** I wish I could go. Maybe next time, I guess.

Question: Why will the woman not go to the concert?

訳 A：ねえ，アン。今度の金曜の夜にハイデール公園であるファイア・クイーンズのコンサートのチケットを2枚持ってるんだ。行きたくない？ 6時に始まるよ。 B：そうね，ファイア・クイーンズは大好きだけど，その夜は姉の赤ちゃんの面倒を見る約束をしてるの。姉は遅くまで仕事をしないといけないのよ。 A：そうなんだ。残念だな。 B：行けたらいいんだけど。たぶんまた今度ね。

質問の訳 女性はなぜコンサートに行かないのですか。

選択肢の訳 **1** その夜は夕食を料理しなければならない。 **2** 赤ちゃんの世話をしなければならない。 **3** 姉と出かけるつもりだ。 **4** 遅くまで仕事をする予定だ。

解説 B(＝Anne)が1回目の発言でI promised to look after my sister's baby that night「その夜は姉の赤ちゃんの面倒を見る約束をしてるの」と言っているので，look afterをtake care ofと言い換えた**2**が正解。

No.14 正解 3

放送文 ***A:*** Donnie, I'm happy you did well on your science test this time, but you failed your math test again. ***B:*** I know, Mom. I find it hard to concentrate in Ms. Wilson's class. ***A:*** Well, if you don't get a better score next time, maybe you should start seeing a tutor after school. ***B:*** No, please don't make me do that. I'll do my best to study harder.

Question: What does the boy say he will do?

訳 A：ドニー，今回理科のテストの成績が良かったのはうれしいけど，数学のテストはまた不合格だったわね。 B：わかってるよ，お母さん。ウィルソン先生の授業で集中するのは大変なんだ。 A：そうね，次回もっといい点数を取らなければ，放課後に家庭教師に来てもらった方がいいかもね。 B：いやだよ, お願いだからそんなことさせないで。がんばってもっと一生懸命勉強するから。

質問の訳 男の子は何をするつもりだと言っていますか。

選択肢の訳 **1** 理科の授業でもっと集中する。 **2** 放課後にウィルソン先生に会う。 **3** 数学の授業でもっと一生懸命勉強する。 **4** 新しい数学の家庭教師を探してみる。

解説 母親に数学の成績が悪かったことを指摘されたB（＝Donnie）が，2回目の発言でI'll do my best to study harder.「がんばってもっと一生懸命勉強するから」と言っている。したがって，studyをworkと言い換えた**3**が正解。

No.15 正解 4

放送文 ***A:*** Excuse me, sir. Do you live in this neighborhood? ***B:*** I do. Do you need some help finding something? ***A:*** Yes, if you don't mind. I'm looking for a good place for lunch. Do you have any recommendations? ***B:*** Hmm. Well, there's a nice German restaurant up on the hill. It's called Heidi's.

Question: What does the woman want to do?

訳 A：すみません。こちらの近所にお住まいですか？ B：そうです。何かお探しでしたらお手伝いしましょうか。 A：ええ，もしよろしければ。昼食にいい場所を探しているんです。どこかお勧めはありますか。 B：うーん。そうですね，丘の上においしいドイツ料理店がありますよ。ハイディの店といいます。

質問の訳 女性は何がしたいのですか。

選択肢の訳 **1** ドイツに引っ越す。 **2** 男性と昼食を食べる。 **3** 男性がどこに向かっているかを突き止める。 **4** おいしいレストランで昼食を食べる。

解説 A（＝女性）が2回目の発言でI'm looking for a good place for lunch.「昼食にいい場所を探しているんです」と言い，B（＝男性）がドイツ料理店を勧めているので，**4**が正解。

一次試験・リスニング

(問題編pp.159〜161)

No.16 正解 3

放送文 Sandra hurt her left foot playing soccer. She could not play for a long time, so she joined a fitness center to stay active. The instructor there was very friendly and showed her how to use the training machines. However, after a few months, Sandra stopped going because the fitness center became very crowded. She is looking forward to playing soccer again soon.

Question: Why did Sandra stop going to the fitness center?

訳 サンドラはサッカーをしていて左足を怪我した。長い間サッカーができなかったので，活動的でいるためにフィットネスセンターに入会した。そこのインストラクターはとても親しみやすく，トレーニングマシーンの使い方を教えてくれた。だが数か月後，フィットネスセンターがとても混んできたのでサンドラは行くのをやめた。彼女はもうすぐ再びサッカーをすることを楽しみにしている。

質問の訳 サンドラはなぜフィットネスセンターに行くのをやめましたか。

選択肢の訳 **1** もう活動的に感じなかった。 **2** 足が回復しなかった。 **3** そこにはあまりにも多くの人がいた。 **4** そこのインストラクターが厳しすぎた。

解説 第４文でSandra stopped going because the fitness center became very crowded「フィットネスセンターがとても混んできたのでサンドラは行くのをやめた」と言っている。became very crowdedをthere were too many peopleと言い換えた**3**が正解。

No.17 正解 1

放送文 Robert's work schedule will change at the beginning of next month. He will still work from home twice a week, but his boss said that weekly reports will be due on Fridays—not on Wednesdays as before. In addition, the staff meeting will be on Mondays instead of Tuesdays. What Robert is most happy about is that he will have more time to make and check his weekly report during the week.

Question: What is one way in which Robert's schedule will change?

訳 ロバートの勤務予定は来月初めに変わるだろう。彼はまだ週に２回在宅勤務をする予定だが，上司が週報の締め切りが以前のように水曜日ではなく金曜日になると言った。さらに，担当者会議が火曜日ではなく月曜日になる。ロバートが一番うれしいのは，週の間に週報を作成して確認する時間が増えることである。

質問の訳 ロバートの予定が変わる点の１つは何ですか。

選択肢の訳 **1** 報告書を金曜日に提出する。 **2** 在宅勤務をやめる。 **3** 報告書を作成する時間が減る。 **4** 担当者会議が水曜日に移動する。

解説 第２文後半でweekly reports will be due on Fridays—not on Wednesdays as before「週報の締め切りが以前のように水曜日ではなく金曜日になる」と言っている。

reports will be dueをhand in reportsと言い換えた**1**が正解。

No.18 正解 4

放送文 Most puddings around the world are sweet. However, in England, there is a pudding made from things that are not sweet, such as animal blood and fat. It is called black pudding, or blood pudding, and it looks like a black sausage. It was first made long ago because people did not want to waste any parts of the animals that they cooked. Today, some types of black pudding are very expensive.

Question: Why did people start making black pudding long ago?

訳 世界中のたいていのプディングは甘い。だが，イングランドには動物の血や脂肪など甘くないものから作られたプディングがある。それはブラックプディングまたはブラッドプディングといい，黒いソーセージのような見た目である。それは最初ずっと昔，料理する動物のどの部位も無駄にしたくなかったために作られた。今日，いくつかの種類のブラックプディングは非常に高価である。

質問の訳 昔，人々はなぜブラックプディングを作り始めましたか。

選択肢の訳 **1** 動物に食べさせたかった。 **2** 何か甘い食べ物が必要だった。
3 十分なソーセージが見つからなかった。 **4** 動物の部位を無駄にしたくなかった。

解説 第4文でIt(＝black pudding) was first made long ago because people did not want to waste any parts of the animals that they cooked.「それは最初ずっと昔，料理する動物のどの部位も無駄にしたくなかったために作られた」と言っているので，**4**が正解。

No.19 正解 2

放送文 Trevor went camping with two friends. The campsite was very crowded, so they had to put up their tents a long way from the bathroom. During the night, Trevor had to get up to go to the bathroom. It took him a long time to find it in the dark, and then he could not find his tent again. He had to call one of his friends on his smartphone to ask for help.

Question: What happened to Trevor while he was camping?

訳 トレバーは友達2人とキャンプに行った。キャンプ場はとても混んでいたので，トイレから離れた場所にテントを張らなければならなかった。夜間，トレバーはトイレに行くために起きなければならなかった。暗闇の中でそれを見つけるのには長い時間がかかり，それからまた自分のテントを見つけることができなかった。彼は友達の1人にスマートフォンで電話して助けを求めなければならなかった。

質問の訳 キャンプしている間にトレバーに何が起きましたか。

選択肢の訳 **1** スマートフォンを壊した。 **2** 夜，道に迷った。 **3** テントを張る場所がなかった。 **4** 友達を助けることができなかった。

解説 第4文でIt took him(＝Trevor) a long time to find it(＝the bathroom) in the dark, and then he could not find his tent again.「暗闇の中でそれを見つけるのには長い時間がかかり，それからまた自分のテントを見つけることができなかった」と言っている。この内容を簡潔に言い換えた**2**が正解。

No.20　正解　3

放送文 In Panama and other warm countries, people often wear hats to keep cool. In fact, a famous light-colored hat called the Panama hat was named after this country. However, Panama hats do not originally come from Panama. They were first made in Ecuador, in the town of Montecristi. The finest hats from Montecristi cost a lot of money because it takes skilled craftspeople several months to make each one.

Question: Why are fine Panama hats from Montecristi expensive?

訳 パナマやほかの暖かい国々では，人々は涼しさを保つために帽子をかぶることが多い。実際，パナマ帽という有名な明るい色の帽子はこの国にちなんで名付けられた。だが，パナマ帽は元々パナマが発祥ではない。それらは最初エクアドルで，モンテクリスティという町で作られた。モンテクリスティ製の最高級の帽子は熟練した職人が１つ１つ手作りするのに数か月かかるため，非常に値が張る。

質問の訳 モンテクリスティで作られる上質のパナマ帽はなぜ高価なのですか。

選択肢の訳 **1**　パナマ出身の人々はそれらにちなんで自国を名付けた。　**2**　冬の間に人々の頭を暖かく保つことができる。　**3**　それぞれを作るために長い時間と特別な技術が必要である。　**4**　選べる色がたくさんある。

解説 最終文でThe finest hats from Montecristi cost a lot of money because it takes skilled craftspeople several months to make each one.「モンテクリスティ製の最高級の帽子は熟練した職人が１つ１つ手作りするのに数か月かかるため，非常に値が張る」と言っている。several monthsをa long time，はskilled craftspeopleをspecial skillsと言い換えた**3**が正解。

No.21　正解　4

放送文 Natalie goes to college and works part time at a bakery. Her final exams are starting soon, so she needs more time to study. She does not want to quit her job, so she talked to her manager about it. He recommended that she continue to work on weekends but stop working during the week. Natalie thought it was a good idea and took his advice.

Question: How did Natalie solve her problem?

訳 ナタリーは大学に通い，パン屋でアルバイトをしている。期末試験が間もなく始まるので，彼女は勉強する時間を増やす必要がある。彼女は仕事を辞めたくないので，そのことについて店長に話した。彼は彼女が週末には仕事を続けるが，平日は仕事を入れないことを勧めた。ナタリーはそれは良い考えだと思い，彼の助言に従った。

質問の訳 ナタリーはどのようにして問題を解決しましたか。

選択肢の訳 **1**　別の仕事を探すことによって。　**2**　週末の仕事を減らすことによって。
3　パンを買うのを減らすことによって。　**4**　店長に話すことによって。

解説 質問にあるher problemとは，第２文後半～３文前半の「仕事を辞めずに勉強時間を増やしたい」という内容を指す。第３文後半でshe(＝Natalie) talked to her manager about it(＝her problem)「彼女はそのことについて店長に話した」と言っており，店長の助言によって解決したので，**4**が正解。

No.22 正解 2

放送文 Mr. Ogawa has a two-year-old daughter called Shiho. His wife had stayed home to take care of Shiho, but last month, she started working again. She wanted to buy a car to take Shiho to day care. However, Mr. Ogawa suggested buying an electric bicycle instead because it would be easier to take care of and would take up less space than a car.

Question: What is one reason Mr. Ogawa recommended buying an electric bicycle?

訳 オガワさんにはシホという名前の2歳の娘がいる。彼の妻はシホの世話をするために家にいたが，先月再び働き始めた。彼女はシホを保育園に連れて行くために車を買いたかった。だが，オガワさんは代わりに電動自転車を買うことを提案した。というのも，その方が手入れが楽だろうし，車よりもスペースを取らないからである。

質問の訳 オガワさんが電動自転車を買うことを勧めた理由の1つは何ですか。

選択肢の訳 **1** 車よりも売るのが簡単だろう。 **2** 車よりもスペースを必要としないだろう。 **3** 妻が車の中に置いておくためにそれを欲しがった。 **4** 娘が車よりもそれを気に入った。

解説 最終文でMr. Ogawa suggested buying an electric bicycle instead because it(＝an electric bicycle) ... would take up less space than a car「オガワさんは代わりに電動自転車を買うことを提案した。というのも，その方が…車よりもスペースを取らないからである」と言っている。take upをneedと言い換えた**2**が正解。

No.23 正解 2

放送文 Welcome to Silverton Books. There are some new computers in our Internet café on the third floor. Please feel free to come and try them out. Remember that every Silverton member who introduces a new member gets a $5 discount ticket. Also, we would like to remind you that the store now opens early on Saturdays, at 7:30 a.m., and closes at 5 p.m.

Question: How can Silverton Books members get a discount?

訳 シルバートン書店へいらっしゃいませ。当店3階のインターネットカフェには新しいコンピュータがあります。ぜひご自由に試しにいらしてください。シルバートン会員の皆様は，新しい会員をご紹介いただくと5ドルの割引券がもらえますのでお知らせします。また，当店はただ今土曜日には早く7時半に開店し，午後5時に閉店しますのでお気をつけください。

質問の訳 シルバートン書店会員はどのようにして割引を受けられますか。

選択肢の訳 **1** 店に早く来ることによって。 **2** 新しい会員を紹介することによって。 **3** 新しいコンピュータを使うことによって。 **4** コーヒーを買うことによって。

解説 第4文でevery Silverton member who introduces a new member gets a $5 discount ticket「シルバートン会員の皆様は，新しい会員をご紹介いただくと5ドルの割引券がもらえます」と言っている。したがって，**2**が正解。

No.24 正解 3

放送文 Patricia is a busy lawyer with little free time. She feels stressed at work, and she is looking for a way to relax. She read an article about a woman who does yoga before work. Patricia thought she would have time to exercise for about 15 minutes every morning, so she ordered a yoga mat online to get started.

Question: Why does Patricia want to do yoga?

訳 パトリシアは忙しい弁護士で自由時間がほとんどない。彼女は仕事でストレスを感じており，くつろぐ方法を探している。彼女は仕事の前にヨガをする女性についての記事を読んだ。パトリシアは毎朝15分ぐらいなら運動をする時間があるだろうと思ったので，始めるためにヨガマットをオンラインで注文した。

質問の訳 パトリシアはなぜヨガをしたいのですか。

選択肢の訳 **1** 弁護士から助言を受けた。 **2** 友達からヨガマットをもらった。 **3** ストレスに苦しんでいる。 **4** それについての記事を書く予定だ。

解説 第２文でShe feels stressed at work, and she is looking for a way to relax.「彼女は仕事でストレスを感じており，くつろぐ方法を探している」と言っており，ヨガを始めるのはストレス軽減のためである。feels stressedをhas been suffering from stressと言い換えた**3**が正解。

No.25 正解 1

放送文 In 1943, after the United States entered World War II, there were fights in Los Angeles, California, between soldiers and other young men. The fights started because the young men wore zoot suits. Zoot suits were like business suits, but they were loose and were made from a lot of cloth. The military needed cloth for uniforms, so the soldiers thought that zoot suits were a waste of material.

Question: Why were there fights in Los Angeles?

訳 1943年，米国が第二次世界大戦に参加した後，カリフォルニアのロサンゼルスで兵士たちとほかの若者たちとの間で争いがあった。争いは，若者たちがズートスーツを着ていたために起こった。ズートスーツはビジネススーツに似ていたが，だぶだぶでたくさんの布地で作られていた。軍隊は制服のために布地が必要だったので，兵士たちはズートスーツは生地の無駄遣いだと考えたのだ。

質問の訳 ロサンゼルスで争いがあったのはなぜですか。

選択肢の訳 **1** 兵士たちがズートスーツはあまりにも生地を使いすぎると考えた。 **2** 軍隊が飛行機で飛ぶときにズートスーツを使った。 **3** 若者たちはスーツ店で働きたくなかった。 **4** ビジネスマンたちがもうスーツを着ることができなかった。

解説 最終文でthe soldiers thought that zoot suits were a waste of material「兵士たちはズートスーツは生地の無駄遣いだと考えたのだ」と言っている。were a waste of materialをused too much materialと言い換えた**1**が正解。

No.26 正解 3

放送文 Maki is a first-year high school student from Japan and she has decided to study abroad. She saw some online videos of students having a lot of fun in high schools in the United States. Her teacher said it would be better for her to graduate before she goes abroad, but Maki wanted to have the same experience as the ones she saw on the Internet.

Question: Why did Maki decide to study abroad?

訳 マキは日本出身の高校1年生であり，留学することに決めた。彼女は米国の高校で大いに楽しんでいる生徒たちのオンライン動画をいくつか見た。彼女の先生は海外に行く前に卒業した方が良いと言ったが，マキはインターネットで見た生徒たちと同じ経験がしたかったのだ。

質問の訳 マキはなぜ留学することに決めたのですか。

選択肢の訳 **1** 学校に広告があった。 **2** 先生が課程について話した。 **3** 海外で高校生活を体験したかった。 **4** クラスメートがそれは楽しいだろうと言った。

解説 最終文でMaki wanted to have the same experience as the ones(= students) she saw on the Internet「マキはインターネットで見た生徒たちと同じ経験がしたかった」と言っている。「インターネットで見た生徒たち」とは，第2文のstudents having a lot of fun in high schools in the United States「米国の高校で大いに楽しんでいる生徒たち」のことなので，**3**が正解。

No.27 正解 2

放送文 In Guam, there is a traditional drink called *tuba*. To get *tuba*, a farmer climbs a coconut tree and then cuts open a part of the tree. After a while, *tuba* comes out. *Tuba* is sometimes called the “water of life” because it is an important part of the culture of Guam. It can also be used to make alcoholic drinks. In fact, *tuba* is a popular drink at parties and festivals in Guam.

Question: How do farmers in Guam get *tuba*?

訳 グアムにはトゥバという伝統的な飲み物がある。トゥバを手に入れるために，農民はココヤシの木に登り，それから木の一部を切り裂く。しばらくするとトゥバが出てくる。トゥバは時に「生命の水」と呼ばれることがあるが，それはグアムの文化の重要な一部だからである。それはまた，お酒を作るのに使われることもある。実際，トゥバはグアムではパーティーやお祭りで人気の飲み物である。

質問の訳 グアムの農民はどのようにトゥバを手に入れますか。

選択肢の訳 **1** それとお酒を交換する。 **2** 木の一部を切り裂く。 **3** 都市の店で買う。 **4** 水とココヤシの葉を混ぜる。

解説 第2文でTo get *tuba*, a farmer climbs a coconut tree and then cuts open a part of the tree.「トゥバを手に入れるために，農民はココヤシの木に登り，それから木の一部を切り裂く」と言っているので，**2**が正解。

No.28 正解 3

放送文 Welcome to tonight’s performance of *Swan Lake*. The ballet will be in

four parts, and the main role will be played by Wakako Takizawa. There will be a 20-minute break after the second part. Flowers can be given to the dancers in the lobby after the performance. Please do not take any food or drinks with you to your seats. We hope you enjoy the performance.
Question: What can people do after the performance?

訳 本日は「白鳥の湖」の公演へようこそいらっしゃいました。このバレエ作品は4部に分かれ，主演はタキザワ・ワカコさんが務めます。第2部の後で20分間の休憩があります。花束は公演の後，ロビーにてダンサーたちにお渡しいただけます。お席には食べ物やお飲み物を持ち込まないようお願いします。公演をお楽しみください。

質問の訳 公演の後で何ができますか。

選択肢の訳 **1** ロビーでパーティーに参加する。 **2** 無料の食べ物や飲み物を味わう。 **3** ダンサーたちに花束を渡す。 **4** バレエに関する20分間の話を聞く。

解説 第4文でFlowers can be given to the dancers in the lobby after the performance.「花束は公演の後，ロビーにてダンサーたちにお渡しいただけます」と言っている。flowers can be givenをpresent flowersと言い換えた**3**が正解。

No.29 正解 **2**

放送文 Nicole wants to make it easier to cook in her small kitchen. There is a large cabinet next to the fridge. Nicole plans to take it out so that she can have more space to move around in when she cooks. She has asked her brother to help her remove it because he is big and strong enough to carry it.
Question: How does Nicole plan to change her kitchen?

訳 ニコルは自分の小さな台所で料理をしやすくしたいと思っている。冷蔵庫の隣には大きな戸棚がある。ニコルは料理するときに動き回るスペースをもっと確保できるよう，それを運び出す計画だ。彼女の兄はそれを運べるほど体が大きく力持ちなので，彼女はそれを移動させるのを手伝ってくれるよう兄に頼んだ。

質問の訳 ニコルはどのようにして台所を模様替えする計画ですか。

選択肢の訳 **1** 壁にペンキを塗る。 **2** 戸棚を移動させる。 **3** 冷蔵庫を動かす。 **4** もっと大きなオーブンを買う。

解説 第2～3文でThere is a large cabinet next to the fridge. Nicole plans to take it (＝a large cabinet) out「冷蔵庫の隣には大きな戸棚がある。ニコルはそれを運び出す計画だ」と言っている。take outをremoveと言い換えた**2**が正解。

No.30 正解 **3**

放送文 Your attention, please. One of our staff members has found a bag near Entrance B2. It can be collected at the main office on the first floor. If you have lost a bag, please come to the main office. We would like to remind passengers to keep an eye on their baggage at all times. Please do not leave baggage behind on the platform.
Question: Why is this announcement being made?

訳 皆様にお知らせします。従業員が入り口B2付近でかばんを見つけました。1階の本部にてお受け取りいただけます。もしかばんをなくされた方がいらっしゃいましたら，本部までお越しください。乗客の皆様は常にお荷物から目を離さないようお願いいたします。プラットフォームにお荷物を置き忘れないようお気をつけください。

質問の訳 この案内はなぜ行われていますか。

選択肢の訳 **1** 駅に新しいプラットフォームができた。 **2** 入り口B2が修理のため閉鎖されている。 **3** 従業員によってかばんが見つけられた。 **4** 1階が清掃中である。

解説 第2文でOne of our staff members has found a bag near Entrance B2.「従業員が入り口B2付近でかばんを見つけました」と言っている。この内容をa bagを主語にして受け身で言い換えた**3**が正解。

カードA 二次試験・面接
（問題編pp.162〜163）

訳 食品について学ぶ

最近，多くの人々が食品の安全にいっそう注意を払っている。このため，日本中の食品会社は客に製品について詳しく知らせようと努めている。こうした会社の多くは食品がどのように生産されるかについての情報を提供するためにウェブサイトを利用している。客はこのような情報を確認し，そうすることによって購入する食品についてより詳しく学ぶのである。

話は次の文で始めてください：ある日，ミキは台所でお父さんと話していました。

質問の訳 No.1 この文によると，客はどのように購入する食品についてより詳しく学んでいますか。

No.2 では，絵を見てその状況を説明してください。20秒間，準備する時間があります。話はカードに書いてある文で始めてください。<20秒>始めてください。

では，〜さん（受験者の氏名），カードを裏返して置いてください。

No.3 人々はインターネット上の情報をあまりにも簡単に信じすぎると言う人がいます。あなたはそのことについてどう思いますか。

No.4 今日，外国に日本食レストランがあります。あなたはこうしたレストランの数が将来増えると思いますか。

No.1 解答例 By checking information about how food is produced.

解答例の訳 食品がどのように生産されるかについての情報を確認することによってです。

解説 第4文に関する質問。方法を問われているので，**by doing（動名詞）**の形を用いる。まずBy checking such information.と考え，第3文からsuch informationを具体的にinformation about how food is producedと表す。

No.2 解答例 One day, Miki was talking to her father in the kitchen.

She said to him, “I want to get a cookbook about pies.” Later at a library, Miki was taking a book from the shelf. Her father was thinking of borrowing the book. The next day, Miki was cutting a pie. Her father was thinking of setting the table.

解答例の訳 **ある日，ミキは台所でお父さんと話していました。**彼女は彼に「パイにつ

いての料理本が欲しいな」と言いました。その後図書館で，ミキは棚から本を取っていました。お父さんはその本を借りようと考えていました。次の日，ミキはパイを切り分けていました。お父さんは食卓の用意をしようと考えていました。

解説 1コマ目のミキの言葉は，1文目のMikiとher fatherをそれぞれ代名詞で言い換えて，直接話法のShe said to him "～." の形で表す。代名詞を使わず，Miki said to her father "～." としても良い。2コマ目は，ミキが図書館の棚から本を取り（was taking a book from the shelf），お父さんがその本を借りようと考えている（was thinking of borrowing the book）ところ。3コマ目は，ミキがパイを切り分けている（was cutting a pie）場面が描かれている。吹き出しは，お父さんが食卓の用意をしようと考えている（was thinking of setting the table）様子を表している。

No.3 **解答例** （I agree. の場合） I agree. Many people think that all online information is true. They sometimes share false information with their friends.
（I disagree. の場合） I disagree. Most people look carefully for websites they can trust. They know that some information on the Internet isn't true.

解答例の訳 私もそう思います。多くの人々がオンラインの情報がすべて正しいと考えています。彼らは時には誤った情報を友達と共有します。／私はそうは思いません。ほとんどの人は信頼できるウェブサイトを慎重に探します。彼らはインターネット上の情報の中には真実でないものもあることを知っています。

解説 賛成意見では，オンラインの情報がすべて正しい（all online information is true）と考える人が多いことを理由に挙げ，さらに誤った情報を友達と共有する（share false information with their friends）場合もあると付け加えている。「～を…と共有する」はshare ～ with ... で表す。反対意見では，インターネット情報を簡単に信じすぎるとは思わない理由として，信頼できるウェブサイトを慎重に探す（look carefully for websites they can trust）人が多いことや，インターネット情報の中には真実でないものもある（some information on the Internet isn't true）と知っているからということを挙げている。

No.4 **解答例** （Yes. の場合） Yes. → Why? ―― I think more people want to try Japanese dishes. They think that Japanese food is good for their health.
（No. の場合） No. → Why not? ―― There are already many Japanese restaurants abroad. Also, many people think that Japanese food is too expensive.

解答例の訳 はい。→それはなぜですか。―― もっと多くの人々が日本料理を食べてみたいと考えていると思います。彼らは日本食は健康に良いと考えています。／いいえ。→それはなぜですか。―― 海外にはすでに多くの日本食レストランがあります。また，多くの人々が日本食は高すぎると考えています。

解説 賛成意見では，日本食レストランの数が今後も増えると思う理由として，日本食を食べてみたい（want to try Japanese dishes）と考える人が多いという点を挙げ，さらに日本食は健康に良い（Japanese food is good for their health）と考えられていることを付け加えている。「健康に良い」はbe good for *one*'s healthで表せる。反対意見では，すでに多くの日本食レストランがある（There are already many Japanese restaurants）と述べ，また日本食は高すぎる（Japanese food is too expensive）と考える人が多いことを，海外で日本食レストランが将来増えると思わない理由としている。

カードB 二次試験・面接

（問題編pp.164～165）

訳 重要な場所を守る

最近，世界遺産に登録される場所が増えている。けれども，世界中で多くの自然災害が起きている。それによって一部の世界遺産は深刻な被害を受けているので，修復のために多くの労力を必要としている。世界遺産を良好な状態に保つには，地域社会が協力することが必要である。後世のためにこのような場所の手入れをすることは重要である。

話は次の文で始めてください：ある日，イトウ夫妻は旅行について話していました。

質問の訳 No.1　この文によると，一部の世界遺産はなぜ修復のために多くの労力を必要としていますか。

No.2　では，絵を見てその状況を説明してください。20秒間，準備する時間があります。話はカードに書いてある文で始めてください。＜20秒＞始めてください。

では，～さん（受験者の氏名），カードを裏返して置いてください。

No.3　自然の美しい場所を訪れる観光客の数を制限すべきだと言う人がいます。あなたはそのことについてどう思いますか。

No.4　今日，多くの学校が生徒にボランティア活動をする時間を与えています。あなたは学校が生徒にボランティア活動をする時間を与えるべきだと思いますか。

No.1 解答例

Because they have been seriously damaged by natural disasters.

解答例の訳 それらは多くの自然災害によって深刻な被害を受けているからです。

解説 第３文に関する質問。理由を問われているので，**Because ～.**で答える。まずBecause they have been seriously damaged by them. と考え，第２文からthemを具体的にnatural disastersと表す。

No.2 解答例

One day, Mr. and Mrs. Ito were talking about their trip. Mr. Ito said to his wife, “I'd like to go to see an old castle.” On the morning of the trip, Mrs. Ito was making sandwiches. Mr. Ito was thinking of putting their bags in the car. Later at the castle, Mr. Ito was looking at a map. Mrs. Ito was asking a man to take a picture of her and her husband.

解答例の訳 **ある日，イトウ夫妻は旅行について話していました。**イトウさんは妻に「古いお城を見に行きたいな」と言いました。旅行当日の朝，イトウさんの妻はサンドイッチを作っていました。イトウさんはかばんを車に載せようと考えていました。その後お城で，イトウさんは地図を見ていました。イトウさんの妻は男性に自分と夫の写真を撮ってくれるよう頼んでいました。

解説 1コマ目のイトウさんの言葉は，直接話法のMr. Ito said to his wife, "～." の形で表す。2コマ目は，イトウさんの妻がサンドイッチを作っている（was making sandwiches）ところ。吹き出しは，イトウさんがかばんを車に載せようと考えている（was thinking of putting their bags in the car）ことを表している。3コマ目は，イトウさんが地図を見ていて（was looking at a map），イトウさんの妻が男性に写真を撮ってくれるよう頼んでいる（was asking a man to take a picture）様子を表している。「～に…するよう頼む」はask ～ to *do*で表す。

No.3 **解答例** （I agree.の場合） I agree. Some of these areas are damaged by many visitors. They leave a lot of trash at these areas.
（I disagree.の場合） I disagree. People should be allowed to visit these places at any time. Most people are careful not to damage such places.

解答例の訳 私もそう思います。このような地域の一部は多くの観光客によって損害を受けています。彼らはこうした地域にたくさんのごみを置いていきます。／私はそうは思いません。人々はこうした場所をいつでも訪れることを許されるべきです。ほとんどの人々はこのような場所に損害を与えないように気をつけています。

解説 賛成意見では，自然の美しい場所が多くの観光客によって損害を受けている（are damaged by many visitors）ことを理由とし，その一例として，たくさんのごみを置いていく（leave a lot of trash）ことを挙げている。反対意見では，こうした場所をいつでも訪れることを許されるべきである（should be allowed to visit these places at any time）という意見を述べ，ほとんどの人が損害を与えないように気をつけている（are careful not to damage such places）ということを，観光客の数を制限すべきだとは思わない理由としている。「～しないように気をつける」はbe careful not to *do*で表せる。

No.4 **解答例** （Yes.の場合） Yes. → Why? —— These activities give students chances to help their communities. Also, they can learn important skills from volunteer activities.
（No.の場合） No. → Why not? —— Students need to focus on studying for their classes. This is more important for their future.

解答例の訳 はい。→それはなぜですか。—— こうした活動は生徒たちに地域社会の役に立つ機会を与えます。また，彼らはボランティア活動から重要な技能を学ぶことができます。／いいえ。→それはなぜですか。—— 生徒たちは授業の勉強に集中する必要があります。彼らの将来のためにはこちらの方が重要です。

解説 賛成意見では，ボランティア活動が生徒たちに地域社会の役に立つ機会を与える（give students chances to help their communities）という利点を挙げ，さらに重要な技能を学ぶことができる（can learn important skills）という生徒たちのためになる点についても付け加えている。反対意見では，生徒たちは勉強に集中する必要がある（need to focus on studying）ことを理由とし，将来のためにはこちらの方が重要である（more important for their future）という意見を述べている。「～することに集中する」はfocus on *do*ingで表せる。

2021年度 第3回

解答欄					
問題番号		1	2	3	4
1	(1)	①	②	❸	④
	(2)	①	②	❸	④
	(3)	❶	②	③	④
	(4)	①	②	❸	④
	(5)	①	②	❸	④
	(6)	①	②	❸	④
	(7)	❶	②	③	④
	(8)	①	❷	③	④
	(9)	①	❷	③	④
	(10)	❶	②	③	④
	(11)	❶	②	③	④
	(12)	①	②	③	❹
	(13)	❶	②	③	④
	(14)	①	❷	③	④
	(15)	①	❷	③	④
	(16)	❶	②	③	④
	(17)	❶	②	③	④
	(18)	①	②	❸	④
	(19)	①	②	❸	④
	(20)	①	❷	③	④

解答欄					
問題番号		1	2	3	4
2	(21)	❶	②	③	④
	(22)	①	❷	③	④
	(23)	①	②	❸	④
	(24)	①	②	❸	④
	(25)	①	②	③	❹
	(26)	①	❷	③	④

解答欄					
問題番号		1	2	3	4
3	(27)	①	②	③	❹
	(28)	①	②	③	❹
	(29)	①	❷	③	④
	(30)	①	②	❸	④
	(31)	①	❷	③	④
	(32)	❶	②	③	④
	(33)	①	②	③	❹
	(34)	❶	②	③	④
	(35)	①	❷	③	④
	(36)	①	②	❸	④
	(37)	①	❷	③	④
	(38)	①	❷	③	④

4の解答例はp.176をご覧ください。

リスニング解答欄					
問題番号		1	2	3	4
第1部	No. 1	①	②	❸	④
	No. 2	①	②	③	❹
	No. 3	❶	②	③	④
	No. 4	①	②	❸	④
	No. 5	①	②	❸	④
	No. 6	①	②	③	❹
	No. 7	①	②	③	❹
	No. 8	①	❷	③	④
	No. 9	①	❷	③	④
	No. 10	①	②	③	❹
	No. 11	①	❷	③	④
	No. 12	❶	②	③	④
	No. 13	①	②	❸	④
	No. 14	①	②	③	❹
	No. 15	①	❷	③	④
第2部	No. 16	❶	②	③	④
	No. 17	①	②	❸	④
	No. 18	①	②	❸	④
	No. 19	①	❷	③	④
	No. 20	①	②	❸	④
	No. 21	❶	②	③	④
	No. 22	①	②	③	❹
	No. 23	①	❷	③	④
	No. 24	①	②	❸	④
	No. 25	❶	②	③	④
	No. 26	①	❷	③	④
	No. 27	①	②	③	❹
	No. 28	❶	②	③	④
	No. 29	①	❷	③	④
	No. 30	①	②	③	❹

1 一次試験・筆記
(問題編pp.168～171)

(1) 正解 3

訳 先週，珍しい鳥が動物園から逃げ出した。それは今日，ようやく捕獲され，動物園に連れ戻された。

解説 第1文にA rare bird escaped from the zoo「珍しい鳥が動物園から逃げ出した」，第2文にIt was ... taken back to the zoo「それは…動物園に連れ戻された」とあるので，capture「～を捕獲する」の過去分詞である**3のcaptured**を入れると流れに合う。prove「～を証明する」，accuse「～を訴える，非難する」，neglect「～を無視する」。

(2) 正解 3

訳 A：旅行に出発する前に，母に電話するよう私に念を押してくれる？ 忘れてはいけないの。 B：うん，いいよ。

解説 AがI mustn't forget.「忘れてはいけない」のは，to call my mother「母に電話すること」であり，それについてBに何かするよう頼んでいる。**remind ～ to *do* ...**で「～に…することを思い出させる」という意味を表し，会話が成り立つので，**3のremind**が正解。expect「～を予期する」，distract「～をそらす，紛らす」，disturb「～を妨げる」。

(3) 正解 1

訳 ビルは新しく来た女の子が自分に興味があるかどうかわからなかった。彼がためらいがちに彼女をデートに誘うと，はいと言ってもらえてうれしかった。

解説 第1文のBill was not sure if the new girl was interested in him.「ビルは新しく来た女の子が自分に興味があるかどうかわからなかった」から，誘ってもいいかどうか迷っていたことがわかる。したがって，**1のhesitantly**「ためらいがちに」を入れると状況に合う。academically「学究的に」，spiritually「精神的に」，terribly「ひどく」。

(4) 正解 3

訳 A：ルークが去年より売上が20パーセントぐらい伸びたと言っていたんだ。ウェンディ，正確な額を教えてくれるかい？ B：当社の売上は，厳密には21.8パーセント上がりました。

解説 Aが売上の上昇率はabout 20 percent「20パーセントぐらい」と言ったのに対し，B（＝Wendy）はexactly 21.8 percent「厳密には21.8パーセント」と答えているので，Aは正確な数値を尋ねたと考えられる。したがって，**3のprecise**「正確な」が正解。intense「激しい」，endless「終わりのない」，frequent「頻繁な」。

(5) 正解 3

訳 良い先生は生徒に勉強させるために，常に脅しではなく説得を使う。

解説 空所の直後のrather than threats「脅しではなく」に注目。threat「脅し，脅迫」

※2024年度第1回から，試験形式の変更に伴い大問1の問題数は17問になります。

と対照的な意味を表す，**3のpersuasion**「説得」が適切。immigration「移民，移住」，organization「組織，団体」，admission「入場（許可），入場料」。

(6)　正解　3

訳　シルビアはカナダに旅行する前に，自分や荷物に何か起きた場合に備えて忘れずに適切な海外旅行保険に入るようにした。

解説　文の後半にin case something happened to her or her baggage「自分や荷物に何か起きた場合に備えて」とあるので，海外旅行保険に入ったと考えられる。したがって，**3のinsurance**「保険」が正解。violence「暴力」，affection「愛情」，punishment「罰」。

(7)　正解　1

訳　A：ボブは理科の宿題であなたを手伝うことができたの？　B：実を言うと，僕を混乱させただけだった。彼の複雑な説明を僕は理解できなかった。

解説　BがI couldn't understand his complicated explanations.「彼の複雑な説明を僕は理解できなかった」と言っているので，ボブは宿題の手助けにはならなかったとわかる。**confuse**「～を混乱させる」の過去形である**1のconfused**を入れると状況に合う。promote「～を促進する」，arrest「～を逮捕する」，locate「～を突き止める，～を置く」。

(8)　正解　2

訳　画廊はその絵をすぐに展示したかったが，所有者が許可をくれるまで展示するのを待たなければならなかった。

解説　空所には画廊で絵に対してすることを表す動詞が入る。文後半にbefore they could display it（＝the painting）とあるので，displayと同義語である**2のexhibit**「～を展示する」が適切。combine「～を組み合わせる」，imitate「～をまねる」，overcome「～を克服する」。

(9)　正解　2

訳　A：授業に遅れてすみません，ホールデン先生。正当な理由はないんです。単に今朝寝坊しました。　B：そうね，もっと早く寝るようにした方がいいかもしれないわね，スティーブン。

解説　遅刻したA（＝Stephen）がI just woke up late this morning.「単に今朝寝坊しました」と言っているので，特別な理由があったわけではないとわかる。**2のexcuse**「理由」を入れると流れに合う。device「装置」，applause「拍手」，resource「資源」。

(10)　正解　1

訳　カナダの401号線は北アメリカで最も交通量の多い道路である。毎日，およそ42万台の車がそこを通る。

解説　第1文のthe busiest road in North America「北アメリカで最も交通量の多い道路」から，道路の交通量について述べているとわかる。道路を利用するのは**1のvehicles**「乗り物，車」。tube「管，地下鉄」，rival「ライバル」，desert「砂漠」。

(11) 正解　1

訳 そのファストフード店は，ほんの少数の客しか頼まないので特大サイズの飲み物を廃止した。今では飲み物のサイズは小さくなり，より多くの客が食事と一緒に注文する。

解説 第1文にonly a few customers ordered them（＝extra-large drinks）「ほんの少数の客しか（特大サイズの飲み物を）頼まなかった」とあり，第2文から飲み物のサイズが小さくなったことがわかる。**do away with 〜**で「〜を廃止する」という意味を表すので，**1のdid away**を入れると状況に合う。keep on with 〜「〜を続ける」，go in with 〜「〜と協力する」，get on with 〜「〜とうまくやっていく」。

(12) 正解　4

訳 A：明日，京都を訪れてから仙台を見に行かない？　B：地図を見てごらん！　その2つの場所は互いに遠すぎるよ。それはうまくいかないよ。

解説 BがThose two places are too far from each other.「その2つの場所は互いに遠すぎるよ」と言っており，同じ日に京都と仙台を観光するのが難しいのは明らかなので，**4のwork out**「うまくいく」を入れると，空所直前のwon'tにつながり「うまくいかない」という意味になる。live on 〜「〜を食べて生きる」，account for 〜「〜を説明する」，cope with 〜「〜に対処する」。

(13) 正解　1

訳 グレッグの父がグレッグに釣りの仕方を教え，そして今度はグレッグが息子に教えるつもりである。

解説 文前半はtaught「教えた」と過去について述べ，後半はplans to teach「教えるつもりである」と今後について述べていることに注目。父から教わったことを息子に伝えるという流れなので，**1のin turn**「今度は，次に」が適切。in touch「連絡を取って」，by chance「偶然に」，by heart「暗記して」。

(14) 正解　2

訳 大学で法律を学んだ後で，アレックスはオンライン犯罪を専門に扱うことに決めた。というのも，彼はコンピュータやインターネットにとても興味があるからである。

解説 法律を学んでから，職業または研究分野としてオンライン犯罪について何かすることに決めたということである。**specialize in 〜**で「〜を専門に扱う」という意味を表し，状況に合うので，**2**が正解。complain of 〜「〜について不満を言う」，differ from 〜「〜と異なる」，bound for 〜「〜行きの」。

(15) 正解　2

訳 リチャードの先生はリチャードにほかの生徒たちを困らせるのはやめるように言った。彼女はもし彼が悪い行動を続ければ，校長先生の部屋に行かせると言った。

解説 空所にはbehaving badly「悪い行動」をどうした場合に，校長先生の部屋に行かせることにつながるのかを表す語句が入る。**persist in 〜**「〜を貫く，〜を続ける」の過去形である**2**を入れると文意が通る。wear out 〜「〜をすり減らす」，rely on 〜「〜に頼る」，make for 〜「〜に役立つ」。

(16) 正解 1

訳 電力会社は停電はネズミのせいだと言った。その動物たちが家屋を電力供給のためにつないでいる電線をかじってしまったのだ。

解説 第２文のThe animalsはratsを指し，停電の原因はネズミだったとわかる。**be to blame for ～**で「～の責任がある」という意味を表すので，**1**が適切。begin at ～「～から始まる」，add to ～「～を増す」，act on ～「～に基づいて行動する，～に作用する」。

(17) 正解 1

訳 アーノルドは娘が自分に似ていると思っている。２人の眼は同じ色であり，娘の鼻も彼の鼻の形に似ている。

解説 第２文の内容から，父親であるアーノルドとその娘は顔が似ていることがわかる。**take after ～**で「～に似ている」という意味を表すので，**1**が正解。fall down「倒れる」，lie off ～「～から離れている，しばらく仕事を休む」，see in ～「～を中に案内する」。

(18) 正解 3

訳 ミサキの家族は彼女が幼い頃にアメリカに引っ越した。来年，ミサキは人生の半分以上をそこで暮らしてきたことになる。

解説 空所を含む第２文がNext yearで始まっていることに注目。空所には未来のある時点で動作が継続していることを表すために，**3のwill have lived**を入れるのが適切。

(19) 正解 3

訳 その手紙には，銀行がハンフリーズ氏に残念ながらクレジットカードの申請が通らなかったことをお知らせすると書いてあった。

解説 **regret to *do***で「残念ながら～する」という意味を表す。**3のto inform**が正解。

(20) 正解 2

訳 クリスは市のサッカー大会のために激しいトレーニングをしている。彼は毎日５キロも走り，ジムでの運動に１時間以上費やす。

解説 第１文のhas been training hard「激しいトレーニングをしている」から，毎日かなりの距離を走っていると考えられる。**no less than ～**で「～ほども多く」という意味を表すので，**2のless**が正解。

2[A] 一次試験・筆記

(問題編pp.172～173)

Key to Reading 耳の不自由な人々のために開催された，音楽を振動で感じるコンサートについて述べた説明文。段落ごとのポイントを押さえながら，空所の前後の文や語句の関係，文と文の接続関係を表す語（句）などに着目しよう。

訳 音楽の感覚

ドイツの作曲家ルードヴィヒ・ヴァン・ベートーヴェンの音楽は何世代もの聞き手を幸

せにしてきた。だが，よく知られているようにベートーヴェンは20代後半に聴力を失い始めた。44歳になる頃までに彼は耳が聞こえなくなり，ほとんど全く音が聞こえなかった。それでも彼は音楽を書くことをやめず，彼の最も有名な作品のいくつかは聴力を失ってから作曲された。

ベートーヴェンの生誕250年を祝うために，ハンガリー出身のオーケストラ指揮者マテ・ハモリは特別なコンサートを開いた。彼は耳の聞こえない人々のグループを招いて，ベートーヴェンの音楽を楽しみに来てもらった。音楽を「聞いて」もらうために，観客の何人かが演奏者の横に座って楽器に手を当てた。こうすることにより，耳の聞こえない人々は楽器が演奏されているときに生じる振動を感じることができた。ほかの観客たちは風船を抱えることで空気中の音楽の振動を感じることができた。彼らは音楽を体験するために触覚を使うことができたのだ。

コンサートは成功した。ジュジャンナ・フォルディという67歳の女性は赤ん坊の頃から耳が聞こえなかったが，ベートーヴェンの交響曲第5番をこのようにして「聞く」ことができてうれし泣きをした。ハモリのアイディアは奇抜であったが，彼自身のものというわけではなかった。ベートーヴェンは耳が聞こえなくなるにつれて，音楽を書くときにピアノを使った。彼はその楽器なら指を通じて音楽を感じることができると気づいたのだ。ハモリはベートーヴェンのアイディアを取り入れ，同じ困難に直面している人々がその作曲家の音楽を楽しむことができるように利用したのであった。

(21) 正解　1

選択肢の訳　**1**　それでも　**2**　どちらかと言うと　**3**　一度だけ　**4**　したがって

解説　空所直前の第1段落第3文he was deaf and could hear hardly any sounds at all「彼は耳が聞こえなくなり，ほとんど全く音が聞こえなかった」に対し，空所の後のhe did not stop writing music, and some of his most famous works were composed after he had lost his hearing「彼は音楽を書くことをやめず，彼の最も有名な作品のいくつかは聴力を失ってから作曲された」は対照的な内容なので，**1**が適切。

(22) 正解　2

選択肢の訳　**1**　この新しい技術　**2**　触覚　**3**　虹の色　**4**　こうした自然な匂い

解説　空所直後にto experience the music「音楽を体験するために」とあることに注目。第2段落第4文のcould feel the vibrations made by the instruments as they were being played「楽器が演奏されているときに生じる振動を感じることができた」や第5文のheld balloons which allowed them to feel the music's vibrations in the air「風船を抱えることで空気中の音楽の振動を感じることができた」から，音楽を振動として感じた，つまり触覚を利用したとわかる。したがって，**2**が正解。

(23) 正解　3

選択肢の訳　**1**　家を出ることのできない　**2**　全く記憶のない　**3**　同じ困難に直面している　**4**　別のやり方を好む

解説　空所直前にpeople who「…という人々」とあるので，空所にはどのような人々かを説明する語句が入る。第1段落第2～3文からベートーヴェンは聴力を失ったことがわかり，第2～3段落でも耳の聞こえない人々のためのコンサートについて述べられている。

ベートーヴェンも観客も同じ困難に直面しているので，**3**を入れるのが適切。

2[B] 一次試験・筆記
(問題編pp.174〜175)

Key to Reading ①道路の雪や氷を融かす塩の望ましくない影響（→第1段落），②湖や川に入り込んだ塩が及ぼす被害（→第2段落），③塩に代わる天然の融雪剤の研究（→第3段落）などがポイント。

訳 塩水

冬が寒い地域では雪や氷が交通事故を引き起こすことがある。それを防ぐために，冬には道路に塩がまかれることが多い。これが行われるのは，塩が0℃未満の温度で氷を融かすことができるからだ。例えば，10パーセントの濃度の塩水混合物は，氷の融解温度を0℃から－6℃に下げる。20パーセントの混合物はこの温度をさらに－16℃まで下げる。ところが，このような塩の利用は望ましくない影響を及ぼす。車や道路，さらには自然環境さえも塩による被害を受けかねない。

研究により，道路に塩が使われると，ただ消えてなくなるわけではないことが明らかになっている。そうではなく，溶けた氷によって地中に運ばれるのだ。塩の多くは最終的に湖や川に入り，水中の植物や魚，その他の生き物に害を与えることがある。高濃度の塩は，例えば稚魚のサイズを3分の1にまで小さくしてしまう。その上，塩は水中の種に害を与えるだけでなく，人間の飲む水にも影響を及ぼす細菌の増加を招きかねない。

こうした問題を避けるために，塩に代わる天然素材が試されている。1つの案が，氷を溶かすためにビートという野菜のジュースを利用することである。とはいえ，ビートジュースは天然のものだが，湖や川の酸素量を減らすので植物や魚が生き延びにくくなる。これは簡単に解決できる問題ではないが，研究者たちは氷を融かす様々な方法を試し続けている。運が良ければ，彼らは交通事故を防ぐのに役立つけれども環境に害を与えない物質を見つけることができるだろう。

(24) 正解 3

選択肢の訳 **1** その風味を変える **2** かなりよくある **3** 望ましくない影響を及ぼす **4** 無駄になりかねない

解説 空所を含む第1段落第6文がHoweverで始まっているので，前文までとは対照的な内容だとわかる。第1〜5文までは，道路の融雪剤として塩を利用することの利点が書かれている。空所後の最終文にCars, roads, and even the natural environment can be damaged by salt.「車や道路，さらには自然環境さえも塩による被害を受けかねない」とあり，塩を利用することの悪影響について述べているので，**3**が適切。

(25) 正解 4

選択肢の訳 **1** すぐに気体に変わる **2** 動物によって食べられる **3** 取り替えることができない **4** ただ消えてなくなるわけではない

解説 空所直後の第2段落第2〜3文にInstead, it(＝salt) is carried into the ground by the melted ice. Much of the salt ends up in lakes and rivers「そうではなく，

溶けた氷によって地中に運ばれるのだ。塩の多くは最終的に湖や川に入り」とあり，塩は地中に染み込み，湖や川に入るなどして残り続けることがわかる。この内容を「ただ消えてなくなるわけではない」と表した**4**が正解。

(26) 正解 2

選択肢の訳 **1** 実際には **2** 運が良ければ **3** 以前のように **4** それまでに

解説 第3段落では塩に代わる天然の融雪剤の例を挙げてから，空所前の第4文で問題解決は難しいものの研究を続けていると述べている。空所を含む最終文にはthey(=researchers) will be able to find a substance that can help prevent traffic accidents but does not damage the environment「彼らは交通事故を防ぐのに役立つけれども環境に害を与えない物質を見つけることができるだろう」とあり，天然の融雪剤開発への期待を述べているので，この内容につながる語句としては**2**が正解。

3[A] 一次試験・筆記

(問題編pp.176～177)

Key to Reading 社内の人事異動について知らせるメール。①先週行われた社内パーティーと景品の受け取り方法。(→第1段落)，②来月入社予定の新入社員と社内異動する社員。(→第2段落)，③退職する社員と産休に入る社員。(→第3段落）などがポイント。

訳 差出人：エイミー・ゴードン＜a.gordon@g-kelectronics.com＞
宛先：顧客サービス担当者各位＜customerservicestaff@g-kelectronics.com＞
日付：1月23日
件名：人事異動
拝啓　顧客サービス担当者各位
先週金曜日の社内パーティーは皆さん楽しまれたことと思います。私はとても楽しく過ごしました。グランド・ホテルはパーティーをするには申し分ない場所だったと思います。皆さんの中には私たちの行ったビンゴゲームで景品が当たった人がいますのでお忘れなく。営業部のスティーブ・ミラーが景品を預かっているそうなので，何か当たった人は彼のところに行って景品を受け取ってください。
今日はほかにもいくつかお知らせがあります。来月，当社には6人の新入社員が加わります。彼らは全員，最近大学を卒業し，そのうちの2人は顧客サービス部で私たちと一緒に働く予定です。ケント・ガーディナーも同時期にこの部に移ってくる予定ですので，全部で3人の新しい同僚を迎えることになります。彼はG&K電機の設計部に10年間勤めていますので，皆さんの多くはすでに彼をご存知のはずです。
ほかにも2つ人事異動があります。経理部長のピーター・スミスが来月末に退職されます。ピーターは40年以上G&K電機に勤められました。2月28日午後5時に会議室Aにて簡単な退職式が彼のために開かれます。また，レイチェル・マーティンが間もなく出産のため，来週から6か月の休みを取ります。
敬具
エイミー・ゴードン
顧客サービス部長

(27)　正解　4

質問の訳 最近の社内パーティーについてエイミー・ゴードンはどう思いましたか。

選択肢の訳 **1**　営業部がそこにいたらもっと良かっただろう。　**2**　ビンゴゲームをしたら楽しかっただろう。　**3**　今年の景品は去年の景品よりも良かった。　**4**　場所の選択はそれにぴったりだった。

解説 本文第1段落第3文にI think that the Grand Hotel was the perfect place to have it.「グランド・ホテルはパーティーをするには申し分ない場所だったと思います」とあり，itは第1文のthe company partyを指すので，**4**が正解。

(28)　正解　4

質問の訳 来月何が起こる予定ですか。

選択肢の訳 **1**　数人の大学生が会社でボランティアをする。　**2**　ケント・ガーディナーが設計部に異動する。　**3**　会社の従業員が10年間で初めてのボーナスをもらえる。
4　3人が顧客サービス部に加わる。

解説 本文第2段落第4文We'll have three new co-workers altogether because Kent Gardiner will also be moving to our department at the same time.「ケント・ガーディナーも同時期にこの部に移ってくる予定ですので，全部で3人の新しい同僚を迎えることになります」，第3文とエイミーの肩書きから，our departmentはcustomer service department「顧客サービス部」だとわかるので，**4**が正解。

(29)　正解　2

質問の訳 来週，レイチェル・マーティンは

選択肢の訳 **1**　40年以上その会社に勤めた後で退職する。　**2**　子供が生まれるのでしばらく仕事を離れる。　**3**　その会社の経理部長になる。　**4**　ピーター・スミスのための特別行事を計画する担当者になる。

解説 本文第3段落最終文にstarting next week, Rachel Martin will take six months off because her baby will be born very soon「レイチェル・マーティンが間もなく出産のため，来週から6か月の休みを取ります」とある。この内容を簡潔に言い換えた**2**が正解。

3[B]　一次試験・筆記

(問題編pp.178～179)

Key to Reading 第1段落：導入（脊椎動物と四肢動物の説明）→第2段落：本論1（脊椎動物の海から陸への移動の手がかりとなる化石の発見）→第3段落：本論2（4つのひれを持つ魚の完全な化石の調査）→第4段落：結論（エルピストステガリアンが魚と四肢動物との中間の生物である可能性）の4段落構成の説明文。

訳 初めの一歩

動物は主に2つに分類できる━背骨があるものとないものだ。背骨のある動物は脊椎動物として知られている。最初に生じた脊椎動物は魚であり，長い間魚が唯一の脊椎動物で

※2024年度第1回から，試験形式の変更に伴い大問3の[B](30)～(33)が削除されます。

あった。それからおよそ3億7400万年前に，こうした魚のいくつかが海から出て陸地に棲み始めた。これらが最初の「四肢動物」となった。四肢動物とは４本の手足―動物の種類によって脚と翼または腕―および背骨を持つ生き物のことである。四肢動物の例には爬虫類，鳥類，そして人間などの哺乳類が含まれる。

脊椎動物の海から陸への移動は，地球上の生命の歴史の中で最も重要な出来事の１つだと考えられている。だが，今日でも，これが正確にはどのように起きたかについてはほとんどわかっていない。この理由の１つは，魚が四肢動物に進化していく時期の化石で残っているものが比較的少ないことである。だが，最近カナダで古代魚の完全な化石が発見されたことは，この変化がどのように起きたかについて新たな手がかりを与えてくれた。

その化石は，体長1.6メートルのエルピストステガリアンという魚のものである。科学者たちは，少しワニに似ていて沿岸付近に住んでいたこれらの魚が四肢動物の祖先の１つだったと，しばらくの間考えてきた。その魚は４つのひれを持っていたが，２つは前に，２つは後ろにあり，これらが四肢動物の４本の手足に進化したかもしれない。カナダのケベック州にあるミグアシャ国立公園で完全な化石が発見されたおかげで，科学者たちは全く初めてエルピストステガリアンの前びれを調べることができたのである。

科学者たちはこの古代魚の前びれには，陸生動物の手にあるような骨が含まれることを発見した。通常，ひれには全く骨が含まれない。科学者たちはこうした骨のおかげでその魚が浅瀬にいるときに体を支えられるように進化したと考えている。つまり，その魚が海を出る前にもう手足が生え始めていたということである。このことにより，エルピストステガリアンが魚と四肢動物の間をつなぐものの１つである可能性がさらにもっと高くなる。

(30)　正解　3

質問の訳　「四肢動物」とは，

選択肢の訳　**1**　最も初期の種類の魚に進化した動物の区分である。　**2**　腕と脚を発達させた背骨を持たない唯一の動物である。　**3**　背骨と歩いたり飛んだりできる四肢を持つ動物である。　**4**　およそ3億7400万年前に海と陸の両方に棲んでいた動物である。

解説　第１段落第６文に，A tetrapod is a creature which has four limbs—legs and either wings or arms, depending on the kind of animal—and a backbone.「四肢動物とは４本の手足―動物の種類によって脚と翼または腕―および背骨を持つ生き物のことである」とある。この内容をまとめ，four limbs—legs and either wings or armsをfour limbs which allow them to walk or flyと言い換えて表した**3**が正解。

(31)　正解　2

質問の訳　脊椎動物が最初どのように陸に棲み始めたかについてよくわからないのはなぜですか。

選択肢の訳　**1**　当時の陸地がどのようであったかについてほとんど手がかりが見つかっていない。　**2**　この変化が起きた時期の化石の証拠があまりない。　**3**　古代魚の化石がいくつか異なる方法で起きたことを示している。　**4**　専門家たちにはこの重要な出来事がいつ起きた可能性があるか正確にわからない。

解説　第２段落第２文にEven today, though, little is known about exactly how this occurred.「だが，今日でも，これが正確にはどのように起きたかについてはほとんどわかっていない」とあり，thisは第１文のThe movement of vertebrates from the sea to land「脊椎動物の海から陸への移動」を指す。わからない理由については，第3文にrelatively few fossils remain from the time when fish were evolving into tetrapods「魚が四肢動物に進化していく時期の化石で残っているものが比較的少ないことである」とあるので，この内容を簡潔に言い換えた**2**が正解。

(32) 正解 1

質問の訳 エルピストステガリアンという動物は

選択肢の訳 **1** 陸地の近くに棲んでいた大きな生き物の一種であった。 **2** ワニを好んで食べる初期の四肢動物であった。 **3** ひれと脚の両方を持つ四肢動物から進化した。 **4** カナダで発見されるまで科学者たちに知られていなかった。

解説 第3段落第1文にa 1.6-meter-long fish called an elpistostegalian「体長1.6メートルのエルピストステガリアンという魚」とあり，大きな生き物であったことがわかる。さらに，第2文にlived near the coast「沿岸付近に住んでいた」とあるので，near the coastをclose to landと言い換えた**1**が正解。

(33) 正解 4

質問の訳 科学者たちはエルピストステガリアンの化石を調べたとき，何を発見しましたか。

選択肢の訳 **1** エルピストステガリアンの骨は深海で生き延びるのに十分頑丈でなかった。 **2** エルピストステガリアンの手足は海を出た後しばらくしてから発達したに違いない。 **3** エルピストステガリアンは海生動物と陸生動物の間をつなぐものの1つであったはずがない。 **4** エルピストステガリアンのひれには骨が含まれていたので，ほかの魚とは違っていた。

解説 第4段落第1文the front fins of this ancient fish（＝elpistostegalian）contained bones「この古代魚の前びれには，…骨が含まれていた」，第2文Normally, fins do not contain any bones at all.「通常，ひれには全く骨が含まれない」から，エルピストステガリアンのひれが，ほかの魚のひれとは違っていたとわかる。**4**が正解。

3[C] 一次試験・筆記

(問題編pp.180～181)

Key to Reading 第1段落：導入（パイナップルの原産地）→第2段落：本論1（コロンブスとスペイン王のおかげで広まったパイナップルの評判）→第3段落：本論2（ヨーロッパにおけるぜいたくな趣味としてのパイナップル栽培）→第4段落：結論（蒸気船での輸入によるパイナップルの普及）という4段落構成の説明文。

訳 すばらしい果物

現在，パイナップルは世界で最も人気のある果物の1つである。だが長い間，世界のほとんどの地域ではパイナップルは非常に珍しかった。パイナップルは南アメリカ原産である。最初は，現在ブラジルとパラグアイの一部となっている地域で育っていた。その自然な甘さのため，パイナップルはその土地の人々の好物となった。特に南アメリカ沿岸地域とカリブ海諸島に住むカリブ人の間で人気があった。

パイナップルを最初に発見するヨーロッパ人の１人が，探検家クリストファー・コロンブスだった。1493年アメリカへの２度目の航海で，彼はカリブ諸島のグアドループ島でパイナップルを見つけた。彼はそれらをスペインへ持ち帰り，フェルディナンド王に献上した。当時ヨーロッパでは砂糖がほとんどなく，果物は１年のうちの短い期間しか手に入らなかった。その王はパイナップルを味わい，すべての果物の中で最もおいしいと断言した。以前は知られていなかったこの果物のニュースは，すぐにヨーロッパ中に広まった。

あいにく，当時は南アメリカからヨーロッパへの旅は１か月以上かかったので，パイナップルは目的地に到着する前にたいてい腐ってしまった。代わりに，ヨーロッパ人たちはヨーロッパでパイナップルを育てる方法を見つけようとした。オランダ人や英国人はパイナップルが育つことができるようにするために暖められた温室を建てた。温室を暖かく保つためには莫大な量の燃料が必要とされ，１つのパイナップルが食べられるくらい熟すまでに４年もかかった。パイナップルの栽培は非常に裕福な人々の趣味となり，パイナップルは地位の象徴となった。食べるよりも飾りとして使われることがよくあった。

その変わった見た目と地位のおかげで，パイナップルは美術やデザインでも人気のある像となった。今でも，英国の大きな古い家の庭ではたくさんのパイナップルの石像が見られる。蒸気機関の付いた船が発明されてからは，南アメリカからヨーロッパに旅することはずっと速くなった。パイナップルの輸入が増え，価格は庶民でも買えるくらいに下がった。その結果，パイナップルはその高級なイメージを失い，世界中で食べられるありふれた果物となった。

(34) 正解 **1**

質問の訳 もともとパイナップルは

選択肢の訳 **1** 少数の地域でしか育たなかったので多くの人々が手に入れるのは難しかった。 **2** 南アメリカの先住民には甘すぎると思われていた。 **3** カリブ人によってブラジルやパラグアイのような国々に伝えられた。 **4** カリブ海諸島の人々によって家畜の餌として利用された。

解説 第1段落第2～4文から，パイナップルは最初，現在のブラジルとパラグアイの一部でしか育っていなかったために世界では非常に珍しいものだったことがわかるので，**1**が正解。

(35) 正解 **2**

質問の訳 フェルディナンド王がパイナップルを食べてみた後で何が起こりましたか。

選択肢の訳 **1** クリストファー・コロンブスにアメリカに戻り，もっと持ち帰るよう命令した。 **2** このなじみはないがおいしい果物についての話がヨーロッパ中で聞かれた。 **3** ヨーロッパの探検家たちがさらにもっとおいしい果物を求めて世界中を探し回り始めた。 **4** その王は人々がもっと果物を食べればもっと健康になると気づいた。

解説 第２段落最後の２文にThe king（＝King Ferdinand）tasted a pineapple and declared it to be the most delicious of all fruits. News of this previously unknown fruit quickly spread around Europe.「その王はパイナップルを味わい，すべての果物の中で最もおいしいと断言した。以前は知られていなかったこの果物のニュースは，すぐにヨーロッパ中に広まった」とあるので，この内容を言い換えた**2**が正解。

(36) 正解 3

質問の訳 ヨーロッパの人々はなぜヨーロッパでパイナップルを栽培する方法を探したのですか。

選択肢の訳 **1** 南アメリカでパイナップルを栽培する人々と同じくらい裕福になるため。 **2** 海賊が自分たちの船を襲って貴重な果物を奪うのを防ぐため。 **3** 多くのパイナップルはヨーロッパに着く頃にはもう新鮮でなくなっていたから。 **4** パイナップルを南アメリカから運ぶには莫大な量の燃料が必要だったから。

解説 第3段落第1文後半pineapples usually went bad before they reached their destination (＝Europe)「パイナップルは目的地に到着する前にたいてい腐ってしまった」，第2文Europeans tried to find ways to grow pineapples in Europe instead.「代わりに，ヨーロッパ人たちはヨーロッパでパイナップルを育てる方法を見つけようとした」から，パイナップルが輸送中に傷んでしまうことがその理由である。went badをwere no longer freshと言い換えてこの内容をまとめた**3**が正解。

(37) 正解 2

質問の訳 ヨーロッパでパイナップルの価格が下がったのは何が原因ですか。

選択肢の訳 **1** 南アメリカよりもヨーロッパに近い場所にパイナップル農園が作られた。 **2** 南アメリカからヨーロッパに移動する時間がもっと短い船が発明された。 **3** 庶民がパイナップルを食べるのに飽きるくらい普及した。 **4** 英国の気候が変わり，人々が庭でパイナップルを栽培できるようになった。

解説 第4段落第3～4文にAfter ships with steam engines were invented, it became much quicker to make the journey from South America to Europe. Pineapple imports grew and prices decreased so that even ordinary people could buy them.「蒸気機関の付いた船が発明されてからは，南アメリカからヨーロッパに旅することはずっと速くなった。パイナップルの輸入が増え，価格は庶民でも買えるくらいに下がった」とあり，蒸気船の発明により輸送時間が短縮され，傷みにくくなったことが価格低下の原因である。したがって，**2**が正解。

(38) 正解 2

質問の訳 次の記述のうち正しいのはどれですか。

選択肢の訳 **1** パイナップルの見た目が変わっているので食べたくないと思う人もいた。 **2** パイナップルは，以前は人々がどれだけ裕福かを示す方法であった。 **3** 南アメリカの地域で自生していたパイナップルは甘くなかった。 **4** クリストファー・コロンブスの時代にヨーロッパでは砂糖は広く手に入った。

解説 順に真偽を確認すると，**1** 第4段落第1文にBecause of its unusual appearance and status, the pineapple also became a popular image in art and design.「その変わった見た目と地位のおかげで，パイナップルは美術やデザインでも人気のある像となった」とあるが，見た目が理由で食べたくないと思う人がいたとは書かれていない。 **2** 第3段落第5文に，Growing pineapples became a hobby for very rich people, and pineapples became a status symbol.「パイナップルの栽培は非常に裕福な人々の趣味となり，パイナップルは地位の象徴となった」とあるので一致する。

3　第1段落第4，5文で，パイナップルは最初，現在ブラジルとパラグアイの一部となっている地域で育っており，その甘さのために土地の人々の好物となっていたことが述べられている。南アメリカでもパイナップルは甘かったことがわかる。　**4**　コロンブスの時代について述べている第2段落第4文にAt that time in Europe, there was very little sugar「当時ヨーロッパでは砂糖がほとんどなく」とあるので一致しない。正解は**2**。

4　一次試験・英作文

（問題編p.182）

TOPICの訳　今日，日本では，多くの建物や公共の場所にクリスマスの間に使われる照明など装飾用の照明がたくさん付いています。あなたはこれが良い考えだと思いますか。

POINTSの訳　●安全　●環境　●観光業

解答例　**（賛成意見）**　I think it is a good idea that buildings and public areas have lights for decoration. First of all, these lights are a good way to increase the number of tourists. If many people come to see the decorations, they may buy souvenirs from shops and eat at the restaurants in the area. Second, bright lights will help prevent crimes at nighttime. In a bright area, it is easy to see people's faces and other things clearly. For these reasons, I think it is good for buildings and public areas to have lights for decoration. **(95words)**

解答例の訳　私は建物や公共の場所に装飾用の照明が付いているのは良い考えだと思います。まず第一に，これらの照明は観光客の数を増やすのに良い方法です。多くの人々がその装飾を見に来れば，その地域の店からおみやげを買ったり，レストランで食事をしたりするかもしれません。第二に，明るい照明は夜間の犯罪を防ぐのに役立ちます。明るい場所では，人々の顔やその他のものをはっきりと見やすいです。これらの理由から，私は建物や公共の場所に装飾用の照明が付いているのは良いことだと思います。

解説　解答例では，賛成意見であることを示すためにI think it is a good ideaで始め，that以下にトピックの中心となるmany buildings and public areas have a lot of lights for decorationをほぼそのまま続けて述べている。その後で理由を2つ書く。解答例では，①a good way to increase the number of tourists「観光客の数を増やすのに良い方法」と述べ，利点として店やレストランを利用する人が増えることを挙げている。次に，②help prevent crimes at nighttime「夜間の犯罪を防ぐのに役立つ」ことを理由とし，人の顔やものがはっきり見えると具体的に述べている。

　反対意見の理由としては，①「電気を大量に使う」ことが挙げられるだろう。A large amount of electricity is used for these lights.「こうした照明のために大量の電気が使用される」のように表せる。その上で，I think this is a waste of precious energy.「これは貴重なエネルギーの無駄遣いだと思う」のように意見を示す。②「光害を引き起こす」ことも理由となるだろう。Bright lights at nighttime can cause environmental pollution.「夜間の明るい照明は環境汚染を引き起こす可能性がある」のように表せる。さらに，They have bad effects on people, animals and plants, and we cannot see

※2024年度第1回から，大問4に文章の要約を書く問題が加わります。

the stars well.「それらは人々や動植物に悪影響を及ぼすし，星が良く見えない」のように補足すると良いだろう。

第1部 一次試験・リスニング

（問題編pp.183〜185）

No.1 正解 3

放送文 ***A:*** I heard that you moved into a new house last weekend, John. ***B:*** Yeah, but I still have a lot of unpacking to do, Donna. And I really need to decide where to put all of my furniture by next week. ***A:*** Would you like some help? I have a lot of experience arranging furniture. ***B:*** That'd be great. Thanks for offering.

Question: What does Donna offer to do for John?

訳 A：先週末，新居に引っ越したんですってね，ジョン。 B：うん，でもまだ解かないといけない荷物がたくさんあるんだよ，ドナ。それに，来週までに家具を全部どこに置くかどうしても決めないといけないし。 A：何か手伝いましょうか？ 家具の配置の経験はたくさんあるのよ。 B：それは助かるな。そう言ってくれてありがとう。

質問の訳 ドナはジョンのために何をすることを申し出ていますか。

選択肢の訳 **1** 買い物に連れて行く。 **2** 箱に詰める。 **3** 家具の配置を手伝う。 **4** 新居を掃除する。

解説 A（＝Donna）が2回目の発言でWould you like some help?「何か手伝いましょうか？」と言った後で，I have a lot of experience arranging furniture.「家具の配置の経験はたくさんあるのよ」と付け加えているので，**3**が正解。

No.2 正解 4

放送文 ***A:*** Hello? ***B:*** Hi. I'd like to make an appointment to see the dentist this afternoon. ***A:*** OK. What seems to be the problem? ***B:*** Well, one of my teeth really hurts, so I'd like to have it checked. ***A:*** All right. Dr. Campbell can see you at three o'clock.

Question: Why is the man calling Dr. Campbell's office?

訳 A：もしもし？ B：もしもし。今日の午後，歯科の予約をしたいのですが。 A：いいですよ。どういった症状ですか？ B：ええと，歯が１本とても痛いので，診ていただきたいんです。 A：わかりました。キャンベル先生が３時に診察できます。

質問の訳 男性はなぜキャンベル先生の診療所に電話していますか。

選択肢の訳 **1** 薬をもらうため。 **2** 歯医者をかえるため。 **3** 電話で助言をもらうため。 **4** 予約をするため。

解説 B（＝男性）が1回目の発言でI'd like to make an appointment to see the dentist「歯科の予約をしたいのですが」と言っているので，**4**が正解。

No.3 正解 1

放送文 ***A:*** Hello. ***B:*** Hello, David. Traffic is very heavy right now and I'm

going to be about 15 minutes late for lunch. Can you order a chicken sandwich for me? ***A:*** Sure. I'm already here. Do you want the grilled chicken or the fried chicken? And do you want french fries? Or a salad? ***B:*** I want the grilled chicken with an order of french fries. ***A:*** OK. I'll see you inside the restaurant. Drive safely.

Question: What will the man do for the woman?

訳 A：もしもし。　B：もしもし，デイビッド。今，道路がとても混んでいるから，ランチには15分ぐらい遅れるわ。私にはチキン・サンドイッチを頼んでおいてくれる？　A：いいよ。僕はもう着いたよ。グリルしたチキンとフライドチキンではどちらがいい？　それからフライドポテトもほしい？　それともサラダ？　B：グリルしたチキンとフライドポテト１人前がいいわ。　A：わかった。レストランの中で会おう。安全運転でね。

質問の訳 男性は女性のために何をするでしょうか。

選択肢の訳 **1**　彼女の食べたいものを注文する。　**2**　彼女の予約の時間を変更する。　**3**　レストランに早く行く。　**4**　彼女をレストランまで車で送る。

解説 B（＝女性）が1回目の発言でCan you order a chicken sandwich for me?「私にはチキン・サンドイッチを頼んでおいてくれる？」と言っているので，a chicken sandwichをwhat she wants to eatと言い換えた**1**が正解。

No.4　正解　3

放送文 ***A:*** Excuse me, I lost my library card, and I'd like a new one. ***B:*** I can make you a new card, but I need to see your ID. Also, if you have any books checked out, you need to return them. ***A:*** Well, I have my ID. I do have two books checked out for school, though. ***B:*** Sorry, but you have to bring them in. I can't make a new card before then.

Question: What does the woman tell the boy?

訳 A：すみません，図書館のカードをなくしてしまって，新しいのを作りたいのですが。　B：新しいカードを作ることはできますが，身分証明書を確認する必要があります。それと，借りている本があれば返却する必要があります。　A：ええと，身分証明書は持っています。だけど，本は２冊学校のために借りているんです。　B：すみませんが，持ってこないといけません。その前に新しいカードを作ることはできないんです。

質問の訳 女性は男の子に何と言っていますか。

選択肢の訳 **1**　彼は新しい身分証明書を作るべきだ。　**2**　彼は学校のために本が必要だ。　**3**　彼は本を何冊か返却する必要がある。　**4**　彼は図書カードを使うことができない。

解説 B（＝女性）が1回目の発言でif you have any books checked out, you need to return them「借りている本があれば返却する必要があります」，さらに2回目の発言でもyou have to bring them（＝two books）in「（借りている本２冊を）持ってこないといけません」と言っているので，**3**が正解。

No.5　正解　3

放送文 ***A:*** Excuse me. Is this your purse? I think you left it on the bus when you got off. ***B:*** Oh, it is! Thank you so much! I was in such a hurry to get to

work that I must have left it behind. ***A:*** It's lucky I saw it as I was getting off. ***B:*** Thanks again, I'm so happy you found it.
Question: What is one thing the woman tells the man?
訳 A：すみません。これはあなたのお財布ですか？　バスを降りるときに置き忘れたと思うんですが。　B：ああ，そうです！　どうもありがとうございます！　仕事に行くためにとても急いでいたので置き忘れてしまったんですね。　A：私が降りようとしたときに見つけて，運が良かったですね。　B：改めてありがとうございます，見つけていただいてうれしいです。
質問の訳 女性が男性に言っていることの１つは何ですか。
選択肢の訳 **1**　彼女には時間がわからない。　**2**　彼女は普段そのバスに乗らない。　**3**　彼女はすぐに仕事に行く必要がある。　**4**　彼女は彼をバスの中で見た。
解説 B（＝女性）が1回目の発言でI was in such a hurry to get to work「仕事に行くためにとても急いでいた」と言っているので，この内容を言い換えた**3**が正解。

No.6　正解　4

放送文 ***A:*** Liz, can you help me with my computer? ***B:*** What's wrong? Are you having problems connecting to the Internet again? ***A:*** No, it's worse than that. The computer won't even start up! It just beeps loudly when I press the power button, and then nothing happens. ***B:*** I don't think I can fix that. You'd better take it to a repair shop.
Question: What is one thing the man says about his computer?
訳 A：リズ，コンピュータのことで助けてくれない？　B：どうしたの？　またインターネットの接続で問題があるの？　A：いや，それよりも悪いよ。コンピュータが起動すらしないんだ！　電源ボタンを押すとビーッと大きな音がするだけで，その後何も起こらないんだ。　B：私にそれを直せるとは思えないわ。修理店に持って行くべきよ。
質問の訳 男性が自分のコンピュータについて言っていることの１つは何ですか。
選択肢の訳 **1**　まだ修理店にある。　**2**　インターネットにつながっている。　**3**　音が鳴りやんだ。　**4**　正しく作動していない。
解説 A（＝男性）が2回目の発言でThe computer won't even start up!「コンピュータが起動すらしないんだ！」と言い，その状況を詳しく説明しているので，**4**が正解。

No.7　正解　4

放送文 ***A:*** Colin, I just heard that I'm being transferred to the Beijing office next year. ***B:*** Wow, that's exciting, Anne. The culture there is so different. ***A:*** Yeah, but I don't speak the language. In fact, I don't know anything about China. ***B:*** Well, you have plenty of time to prepare. And I'm sure the people in the Beijing office will be happy to help you once you get there.
Question: What do we learn about Anne?
訳 A：コリン，来年私は北京営業所に転勤になるって聞いたところなの。　B：うわあ，それは楽しみだね，アン。そこの文化はすごく違っているから。　A：ええ，でも言葉が話せないのよ。実を言うと，中国について何も知らないの。　B：まあ，準備する時間はたっぷりあるよ。それにいったん向こうに着いてしまえば，きっと北京営業所の人たちが喜ん

で助けてくれるよ。

質問の訳 アンについてわかることは何ですか。

選択肢の訳 **1** 転勤の準備ができている。 **2** 中国文化についてよく知っている。 **3** たくさんの言語が話せる。 **4** 中国で働く予定だ。

解説 A（＝Anne）が1回目の発言でI'm being transferred to the Beijing office next year「来年私は北京営業所に転勤になる」と言っているので，being transferred to the Beijing officeをgoing to work in Chinaと言い換えた**4**が正解。

No.8 正解 2

放送文 ***A:*** What do you think we should get Mom for her birthday this year? ***B:*** Well, we could go look for something at Redwood Mall. There's a big sale there this weekend. ***A:*** I was thinking it would be more special if we made something ourselves, like a birdhouse for the garden. ***B:*** A birdhouse? That sounds like a great idea! Mom loved the present we made her for Christmas.

Question: What will the boy and the girl do for their mother's birthday?

訳 A：今年はお母さんの誕生日に何をあげたらいいと思う？ B：そうだね，レッドウッドモールに何か探しに行ってもいいね。今週末に大売り出しがあるよ。 A：自分たちで何か作った方が特別になるんじゃないかと思ってたの，庭用の小鳥の巣箱とか。 B：小鳥の巣箱？ それはすごいアイディアだね！ クリスマスに僕たちが作ったプレゼントもお母さんは気に入ってたよね。

質問の訳 男の子と女の子は母親の誕生日のために何をするでしょうか。

選択肢の訳 **1** モールで何か買ってあげる。 **2** 何か作ってあげる。 **3** 食事に連れて行ってあげる。 **4** 庭から採った花をあげる。

解説 A（＝女の子）が2回目の発言でit would be more special if we made something ourselves「自分たちで何か作った方が特別になるんじゃないか」と言い，B（＝男の子）もThat sounds like a great idea!「それはすごいアイディアだね！」と同意しているので，自分たちで何か作ると考えられる。したがって，**2**が正解。

No.9 正解 2

放送文 ***A:*** Welcome to the White Horse Ranch Resort. You must be the Carters. ***B:*** That's right. We're excited about staying here this weekend. ***A:*** Well, we're happy to have you. You'll be in Room 302. Why don't you put your things in your room? Then, I'll show you the horses. We can take a morning ride and then come back here for lunch. ***B:*** That sounds great. We'll be back in a minute.

Question: What will the couple do first?

訳 A：ホワイトホース牧場リゾートへようこそ。カーター様ご夫妻ですね。 B：そうです。今週末こちらに滞在するのを楽しみにしています。 A：ええ，お越しいただいてうれしいです。お部屋は302号室になります。お荷物をお部屋に置いてきてはいかがですか。その後で馬をお見せします。朝の乗馬をしてから，昼食にこちらに帰ってくることができますよ。 B：それはいいですね。すぐに戻ってきます。

質問の訳 夫婦はまず何をするでしょうか。

選択肢の訳 **1** 乗馬に出かける。 **2** 部屋にかばんを置く。 **3** 牧場で昼食を食べる。 **4** 部屋からチェックアウトする。

解説 従業員のA（＝女性）が2回目の発言でWhy don't you put your things in your room?「お荷物をお部屋に置いてきてはいかがですか」と言っているので，宿泊客の夫婦がこの会話のすぐ後にすることとしては，**2**が正解。

No.10 正解 4

放送文 ***A:*** Excuse me. Could you move your truck, please? It's in front of my office, and I have a customer coming who needs to park there. ***B:*** I'm sorry. I was just picking up some things from the shop next door. I'll be out of your way in a second. ***A:*** Thank you. Could you use the parking lot across the street next time? ***B:*** Yes, I'll be sure to do that.

Question: Why is the woman complaining?

訳 A：すみません。トラックを移動していただけますか？ 私の会社の前にあるのですが，お客様がいらっしゃる予定でそこに駐車する必要があるんです。 B：ごめんなさい。隣の店からものを受け取っていただけなんです。すぐにどかしますね。 A：ありがとう。この次は通りの向かいの駐車場を利用していただけますか？ B：はい，必ずそうします。

質問の訳 女性はなぜ苦情を言っていますか。

選択肢の訳 **1** 彼女の店のそばの駐車場が閉まっている。 **2** 隣の店が騒がしすぎる。 **3** 男性が彼女の会社に自分のものを置き忘れた。 **4** 男性のトラックが彼女の会社の前にある。

解説 A（＝女性）が1回目の発言でCould you move your truck, please? It's in front of my office「トラックを移動していただけますか？ 私の会社の前にあるのです」と言っているので，**4**が正解。

No.11 正解 2

放送文 ***A:*** Guess what? I'm thinking of going to France for my summer vacation! I've always wanted to see Paris. ***B:*** That's great! But you should buy your plane ticket soon. If you wait, the tickets may get too expensive. ***A:*** You're right. I'd better start looking for tickets right away. ***B:*** That's why I always stay at home for vacation. I can relax and take it easy.

Question: Why does the man say the woman should hurry?

訳 A：ねえ，聞いて。夏休みにフランスに行こうと思ってるの！ パリを見てみたいといつも思っていたのよ。 B：それはすごいね！ でもすぐに飛行機のチケットを買った方がいいよ。待っていたら，チケットはあまりにも高くなるかもしれないよ。 A：その通りね。今すぐチケットを探し始めた方がいいわ。 B：だから僕はいつも休暇は家にいるんだ。ゆったりくつろげるから。

質問の訳 男性はなぜ女性が急ぐべきだと言っていますか。

選択肢の訳 **1** パリの多くのホテルがすでに満室だ。 **2** フランスへの旅行がもっと高くなるかもしれない。 **3** この夏多くの人々がパリに行くつもりだ。 **4** フランス行きの飛行機の座席が売り切れるかもしれない。

解説 B（＝男性）が1回目の発言でBut you should buy your plane ticket soon. If you wait, the tickets may get too expensive.「でもすぐに飛行機のチケットを買った方がいいよ。待っていたら，チケットはあまりにも高くなるかもしれないよ」と言っている。A（＝女性）の1回目の発言から，旅行の行き先はフランスとわかるので，**2**が正解。

No.12　正解　1

放送文 ***A:*** I just saw a news report about the new hospital. It said it will have the latest medical technology. ***B:*** That's fantastic. I hope that means doctors can help people get better faster. ***A:*** Me, too. It said some of the machines are so big that they need their own rooms. That's why the hospital is so large. ***B:*** I see. And a bigger hospital could also help more patients.

Question: Why is the hospital so big?

訳 A：新しい病院についてのニュース報道を見たところなんだ。それによると，最新の医療技術を備えるそうだよ。　B：それはすばらしいわ。医者が，人々が早く回復する手助けをすることができるということだといいわね。　A：僕もそう思うよ。中にはとても大きいので専用の部屋が必要な機械もあるそうだよ。だから病院がとても大きいんだ。　B：なるほど。それに病院が大きければ，救える患者も増えるかもしれないしね。

質問の訳 病院はなぜとても大きいのですか。

選択肢の訳 **1**　機械の中にはたくさんのスペースが必要なものがある。　**2**　患者が個室を必要とする。　**3**　どの部屋にもそれぞれの機械を置かなければならない。　**4**　多くの新しい医師がそこで働く予定だ。

解説 A（＝男性）の2回目の発言It said some of the machines are so big that they need their own rooms. That's why the hospital is so large.「中にはとても大きいので専用の部屋が必要な機械もあるそうだよ。だから病院がとても大きいんだ」から，**1**が正解。

No.13　正解　3

放送文 ***A:*** Welcome to Fun Soccer Club for Kids. Today is our first practice of the summer. ***B:*** Excuse me, Coach, but when will practice be over? I need to tell my parents so they know when to come and get me. ***A:*** We'll finish in about an hour. ***B:*** Thanks. I'll just go tell them. They're standing over there.

Question: What does the man tell the girl?

訳 A：子供ファンサッカークラブへようこそ。今日はこの夏最初の練習です。　B：監督，すみませんが，練習はいつ終わりますか。両親がいつ私を迎えにくればいいかわかるように言わないといけないんです。　A：1時間ぐらいで終わりますよ。　B：ありがとう。ちょっと伝えてきます。あそこに立ってるんです。

質問の訳 男性は女の子に何と言っていますか。

選択肢の訳 **1**　サッカークラブは大人専用だ。　**2**　夏の間ずっと練習があるだろう。　**3**　練習は1時間ぐらい続くだろう。　**4**　両親はとどまって練習を見ることができる。

解説 B（＝女の子）がwhen will practice be over?「練習はいつ終わりますか」と尋ねたのに対し，A（＝男性）はWe'll finish in about an hour.「1時間ぐらいで終わります」と答えているので，**3**が正解。

No.14 正解 **4**

放送文 ***A:*** Honey, did you take a look at the stereo? ***B:*** Yes, I did. It's definitely broken, and I can't seem to fix it. We'll have to take it to the electronics shop for repairs. ***A:*** OK. We can stop there on the way to the shopping mall this afternoon. ***B:*** Good idea. I'll go and put it in the trunk of the car.
Question: What does the man tell the woman?

訳 A：あなた，ステレオを見てみた？ B：うん，見たよ。壊れているのは間違いなくて，僕には直せそうにないよ。電器店に持っていって修理してもらわないといけないだろうね。 A：わかった。今日の午後，ショッピングモールに行く途中で寄ればいいわ。 B：いい考えだね。車のトランクに入れてくるよ。

質問の訳 男性は女性に何と言っていますか。

選択肢の訳 **1** 彼はショッピングモールに行った。 **2** 車が壊れた。 **3** 今日の午後は出かけない方が良い。 **4** 彼にはステレオを修理することができない。

解説 B（＝男性）が1回目の発言でIt's definitely broken, and I can't seem to fix it.「壊れているのは間違いなくて，僕には直せそうにないよ」と言っており，itはどちらもthe stereoを指すので，**4**が正解。

No.15 正解 **2**

放送文 ***A:*** You went to see the doctor today, didn't you, honey? ***B:*** Yeah. He gave me the medicine I needed, so that's good. But I had to wait a really long time to see him. ***A:*** I'm not surprised. That clinic is always busy. ***B:*** Today, it was even more crowded than usual.
Question: What was the man's problem?

訳 A：あなた，今日医者に診てもらったんでしょう？ B：うん。必要な薬をくれたから良かったよ。でも診てもらうのにすごく長い時間待たないといけなかったんだ。 A：驚かないわ。あの診療所はいつも混んでるから。 B：今日はいつもより一段と混んでいたよ。

質問の訳 男性の問題は何でしたか。

選択肢の訳 **1** 間違った種類の薬をもらった。 **2** 診療所で長い時間待たないといけなかった。 **3** 新しい医者に診てもらいに行った。 **4** 診療所に行くのを忘れた。

解説 B（＝男性）が1回目の発言でI had to wait a really long time to see him（＝the doctor）「診てもらうのにすごく長い時間待たないといけなかったんだ」と言っており，「診てもらう」場所は診療所なので**2**が正解。

第2部 一次試験・リスニング

(問題編pp.185～187)

CD 青-81 ～ CD 青-96

No.16 正解 **1**

放送文 John teaches computer classes at a high school. In recent years, he has been surprised because some of his new students do not know how to use a computer. Many of them have only ever used smartphones. They do not

know how a computer works or how to type on a regular keyboard. Because of this, he has to teach more basic skills than he expected.
Question: What surprised John about some of his students?

訳 ジョンは高校でコンピュータの授業を教えている。最近はコンピュータの使い方を知らない新入生もいるので驚いている。彼らの多くはスマートフォンしか使ったことがない。彼らはコンピュータがどのように動くかとか，通常のキーボードでの入力の仕方を知らない。このため，彼は思っていたよりもっと基礎的な技能を教えなければならない。

質問の訳 一部の生徒についてジョンを驚かせたことは何ですか。

選択肢の訳 **1** コンピュータを使ったことが一度もない。 **2** とても速く入力することができる。 **3** スマートフォンが欲しくない。 **4** 教師になりたいと思っている。

解説 第2文でhe has been surprised because some of his new students do not know how to use a computer「コンピュータの使い方を知らない新入生もいるので驚いている」，さらに第3文でMany of them have only ever used smartphones.「彼らの多くはスマートフォンしか使ったことがない」と言っている。つまり，コンピュータを使ったことがない生徒がいることに驚いたので，**1**が正解。

No.17 正解 3

放送文 The yellow-legged buttonquail is a bird that lives in India and China. Although yellow-legged buttonquails are small, their sounds can be heard up to 100 meters away. In fact, in 2020, thousands of people in a village in China ran out of their homes because they thought there was a tiger. Later, they found out that the noise they heard had come from these small birds.
Question: What is one thing we learn about yellow-legged buttonquails?

訳 チョウセンミフウズラはインドや中国に生息する鳥である。チョウセンミフウズラは小さいがその音は最大100メートル先でも聞こえる。実際，2020年には中国の村で何千人もの人々がトラがいると思ったため家から逃げ出した。後になって，自分たちの聞いた音はこれらの小さな鳥がたてたものだとわかった。

質問の訳 チョウセンミフウズラについてわかることの1つは何ですか。

選択肢の訳 **1** 最高時速100キロで飛ぶことができる。 **2** 人間より速く走ることができる。 **3** とても大きな音をたてる。 **4** 身を守るためトラの近くに巣を作る。

解説 第2文でAlthough yellow-legged buttonquails are small, their sounds can be heard up to 100 meters away.「チョウセンミフウズラは小さいがその音は最大100メートル先でも聞こえる」と，トラと間違えるほどの音だと説明している。**3**が正解。

No.18 正解 3

放送文 Richard bought an apartment in a large building last year. He was happy because it was not expensive to live there. Last week, the building manager talked to him. She said that everyone in the building would have to pay an extra fee for some construction work to make the building safer during earthquakes. Richard is upset, and he thinks new residents should not have to pay so much.
Question: What did the building manager tell Richard?

訳 リチャードは去年，大きなビルにあるアパートの１室を買った。そこに住むのは高くなかったので彼はうれしかった。先週，ビルの管理人が彼に話をした。ビルにいる人は皆，地震のときにビルをもっと安全にするための工事に追加料金を支払わなくてはならないだろうと彼女は言った。リチャードは動揺し，新しい住民はそんなに支払わなくても良いはずだと考えている。

質問の訳 ビルの管理人はリチャードに何と言いましたか。

選択肢の訳 **1** 家賃は安くなるだろう。 **2** ビルは工事のために閉鎖されるだろう。 **3** 追加料金を支払わなければならないだろう。 **4** 地震の間は別のビルに行った方が良い。

解説 第４文でShe(＝the building manager) said that everyone in the building would have to pay an extra fee for some construction work「ビルにいる人は皆，…工事に追加料金を支払わなくてはならないだろうと彼女は言った」と言っている。an extra feeをan additional chargeと言い換えた**3**が正解。

No.19 正解 2

放送文 Sally has been playing soccer in a small, local league for several years. The matches are very casual, and she has many friends on her own team and other teams. From next year, the league announced that it will join a larger league, and Sally's team will be playing against a lot of different teams with good players. She is looking forward to the challenge, but she is also a little nervous.

Question: Why is Sally a little nervous?

訳 サリーは小さな地元のリーグで数年間サッカーをしている。試合はとても気軽で，自分のチームやほかのチームにたくさん友達がいる。来年から，そのリーグはもっと大きなリーグに加わると発表したので，サリーのチームは優秀な選手のいるたくさんの異なるチームと対戦するだろう。彼女はその挑戦を楽しみにしているが，少し緊張もしている。

質問の訳 サリーはなぜ少し緊張しているのですか。

選択肢の訳 **1** 自分のサッカーチームに知っている人がほとんどいない。 **2** もっと大きなリーグでサッカーをするだろう。 **3** 一番好きなサッカー選手と会う予定だ。 **4** 明日大きなサッカーの試合がある。

解説 第３文the league announced that it will join a larger league, and Sally's team will be playing against a lot of different teams with good players「そのリーグはもっと大きなリーグに加わると発表したので，サリーのチームは優秀な選手のいるたくさんの異なるチームと対戦するだろう」が緊張の理由なので，**2**が正解。

No.20 正解 3

放送文 In Scotland, there is a traditional skirt called a kilt. It is usually worn by men and it has a pattern on it. The most special pattern for kilts is called Balmoral Tartan. It is special because only the king or queen of the United Kingdom can decide who may wear this pattern. Balmoral Tartan is grey, black, and red. The colors were chosen to match rock found in Scotland.

Question: Why is Balmoral Tartan special?

訳 スコットランドには，キルトという伝統的なスカートがある。それはたいてい男性が着用し，模様が付いている。キルトのための最も特別な模様はバルモラルタータンと呼ばれている。それが特別なのは，英国の王か女王だけが，だれがこの模様を身に付けても良いかを決められるからである。バルモラルタータンはグレー，黒，そして赤である。その色はスコットランドで見つかった岩に合わせて選ばれた。

質問の訳 バルモラルタータンはなぜ特別なのですか。

選択肢の訳 **1** 城の絵が描かれている。 **2** 人々が色彩豊かな絵を描くために使う。 **3** だれがそれを身に付けられるかを王か女王が決める。 **4** 男性が女性に技術を見せるためにそれを作る。

解説 第4文でIt is special because only the king or queen of the United Kingdom can decide who may wear this pattern.「それが特別なのは，英国の王か女王だけが，だれがこの模様を身に付けても良いかを決められるからである」と言っている。このItはBalmoral Tartanを指すので，**3**が正解。

No.21 正解 1

放送文 Suzie loves comic books and movies about superheroes. Recently, she has started writing stories about a girl who can fly. She sent her stories to a publisher, but they were not accepted. Then, she posted them on a website where writers can share their stories. Many people said they enjoyed her stories. Suzie is looking forward to writing more and being part of an online community.

Question: Why did Suzie post her stories online?

訳 スージーはスーパーヒーローについての漫画本や映画が大好きだ。最近，彼女は飛ぶことのできる女の子についての物語を書き始めた。彼女は出版社に物語を送ったが，採用はされなかった。それから，彼女は作家が自分たちの物語を伝え合うことのできるウェブサイトに投稿した。多くの人々が彼女の物語を楽しんだと言った。スージーはもっと書いて，オンライン・コミュニティの一員となることを楽しみにしている。

質問の訳 スージーはなぜオンラインで自分の物語を投稿しましたか。

選択肢の訳 **1** 出版社に採用されなかった。 **2** それらが映画化されるよう望んだ。 **3** そのウェブサイトが彼女に連絡を取り，それらを求めた。 **4** 彼女の友達がそれらを読む時間がなかった。

解説 第3文でShe sent her stories to a publisher, but they were not accepted.「彼女は出版社に物語を送ったが，採用はされなかった」と言っている。さらに第4文で，Then, she posted them（＝her stories）on a website「それから，…ウェブサイトに投稿した」と言っているので，**1**が正解。

No.22 正解 4

放送文 There will be a big tennis tournament in Randy's city next month. Randy tried to buy tickets as soon as he heard about it, but they were already sold out. He learned, however, that he could sign up to be a volunteer at the tournament. He will volunteer for two days, and he will be able to get a better view of some events than if he had sat at the back.

Question: Why did Randy decide to volunteer at the tournament?

訳 ランディの市では来月，大きなテニス大会がある。ランディはそのことを聞いてすぐにチケットを買おうとしたが，すでに売り切れていた。だが，大会のボランティアに登録することができると知った。彼は2日間ボランティアをする予定で，いくつかの種目では後ろの方に座るよりももっと良く見えるだろう。

質問の訳 ランディはなぜ大会でボランティアをすることに決めましたか。

選択肢の訳 **1** いくつかの種目についてとてもよく知っている。 **2** 何人かの選手と知り合いである。 **3** 友達に手伝うよう頼まれた。 **4** チケットを買うには遅すぎた。

解説 第2文にRandy tried to buy tickets as soon as he heard about it, but they were already sold out.「ランディはそのことを聞いてすぐにチケットを買おうとしたが，すでに売り切れていた」とあり，続く第3文で，大会のボランティアに登録できることを知ったことが述べられている。ボランティアをすることにしたそもそもの原因は，チケットの購入が遅れてチケットを入手できなかったことなので，**4**が正解。

No.23 正解 **2**

放送文 Thank you for visiting Salston Library. Please remember to have a look at our classic novels on the third floor. We would also like to remind you that our regular hours are 8 a.m. to 9 p.m. from Tuesday to Sunday. However, because Monday is a public holiday, this week we will be open all day on Monday and closed on Tuesday instead.

Question: Why will the library be open on Monday?

訳 サルストン図書館にお越しいただきありがとうございます。古典小説は3階でご覧になれますのでご注意ください。また，通常の開館時間は火曜日から日曜日の午前8時から午後9時までということもお知らせいたします。しかしながら，月曜日が祝日ですので，今週は月曜日に終日開館し，代わりに火曜日が閉館となります。

質問の訳 図書館はなぜ月曜日に開館していますか。

選択肢の訳 **1** 特別な小説が読まれる。 **2** 祝日になる。 **3** 古い小説が売られる。 **4** 火曜日に床が掃除される。

解説 第4文でbecause Monday is a public holiday, this week we will be open all day on Monday「月曜日が祝日ですので，今週は月曜日に終日開館し」と言っている。したがって，**2**が正解。

No.24 正解 **3**

放送文 Traditional fairy tales such as "Rapunzel," published by the Brothers Grimm in 1812, have changed a lot over the years. In the past, fairy tales contained more violence, and they scared young boys and girls. However, these days, most fairy tales are told with cute pictures, and they have happy endings that make children feel safe.

Question: How were traditional fairy tales different in the past?

訳 1812年にグリム兄弟によって出版された「ラプンツェル」のような伝統的なおとぎ話は，長年の間に大きく変わった。昔は，おとぎ話にはもっと暴力が含まれ，幼い少年少女を怖がらせた。ところが最近では，たいていのおとぎ話はかわいい絵とともに語られ，子供たちを安心させるようなハッピーエンドで終わる。

質問の訳 伝統的なおとぎ話は，昔はどのように異なっていましたか。

選択肢の訳 **1** もっとたくさんの絵とともに語られていた。 **2** 女の子よりも男の子に愛されていた。 **3** 今よりももっと怖かった。 **4** 主に子供たちによって語られた。

解説 第２文でIn the past, fairy tales contained more violence, and they scared young boys and girls.「昔は，おとぎ話にはもっと暴力が含まれ，幼い少年少女を怖がらせた」と言っている。この内容を簡潔に言い換えた**3**が正解。

No.25 正解 1

放送文 Miki has lived in her neighborhood since she was a child, and she is friends with many of her neighbors. Recently, the neighborhood has begun to change. More wealthy people have moved in and expensive shops and restaurants have opened. This makes the neighborhood nicer in some ways, but Miki is also worried that some of her neighbors will not be able to afford to live there anymore.

Question: Why is Miki worried?

訳 ミキは子供の頃から近所に住んでいて，多くの近所の人たちと友達である。最近，近所が変わり始めた。より裕福な人たちが引っ越してきて，高価な店やレストランが開店した。ある意味ではこのおかげで近所がすてきになっているが，近所の人たちの中にはもうそこに住む余裕がなくなる人もいるのではないかとミキは心配もしている。

質問の訳 ミキはなぜ心配していますか。

選択肢の訳 **1** 彼女の近所がより高価になってきている。 **2** 彼女の近所の人たちは騒がしい子供たちのことで問題を抱えている。 **3** 彼女のお気に入りのレストランが閉店する予定だ。 **4** 彼女の店が間もなく新しいオーナーを迎える。

解説 最終文後半でMiki is also worried that some of her neighbors will not be able to afford to live there anymore「近所の人たちの中にはもうそこに住む余裕がなくなる人もいるのではないかとミキは心配もしている」と言っている。住む余裕がなくなる理由は，第３文のexpensive shops and restaurants have opened「高価な店やレストランが開店した」ことなので，**1**が正解。

No.26 正解 2

放送文 Last year, Lucas joined a gym, and at first, he went there every day to exercise after work. Soon, though, he found that he was not going so often because he was busy with work. From this month, he has decided to start going to the gym early in the morning. He hopes this plan will allow him to exercise regularly.

Question: What has Lucas decided to start doing?

訳 昨年，ルーカスはジムに入会し，最初は仕事の後に運動するために毎日通っていた。だが，すぐに仕事で忙しいのであまり頻繁に通っていないことに気づいた。今月から，朝早くジムに行き始めることに決めた。彼はこの計画によって定期的に運動できるようになると良いと思っている。

質問の訳 ルーカスは何をし始めることを決めましたか。

選択肢の訳 **1** 新しいジムを探すこと。 **2** 仕事の前に運動すること。 **3** 昼休みにジムに行くこと。 **4** スポーツセンターで働くこと。

解説 第3文でhe has decided to start going to the gym early in the morning「朝早くジムに行き始めることに決めた」と言っている。つまり仕事の前に運動するので，**2**が正解。

No.27 正解 4

放送文 These days, a honeymoon is usually a short vacation after a wedding. However, in the past, "honeymoon" had a different meaning. It was originally two words—*hony*, which meant "sweet," and *moone*, which meant "month." *Hony moone* was used to tell newly married couples that the sweet feeling of marriage does not last forever, and that staying happy together takes hard work.

Question: How was the word "honeymoon" used in the past?

訳 現在はハネムーンとは普通，結婚式の後の短い休暇のことである。ところが，昔は「ハネムーン」には別の意味があった。それはもともと，「甘い」を表すhonyと「月」を表すmooneの2語であった。hony mooneは新婚夫婦に結婚の甘い気持ちは永遠に続くものではなく，一緒に幸せでいるには努力が必要だということを教えるために使われていた。

質問の訳 「ハネムーン」という語は昔はどのように使われていましたか。

選択肢の訳 **1** 女性が結婚することを知らせるために。 **2** 短い休暇のための場所について伝えるために。 **3** 結婚式で食べられる甘い料理を説明するために。 **4** 夫婦に結婚生活について教えるために。

解説 最終文で*Hony moone* was used to tell newly married couples that the sweet feeling of marriage does not last forever, and that staying happy together takes hard work.「hony mooneは新婚夫婦に結婚の甘い気持ちは永遠に続くものではなく，一緒に幸せでいるには努力が必要だということを教えるために使われていた」と言っている。最初のthat以下で結婚生活とはどういうものかを述べているので，**4**が正解。

No.28 正解 1

放送文 This is an announcement for all employees. As you all know, our company name changed at the beginning of this year. As a result, all employees need to pick up new business cards from the personnel department on the first floor before 5 p.m. today. Please do not leave the office today without going to the personnel department. Thank you.

Question: What do employees have to do before 5 p.m.?

訳 これは全従業員へのお知らせです。みなさんご存知のように，当社の名称は今年の初めに変わりました。そのため，全従業員が今日の午後5時までに1階の人事部で新しい名刺を受け取る必要があります。今日は人事部に行ってから帰宅するようにしてください。よろしくお願いします。

質問の訳 従業員は午後5時までに何をしなければなりませんか。

選択肢の訳 **1** 新しい名刺を受け取る。 **2** 新しい事務所に机を移動する。 **3** 新しい事業計画を作成する。　**4**　新しい会社名を考える。

解説 第3文でall employees need to pick up new business cards from the personnel department on the first floor before 5 p.m. today「全従業員が今日の午後5時までに1階の人事部で新しい名刺を受け取る必要があります」と言っている。pick upをgetと言い換えた**1**が正解。

No.29 正解 2

放送文 Louise started high school last year. When she was young, she did not like being outdoors because she did not like insects. For this reason, she was worried when her teacher said that her class would be going on a camping trip. However, when she went on the trip, she was surprised to find that she felt good being in nature. She did not worry because her friends were with her.

Question: Why was Louise surprised?

訳 ルイーズは去年，高校に入学した。幼い頃，彼女は虫が好きではなかったので野外にいることが好きではなかった。このため，彼女のクラスがキャンプ旅行に行く予定だと先生が言ったとき，彼女は不安だった。けれども旅行に行くと，自然の中にいることは気持ちが良いと気づいて彼女は驚いた。友達が一緒にいたので彼女は心配しなかった。

質問の訳 ルイーズはなぜ驚きましたか。

選択肢の訳 **1**　学校にたくさんの虫がいた。　**2**　野外にいることを楽しんだ。　**3**　彼女の友達がキャンプに行くことを提案した。　**4**　修学旅行が中止になった。

解説 第4文でshe was surprised to find that she felt good being in nature「自然の中にいることは気持ちが良いと気づいて彼女は驚いた」と言っている。felt good being in natureをenjoyed being outdoorsと言い換えた**2**が正解。

No.30 正解 4

放送文 Thank you for coming to Savers Palace. Customers who came by car today can get a 10 percent discount on parking. Just show your parking ticket to the staff when you pay. Also, hand towels and bathroom soaps are sold at half price this month. For more information on special offers, please come to the service counter.

Question: How can customers get a discount on parking?

訳 セイバーズ・パレスへお越しいただき，ありがとうございます。本日，車でお越しのお客様は駐車料金が1割引になります。お支払いのとき，係員に駐車券をお見せいただくだけです。また，ハンドタオルと浴用石鹸を今月は半額で販売しております。特別提供について詳しくは，サービスカウンターまでお越しください。

質問の訳 客はどのようにして駐車料金の割引を受けることができますか。

選択肢の訳 **1**　ハンドタオルを10枚買うことによって。　**2**　サービスカウンターに行くことによって。　**3**　毎月駐車料金を払うことによって。　**4**　ものを買うときに券を見せることによって。

解説 第2文で今日は駐車料金が1割引になることを伝えた後，第3文でJust show your parking ticket to the staff when you pay.「お支払いのとき，係員に駐車券をお見せいただくだけです」と言っている。payをbuy thingsと言い換えた**4**が正解。

カードA 二次試験・面接
(問題編pp.188～189)

訳 健康な労働者たち
多くの日本人は，毎年健康診断を受ける。中にはこのために役立つサービスを提供する団体もある。こうした団体は職場で健康診断を提供する特別なバスを送る。多くの会社がこのようなバスを利用し，そうすることによって彼らは忙しい労働者が健康を保つ手助けをするのである。人々が定期的に健康診断を受けるよう努めることはとても重要である。
話は次の文で始めてください：ある朝，モリ夫妻は居間で話していました。

質問の訳 No.1　この文によると，多くの会社はどのように忙しい労働者が健康を保つ手助けをしていますか。
No.2　では，絵を見てその状況を説明してください。20秒間，準備する時間があります。話はカードに書いてある文で始めてください。<20秒>始めてください。
では，～さん（受験者の氏名），カードを裏返して置いてください。
No.3　日本の電車やバスは夏にエアコンを使いすぎると言う人がいます。あなたはそのことについてどう思いますか。
No.4　日本には，多くの有名ブランド店があります。あなたはこのような店で買い物をする人の数が将来増えると思いますか。

No.1 **解答例** By using special buses that provide medical checkups at the workplace.

解答例の訳 職場で健康診断を提供する特別なバスを利用することによってです。
解説 第4文に関する質問。方法を問われているので，**by doing（動名詞）**の形を用いる。まずBy using such buses.と考え，第3文からsuch busesを具体的にspecial buses that provide medical checkups at the workplaceと表す。

No.2 **解答例** One morning, Mr. and Mrs. Mori were talking in their living room. Mr. Mori said to his wife, “I stayed up late last night.” Thirty minutes later, Mr. Mori was asleep on the sofa. Mrs. Mori was thinking of putting a blanket on him. That afternoon, Mrs. Mori was making coffee. Mr. Mori suggested that they go for a walk together.

解答例の訳 **ある朝，モリ夫妻は居間で話していました。**モリさんは妻に「昨夜は遅くまで起きていたんだ」と言いました。30分後，モリさんはソファで眠っていました。モリさんの妻は彼に毛布をかけてあげようと考えていました。その午後，モリさんの妻はコーヒーを入れていました。モリさんは一緒に散歩に出かけようと提案しました。
解説 1コマ目のモリさんの言葉は，直接話法のMr. Mori said to his wife, “～.” の形で表す。2コマ目は，モリさんがソファで眠り（was asleep on the sofa），モリさんの妻が毛布をかけてあげようと考えている（was thinking of putting a blanket on him）場面。3コマ目は，モリさんの妻がコーヒーを入れている（was making coffee）ところ。吹き出しは，モリさんが一緒に散歩に出かけようと提案する（suggested that they go for a walk together）様子を表している。「～するよう提案する」は〈suggest that＋

S(＋should)＋V ～〉で表す。

No.3 **解答例** （I agree. の場合） I agree. Some trains and buses are very cold in summer. Also, it's bad for the environment to use so much electricity.
（I disagree. の場合） I disagree. Summer is getting hotter and hotter every year. It's important to keep trains and buses cool for people's health.

解答例の訳 私もそう思います。中には夏にとても寒い電車やバスもあります。また，電気をそんなにたくさん使うのは環境にも悪いと思います。／私はそうは思いません。夏は毎年ますます暑くなっています。人々の健康のためには電車やバスを涼しく保つことが大切です。

解説 賛成意見では，夏にとても寒い（are very cold in summer）電車やバスもあることを理由とし，さらに電気を大量に使うので環境にも悪い（bad for the environment to use so much electricity）と述べている。反対意見では，電車やバスでエアコンを使いすぎているとは思わない理由として，夏がますます暑くなっている（is getting hotter and hotter）ことを挙げ，健康のためには電車やバスを涼しく保つことが大切だ（important to keep trains and buses cool）という意見を述べている。「ますます～になる」は〈get＋比較級＋and＋比較級〉で表す。

No.4 **解答例** （Yes. の場合） Yes. → Why? —— More people want to give brand-name products as gifts. They think such gifts make events like birthdays special.
（No. の場合） No. → Why not? —— Most of the products at these stores are very expensive. Other stores sell good products at lower prices.

解答例の訳 はい。→それはなぜですか。―― 贈り物として有名ブランド製品をあげたいと思う人々が増えています。彼らはこのような贈り物が誕生日のような行事を特別なものにすると考えています。／いいえ。→それはなぜですか。―― こうした店の商品の大半はとても高価です。ほかの店では良い製品をより安い価格で売っています。

解説 賛成意見では，贈り物として有名ブランド製品をあげたい（want to give brand-name products as gifts）と考える人が多いことを挙げ，その理由はこのような贈り物が誕生日のような行事を特別なものにする（such gifts make events like birthdays special）と考えるからだとしている。「～を…にする」は〈make＋目的語＋形容詞〉で表す。反対意見では，商品がとても高価だ（are very expensive）ということを挙げている。ほかの店では良い製品をより安い価格で売っている（sell good products at lower prices）ことを，有名ブランド店で買い物をする人が増えるとは思わない理由としている。

カードB 二次試験・面接
（問題編pp.190〜191）

訳 珍しい海洋生物

最近，科学者たちは世界の深海に棲む生き物たちについて詳しく知ることに関心がある。とはいえ，深海域に達するのは非常に危険である。そこで，一部の科学者はこのような海域にロボットを送り込み，そうすることによって彼らは珍しい海洋生物について安全に学ぶことができる。このようなロボットは恐らく将来ますます役立つようになるだろう。

話は次の文で始めてください：ある日，ケンとお母さんは居間で話していました。

質問の訳 No.1　この文によると，一部の科学者はどのようにして珍しい海洋生物について安全に学ぶことができますか。

No.2　では，絵を見てその状況を説明してください。20秒間，準備する時間があります。話はカードに書いてある文で始めてください。<20秒>始めてください。

では，〜さん（受験者の氏名），カードを裏返して置いてください。

No.3　たとえ高くても環境に優しい製品を買うべきだと言う人がいます。あなたはそのことについてどう思いますか。

No.4　今日，多くの映画に暴力シーンがあります。あなたはこのような映画の製作をやめるべきだと思いますか。

No.1　解答例　By sending robots to areas that are deep in the ocean.

解答例の訳 深海域にロボットを送り込むことによってです。

解説 第３文に関する質問。方法を問われているので，**by doing（動名詞）**の形を用いる。まずBy sending robots to such areas.と考え，第２文からsuch areasを具体的にareas that are deep in the oceanと表す。

No.2　解答例　One day, Ken and his mother were talking in their living room. Ken said to his mother, "I want to see the sea turtles at the aquarium." The next month at the aquarium, Ken was looking at a sign that said taking pictures was not allowed. His mother told him to put his camera into her bag. Later at the gift shop, Ken was choosing a T-shirt. His mother was thinking of buying it for him.

解答例の訳 **ある日，ケンとお母さんは居間で話していました。**ケンはお母さんに「水族館でウミガメが見たいな」と言いました。翌月，水族館でケンは写真撮影禁止という標示を見ていました。お母さんはカメラを私のかばんに入れなさいと言いました。その後，土産物店でケンはTシャツを選んでいました。お母さんはそれを彼に買ってあげようと考えていました。

解説 １コマ目のケンの言葉は，直接話法のKen said to his mother, "〜." の形で表す。２コマ目は，ケンが写真撮影禁止の標示を見て（was looking at a sign that said taking pictures was not allowed），お母さんがカメラをかばんに入れるようケンに言っている（told him to put his camera into her bag）様子。「〜に…するように言う」はtell 〜 to *do*で表す。３コマ目は，ケンが売店でTシャツを選び（was choosing a

T-shirt)，お母さんがそれを買ってあげようと考えている（was thinking of buying it for him）場面を表している。

No.3　解答例　（I agree.の場合）　I agree.　People should do things to protect the environment.　They need to work together to help the earth.
（I disagree.の場合）　I disagree.　Buying such products doesn't help the environment.　The government should make stricter laws to reduce pollution.

解答例の訳　私もそう思います。人々は環境を守るためのことをすべきです。地球を救うために協力する必要があります。／私はそうは思いません。このような製品を買うことは環境保護には役立ちません。政府は汚染を減らすためにもっと厳しい法律を作るべきです。

解説　賛成意見では，環境を守るためのこと（things to protect the environment）をすべきだという意見を述べ，さらに地球を救うために協力する（work together to help the earth）必要があると付け加えている。反対意見では，環境に優しい製品が環境保護には役立たない（doesn't help the environment）と考えていると述べ，汚染を減らすためにもっと厳しい法律を作るべき（should make stricter laws to reduce pollution）だと提案している。

No.4　解答例　（Yes.の場合）　Yes. → Why?　—— Violent movies often have a bad influence on people.　For example, some people may try to copy the actors in these movies.
（No.の場合）　No. → Why not? —— Many people think violent movies are exciting.　They can enjoy watching them with friends.

解答例の訳　はい。→それはなぜですか。—— 暴力的な映画は人々に悪影響を及ぼすことが多いです。例えば，こうした映画の中の俳優を真似しようとする人もいるかもしれません。／いいえ。→それはなぜですか。—— 多くの人々が暴力的な映画はわくわくすると考えています。友達とそうした映画を見て楽しむことができます。

解説　賛成意見では，暴力的な映画が人々に悪影響を及ぼす（have a bad influence on people）という点を理由に挙げ，その例として映画の中の俳優を真似しようとする（try to copy the actors in these movies）人もいるということを挙げて，暴力的な映画の製作をやめるべきだと考える理由としている。「～に悪影響を及ぼす」はhave a bad influence on ～で表せる。反対意見では，暴力的な映画はわくわくする（violent movies are exciting）と考える人が多いことを挙げ，友達とそうした映画を見て楽しむことができる（can enjoy watching them with friends）ので，製作をやめる必要はないと考える理由としている。

●2級　解答用紙●

解答用紙の記入についての注意

筆記試験，リスニングテストともに，別紙の解答用紙にマークシート方式で解答します。解答にあたっては，次の点に留意してください。

1　解答用紙には，はじめに氏名，生年月日などを記入します。生年月日はマーク欄をぬりつぶす指示もありますので，忘れずにマークしてください。

　不正確な記入は答案が無効になることもあるので注意してください。

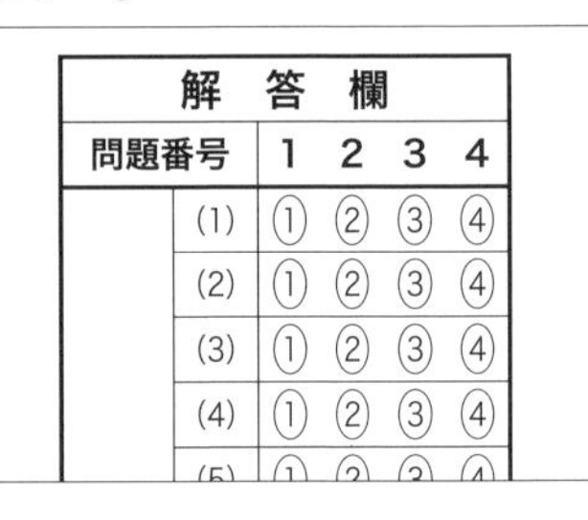

解答欄					
問題番号		1	2	3	4
	(1)	①	②	③	④
	(2)	①	②	③	④
	(3)	①	②	③	④
	(4)	①	②	③	④

2　マークはHBの黒鉛筆またはシャープペンシルを使って「マーク例」に示された以上の濃さで正確にぬりつぶします。

　解答の訂正は，プラスチックの消しゴムで完全に消してから行ってください。

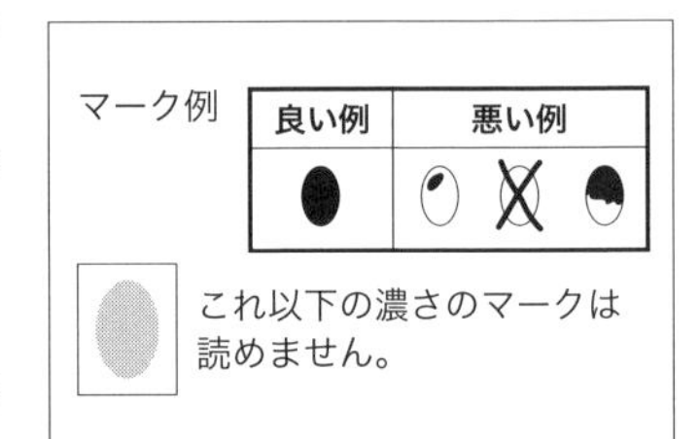

3　解答用紙を汚したり折り曲げたりすることは厳禁です。また，所定の欄以外は絶対に記入しないでください。

英検®2級　解答用紙

【注意事項】

①解答にはHBの黒鉛筆（シャープペンシルも可）を使用し、解答を訂正する場合には消しゴムで完全に消してください。
②解答用紙は絶対に汚したり折り曲げたり、所定以外のところへの記入はしないでください。

マーク例

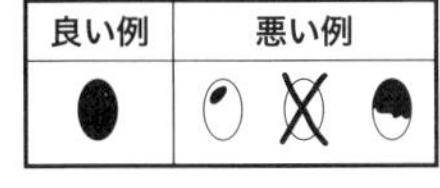

これ以下の濃さのマークは読めません。

解答欄					
問題番号		1	2	3	4
1	(1)	①	②	③	④
	(2)	①	②	③	④
	(3)	①	②	③	④
	(4)	①	②	③	④
	(5)	①	②	③	④
	(6)	①	②	③	④
	(7)	①	②	③	④
	(8)	①	②	③	④
	(9)	①	②	③	④
	(10)	①	②	③	④
	(11)	①	②	③	④
	(12)	①	②	③	④
	(13)	①	②	③	④
	(14)	①	②	③	④
	(15)	①	②	③	④
	(16)	①	②	③	④
	(17)	①	②	③	④
	(18)	①	②	③	④
	(19)	①	②	③	④
	(20)	①	②	③	④

解答欄					
問題番号		1	2	3	4
2	(21)	①	②	③	④
	(22)	①	②	③	④
	(23)	①	②	③	④
	(24)	①	②	③	④
	(25)	①	②	③	④
	(26)	①	②	③	④

解答欄					
問題番号		1	2	3	4
3	(27)	①	②	③	④
	(28)	①	②	③	④
	(29)	①	②	③	④
	(30)	①	②	③	④
	(31)	①	②	③	④
	(32)	①	②	③	④
	(33)	①	②	③	④
	(34)	①	②	③	④
	(35)	①	②	③	④
	(36)	①	②	③	④
	(37)	①	②	③	④
	(38)	①	②	③	④

4の解答欄は裏面にあります。

リスニング解答欄					
問題番号		1	2	3	4
第1部	No. 1	①	②	③	④
	No. 2	①	②	③	④
	No. 3	①	②	③	④
	No. 4	①	②	③	④
	No. 5	①	②	③	④
	No. 6	①	②	③	④
	No. 7	①	②	③	④
	No. 8	①	②	③	④
	No. 9	①	②	③	④
	No. 10	①	②	③	④
	No. 11	①	②	③	④
	No. 12	①	②	③	④
	No. 13	①	②	③	④
	No. 14	①	②	③	④
	No. 15	①	②	③	④
第2部	No. 16	①	②	③	④
	No. 17	①	②	③	④
	No. 18	①	②	③	④
	No. 19	①	②	③	④
	No. 20	①	②	③	④
	No. 21	①	②	③	④
	No. 22	①	②	③	④
	No. 23	①	②	③	④
	No. 24	①	②	③	④
	No. 25	①	②	③	④
	No. 26	①	②	③	④
	No. 27	①	②	③	④
	No. 28	①	②	③	④
	No. 29	①	②	③	④
	No. 30	①	②	③	④

キリトリ

くり返し解く場合は、コピーをとってご利用ください。

英検®2級　解答用紙

4　**ライティング解答欄**

・指示事項を守り、文字は、はっきりと分かりやすく書いてください。
・太枠に囲まれた部分のみが採点の対象です。

5

10

15

キリトリ

英検®2級　解答用紙

【注意事項】

①解答にはHBの黒鉛筆（シャープペンシルも可）を使用し、解答を訂正する場合には消しゴムで完全に消してください。

②解答用紙は絶対に汚したり折り曲げたり、所定以外のところへの記入はしないでください。

マーク例

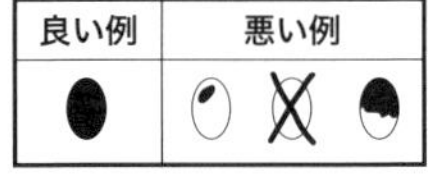

良い例	悪い例
●	◎ ⊗ ◓

これ以下の濃さのマークは読めません。

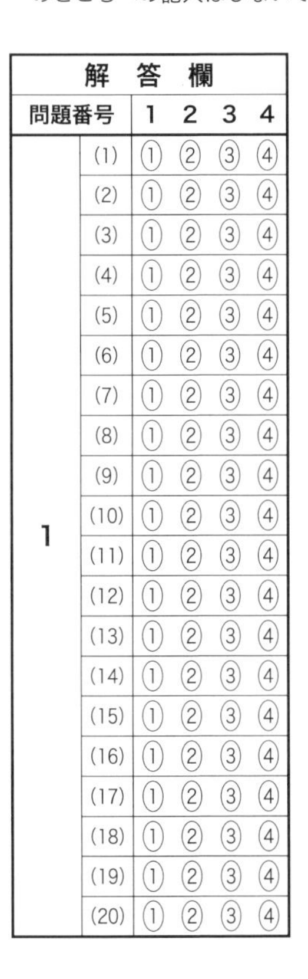

解答欄					
問題番号		1	2	3	4
1	(1)	①	②	③	④
	(2)	①	②	③	④
	(3)	①	②	③	④
	(4)	①	②	③	④
	(5)	①	②	③	④
	(6)	①	②	③	④
	(7)	①	②	③	④
	(8)	①	②	③	④
	(9)	①	②	③	④
	(10)	①	②	③	④
	(11)	①	②	③	④
	(12)	①	②	③	④
	(13)	①	②	③	④
	(14)	①	②	③	④
	(15)	①	②	③	④
	(16)	①	②	③	④
	(17)	①	②	③	④
	(18)	①	②	③	④
	(19)	①	②	③	④
	(20)	①	②	③	④

解答欄					
問題番号		1	2	3	4
2	(21)	①	②	③	④
	(22)	①	②	③	④
	(23)	①	②	③	④
	(24)	①	②	③	④
	(25)	①	②	③	④
	(26)	①	②	③	④

解答欄					
問題番号		1	2	3	4
3	(27)	①	②	③	④
	(28)	①	②	③	④
	(29)	①	②	③	④
	(30)	①	②	③	④
	(31)	①	②	③	④
	(32)	①	②	③	④
	(33)	①	②	③	④
	(34)	①	②	③	④
	(35)	①	②	③	④
	(36)	①	②	③	④
	(37)	①	②	③	④
	(38)	①	②	③	④

4の解答欄は裏面にあります。

リスニング解答欄					
問題番号		1	2	3	4
第1部	No. 1	①	②	③	④
	No. 2	①	②	③	④
	No. 3	①	②	③	④
	No. 4	①	②	③	④
	No. 5	①	②	③	④
	No. 6	①	②	③	④
	No. 7	①	②	③	④
	No. 8	①	②	③	④
	No. 9	①	②	③	④
	No. 10	①	②	③	④
	No. 11	①	②	③	④
	No. 12	①	②	③	④
	No. 13	①	②	③	④
	No. 14	①	②	③	④
	No. 15	①	②	③	④
第2部	No. 16	①	②	③	④
	No. 17	①	②	③	④
	No. 18	①	②	③	④
	No. 19	①	②	③	④
	No. 20	①	②	③	④
	No. 21	①	②	③	④
	No. 22	①	②	③	④
	No. 23	①	②	③	④
	No. 24	①	②	③	④
	No. 25	①	②	③	④
	No. 26	①	②	③	④
	No. 27	①	②	③	④
	No. 28	①	②	③	④
	No. 29	①	②	③	④
	No. 30	①	②	③	④

キリトリ

くり返し解く場合は、コピーをとってご利用ください。

英検®2級　解答用紙

4　**ライティング解答欄**

・指示事項を守り、文字は、はっきりと分かりやすく書いてください。
・太枠に囲まれた部分のみが採点の対象です。

5

10

15

キリトリ

英検®2級　解答用紙

【注意事項】

①解答にはHBの黒鉛筆（シャープペンシルも可）を使用し、解答を訂正する場合には消しゴムで完全に消してください。
②解答用紙は絶対に汚したり折り曲げたり、所定以外のところへの記入はしないでください。

マーク例

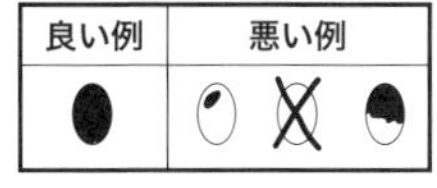

これ以下の濃さのマークは読めません。

解答欄					
問題番号		1	2	3	4
1	(1)	①	②	③	④
	(2)	①	②	③	④
	(3)	①	②	③	④
	(4)	①	②	③	④
	(5)	①	②	③	④
	(6)	①	②	③	④
	(7)	①	②	③	④
	(8)	①	②	③	④
	(9)	①	②	③	④
	(10)	①	②	③	④
	(11)	①	②	③	④
	(12)	①	②	③	④
	(13)	①	②	③	④
	(14)	①	②	③	④
	(15)	①	②	③	④
	(16)	①	②	③	④
	(17)	①	②	③	④
	(18)	①	②	③	④
	(19)	①	②	③	④
	(20)	①	②	③	④

解答欄					
問題番号		1	2	3	4
2	(21)	①	②	③	④
	(22)	①	②	③	④
	(23)	①	②	③	④
	(24)	①	②	③	④
	(25)	①	②	③	④
	(26)	①	②	③	④

解答欄					
問題番号		1	2	3	4
3	(27)	①	②	③	④
	(28)	①	②	③	④
	(29)	①	②	③	④
	(30)	①	②	③	④
	(31)	①	②	③	④
	(32)	①	②	③	④
	(33)	①	②	③	④
	(34)	①	②	③	④
	(35)	①	②	③	④
	(36)	①	②	③	④
	(37)	①	②	③	④
	(38)	①	②	③	④

4の解答欄は裏面にあります。

リスニング解答欄					
問題番号		1	2	3	4
第1部	No. 1	①	②	③	④
	No. 2	①	②	③	④
	No. 3	①	②	③	④
	No. 4	①	②	③	④
	No. 5	①	②	③	④
	No. 6	①	②	③	④
	No. 7	①	②	③	④
	No. 8	①	②	③	④
	No. 9	①	②	③	④
	No. 10	①	②	③	④
	No. 11	①	②	③	④
	No. 12	①	②	③	④
	No. 13	①	②	③	④
	No. 14	①	②	③	④
	No. 15	①	②	③	④
第2部	No. 16	①	②	③	④
	No. 17	①	②	③	④
	No. 18	①	②	③	④
	No. 19	①	②	③	④
	No. 20	①	②	③	④
	No. 21	①	②	③	④
	No. 22	①	②	③	④
	No. 23	①	②	③	④
	No. 24	①	②	③	④
	No. 25	①	②	③	④
	No. 26	①	②	③	④
	No. 27	①	②	③	④
	No. 28	①	②	③	④
	No. 29	①	②	③	④
	No. 30	①	②	③	④

キリトリ

くり返し解く場合は、コピーをとってご利用ください。

英検®2級　解答用紙

4　**ライティング解答欄**

・指示事項を守り、文字は、はっきりと分かりやすく書いてください。
・太枠に囲まれた部分のみが採点の対象です。

5

10

15

キリトリ

英検®2級　解答用紙

【注意事項】

①解答にはHBの黒鉛筆（シャープペンシルも可）を使用し、解答を訂正する場合には消しゴムで完全に消してください。
②解答用紙は絶対に汚したり折り曲げたり、所定以外のところへの記入はしないでください。

マーク例

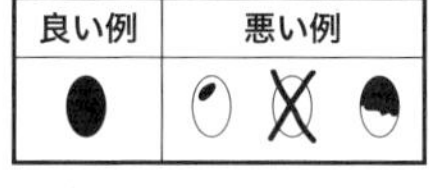

これ以下の濃さのマークは読めません。

解答欄					
問題番号		1	2	3	4
1	(1)	①	②	③	④
	(2)	①	②	③	④
	(3)	①	②	③	④
	(4)	①	②	③	④
	(5)	①	②	③	④
	(6)	①	②	③	④
	(7)	①	②	③	④
	(8)	①	②	③	④
	(9)	①	②	③	④
	(10)	①	②	③	④
	(11)	①	②	③	④
	(12)	①	②	③	④
	(13)	①	②	③	④
	(14)	①	②	③	④
	(15)	①	②	③	④
	(16)	①	②	③	④
	(17)	①	②	③	④
	(18)	①	②	③	④
	(19)	①	②	③	④
	(20)	①	②	③	④

解答欄					
問題番号		1	2	3	4
2	(21)	①	②	③	④
	(22)	①	②	③	④
	(23)	①	②	③	④
	(24)	①	②	③	④
	(25)	①	②	③	④
	(26)	①	②	③	④

解答欄					
問題番号		1	2	3	4
3	(27)	①	②	③	④
	(28)	①	②	③	④
	(29)	①	②	③	④
	(30)	①	②	③	④
	(31)	①	②	③	④
	(32)	①	②	③	④
	(33)	①	②	③	④
	(34)	①	②	③	④
	(35)	①	②	③	④
	(36)	①	②	③	④
	(37)	①	②	③	④
	(38)	①	②	③	④

4の解答欄は裏面にあります。

リスニング解答欄					
問題番号		1	2	3	4
第1部	No. 1	①	②	③	④
	No. 2	①	②	③	④
	No. 3	①	②	③	④
	No. 4	①	②	③	④
	No. 5	①	②	③	④
	No. 6	①	②	③	④
	No. 7	①	②	③	④
	No. 8	①	②	③	④
	No. 9	①	②	③	④
	No. 10	①	②	③	④
	No. 11	①	②	③	④
	No. 12	①	②	③	④
	No. 13	①	②	③	④
	No. 14	①	②	③	④
	No. 15	①	②	③	④
第2部	No. 16	①	②	③	④
	No. 17	①	②	③	④
	No. 18	①	②	③	④
	No. 19	①	②	③	④
	No. 20	①	②	③	④
	No. 21	①	②	③	④
	No. 22	①	②	③	④
	No. 23	①	②	③	④
	No. 24	①	②	③	④
	No. 25	①	②	③	④
	No. 26	①	②	③	④
	No. 27	①	②	③	④
	No. 28	①	②	③	④
	No. 29	①	②	③	④
	No. 30	①	②	③	④

キリトリ

くり返し解く場合は、コピーをとってご利用ください。

英検®2級　解答用紙

4　**ライティング解答欄**

・指示事項を守り、文字は、はっきりと分かりやすく書いてください。
・太枠に囲まれた部分のみが採点の対象です。

5

10

15

キリトリ

英検®2級　解答用紙

【注意事項】

①解答にはHBの黒鉛筆（シャープペンシルも可）を使用し、解答を訂正する場合には消しゴムで完全に消してください。
②解答用紙は絶対に汚したり折り曲げたり、所定以外のところへの記入はしないでください。

マーク例

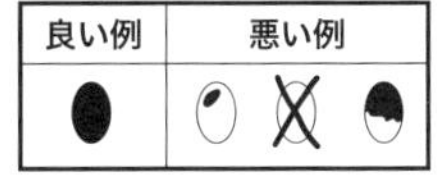

これ以下の濃さのマークは読めません。

解答欄					
問題番号		1	2	3	4
1	(1)	①	②	③	④
	(2)	①	②	③	④
	(3)	①	②	③	④
	(4)	①	②	③	④
	(5)	①	②	③	④
	(6)	①	②	③	④
	(7)	①	②	③	④
	(8)	①	②	③	④
	(9)	①	②	③	④
	(10)	①	②	③	④
	(11)	①	②	③	④
	(12)	①	②	③	④
	(13)	①	②	③	④
	(14)	①	②	③	④
	(15)	①	②	③	④
	(16)	①	②	③	④
	(17)	①	②	③	④
	(18)	①	②	③	④
	(19)	①	②	③	④
	(20)	①	②	③	④

解答欄					
問題番号		1	2	3	4
2	(21)	①	②	③	④
	(22)	①	②	③	④
	(23)	①	②	③	④
	(24)	①	②	③	④
	(25)	①	②	③	④
	(26)	①	②	③	④

解答欄					
問題番号		1	2	3	4
3	(27)	①	②	③	④
	(28)	①	②	③	④
	(29)	①	②	③	④
	(30)	①	②	③	④
	(31)	①	②	③	④
	(32)	①	②	③	④
	(33)	①	②	③	④
	(34)	①	②	③	④
	(35)	①	②	③	④
	(36)	①	②	③	④
	(37)	①	②	③	④
	(38)	①	②	③	④

4の解答欄は裏面にあります。

リスニング解答欄					
問題番号		1	2	3	4
第1部	No. 1	①	②	③	④
	No. 2	①	②	③	④
	No. 3	①	②	③	④
	No. 4	①	②	③	④
	No. 5	①	②	③	④
	No. 6	①	②	③	④
	No. 7	①	②	③	④
	No. 8	①	②	③	④
	No. 9	①	②	③	④
	No. 10	①	②	③	④
	No. 11	①	②	③	④
	No. 12	①	②	③	④
	No. 13	①	②	③	④
	No. 14	①	②	③	④
	No. 15	①	②	③	④
第2部	No. 16	①	②	③	④
	No. 17	①	②	③	④
	No. 18	①	②	③	④
	No. 19	①	②	③	④
	No. 20	①	②	③	④
	No. 21	①	②	③	④
	No. 22	①	②	③	④
	No. 23	①	②	③	④
	No. 24	①	②	③	④
	No. 25	①	②	③	④
	No. 26	①	②	③	④
	No. 27	①	②	③	④
	No. 28	①	②	③	④
	No. 29	①	②	③	④
	No. 30	①	②	③	④

キリトリ

くり返し解く場合は、コピーをとってご利用ください。

英検®2級　解答用紙

4　ライティング解答欄

・指示事項を守り、文字は、はっきりと分かりやすく書いてください。
・太枠に囲まれた部分のみが採点の対象です。

5

10

15

キリトリ

英検®2級　解答用紙

【注意事項】

①解答にはHBの黒鉛筆（シャープペンシルも可）を使用し、解答を訂正する場合には消しゴムで完全に消してください。
②解答用紙は絶対に汚したり折り曲げたり、所定以外のところへの記入はしないでください。

マーク例

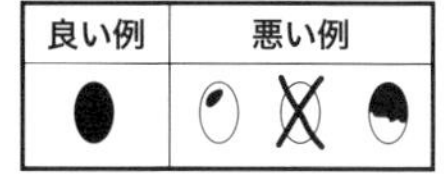

これ以下の濃さのマークは読めません。

解答欄					
問題番号		1	2	3	4
1	(1)	①	②	③	④
	(2)	①	②	③	④
	(3)	①	②	③	④
	(4)	①	②	③	④
	(5)	①	②	③	④
	(6)	①	②	③	④
	(7)	①	②	③	④
	(8)	①	②	③	④
	(9)	①	②	③	④
	(10)	①	②	③	④
	(11)	①	②	③	④
	(12)	①	②	③	④
	(13)	①	②	③	④
	(14)	①	②	③	④
	(15)	①	②	③	④
	(16)	①	②	③	④
	(17)	①	②	③	④
	(18)	①	②	③	④
	(19)	①	②	③	④
	(20)	①	②	③	④

解答欄					
問題番号		1	2	3	4
2	(21)	①	②	③	④
	(22)	①	②	③	④
	(23)	①	②	③	④
	(24)	①	②	③	④
	(25)	①	②	③	④
	(26)	①	②	③	④

解答欄					
問題番号		1	2	3	4
3	(27)	①	②	③	④
	(28)	①	②	③	④
	(29)	①	②	③	④
	(30)	①	②	③	④
	(31)	①	②	③	④
	(32)	①	②	③	④
	(33)	①	②	③	④
	(34)	①	②	③	④
	(35)	①	②	③	④
	(36)	①	②	③	④
	(37)	①	②	③	④
	(38)	①	②	③	④

4の解答欄は裏面にあります。

リスニング解答欄					
問題番号		1	2	3	4
第1部	No. 1	①	②	③	④
	No. 2	①	②	③	④
	No. 3	①	②	③	④
	No. 4	①	②	③	④
	No. 5	①	②	③	④
	No. 6	①	②	③	④
	No. 7	①	②	③	④
	No. 8	①	②	③	④
	No. 9	①	②	③	④
	No. 10	①	②	③	④
	No. 11	①	②	③	④
	No. 12	①	②	③	④
	No. 13	①	②	③	④
	No. 14	①	②	③	④
	No. 15	①	②	③	④
第2部	No. 16	①	②	③	④
	No. 17	①	②	③	④
	No. 18	①	②	③	④
	No. 19	①	②	③	④
	No. 20	①	②	③	④
	No. 21	①	②	③	④
	No. 22	①	②	③	④
	No. 23	①	②	③	④
	No. 24	①	②	③	④
	No. 25	①	②	③	④
	No. 26	①	②	③	④
	No. 27	①	②	③	④
	No. 28	①	②	③	④
	No. 29	①	②	③	④
	No. 30	①	②	③	④

キリトリ

くり返し解く場合は、コピーをとってご利用ください。

英検®2級　解答用紙

4　ライティング解答欄

・指示事項を守り、文字は、はっきりと分かりやすく書いてください。
・太枠に囲まれた部分のみが採点の対象です。

5

10

15

キリトリ

矢印の方向に引くと切り離せます。